우리가 정말 알아야 할 우리 고전

한중록

'우리가 정말 알아야 할 우리 고전' 기획 위원

고운기 | 한양대학교 국문학과와 연세대학교 대학원을 졸업했다.
　　　　현재 연세대학교 국학연구원 연구교수이다.
김성재 | 숙명여자대학교 국문학과를 졸업하고 같은 대학원을 수료했다.
　　　　고전을 현대어로 옮기는 일에 관심을 갖고 꾸준히 작업하고 있다.
김　영 | 연세대학교 국어국문학과와 같은 대학원을 졸업했다.
　　　　현재 인하대학교 국어교육과 교수이다.
김현양 | 연세대학교 국어국문학과와 같은 대학원을 졸업했다.
　　　　현재 명지대학교 방목기초교육대학 교수이다.

우리가 정말 알아야 할 우리 고전
한중록

초판 1쇄 발행 | 2009년 11월 25일
초판 2쇄 발행 | 2015년 10월 5일

원작 | 혜경궁 홍씨
글 | 김선아
펴낸이 | 조미현

펴낸곳 | (주)현암사
등록 | 1951년 12월 24일 · 제10-126호
주소 | 04029 서울시 마포구 동교로 12안길 35
전화 | 365-5051 · 팩스 | 313-2729
전자우편 | editor@hyeonamsa.com
홈페이지 | www.hyeonamsa.com

글 ⓒ 김선아 2007
ISBN 978-89-323-1534-8 03810

*지은이와 협의하여 인지를 생략합니다.
*잘못된 책은 바꾸어 드립니다.

우리가 정말 알아야 할 우리 고전

원작―혜경궁 홍씨 글―김선아

한중록

현암사

우리 고전 읽기의 즐거움

 문학 작품은 사회와 삶과 가치관을 총체적으로 담고 있는 문화의 창고이다. 때로는 이야기로, 때로는 노래로, 혹은 다른 형식으로 갖가지 삶의 모습과 다양한 가치를 전해 주며, 읽는 이에게 기쁨과 위안을 주는 것이 문학의 힘이다.
 고전 문학 작품은 우선 시기적으로 오래된 작품을 말한다. 그러므로 낡은 이야기일 수 있다. 그러나 그 속에 담긴 가치와 의미는 결코 낡은 것이 아니다. 시대가 바뀌고 독자가 달라져도 고전이라는 이름으로 여전히 많은 사람에게 읽히는 작품 속에는 인간 삶의 본질을 꿰뚫는 근본적인 가치가 담겨 있다. 그것은 시대에 따라 퇴색되거나 민족이 다르다고 하여 외면될 수 있는 일시적이고 지역적인 것이 아니다. 시대와 민족의 벽을 넘어 사람이면 누구나 공감할 수 있는 보편적이고 세계적인 것이다. 그렇기 때문에 우리가 톨스토이나 셰익스피어 작품에서 감동을 받고, 심청전을 각색한 오페라가 미국 무대에서 갈채를 받을 수도 있다.
 우리 고전은 당연히 우리 민족이 살아온 삶의 궤적을 담고 있다. 그 속에 우리의 지난 역사가 있고 생활이 있고 문화와 가치관이 있다. 타인에게 관대하고 자신에게 엄격한 공동체 의식, 선비 문화 속에 녹아 있던 자연 친화 의식, 강자에게 비굴하지 않고 고난에 굴복하지 않는 당당하고 끈질긴 생명력, 고달픈 삶을 해학으로 풀어내며 서러운 약자에게는 아름다운 결말을 만들어 주는 넉넉함…….

사람과 사람, 사람과 자연의 '어울림'을 중요하게 생각했던 우리의 가치관은 생활 속에 그대로 녹아서 문학 작품에 표현되었다. 우리 고전 문학 작품에는 역사가 기록하지 않은 서민의 일상이 사실적으로 전개되며 우리의 토속 문화와 생활, 언어, 습속이 구체적으로 드러난다. 작품 속 인물들이 사는 방식, 그들이 구사하는 말, 그들의 생활 도구와 의식주 모든 것이 우리의 피 속에 지금도 녹아 흐르고 있음이 분명하지만 우리 의식에서는 이미 잊힌 것들이다.

 그것은 분명 우리 것이되 우리에게 낯설다. 고전을 읽음으로써 우리는 일상에서 벗어나 그 낯선 세계를 체험하는 기쁨을 얻게 된다. 몰랐던 것을 새롭게 아는 것이 아니라 잊었던 것을 되찾는 신선함이다. 처음 가는 장소에서 언젠가 본 듯한 느낌을 받을 때의 그 어리둥절한 생소함, 바로 그 신선한 충동을 우리 고전 작품은 우리에게 안겨 준다. 거기에는 일상을 벗어났으되 나의 뿌리를 이탈하지 않았다는 안도감까지 함께 있다. 그것은 남의 나라 고전이 아닌 우리 고전에서만 받을 수 있는 선물이다.

 우리 고전을 읽어야 한다는 데는 이미 많은 사람이 공감한다. 고전 읽기를 통해서 내가 한국인임을 자각하고, 한국인이 어떻게 살아왔으며, 어떻게 살아가야 할지 알게 하는 문화의 힘을 느낄 수 있다.

 하지만 고전은 지난 시대의 언어로 쓰인 까닭에 지금 우리가, 우리의 청소년이 읽으려면 지금의 언어로 고쳐 쓰는 작업이 반드시 선행되어야 한다.

우리가 쉽게 접하는 세계의 고전 작품도 그 나라 사람들이 시대마다 새롭게 고쳐 쓰는 작업을 거듭한 결과물이다. 우리는 그런 작업에서 많이 늦은 것이 사실이다. 이제라도 우리 고전을 새롭게 고쳐 쓰는 작업을 할 수 있는 것은 우리의 문화 역량이 여기에 이르렀다는 방증이다.

현재 우리가 겪는 수많은 갈등과 문제를 극복할 해결의 실마리를 고전 속에서 찾을 수 있다고 확신하면서 우리 고전을 지금의 언어로 고쳐 쓰는 작업을 시작한다. 이 작업은 여기에서 멈추지 않고 앞으로도 시대에 맞추어 꾸준히 계속될 것이다. 또 고전을 읽는 데서 끝나지 않을 것이다. 우리 고전은 우리의 독자적 상상력의 원천으로서, 요즘 시대의 화두가 된 '문화 콘텐츠'의 발판이 되어 새로운 형식, 새로운 작품으로 끝없이 재생산되리라고 믿는다.

'우리가 정말 알아야 할 우리 고전'을 기획하면서 우리는 다음과 같은 몇 가지 원칙을 세웠다.

먼저 작품 선정에서 한글·한문 작품을 가리지 않고, 초·중·고 교과서에 수록된 작품을 우선하되 새롭게 발굴한 것, 지금의 우리에게도 의미 있고 재미있는 작품을 포함시키기로 하였다.

그와 함께 각 작품의 전공 학자들이 적극적으로 참여하여 판본 선정과 내용 고증에 최대한 정성을 쏟았다. 아울러 원전의 내용과 언어 감각을 훼손하지 않으면서도 글맛을 살리기 위해 여러 차례 윤문을 거쳤다.

　마지막으로 시각 효과를 높이기 위해 내용에 맞는 그림을 곁들였다. 그림만으로도 전체 작품의 흐름을 알 수 있도록 화가와 필자가 협의하여 그림 내용을 구성했으며, 색다른 그림 구성을 위해 순수 화가와 사진가를 영입하였다.

　경험은 지혜로운 스승이다. 지난 시간 속에는 수많은 경험이 농축된 거대한 지혜의 바다가 출렁이고 있다. 고전은 그 바다에 떠 있는 배라고 할 수 있다.

　자, 이제 고전이라는 배를 타고 시간 여행을 떠나 보자. 우리의 여행은 과거에서 출발하여 앞으로 미래로 쉼 없이 흘러갈 것이며, 더 넓은 세계에서 더 많은 사람을 만나며 끝없이 또 다른 영역을 개척해 갈 것이다.

기획 위원

 ## 글 읽는 순서

우리 고전 읽기의 즐거움 | 사

한중록의 배경이 된 창덕궁과 창경궁의 주요 건물 | 십

왕실 가계도 | 십이

혜경궁 홍씨 가계도 | 십삼

한중록 첫째 | 십오
한중록 둘째 | 백삼
한중록 셋째 | 백육십구
한중록 넷째 | 이백십구

작품 해설 | 피눈물로 써 내려간 궁중문학의 백미 / 김선아 | 삼백이십

한중록의 배경이 된 창덕궁과 창경궁의 주요 건물

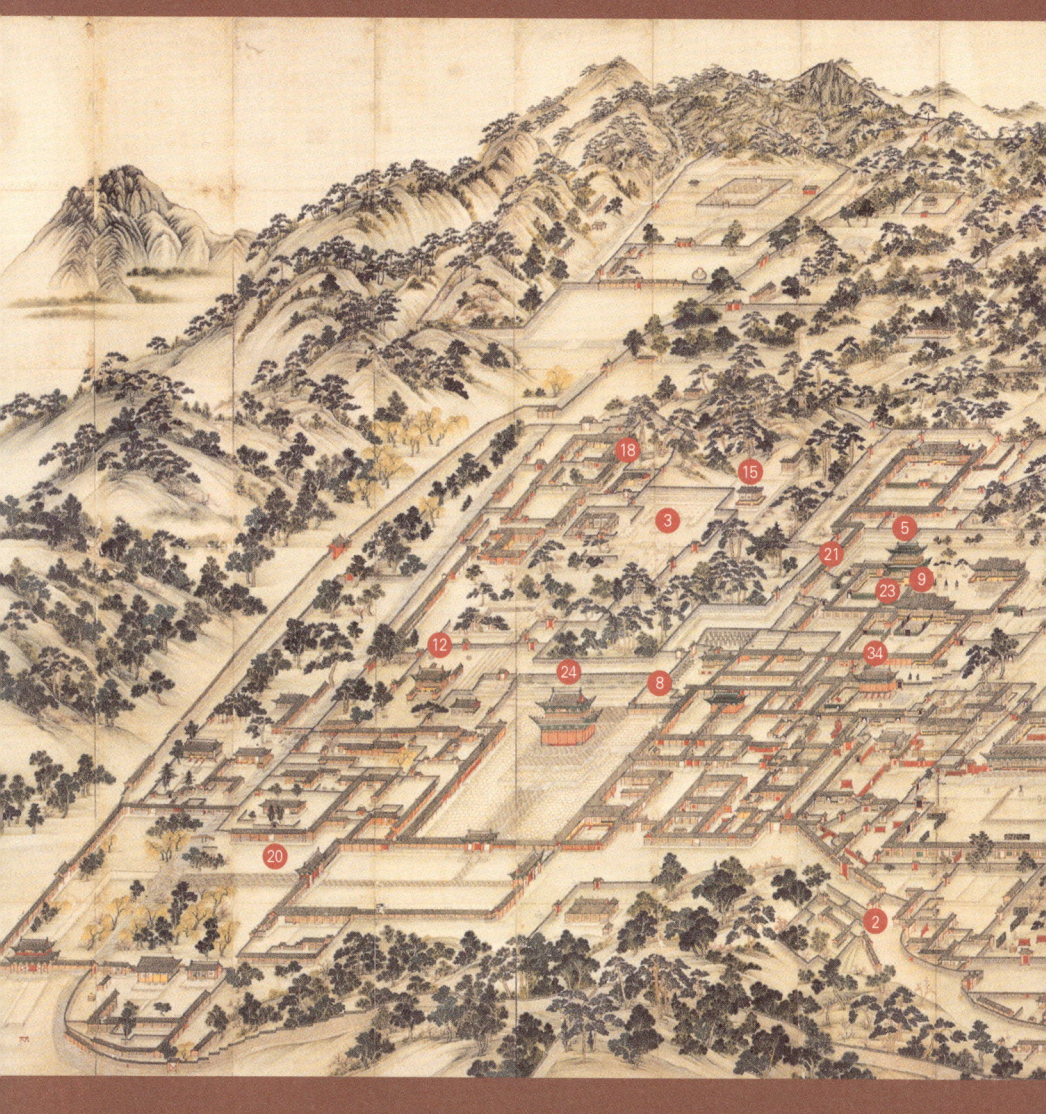

1. 건극당	8. 관광청	15. 습취헌
2. 건양문	9. 대조전	16. 시민당 터
3. 경복전 터	10. 명정전	17. 연경당
4. 경춘전	11. 문정전	18. 영모당
5. 경훈각	12. 선원전	19. 영춘헌
6. 계방	13. 선인문	20. 옥당(홍문관)
7. 공묵합	14. 숭문당	21. 옥화당

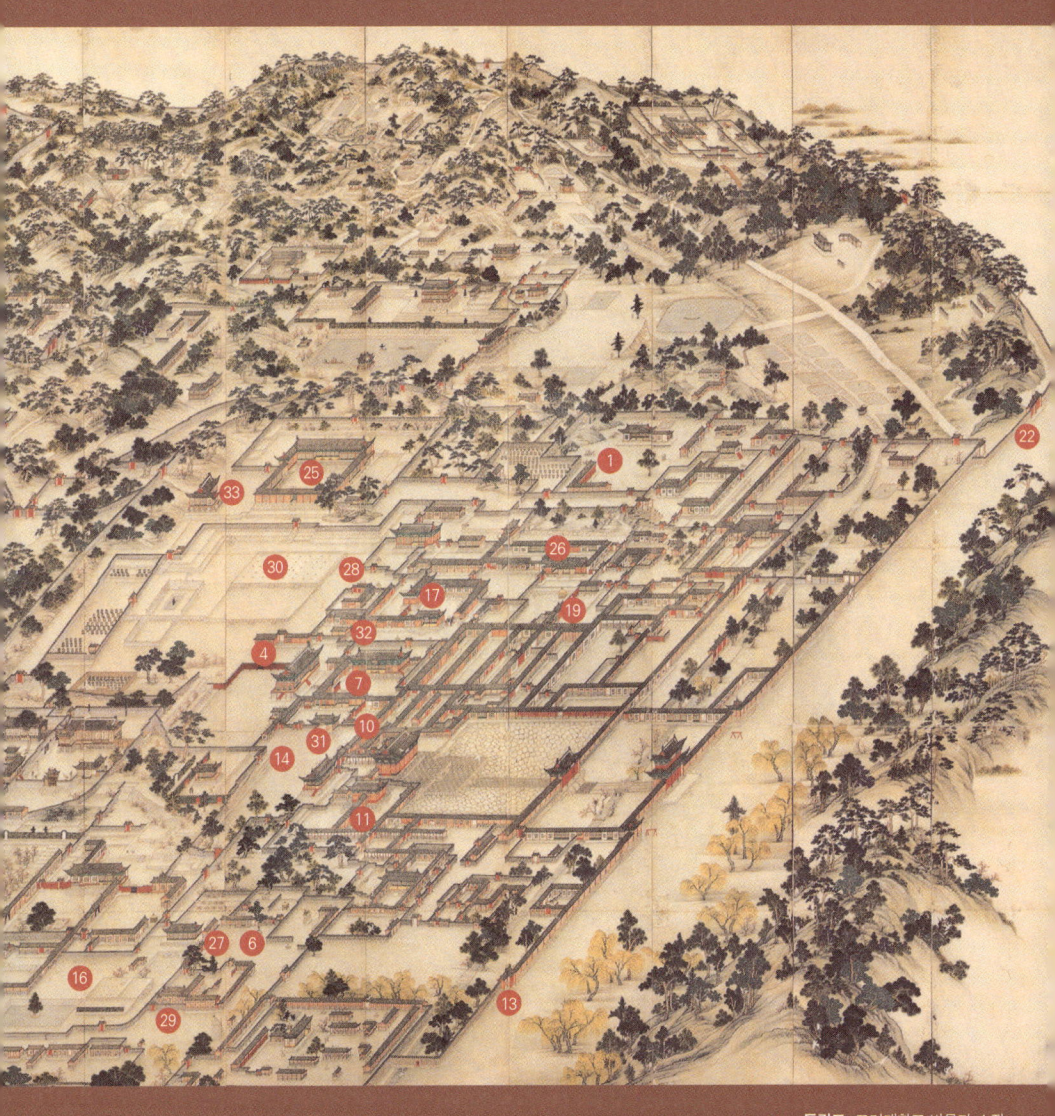

동궐도 고려대학교 박물관 소장

22. 월근문
23. 융경헌
24. 인정전
25. 자경전
26. 집복헌
27. 집현문
28. 체원합
29. 춘방
30. 통명전 터
31. 함인정
32. 환경전
33. 환취전
34. 희정당

왕실 가계도

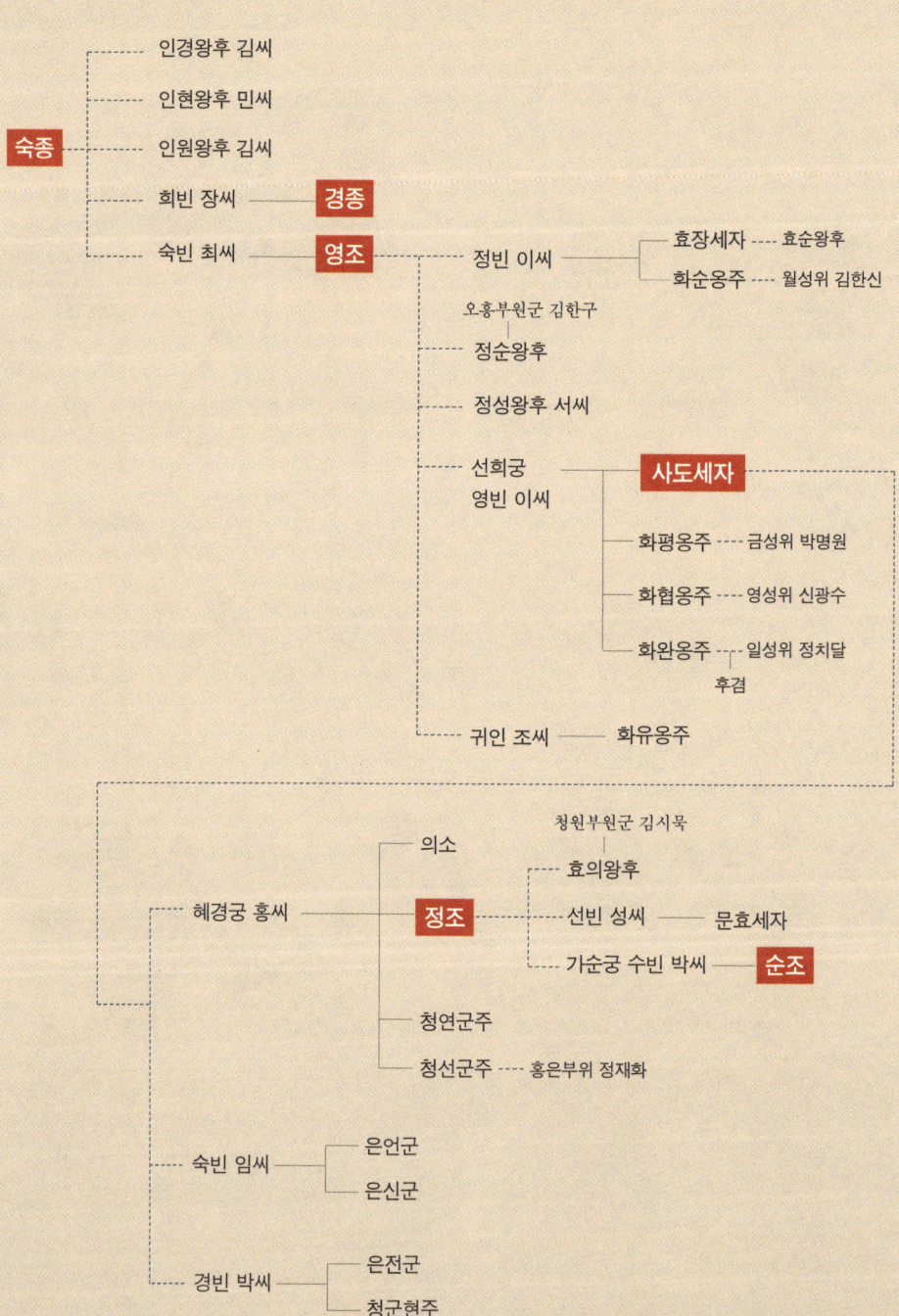

혜경궁 홍씨 가계도

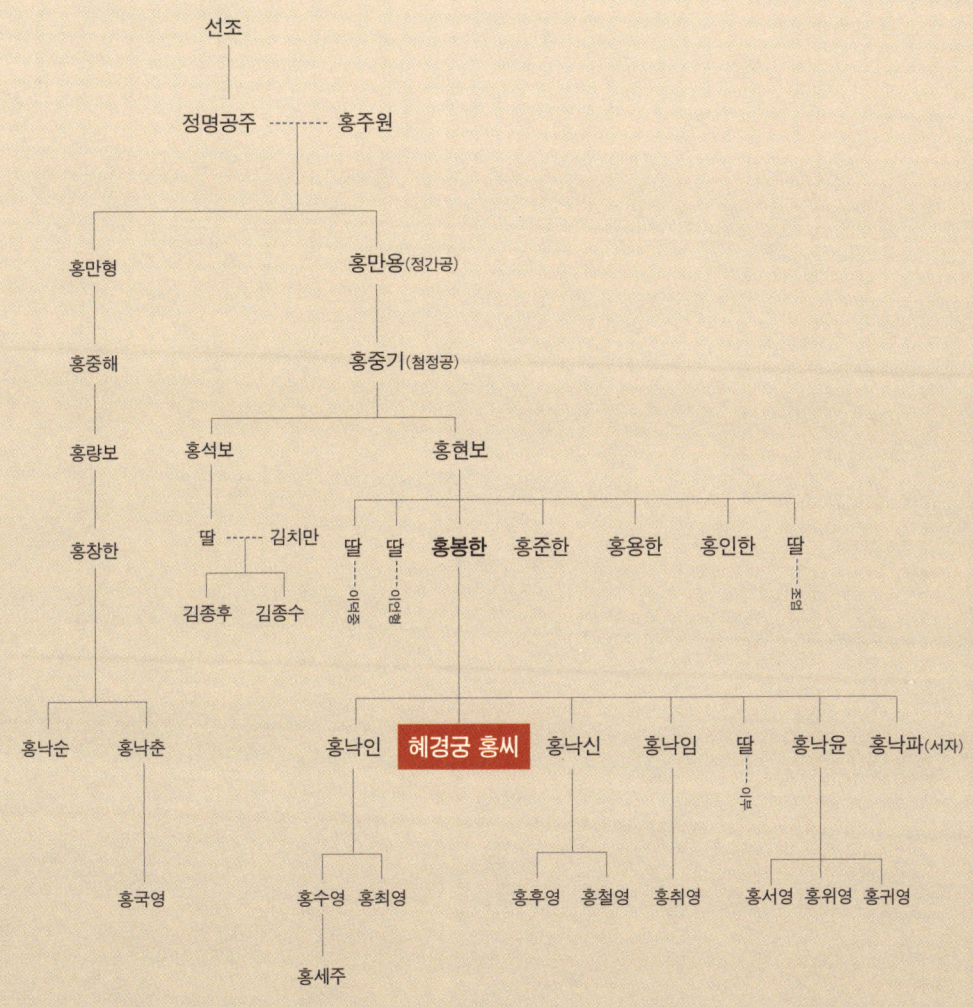

한중록 첫째

閑中錄 其一

정조 19년(1796년), 혜경궁 홍씨가 61세에 조카 수영의 청에 따라 친정에 보관하라고 써 준 글. 재위 20년이 된 아들 정조의 지극한 효성으로 가슴 속 한이 풀리고 마음의 여유가 생긴 상황에서 담담한 어조로 지난날을 되돌아본다. 전반부는 출생과 10살 때 세자빈으로 간택되어 입궐한 과정, 임오화변까지를 회상한 기록이며 후반부는 갑신처분부터 회갑에 이르기까지의 기록이다.

내가 어릴(열 살) 때 궐에 들어와 친정과의 편지 왕래가 아침저녁으로 있었으니 친정에 내 수적手蹟(필적)이 많을 것이나 내가 궐에 들어온 후에 선인先人(돌아가신 아버지)께서 경계하여 말씀하셨다.

"궐 밖의 편지가 궁중에 들어가 흘러 다닐 일이 아니고, 문후問候(안부 여쭘)한 외에 사연이 많은 것은 공경하는 도리에 옳지 않다. 아침저녁 봉서* 회답에 집안 소식만 알고 그 종이에 써 보내라."

나는 아버지께서 경계하신 대로 선비先妣(돌아가신 어머니)께서 아침저녁으로 승후承候(문안)하시는 편지의 종이 머리에 내 소식을 써 보냈다. 집에서도 아버지의 경계를 받들어 편지를 다 모아 세초*해 버렸으니 친정에 전할 만한 내 필적이 없었다. 그래서 큰조카 수영이 늘 말했다.

"본집(비나 빈의 친정)에 마누라* 필적이 간직된 것이 없으니 몸소 글을 한번 써 내리시어 집안에 소중히 간직하여 길이 전하게 하시면 아름다운 일이 되겠나이다."

그 말이 옳기에 써 주려 하였으나 틈이 없어 아직까지 못하였다. 그런데 올해 내 회갑 해를 맞으니 경모궁景慕宮(남편인 사도세자)을 추모하는 슬픔이 그때보다 백배나 더하고, 또 세월이 더 지나면 내 정신이 이때만도 못할 듯

---

* 봉서(封書) | 봉투에 넣어 봉한 편지. 대전(大殿)에서 종친이나 근친에게 내리는 개인적인 편지, 사신(私信). 또는 내전(內殿)에서 그 친정에 내리는 사신.
* 세초(洗草) | 먹물로 쓴 글씨를 물로 씻어 없애는 것.
* 마누라 | 말루하(抹樓下)에서 나왔다. 왕이나 왕비, 기타 귀인을 공경하여 일컫는 말.

한중록 혜경궁 홍씨가 1795~1805년 사이에 쓴 회고록. 6권 6책 필사본. 서울대학교 규장각 소장

하기에 내 벅찬 마음과 겪어 온 일을 생각나는 대로 기록하였다. 그러나 하나를 건지고 백 가지를 빠뜨리노라.

   선왕조先王朝 을묘년(영조 11년) 6월 18일 오시午時에 어머니께서 반송방 거평동(서대문 밖 평동) 외가에서 나를 낳으셨다. 그 전 어느 날 밤 아버지 꿈에 흑룡이 어머니 계신 방 반자*에 서렸는데 여자인 내가 태어나니 꿈이 주는 징조에 부합하지 않아 의심하셨다고 한다. 조고祖考(돌아가신 할아버지)이신 정헌공貞獻公(홍현보洪鉉輔)께서는 몸소 외가에 와서 나를 보시고,

   "비록 여자이나 보통 아이와 다르다."

하시며 특별히 사랑하셨다. 삼칠일 후에 집으로 돌아오니 증조할머니 이씨께서 보시고 기대하며 말씀하셨다.

   "이 아이는 다른 아이와 다르니 잘 기르라."

   그리고 몸소 유모를 가려 보내셨으니 이 사람이 곧 내 아지*이다.

   내가 점점 자라니 할아버지께서 특별히 사랑하시어 그 무릎 밑을 떠난 적이 드물었다. 할아버지는 언제나 놀리듯이 말씀하셨다.

"이 아이는 작은 어른이니 일찍 결혼하게 되리라."

어려서 들어 왔던 이런 말씀을 궁금宮禁(궐)에 들어와 생각하니, 내가 평생 당한 일을 즐기지 않은 것이기는 하나 증조할머니와 할아버지께서 나를 귀중히 여기시던 이런 말씀들이 무슨 앎이 있는 것이던가 늘 생각나더라.

내가 아이 적에 자매가 있어 부모께서 두 구슬로 아셨는데 언니가 일찍 죽어서 내가 부모의 사랑을 오로지 받았으니 그 지극한 사랑은 천륜天倫 이상으로 특별하였다. 부모께서는 가르침이 매우 엄하시어 오라버님(홍낙인洪樂仁)을 몹시 준엄하게 교훈하셨다. 내가 여자여서 그렇기는 하거니와 아버지께서 유난히 사랑하셨기에 나는 잠시라도 부모 곁을 떠나는 것을 늘 어렵게 여기고 그 앞을 떠나지 아니하였다. 철들면서부터는 부모의 사랑을 잘 받들어 크고 작은 일에 걱정 끼치는 일이 적은지라 부모께서 더욱 넘치게 사랑하셨다. 내가 딸이어서 비록 부모의 은혜를 갚을 길은 없으나 감격한 마음이야 어찌 간절하지 않으리오. 부모께서 나를 특별히 편애하시던 일을 생각하니 불초不肖한 몸이 궁궐에 들겠기에 그러하였던가 싶어 생각할 때마다 눈물이 흐르고 마음이 아프더라.

할아버지 정헌공께서는 선조宣祖의 부마駙馬인 영안위*의 증손이시고, 고조高祖 정간공貞簡公(홍주원의 장자 홍만용洪萬容)의 손자이시며, 첨정공僉正公(홍만용의 장자 홍중기洪重箕)의 사랑하는 둘째 아드님으로 안국동에 새집을 지어 분가하셨다. 집의 모양새는 비록 재상집 같았으나 할아버지께서는 재산을 전혀 나누어 받지 못하여 가난한 선비이실 때부터 집안 살림이 몹시 가난하고 고생스러웠다. 백조伯祖(큰할아버지) 참판공께서는 우리 아버지를 남달리

---

* 반자 | 지붕 밑을 평평하게 하여 치장한 한옥 방의 천장.
* 아지 | 유모(乳母)의 궁중말. 어린 왕자나 왕비를 보육하던 보모의 별칭.
* 영안위(永安尉) | 선조의 사위인 홍주원(洪柱元). 작자인 혜경궁 홍씨의 5대조는 선조의 계비(繼妃) 인목왕후 소생인 정명공주이다.

대하시어 늘 아버지 이마를 어루만지며 웃으면서 말씀하셨다.

"이 아이는 윤오음* 팔자 같으리니, 지금은 비록 가난하고 고생스러우나 장래에는 팔자가 세상에 드물 것이니 어찌 부요함뿐이리오. 예로부터 뒷날의 복이 오래도록 이어질 사람은 눈앞의 어려움을 겪는 것이 떳떳하니라."

그리고 재산을 많이 나누어 주지 않으셨으니 모두 큰할아버지께서 당신 아우님을 깊이 사랑하시는 뜻이었다. 집안의 누군들 크게 감탄하지 않았으리오마는 우리 집 살림살이는 자연히 궁핍할 때가 많았다. 할아버지께서는 귀히 되시어 작위가 상서尙書(판서)에 이르렀으나 한결같은 마음으로 청렴하여 생계를 꾀하지 않으셨고, 문안 뜰은 쓸쓸하여 한사寒士(가난한 선비) 같으셨다.

계조비繼祖妣(할아버지의 후처인 할머니)께서는 유학 경전을 공부하는 선비의 따님으로 본디 배움이 남다르셨다. 성품과 행실이 현숙하고 인자하시어 할아버지를 어려운 손님처럼 받드셨고* 집안 살림 다스리는 것은 할아버지의 청렴한 덕을 그대로 따라하시어 음식마다 소박하고 담백하였다. 그러므로 우리 어머니께서 비록 재상가의 맏며느리이시나 홰(횃대, 옷걸이)에 비단옷 한 벌 걸린 것이 없었고, 상자에 패물 몇 개도 없었다. 뿐만 아니라 계절에 맞는 외출복이 한 벌 뿐이어서 때가 묻으면 항상 밤에 손수 빠셨는데 그러면서도 수고로움을 꺼리지 않으셨다. 밤낮으로 몸소 길쌈하고 바느질하며 밤을 새우기도 하시니 날이 밝도록 늘 아랫방에 불이 켜져 있어 늙은 종이 칭송하고 젊은 종도 따라서 말하였다. 어머니는 이것을 괴로이 여기시어 밤에 바느질할 때면 언제나 보로 창을 가려 남이 '부지런하다' 고 칭찬하는 말을 듣지 않으려 하셨고, 추운 밤에 수고하여 손이 다 닳았어도 괴로워하는 일이 없으셨다. 또 당신 옷가지와 자녀에게 입히는 것들을 지극히 검소하고 수수하게 하면서도 계절에 맞게 하셨다. 우리 남매들의 옷도 비록 거친 옷

감일지라도 항상 더럽지 않게 하셨으니 검박함과 정결함을 갖추신 것을 이런 데서도 알 수 있었다. 어머니는 평상시에 가벼이 기뻐하거나 노여워하지 않으셨고, 기상이 온화한 기운을 띠면서도 엄숙하셨으니 온 집안이 그 큰 덕을 우러러 칭찬하고 어려워하였다.

우리 집은 부마도위의 후예로 잠영대족簪纓大族(대대로 높은 벼슬을 해온 큰 집안)이요, 우리 외가 한산 이씨는 청백리淸白吏 집안이다. 우리 백고모伯姑母(큰 고모)께서는 이름난 관리의 아내요, 중고모仲姑母(둘째 고모)께서는 뛰어난 종친이신 청릉군靑陵君의 며느리이시며, 계고모季姑母(막내 고모)께서는 이부상서(이조판서)의 며느리이시고, 중모仲母(작은어머니)께서는 이부시랑(이조참판)의 따님이시다. 이렇듯 한 집안 부녀들의 안팎 문벌이 세상에 칭송되었으나 세속 부녀 같은 교만한 빛이나 사치스러움은 털끝만큼도 닮지 않았다. 명절 모임에는 어머니께서 윗사람을 받들고 아랫사람을 대접하여 담소가 화평하고 정이 은근하시어 온 집안에 온화한 기운이 가득하였으니, 내 비록 어릴 때였으나 어찌 몰랐으리오.

작은어머니(홍인한의 아내 신씨申氏)께서는 덕행이 남달라 맏동서를 시어머니 다음으로 받들고, 기질과 취향이 고결하며 지식이 탁월하시어 참으로 얌전하고 우아하셨으니 여인 가운데 선비셨다. 작은어머니께서 나를 몹시 사랑하여 한글을 가르치시고 갖가지 일을 다 지도하며 남달리 하시니 나도 어머니처럼 받들었다. 그래서 어머니께서 늘 웃으며 말씀하셨다.

"이 아이가 그대를 몹시 따르네그려."

---

* 윤오음(尹梧陰) | 조선조의 재상 윤두수(尹斗壽, 1533~1601년). 1558년 문과 급제 후 관직에 나아가 어영대장·우의정·좌의정·판중추부사 등 고관을 거쳐, 1599년 영의정에 올랐다가 곧 사직하고 한가로이 지내다가 죽었다. 사후에 호국 공신 2등으로 추록되었고 공신에게 내려지는 부원군의 작호를 받았다.
* 할아버지를~받드셨고 | 예기(禮記)의 '부부의 도는 서로 귀한 손님처럼 대하는 것이다(夫婦之道 相待如賓),'에서 나온 말이다.

경신년(영조 16년)에 할아버지께서 돌아가셨으니 애통해하시던 아버지를 차마 우러러 뵐 수가 없었다. 아버지께서는 사우祠宇(사당)를 짓기 위하여 밤낮으로 애쓰신 끝에 삼년 후에 즉시 할아버지의 신위神位를 사당으로 모셨다. 내 비록 어리석으나 아버지께서 조상 위하는 일을 하시어 돌아가신 할아버지를 섬기던 효심을 감히 잊을 수가 없다. 아버지께서는 행실이 남달라 새벽마다 사당에 가서 뵈시고, 아침이면 계모부인繼母夫人(아버지의 계모)께 절하여 뵙고 온화한 말씀과 부드러운 낯빛으로 섬기셨다. 그러므로 아버지에 대한 할머니의 사랑과 기대는 낳은 자식보다 더하다고 많이들 이야기하였으니 보는 이와 듣는 이가 모두 감탄하였다. 또한 위로 두 누님을 남달리 섬기고 아래로 세 아우님을 극진히 교훈하여 당신 아드님보다 더할지언정 털끝만큼도 덜하지 않으셨다.

신유년(영조 17년)에 큰 고모께서 유행병에 걸리자 친척들이 다 피하였으나 아버지께서는 몸소 간호하셨다.

"동기同氣의 병을 돌보지 않는다면 어찌 동기의 정이리오."

큰 고모 돌아가신 후에는 가까이에서 장례를 극진히 돌보셨다. 그 후 그 조카들이 외로이 의지할 곳이 없게 되자 정성을 다하여 구제하시고 생질녀甥姪女(조카딸) 하나는 집에 데려와 혼례를 시켰으니 우애를 두터이 하는 넉넉한 인정이 이렇듯 뛰어나셨다. 또 평소에 이진사댁과 이남평댁 두 고모를 자주 집으로 모셔 오셨으니 효도 옮기시는 지극한 마음을 이런 데서 알 일이다. 아버지께서는 할머니 손에 길러지셨으므로 제사에 참례하지 않은 적이 없으셨고 부모 제사와 다름없이 애통해하셨다. 또한 학업에 힘써 늘 모든 이름 난 선비들과 글접*을 나누시고, 접接을 끝내고 돌아오실 때면 친한 스승과 벗들이 집으로 함께 오지 않는 날이 없었다. 이것이 다 내 집에 있을 때 우러러 뵙던 일이다.

할아버지께서 돌아가신 후 어머니는 음식을 주관하여 삼년 제사를 다 예법대로 손수 차려 지내셨다. 몸가짐을 예에 따라 하시어 아침 일찍 세수하고 머리 빗으시고, 때를 어기지 않고 존고尊姑(시어머니)를 뵈었는데 머리를 쪽 지어 얹지 않고는 감히 뵙지 못하셨다. 부대작저고리*를 입지 않으실 때가 없었고, 우리 아버지를 받들고 돕는 것이 세속 부녀와 다르셨으니 아버지께서 기대하고 공경하시던 일을 잊을 수가 없다.

어머니는 정미년(영조 2년)에 황해도 해주 감영에서 혼례를 하셨는데 곧바로 친정아버지의 상사喪事를 만나 예를 갖추어 신행*하지 못하고 이듬해에야 하셨다. 그 후 무오년(영조 14년)에는 친정어머니 상사를 만나 몹시 애통해하셨다. 혹 친정에 가시더라도 오래 머물지 못하여 시댁으로 오실 때면 늘 남매 분이 우셨다. 우리 외가는 청빈하기로 유명하나 남매의 타고난 우애가 세상에 드물었기 때문에 부녀들도 화목하여 외삼촌의 아내 홍부인은 시누이들이 가면 대접이 몹시 후하셨다. 내구內舅(외삼촌) 지례공知禮公은 나를 각별히 사랑하셨고 외사촌 형인 산중씨山重氏네도 그러하였다. 어머니는 자매가 세 분인데 김생원댁이 일찍부터 혼자되시니 어머니께서 극진히 섬기셨다. 그 이모 돌아가신 후에는 그 자식들을 몹시 불쌍히 여기시어 자식처럼 사랑하여 거두며 양식과 의복을 이어 주어 그들의 배고픔과 추위를 면하게 해주셨다. 나중에 그들이 장가들기까지가 다 어머니의 힘이었으니 그 이종형제들이 늘 말했다.

"사람은 모두 어머니가 한 분이지만 우리에게만은 두 어머니가 있노라."

이종 김이기는 신유년(영조 17년) 봄과 여름 사이에 외가에서 혼인하였다.

---

* 글접 | 유생들 사이의 학문적 모임. 서강(書講).
* 부대작저고리 | 삼작 노리개를 단 저고리. 삼작 노리개는 지체 있는 부녀자들이 저고리에 매단 장신구.
* 신행(新行) | 혼행(婚行)이라고도 한다. 혼인 때 신랑이 신부 집으로 가거나 신부가 신랑 집으로 가는 것을 말하는데 여기서는 신부 집에서 혼례를 마치고 시댁으로 가는 것을 가리킨다.

그때 어머니도 친정에 가 계시어 나도 따라가 외가에 머물렀는데 어릴 때 외가에 가면 늘 함께 놀곤 하던 이모 송참판댁의 맏딸—이분은 뒤에 우리 막내 작은어머니가 되셨다.—이 옷치레를 빛나게 하고 참례하였다. 그때 나는 아직 상복 입을 나이는 아니었지만 무늬 없는 흰옷을 입고 있었다. 이것을 보고 어머니께서 나에게 말씀하셨다.

"아무개는 저리 곱게 입었는데 너는 곱지 못하니 너도 저 아이같이 하자."

"나는 할아버지 상복을 입으니 아무개 씨같이 입을 수 없습니다."

나는 대답하고 어머니를 모시고 있으면서 문 밖에 나가지 않았다. 그때는 내가 어려서 지각이 없을 때였는데도 대답을 잘한 것을 생각하니 부모의 교훈이 어린아이에게까지 미친 듯하다.

❁

계해년(영조 19년) 3월에 아버지께서 성균관의 으뜸자리인 태학장의太學掌議로 숭문당*에 입시入侍(대궐에 들어가 왕을 알현하는 것)하셨다. 그때 연세가 서른한 살이었는데 자질이 금옥金玉같이 맑고 깨끗하고 자태가 봉황같이 비범하여 유생들 가운데 뛰어나셨다. 또한 응대함과 몸가짐이 법도에 맞으니 임금의 뜻이 아버지께 기울어 알성* 후에 과거를 베풀어 유생들에게 다시 보게 하셨다. 임금의 뜻이 분명 아버지께 있다 하여 당숙까지 집에 오시어 급제자 발표를 기다렸는데 아버지께서 급제하지 못하고 돌아오시기에 내가 기다리다가 실망하여 울었다. 그해 가을에 의릉* 참봉*을 하셨으니, 할아버지 돌아가신 경신년(영조 16년) 후로 집안에 처음으로 관록官祿(관리에게 주는 봉록)이 들어왔다. 온 집안이 귀히 여기고 어머니는 그 첫 봉록을 일가친척들에게 모두 나누어 주고 쌀 한 되도 남겨 두지 않으셨다.

그해(영조 19년)에 간택단자* 받는 명이 내리니 어떤 이가 말했다.

"선비의 자식이 간택에 참예치 않아도 해로움이 없을 것이니 단자를 올리지 말라. 가난한 집에 의상 차리는 폐해를 줄이는 것이 마땅하다."

그러자 아버지께서 말씀하셨다.

"내가 대대로 국록을 받아 온 신하요, 딸이 재상의 손녀인데 어찌 감히 속이리오."

그리고 단자單子를 하셨다. 그러나 그때 우리 집이 몹시 가난하여 의상을 해 입을 길이 없었으니 치맛감은 언니 혼수에 쓰려던 것을 쓰고 옷 안에는 낡은 것을 넣어 입히셨다. 그 외의 다른 차비는 빚을 내어 어머니께서 수고하며 차리셨으니 그 일이 눈에 암암하다.

9월 28일 초간택*이 되었다. 선대왕*께서 못나고 모자란 내 재질을 크게 칭찬하여 각별히 예뻐하시고 정성왕후께서도 가까이 이끌어 보셨다. 선희궁(사도세자의 생모)께서는 간택하는 보계*에 오르지 않으시어 나를 먼저 불러 보시고 얼굴 가득 부드러운 기색을 띠어 사랑하셨다. 또 궁인들이 다투어 내 가까이 앉기에 내가 몹시 괴로워하였더니 선물을 내려 주기도 하셨다. 선희궁과 화평옹주께서 내가 예를 행하는 거동을 보시고 예에 맞는 자세를 가르쳐 주시기에 그대로 하고 나와서 어머니 품에서 잤다. 다음 날 이른 아침에 아버지께서 들어오셔서 어머니께 근심하여 말씀하셨다.

"이 아이가 수망首望(첫째 후보)에 들었으니 어찌 된 일인가."

* 숭문당(崇文堂) | 창경궁 명정전 북쪽에 있던 집으로 학문을 숭상하며 글을 배우고 익히던 곳.
* 알성(謁聖) | 왕이 성균관 문묘(文廟)의 공자 신위에 참배하는 것.
* 의릉(懿陵) | 조선 제20대 경종(景宗)과 계비 선의왕후(宣懿王后) 어씨의 능. 서울특별시 성북구 석관동에 있다.
* 참봉(參奉) | 조선 왕조 때 능이나 원(園), 또는 종친부·예빈시·돈령부·전옥서 따위의 관청에 딸렸던 종9품 벼슬.
* 간택단자(揀擇單子) | '간택'은 왕이나 왕자, 왕녀의 배우자를 고르는 일. '단자'는 그 내용을 적은 쪽지로 간택단자에는 조상에 관한 내용과 배우자의 사주 등을 적었다. 배우자에 해당하는 남녀의 집에서 관가(官家)에 신고하는 형식이었다.
* 초간택(初揀擇) | 왕비나 세자비를 정할 때 상대방 남녀를 세 차례에 걸쳐 가려 뽑는데 초간택은 그 첫 번째 간택이다.
* 선대왕(先大王) | 이 글이 집필된 것은 정조 때이므로 선대왕은 간택 당시의 왕 영조이다.
* 보계(補階) | 잔치 같은 큰일을 치를 때 마루를 넓게 쓰려고 널판을 마루 앞에 잇대어 임시로 만든 자리.

어머니께서 말씀하셨다.

"가난하고 변변치 못한 선비의 자식이니 들이지 말았더라면……."

내가 잠결에 두 분 근심하시는 말씀을 듣고 깨어 마음이 격해져 자리에서 많이 울었다. 또 궁중 사람들이 사랑하던 일이 생각나 놀라워서 즐거워하지 않으니 부모께서 도리어 나를 위로하셨다.

"아이가 무엇을 알리."

그러나 첫 간택 후로 내가 몹시 슬퍼하였으니 궁중에 들어와 무수한 큰 변화를 다 겪으려고 마음이 저절로 그러하였던가 싶어 한편 괴이하고 한편 사람의 일이 흐리지 않은 듯하였다. 간택 후에는 찾는 일가친척도 많고, 발길을 끊고 왕래하지 않던 집안 하인도 많이 왔으니 인정과 세태를 볼 수 있을지라.

10월 28일 재간택*이 되니 내 마음이 절로 놀랍고, 부모는 근심하며 요행히 떨어지기를 마음 졸여 바라며 들여보내셨다. 궁중에 들어오니 안에서는 완전히 결정하고 계셨던 듯, 내가 머문 의막依幕(임시 거처)을 가까이 하고 나를 대접하는 도리가 다르셨으니 내 심사가 더욱 당황스러웠다. 어전에 올라가니 내게는 다른 처자와 같지 않게 하시고 선대왕께서 내가 있는 주렴 안으로 들어오시어 나를 어루만져 사랑하시고 기뻐하며 말씀하셨다.

"내가 아름다운 며느리를 얻었도다. 네 할아버지를 생각하노라. 내가 네 아비를 보고 사람 얻은 것을 기뻐하였는데 네가 아무의 딸이로구나."

정성왕후와 선희궁께서도 몹시 사랑하고 기뻐하셨고, 여러 옹주들은 내 손을 잡고 귀여워하며 바로 내보내지 않고 경춘전景春殿(창경궁 안에 있는 궁전)이라는 집에 머무르게 하였다. 그리고 위의威儀를 차리러 갔던지 오래 머문 뒤에 낮것(점심 요깃거리)을 보내셨다. 나인이 내 견막이(부녀 예복으로 입는 녹색 웃옷)를 벗겨 치수를 재려 하기에 내가 벗지 않으니 나인이 달래어 벗겨 치수를 겼다. 나는 놀랍고 두려워 눈물이 났으나 참고 있다가 가마에 들어가 울며 나왔는데, 가마를 액예*들이 붙들어 내니 놀랍기 그지없었고 길에서 글월 비자*가 검은 옷 차림으로 서 있으니 또한 비할 데 없이 놀랐다. 집에 오니 내가 탄 가마를 사랑문으로 들이고 아버지께서 가마의 발을 드셨다. 아버지께서는 도포를 입고 나를 붙들어 내시며 공경하고 조심하며 어쩔 줄 모르시니 내가 부모를 붙들고 눈물이 절로 흐르는 것을 멈출 수가 없었다. 어머니께서는 예복으로 바꿔 입으시고 상에 붉은 보자기를 펴 놓고 중궁전中宮殿의 글월(글이나 편지)은 사배四拜하고 받으시고, 선희궁의 글월은 재배再拜하여 받으시며 한없이 조심하고 두려워하셨다.

그날부터 부모는 내게 말씀을 고쳐 존대하시고 일가 어르신네도 나를 공경하여 대접하시니 말할 수 없이 불안하고 슬펐다. 아버지께서 근심하고 두려워하며 경계하시던 말씀이 천 마디 만 마디이니 내가 무슨 죄를 얻은 듯 몸 둘 바를 몰랐다. 그런 가운데서도 부모 떠날 일이 서러워 내 어린 간장이 녹을 듯하니 만사에 아무 경황이 없었다. 이런 가운데 아주 가까운 친척에서부터 먼 친척들까지도 내가 궐에 들어가기 전에 본다 하고 다 와서 보았다. 먼 친척은 밖에서 대접하여 보내고 양주의 증대부曾大父(증조할아버지 항렬의 어른) 이하를 뵈었다. 그때 대부大父(할아버지 항렬의 어른) 한 분이 거듭거듭 경계하셨다.

"궁궐이 지극히 엄하니 들어가신 후에는 영 이별이로다. 공경하며 조심하여 지내소서. 내 이름은 '거울 감鑑'자, '도울 보輔'자이니 들어가신 후에 생각하소서."

---

* 재간택(再揀擇) | 두 번째 간택. 초간택에서 뽑힌 몇 명(보통 5명 정도)의 후보자들 가운데 다시 세 명의 후보를 가려 뽑았다. 나머지 처녀들은 다른 곳으로 결혼하게 하였다.
* 액예(掖隷) | 액정서(掖庭署)에 딸린 종. 궁중에서 일하는 종을 말한다.
* 글월 비자(婢子) | 별궁이나 비·빈의 친정, 종친 사이에 전교(傳敎)를 전하는 여종으로 검은 옷을 입었다.

내가 평소에 그 할아버지를 뵌 일도 없었으나 말씀을 들으니 절로 슬펐다. 삼간*은 11월 13일이었다. 남은 날이 점점 적어지니 갑갑히 슬프고 서러워 밤이면 어머니 품에서 잤다. 두 고모와 작은어머니께서도 어루만지며 떠남을 슬퍼하셨다. 부모님은 밤낮으로 어루만지며 어여뻐 하시고 잔잉히(애처로이) 여기시어 여러 날 잠을 못 주무셨으니 지금도 생각하면 가슴이 막힌다.

재간 다음 날 보모 최상궁과 색장* 김효덕이라는 나인이 나왔는데 풍채가 크고 위엄 있어서 작은 궁녀 모양이 아니었다. 게다가 대대로 섬겨 예모도 알고 법도를 지켜 가볍지 않으니 어머니께서 맞아 정성을 다하여 대접하셨다. 상궁이 옷 치수를 재 가고 난 후 삼간에 이르러 최상궁이 또 나오고 색장은 문대복이란 나인이 나왔다. 의복은 정성왕후께서 만들어 내리신 것으로 초록 도유단桃榴緞 당저고리, 송화색 포도문단(포도 무늬 비단) 저고리, 보라색 도유단 저고리 한 짝이요, 진홍색 오호로문단* 치마와 모시적삼이었다.

나는 어려서 곱게 입어 보지 못하였으나 남이 가진 것을 입고 싶어 하거나 갖고 싶어 하지 않았다. 뿐만 아니라 가까운 친척 가운데 내 또래의 부요한 집 귀한 딸이 의복과 장신구를 갖추지 않은 것이 없었는데도 부러워한 적이 없었다. 하루는 그 아이가 다홍색 깨끼주* 치마를 입고 오니 몹시 고운

도유단 당저고리 석류 무늬 사이사이에 복숭아 꽃잎 무늬를 배치한 비단으로 지은 조선 시대 여자 예복의 하나. 앞자락과 뒷자락이 무릎까지 내려오고 옆이 트였으며 저고리 위에 덧입었다. 국립고궁박물관 소장

지라 어머니께서 보고 물으셨다.

"너도 입고 싶으냐."

"있으면 피하여 안 입을 도리는 없지만 장만해 입기는 싫사오이다."

내가 대답하니 어머니께서 감탄하여 말씀하셨다.

"너는 가난한 집 딸이어서 그러하니 네 혼인 때 이 치마를 해주어 네가 오늘 어른같이 말하던 것을 드러내리라."

그런데 내 몸이 이리 되니 어머니께서 눈물을 흘리며 말씀하셨다.

"그동안 고운 옷을 입히지 못하여 이 치마를 해주려 하였는데 궁궐에 들어가시니 사사로운 의복은 입지 못하리라. 이제라도 내가 입히고 싶은 것을 해 입히리라."

그리고 재간 후 삼간에 미치지 않았을 무렵에 이 치마를 해 입히고 슬퍼하시니 내가 울며 입었더니라.

생각해 보니 종가宗家의 사당과 외조부모 사당에 하직함이 마땅하겠기에 가고 싶다 하였다. 마침 금성위*의 큰형수가 둘째 고모의 시누이여서 차차 전하여 선희궁께 아뢰었고 자상自上(왕)이 가라 하신다 하였다. 나는 어머니를 모시고 가마에 함께 타고 종가에 갔다. 딸이 없던 당숙 내외는 평소에 나를 데려다가 머물러 보내기도 하며 사랑하셨다. 위(왕)에서 이것을 아시고 대례大禮(혼례)를 함께 보살피라는 말씀이 있었기에 국혼國婚 정한 후로 당숙은 우리 집에 와 머물고 계셨다. 당숙모께서 나를 보고 반기시며 사당에 인도해 올려 신위에 절하게 하였다. 본디 자손은 종가 사당 뜰에서 절하는 것

---

* 삼간(三揀) | 세 번째 간택으로 최종 간택이다. 재간에서 뽑힌 셋 가운데 마지막으로 한 명을 가려 뽑아 결정하는 절차이다.
* 색장(色掌) | 여러 나인을 감독하고 지휘하며, 여러 궁전의 문안 등을 맡은 나인으로 궁중의 편지를 전하기도 하였다.
* 오호로문단(五葫蘆紋緞) | 호리병 모양의 박 다섯 개를 둥글게 배치한 무늬의 비단.
* 깨끄주 | '깨끼'는 깨끼옷의 준말로 안팎 솔기를 곱솔로 박아 지은 겹옷을 말하고, '주(紬)'는 명주실로 무늬 없이 짠 피륙이다. 가난한 이들이 주로 입던 무명옷과 비교되었다.
* 금성위(錦城尉) | 영조의 셋째 따님인 화평옹주의 남편, 박명원(朴明源).

삼간택후예별궁반차도 부분 간택된 왕비나 세자빈이 혼례를 앞두고 별궁에 머무르기 위해 들어가는 행렬 장면. 고려대학교 박물관 소장

이 예인데 내가 정당正堂(중앙 대청)에 올라 절하고 내려오니 몹시 놀라서 가슴이 두근거렸다.

　그날 외가로 가니 외삼촌댁이 맞아 반기며 떠남을 허전해하셨다. 전에는 내가 가면 외사촌들이 업고 안으며 몹시 친근하게 굴었는데 그날은 멀리 앉아 공경히 대하니 더 슬펐고, 외사촌인 신씨의 아내와는 남달리 사랑하였기에 떠나기가 더 섭섭하였다. 두 분 이모를 뵙고 집으로 돌아왔다.

　날이 흘러 삼간 날이 되니 고모들께서 집이나 다 두루 살피라면서 12일 밤에 나를 데리고 다니셨다. 달빛은 명랑하고 눈 위에 바람이 찬데 고모들이 내 손을 이끌고 다니니 눈물이 흘렀다. 방에 들어와서도 차마 잠을 이루지 못하였는데 이튿날 일찍부터 입궐하라 재촉하니 궐에서 삼간에 이르러

해 보내온 의복을 입었다. 먼 친척 부녀들은 그날 와서 하직하고, 가까운 친척은 별궁*으로 간다고 모였다. 사당에 올라 하직할 때 고유다례*를 지내고 축문祝文을 읽으니 아버지께서 눈물을 참으셨고 모두 차마 떠나기 어려워하였으니 그 정경이야 어찌 다 이르리오.

궐(창경궁)에 들어와 경춘전에서 쉬고 통명전*에 올라가 삼전*께 뵈니 인

---

* 별궁(別宮) | 정전(正殿) 외의 궁으로 왕·왕세자의 가례 때 빈을 맞아들이던 궁전. 삼간택에서 비나 세자빈에 간택된 후 이곳에서 궁중 예절 등을 익혔다. 여기서는 어의동(於義洞) 본궁을 말한다.
* 고유다례(告由茶禮) | 나라나 사가(私家)에 큰일이 생겼을 때 사당이나 신명(神明)에게 사연을 알리는 다례.
* 통명전(通明殿) | 경춘전 북쪽에 있었으나 정조 14년 정월 2일에 불타 없어졌다.
* 삼전(三殿) | 대전(大殿)·대비전(大妃殿)·중전(中殿). 여기서는 시아버지인 영조·시할머니인 인원왕후(숙종비)·시어머니인 정성왕후(영조비)를 가리킨다.

원왕후께서 처음으로 보시고 말씀하셨다.

"아름답고 극진하니 나라의 복이로다."

선대왕께서도 어루만지며 몹시 사랑하셨다.

"슬기로운 며느리이니 내가 잘 골랐노라."

정성왕후의 기꺼워하심과 선희궁의 극진한 자애는 말할 것이 없으니 비록 아이 적 마음이나 은혜에 감사하여 우러르는 마음이 절로 일었다. 얼굴과 머리 맵시 고치고, 원삼圓衫(연두색 길에 자주색 깃과 색동을 단 부녀의 예복) 입고 앉아 상 받고 날 저물기에 서둘러 삼전께 사배하고 별궁으로 가려고 나왔다. 선대왕께서 몸소 덩(가마) 타는 곳에 오셔서 내 손을 잡고 말씀하셨다.

"잘 있다 오라. 『소학小學』을 보낼 테니 아비께 배우고 잘 지내다가 들어오라."

선대왕의 애틋한 사랑을 받고 나오니 날이 저물어 불을 켰더라. 궁인들이 좌우로 나를 데리고 있어 내가 어머니를 떠나 잘 일이 놀라워 잠을 못 자고 슬퍼하니 어머니 마음이 또 어떠하셨으리오. 그러나 보모 최상궁은 성품이 엄하고 사사로운 정이 없어 어머니에게,

"나라 법이 그렇지 않으니 내려가소서."

하여 모시고 자지 못하게 하니 그런 박절한 인정이 없더니라.

이튿날 선대왕께서 『소학』을 보내셔서 날마다 아버지께 배웠다. 당숙도 함께 들어오시고, 첫째 작은아버지(홍인한)와 오라버니(홍낙인)도 들어오셨다. 그때 셋째 삼촌(홍준한)은 어린 아이로 들어오셨다. 선대왕께서 또 『훈서訓書』를 보내시어 『소학』 배우는 여가에 보라 하셨다. 그 『훈서』는 효장세자孝章世子(영조의 첫아들, 12살에 승하함)의 빈嬪이신 효순왕후孝純王后께서 궁에 들어오신 후에 지어 주신 어제御製였다.

별궁에 배치한 가구와 병풍·방장房帳과 자장資粧(단장하는 물건) 가운데 선

희궁이 주신 왜진주 큰 가자(가지 모양의 노리개) 하나가 있었다. 이것은 본래 내 5대조 할머니이신 정명공주貞明公主의 것으로 손녀인 조씨의 아내에게 준 것이었는데 그 집에서 팔았던지 선희궁 모시는 궁녀의 집을 통하여 사온 것이었다. 내가 공주의 자손으로 궁에 들어와 내 집안의 옛 물건을 가지게 되니 우연치 않은 일이라. 또 할아버지 정헌공께서 서화書畵에 취미가 있어 생전에 네 폭 수 병풍 감이 있었는데 할아버지 돌아가신 후에 모시던 하인이 가져가 팔았다. 그런데 공교롭게도 선희궁 나인의 친척을 통해 사서 수 병풍 네 첩을 꾸며 침실에 치도록 보내 주셨다. 이것을 막내 고모가 알아보시고 말씀하셨다.

"할아버지에게 있던 것이 궁에 들어와 오늘날 손녀 분 마누라의 침실에 쳐졌으니 이상하다."

또 선희궁의 여덟 폭 용을 수놓은 병풍이 나와 쳐진 것을 아버지께서 보시고 말씀하셨다.

"이 병풍 속의 용의 색깔이 꼭 을묘년 6월 17일(혜경궁 홍씨의 출생 전날)에 내가 꿈에 본 용의 색깔이다. 그때 꿈꾼 후에는 생각나지 않았는데 이 병풍을 보니 분명히 꿈속의 용과 같다."

그 자리에 있던 사람들이 모두 할아버지의 수 병풍 그림이 손녀인 내게 돌아온 것이나, 병풍 속의 용의 색깔이 아버지 꿈속의 그것과 몹시 닮은 것이 이상하다고 감탄하며 즐겼다. 그 용은 검은 비늘과 껍질이 금실로 수놓여서 검은색과 금색이 어리었으니 아버지께서 말씀하셨다.

"꼭 흑룡은 아니면서도 형상하지 못하겠더니 지금 생각해 보니 병풍 속의 용 색깔과 아주 비슷하다."

별궁에서 50여 일을 지내는 동안 삼전께서 안부 물으러 보내시는 상궁이 자주 왔는데, 오면 또 내 친정 식구를 청하여 뵙고 정성스럽게 대우하니 이루 말할 수 없이 감사하였다. 상궁이 오고 오래지 않아 술상과 예관禮官(예를 맡은 관원)이 따라 들어와 대접이 풍성하고 넉넉하였으니 그 후에도 온 궁중이 갑자가례* 때의 성대함을 이야기하였다.

내가 별궁에 머무는 사이에 할머니 병환이 있었다. 대혼大婚(가례)은 박두하고 할머니 병세는 가볍지 않으니 부모께서 초조하고 황급하여 어쩔 줄 모르셨다. 이것을 어찌 다 헤아리리오. 그때 형편으로는 마음이 편해도 나를 떠날 정리情理가 어려우셨을 터인데 마음속에 첩첩한 근심이 만단萬端이었다. 그런데도 별궁에 들어오셔서는 화평한 기운을 잃지 않으시더니 할머니께서 피우避寓(거처를 옮겨 요양함) 하시게 되자 아버지께서 몸소 할머니를 업어 가마에 들고 나게 하셨다. 별궁의 궁인들이 이 말을 듣고 크게 칭찬하여 궐에 들어가 내 아버지께서 당신 계모께 극진히 효도하신 것을 칭찬하였다. 천만다행으로 할머니 병환이 차차 나아지시어 나라와 집안에 그런 다행이 없었으니 시방 생각하여도 그렇게 초조해하던 일이 없더라.

정월 초9일에 책빈*하고 11일이 가례嘉禮였다. 부모 떠날 날이 바짝 다가오니 내가 정을 참지 못하여 종일 소리 내어 울며 지냈다. 부모도 인정에 걱정스럽고 슬프실 것이나 아버지께서 사소한 정리를 참고 경계하셨다.

"신하의 집안이 척리戚里(임금의 외척)가 되면 임금의 은총이 따르고, 은총이 따르면 집안이 흥성하게 되며, 집안이 흥성하면 재앙을 부르게 된다. 내 집안이 부마도위의 자손으로서 대대로 나라의 은혜를 무한히 입었으니 나라를 위하여 끓는 물이나 뜨거운 불인들 어찌 사양하리오. 그러나 세상을 모르고 글이나 읽던 선비가 하루아침에 왕실의 외척이 되었으니 이것은 복의 징조가 아니라 화禍의 기틀이다. 오늘부터는 근심스럽고 두려워 죽을 곳을 모르겠노라."

그러고는 앉고 눕는 것 같은 일상의 모든 행동을 가르치셨다.

원삼 연두색 길에 자주색 깃과 색동 소매를 달고 옆을 튼 부녀 예복의 하나로 주로 신부나 궁중 여인들이 입었다. 고려대학교 박물관 소장

 "삼전을 공경하여 조심스럽게 섬기고 효성에 힘쓰소서. 동궁東宮(왕세자)을 반드시 옳은 일로 도와 섬기고 말씀을 더욱 조심하여 집안과 나라의 복을 닦으소서."

 경계하시는 말씀이 천 마디 만 마디였다. 내가 공경하여 들으면서도 울음을 그치지 못하였으니 그때 심정이야 목석인들 어찌 감동하지 않으리오. 초례* 한 후 부모로부터 또다시 가르침을 받았다.

 그때 아버지는 다홍색 공복公服(관원의 의복)에 복두*를 쓰셨고, 어머니는 원삼을 입고 큰머리*를 쓰셨다. 일가친척이 모두 작별하기 위해 별궁에 모였고 궁 안 사람도 많이 나왔으나 우리 부모께서 안팎일에 예를 행하시는

---

* 갑자가례(甲子嘉禮) | 가례는 왕·왕세자·왕세손의 혼례이며 갑자년의 가례라는 뜻. 곧 갑자년(영조 25년) 정월 11일에 있었던 왕세자인 경모궁(景慕宮)과 작자인 혜경궁 홍씨의 혼인을 가리킨다.
* 책빈(冊嬪) | 세자빈의 혼례 절차 중 하나로 빈에 책봉하는 것. 조선 왕조에서는 왕비를 맞이하는 납비(納妃)와 세자빈을 맞이하는 납빈(納嬪), 왕자 혼례의 절차가 조금씩 달랐다. 세자빈을 맞아들이는 절차는 납채(納采), 납징(納徵), 고기(告期), 책빈(冊嬪), 친영(親迎), 동뢰(同牢), 빈조현(嬪朝見)의 순으로 이어졌다.
* 초례(醮禮) | 혼인 예식. 여기서는 처음 별궁에서 행한 예.
* 복두(幞頭) | 과거 시험에 급제한 이가 증서를 받을 때 쓰던 모자. 벼슬 없는 사람의 관.
* 큰머리 | 어여머리라고도 한다. 예식 때 여자의 머리에 크게 틀어 얹는 다리(숱이 많아 보이도록 덧넣는 머리)로 된 커다란 머리.

것이 조금도 절도에 어김이 없어 엄숙하고 단정하니 보는 사람들이 모두 나라가 사돈을 잘 얻으셨다고 칭찬하였다.

초례를 마치고 궁에 들어와 대례*를 지내고, 다음 날(12일)에 조현*하니 선대왕께서 말씀하셨다.

"네 폐백까지 받았으니 경계하자. 세자를 섬길 때는 부드럽게 하고, 말소리와 낯빛을 가벼이 하지 말며, 보는 눈이 많아도 궁에서는 예사로운 일이니 모르는 체하여 아는 빛을 보이지 말라."

나는 경계하시는 말씀을 공경하여 받들었다.

그날 선대왕께서 통명전에서 정성왕후와 선희궁을 거느리시고 아버지를 인견引見(왕이 의식을 갖춰 불러 봄)하여 말씀이 간절하고 술도 내리셨다. 아버지께서 받아 잔을 입에 조금 대시고 남은 술을 소매에 붓고 귤 씨를 품에 품으시니* 선대왕께서 나에게 말씀하셨다.

"네 아비가 예를 안다."

아버지께서 감격하여 물러가 집안사람들에게 이야기하고 울며 말씀하셨다.

"성은聖恩이 이러하니 오늘부터 우리 집안사람들은 죽음으로 갚아야 하리라."

다음 날 인정전*에서 진하進賀(백관의 축하 인사) 받으실 때 나에게 구경하게 하시고, 또 친정 식구들에게도 굿 보게 하라 하셨다. 진하 끝난 후 내가 대조전大造殿(왕비의 정당正堂)으로 올라가 문안하니 정성왕후께서 어머니를 불러 보시고 정중히 은혜를 베풀어 주셨는데 대접하심이 여염집안의 사사로운 부모 사이 같으셨다.

"딸을 아름답게 길러 나라에 경사를 보게 하니 공이 크도다."

인원왕후께서는 상궁을 시켜 어머니를 잘 대접하게 하셨다. 비록 친히 불러 보시지는 않았으나 은애恩愛가 간곡하셨으니 영광이 이를 데 없었다. 선희궁께서도 즉시 서로 보시고 사돈 간에 사귀셨으니 온화한 기운이 민가의 사사로운 어버이들보다 더하였다. 어머니도 온화한 기운을 띄고 말씀 간결하신 가운데 어질고 넉넉하며 겸손하시니 모든 궁중 사람이 칭찬하며 따라 귀하게 여겼다. 이러므로 을해년(영조 30년)에 어머니 돌아가시자 자전慈殿(어머니인 왕후, 정성왕후)과 대전大殿(임금, 영조)의 늙은 나인들이 모두 슬퍼 울었으니 어머니께서 이렇게 인심을 얻으셨더니라.

내가 통명전에서 3일 밤을 지내고 왕세자의 거처인 저승전儲承殿으로 돌아와 나 머무는 집인 관희합觀熙閤(저승전 옆에 있음)으로 들어가는 모습을 보고 어머니께서 나가셨다. 그때 나는 심장, 간장이 다 사라지는 듯하였으나 어머니께서는 슬픈 빛을 드러내지 않으시고 태연히 작별하며 나를 경계하셨다.

"삼전이 사랑하시고 선희궁께서 딸같이 귀중히 여기시니 갈수록 더욱 효도에 힘쓰시면 집안과 나라의 복이 되리이다. 부모를 생각하시거든 이 말씀을 명심하소서."

그러고는 가마에 들어가셔서 흐느껴 울며 나인들에게 나를 간절히 부탁하셨으니 궁인이 감탄하여 말했다.

"본댁네(친정어머니) 거동을 보고 어찌 그 부탁을 저버리리오."

15일에 선원전*에 전알展謁(참배)하고 17일에 종묘*에 참배하였다. 선대왕

---

* 대례(大禮) | 궁에 들어와 행한 혼례 절차.
* 조현(朝見) | 가례의 마지막 절차로 시부모인 왕과 왕비를 뵙는 예. 이때 신부가 시부모에게 바치는 예물이 폐백이다.
* 아버지께서~품으시니 | 술을 남겨 소매에 붓고 귤 씨를 품은 것은 집으로 가져가 사당과 부모님께 전하려는 의지를 보인 것으로 임금이 준 큰 은혜와 영광을 깊이 간직하려 함을 뜻한다.
* 인정전(仁政殿) | 창덕궁의 정전(正殿)으로 임금이 조회하던 곳.
* 선원전(璿源殿) | 태조부터 숙종까지의 화상(畫像)을 모신 곳.
* 종묘(宗廟) | 조선 역대 임금들의 신위를 모신 곳.

께서는 내가 어린 나이에 대례를 순조롭게 잘 마치고 무거운 큰머리를 이겨 실수하지 않은 것을 칭찬하셨고 선희궁께서도 갸륵히 여겨 기뻐하시니 더욱 감격스러웠다.

아버지께서는 초하루와 보름에 입궐하시기는 하였으나 상교上敎(왕의 분부)가 있어야 뵐 수 있었다. 그나마 늘 오래 머물지 않으시고,

"궁궐이 지극히 엄하니 궁 밖의 신하가 오래 있을 수 없노라."

하시며 즉시 나가셨다. 또한 들어오실 적마다 거듭거듭 경계하시던 말씀은 이루 다 쓸 수가 없다. 들어오시면 동궁(경모궁)께 입대入對(나아가 뵘)하여 공부를 권하시고, 옛글이며 옛 사적史蹟을 아시도록 지성으로 아뢰셨다. 그러므로 경모궁께서 아버지를 남달리 대접하시고 귀히 여기셨고, 아버지도 경모궁을 우러러 정성을 다하며 귀중히 여기셨다.

갑자년(영조 20년) 10월에 아버지께서 등과登科(과거 급제)하시자 경모궁께서,

"장인이 과거하셨다."

하며 몹시 기꺼하시어 내가 있던 집으로 내려와 기쁜 낯으로 즐거워하셨다. 그때는 경은* 국구國舅(왕의 장인) 댁도 과거한 이가 없고, 달성 본곁*에는 더욱 입신출세한 사람이 없었다. 그래서 아버지께서 과거 급제한 경사를 신기하게 여겨 어린 나이인데도 그리 좋아하셨던가 싶다. 창방唱榜(급제자를 발표하고 홍패紅牌를 줌) 후 아버지께서 입대하시니 동궁(경모궁)께서 어사화御賜花를 만지며 즐거워하셨다. 선대왕께서 아버지를 그 전해인 계해년(영조 19년)에 급제시키지 못한 것을 애달파 하시다가 이날 몹시 기뻐하셨고, 인원·정성 두 성모聖母(모후)께서도 나를 불러 치하하셨다.

"사돈이 과거 급제하니 나라에 다행이라."

정성왕후께서는 당신 친정이 어려운 일을 많이 겪었으니, 한 당파에 치우치시려는 것이 아니라 노론老論을 친척같이 위하셨다.* 그러므로 동궁이 우

리 집과 혼인한 일을 몹시 기뻐하셨는데 아버지께서 문과에 급제하시자 진실로 기꺼하시어 안수眼水(눈물)까지 머금으셨으니 내 마음이 더욱 헤아릴 수 없이 감탄스러웠다.

아버지께서는 언제나 한결같은 마음으로 예학睿學(세자의 학업)을 도우시어 늘 유익한 옛사람의 글도 써 드리고 동궁께서 글을 지어 보내면 평론해 드렸다. 그러므로 동궁께서 시강원侍講院(왕세자의 교육을 맡아보던 곳) 관원에게서 공부하기는 하셨으나 우리 아버지께 배우는 것이 많았다. 나라가 천만년 번성하기를 바라시어 동궁이 태평성군 되기를 간절히 원하신 아버지의 그 지극한 정성을 어느 신하가 감히 따르리오.

그러나 섧고 섧도다. 내가 어려서 궁에 들어와 궁중의 일을 뵈니 예질睿質(세자의 기질)이 총명하고 위대하며 효성이 뛰어나셨다. 선대왕을 두려워하는 것 외에는 효성이 거룩하시고, 정성왕후 받드는 효성도 낳아 주신 어머니라 한들 이보다 더하지는 못할 것이었다. 생모(선희궁) 섬기는 일은 더욱 어찌다 형용하리오. 선희궁께서는 천성이 어질고 사랑이 많으시면서도 엄숙하시어 당신이 낳은 자녀들도 사랑하시는 가운데 교훈이 엄하시니 모두 어머니 같지 않게 두려워하였다. 당신 자식이 저위儲位(왕세자의 자리)에 오르자 감히 어머니로 자처하지 않으시고 지극히 존대하시면서도 사랑을 드러내지 않고 가르치시니 아드님(세자)께서 어머니를 지극히 두려워하며 조심하셨다. 또한 나를 사랑하시면서도 늘 동궁과 다름없이 대접하셨으니 며느리 된 몸으로 과한 대접을 받을 적마다 몹시 불안하였다.

나는 궁에 들어오면서부터 감히 문안을 게을리하지 않았다. 인원·정성

* 경은(慶恩) | 숙종의 계비 인원왕후의 친정아버지인 경은부원군 김주신(金柱臣).
* 달성(達城) 본결 | 영조 비인 달성 서(徐)씨 정성왕후의 친정.
* 정성왕후께서는~위하셨다. | 정성왕후와 혜경궁 홍씨의 친정은 모두 노론이었다.

두 성모께는 닷새에 한 번씩 문안하였고, 선희궁께는 사흘에 한 번씩 하도록 하였으나 날마다 모실 때가 많았다. 그때는 궁궐의 법이 지엄하여 예복을 입지 않거나 날이 늦으면 감히 뵙지 못하였기 때문에 새벽 문안 때를 어기지 않으려고 잠을 편히 자지 못하였다. 내가 궁에 들어올 적에 유모 아지와 시비 하나를 데리고 왔는데 시비 이름은 복례이다. 복례는 아비지께서 소과小科(생원과 진사를 뽑는 과거)에 급제한 후에 증조할머니께서 특별히 내려주신 시비인데 내가 어렸을 때 저를 데리고 놀음놀이하며 곁에서 떼어 놓지 않았다. 복례는 천성이 민첩하고 기지가 있으며 천한 인물 같지 않게 충성스러웠다. 또 아지는 성품이 순박하고 참되며 충성스럽고 부지런하였다. 나는 아지와 복례에게 단단히 일러 아침 일찍 깨우는 것을 큰일같이 하여 감히 태만히 하지 못하게 하였다. 내가 추운 겨울이나 무더운 여름, 비바람 불고 큰 눈이 내리는 가운데에도 문안 갈 날이면 하루도 늦지 않았던 것은 이 두 사람의 공이라 하겠다.

이후 아지는 내가 여러 차례 해산할 때마다 시중을 들어 공이 적지 않았기에 제 자손이 대대로 요포料布(무명이나 베로 주는 급료)를 넉넉히 받으며 팔십이 넘도록 누리며 산다. 복례는 나를 지극히 잘 따라 섬겨 나의 슬픔과 기쁨, 괴로움과 즐거움을 수족手足같이 알아 50년 허다한 경력을 함께 하였다. 경술년(정조 14년) 큰 경사(순조 탄생) 때는 산후국과 밥을 대령해 올려 주상主上(임금, 정조)께서 상궁을 시키셨다. 아지는 지금 나이 칠십이 넘었으나 근력이 좋아 내게 어린 시비같이 군다. 아지와 복례는 이렇게 내게 공功 있는 심덕을 끼쳤기 때문에 나중까지 잘 누리는가 싶다.

옛날 궁중 법은 어찌 그리 지엄하던지 문안하는 것 외에도 어려운 일이 많았다. 그런데도 나는 괴로워하는 일이 없었으니 역시 옛사람의 됨됨이라 감당할 수 있는 것이 아니었던가 싶다. 내게는 시누이가 여럿(열 둘)이 있어 모두 나를 사랑하였으나 지위가 나와 달라서 내가 비록 시누이들을 대접은 할지언정 행실을 한가지로 배우거나 하지는 못하였다. 나는 효순왕후의 몸가짐을 따라 하였으니 효순왕후는 나와 나이 차이가 많기는 하였으나 배움과 우애가 특별하였다. 여러 옹주 가운데 화순은 온순 공손하시고, 화평은 유순하시어 나를 극진히 대접하셨다. 아래 두 시누이 화협·화완은 나이가 서로 비슷한 데다 귀한 아기들로 놀이 도구가 다 갖추어져 있었다. 그러나 나는 따라 놀지 않았고 주위에 가지고 놀 것이 많아도 좋아하지 않았다. 선희궁께서 늘 이것을 안쓰럽게 여기시어 하나하나 정성껏 지도하셨다.

"마음속으로는 가지고 놀고 싶으련만 하지 않으니 대궐에 들어와 도리를 차리는 것이구나. 그러지 말고 함께 놀아라."

내 어찌 한때나마 잊고 지내리오.

계해년(영조 19년)에 내가 궁에 들어올 때 첫째 동생(홍낙신)은 다섯 살이요, 둘째 동생(홍낙임)은 세 살이었다. 형제가 다 숙성하고 쌍둥이 같아서 내 가례 후 어머니께서 일 년에 한두 번씩 궐에 들어오실 적이면 형제가 따라 들어왔다. 그럴 때면 선대왕(영조)께서 사랑하시어 나 있는 곳에 오시면 늘 앞세우고 다니셨다. 혹 선대왕께서 부르시면 첫째 동생이 순령수* 소리로 크고 길게 대답을 잘하니 어여삐 여기셨다. 그가 자라서 병술년(영조 42년)에 과거에 급제하자 선대왕께서 기꺼하시며 말씀하셨다.

"순령수 대답하던 아이가 급제하였다. 영상領相(영의정, 홍봉한洪鳳漢)이 아들을 잘 두었다."

그리고 유신(儒臣, 홍문관 관원)으로서 글을 읽으면 옥수玉手(임금의 손)를 두드리며 잘 읽는다고 칭찬하셨다.

---

* 순령수(巡令守) | 대장의 전령과 호위를 맡아 순시기(巡視旗)·영기(令旗)를 드는 군사. 대장의 부름에 크고 길게 대답했다.

경모궁께서는 이 형제를 더욱 사랑하시어 들어오면 한때도 곁을 떠나지 못하게 하고 양옆에 세우고 다니셨다. 첫째 동생이 아홉 살 즈음에 들어왔을 때, 마침 경모궁께서 종묘에 참배하느라 쓰셨던 평천관*이 곁에 놓여 있었다. 경모궁께서 웃노라고,

"씌우랴?"

하시자 동생이 머리를 감싸 붙들어 안고 말했다.

"신자臣子는 못 쓰옵나이다."

　경모궁께서는 어린아이가 법을 잘 아는 것을 기특히 여겨 씌우지 않으셨는데, 그때 동생의 몸에는 땀이 흘렀으니 요사이 아이들에 비하면 얼마나 숙성한가.

　궁중 법에 사나이가 열 살이 넘으면 궐 안에서 잠을 잘 수 없었다. 어느 날 경모궁께서 둘째 동생을 여러 번 부르시어 동생이 자비* 앞에 이르렀다. 그때 내관이 무슨 말을 공손하지 않게 하였던지 동생이 통분히 여겨 들어오지 않으니 경모궁께서 그곳까지 나가시어 몸소 불러들이고 말씀하셨다.

"네가 이리 강직하니 나를 어찌 도우랴."

　그러고는 부채에 글을 써 주셨는데 이 일이 어제 같다. 둘째 동생은 성품이 공순하고 따스하여 내가 편애하였다.

　아버지께서 과거에 오르신 지 7년 만에 오영장임*까지 맡으시어 공명이 성대하였다. 남들은 왕실의 근친近親이어서 이렇다 하겠으나 선희궁께서 조용할 때 나에게 말씀하셨다.

"어장御將(어영대장御營大將, 홍봉한)께서 전에 태학장의로 숭문당에 입시할 때 자상(영조)께서 처음 보시고 안에 들어오시어 '오늘 크게 쓸 신하를 얻었으니 장의 홍 아무라.' 하시더라."

　이 말씀을 우러러 헤아려 보면 아버지를 지우*하심은 숭문당 입시로 말

미안았으니 어찌 다만 내 부친이기 때문이었으리오. 이후 전곡갑병*과 군무軍務 및 국정의 중대사를 다 맡기시니 아버지께서 밤낮으로 온 힘을 다하여 거의 침식을 그만둔 듯이 하시어 사적인 일을 잊고 나랏일만 아셨다. 그리고 나를 보실 때마다 언제나 성은이 너무 커서 은혜를 어찌 갚을지 모르겠노라 하셨다.

❀

내가 일찍이 임신하여 경오년(영조 26년) 8월에 의소懿昭를 낳았는데 임신년(영조 28년) 봄에 잃었다. 삼전과 선희궁이 모두 너무나 애통해하시니 내가 불효하여 참혹한 광경을 보여 드리는가 싶어 죄스러웠다. 그러다가 그해 9월에 하늘이 도우시어 주상(정조)이 태어나셨으니 내 작은 복으로 이해에 이런 경사가 뜻밖이었다. 태어나신 주상은 풍채가 영위英偉하고 골격이 뛰어나시어 진실로 용과 봉을 닮은 자태이며 태양 같은 모습이었다. 선대왕께서 감鑑(봄)하시고 크게 기뻐하며 나에게 말씀하셨다.

"어린아이의 생김새가 기이하고 비범하니 조상 신령들이 도우심이요, 종묘사직이 의탁할 것이라. 내가 늘그막에 오늘 이 경사 볼 것을 어이 기약하였으리오."

여러 번 감탄하시고 또 말씀하셨다.

"네가 정명공주의 자손으로 나라의 빈이 되어 네 몸에서 이런 경사가 생

---

* 평천관(平天冠) | 임금이 쓰던 관의 한 가지. 위가 평평하다.
* 자비 | 차비문(差備門)의 준말인 차비가 변한 말. 임금이 평상시에 거처하는 편전(便殿)의 앞문.
* 오영장임(五營將任) | 훈련도감(訓鍊都監), 금위영(禁衛營), 어영청(御營廳), 수어청(守禦廳), 총융청(摠戎廳)의 대장 임무.
* 지우(知遇) | 임금이 인격이나 재능을 알아주고 대우하는 것.
* 전곡갑병(錢穀甲兵) | 조선시대 곡식과 포(布)를 맡아보던 관아인 선혜청의 당상과 장임(將任).

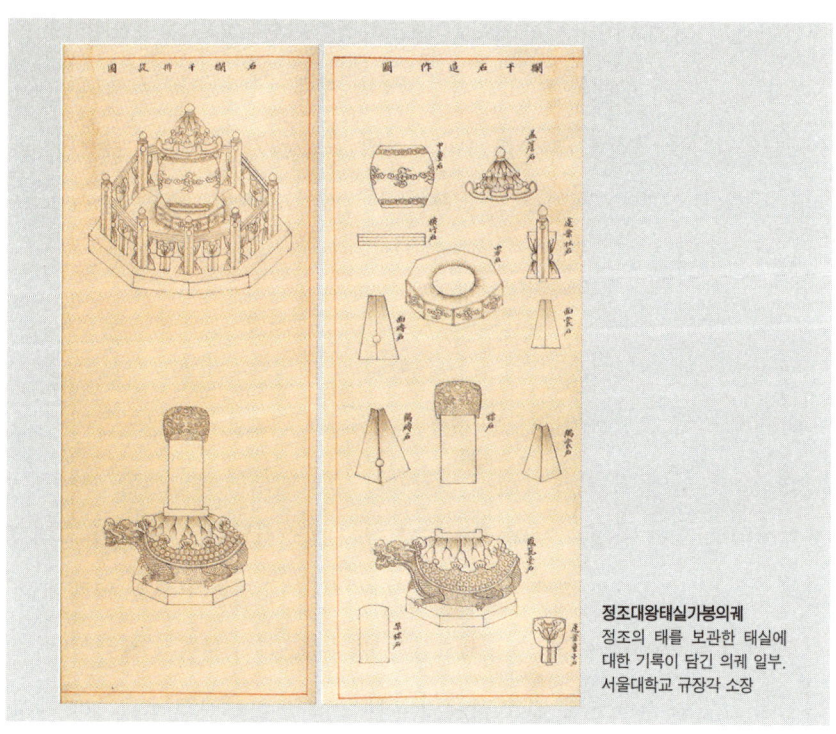

정조대왕태실가봉의궤
정조의 태를 보관한 태실에 대한 기록이 담긴 의궤 일부. 서울대학교 규장각 소장

졌으니 나라에 세운 공이 헤아릴 수 없이 크구나. 부디 아이를 잘 기르라. 의복을 검소하고 소박하게 입히는 것이 복을 아끼는 이치니라."

내가 이런 가르침을 어찌 감히 가슴 깊이 품어 두지 않았으리오.

지난번에 아이를 낳았을 때는 내가 나이가 어려 어미 도리를 하지 못하였다. 그러나 주상이 태어나시어 지난봄의 큰 슬픔 끝에 나라의 경사가 다시 있게 되니 육궁*이 첫아들 낳았을 때보다 백배나 더 크게 기꺼하였다. 어머니는 분만 전에 들어오셨고 아버지께서는 숙직하신 지 칠팔 일 만에 경사를 보셨다. 양친이 무한히 기뻐하고 경축하시고 아기께서 비범하게 기이한 것을 더욱 기꺼하여 축하하셨다. 그때 내 나이 스물 전이었으나 떳떳하고 기쁜 것은 인정상 당연한 일이었고, 이 아들 낳은 것이 내 신세 의탁인 듯싶었으니 마음은 신령스러운 것인가 싶더라.

주상이 태어나기 전해인 신미년 10월에 경모궁께서 꿈에 용이 침실에 들어 여의주를 희롱하는 모습을 보시고 깨어 이상한 징조라며 그 밤에 즉시 하얀 비단 폭에 꿈에 보였던 용을 그려 벽에 붙이셨다. 그때의 춘추를 헤아려 보니 열일곱이셨다. 기이한 꿈이 있어도 우연으로 생각할 때이건만 이것을 아들 얻을 기이한 징조라 하셨으니, 노숙한 어른 같던 일이 이상하고 용을 그린 화법畵法도 비상하였다. 그 후 과연 주상이 나셨으니 이것이 주상 얻을 꿈이던가 싶다. 경모궁께서는 말씀이 없고 엄격하고 진중하시나 어린 아들을 보면 웃지 않으신 적이 없었다. 그리고 나를 보고 스스로 축하하셨다.

"이런 아들을 두었으니 무슨 근심이 있으리오."

주상이 태어나던 그해(영조 28년)에 홍역이 크게 번성하여 옹주가 먼저 하니, 약원藥院(내의원)에서 동궁(경모궁)과 원손元孫(경모궁의 아들, 정조)이 거처를 옮겨 병을 피할 것을 요청하였다. 그때 원손은 삼칠일 전이라 움직이기 몹시 어려웠으나 어명을 어길 수가 없었다. 그리하여 경모궁은 저승전 동쪽 양정합에 머무시고 원손은 양정합 옆 낙선당으로 옮기셨다. 주상은 삼칠일 안의 아기였으나 몸집이 커서 먼 곳으로 안아 옮겨 가는데도 조금도 염려스럽지 않았다. 그때 미처 보모를 정하지 못하여 원손을 노궁인과 내 아지에게 맡겼다. 그날이 다하지 아니하여 경모궁께서 발진을 시작하셨다. 그러나 나인들도 다 발진을 하여 돌볼 사람이 없는지라 선희궁께서 몸소 와 돌보시고 밖에서는 아버지가 숙직하며 보호하셨다. 경모궁의 증세는 비록 순하나 열이 대단하시어 아버지가 붙들어 간호하셨으니 그 지극한 정성을 또 어찌

---

* 육궁(六宮) | 황후 정침(正寢) 하나와 연침(燕寢, 왕이 쉬는 궁전) 다섯을 합한 것. 온 궁을 뜻한다.

기록하리오. 적이 나으신 후에는 아버지께 늘 글을 읽어 달라 하시고 아버지께서 읽어 들려 드리면 말씀하셨다.

"글 읽는 소리를 들으니 시원하다."

아버지께서 밤낮으로 경모궁을 모시고 읽던 글을 내가 다 기억할 수는 없으나 제갈량諸葛亮의 「출사표」*를 읽으며 말씀하셨다.

"예로부터 임금과 신하가 잘 통함은 한나라 소열황제(유비劉備)와 제갈량 같은 이가 없으니 평소에 신이 이 글을 공경하여 읽나이다."

또 옛날의 어진 임금과 이름난 신하에 대한 말씀을 이야기로 아뢰면 경모궁께서는 비록 병환 중이나 각별히 응대하셨다.

경모궁의 병환이 적이 차도가 있은 후 내가 뒤따라 홍역을 하였다. 해산 후 경모궁의 병환에 마음 쓰다가 큰 병을 얻어 증세가 가볍지 않았는데 같은 날 원손에게 열꽃이 솟았다. 원손은 태어나 석 달밖에 안 된 아기셨는데도 증세가 몹시 순하여 큰 아이같이 순조로이 하셨다. 큰 병에 걸린 가운데 걱정할까 하여 선희궁과 아버지가 아기의 병을 나에게 이르지 않았기 때문에 나는 모르고 지냈다. 그러나 아버지는 나 있는 곳에 다니시며 한편으로는 원손도 뵈러 밤낮으로 왕래하셨으니 그 애태우심이야 어찌 다 형용하리오. 어느 밤에는 넘어져 걸음을 걷지 못하시더라 하였다. 이것도 내가 차도가 있은 후에야 비로소 알고 아버지께서 수고하며 걱정하시는 일이 불안하였다. 원손의 발진을 아직 하나가 맡은 가운데 아버지께서 홀로 돌보셨으니 그 애태움이 어떠하실까 싶었는데 아기가 홍역을 순하게 하셨으니 참으로 신기하였다.

홍역 후 주상은 잘 자라셨다. 돌 즈음에 글자를 알아 보통 아이와 달리 매우 숙성하셨다. 계유년(영조 29년) 초가을, 선대왕께서 대제학 조관빈趙觀彬을 친국親鞫(왕이 친히 심문함)하실 때 궁중 사람들이 다 두려워하자 당신도 손을 저으며 소리 지르지 말라 하였으니 두 살 어린 나이에 어찌 이런 이상한 지각이 있었으리오. 세 살 때 보양관*을 정하였다. 네 살 때 『효경孝經』을 배우셨으나 조금도 어린아이같이 구는 일이 없고 글을 좋아하시니 가르치기가 수고롭지 않았다. 어른같이 일찍 세수하고 머리 빗고 글을 가지고 놀았다. 여섯 살에 유생전강*할 때 선대왕께서 부르시어 당신 용상龍床 머리에서 글을 읽히셨다. 그때 글 읽는 음성이 맑고 하도 잘 읽으니 보양관 남유용南有容이 선동仙童(신선 세계의 아이)이 지상에 내려와 글 읽는 소리라고 아뢰어 선대왕께서 몹시 기뻐하셨다.

우리 주상같이 숙성하신 이는 예로부터 없을 듯하다. 어린아이지만 말 없는 가운데 아버지 경모궁께 효성스러운 일이 많았으니 어찌 다 거들리오. 모든 일이 하늘 사람이시다. 예사 사람으로 어찌 이러하리오.

내가 어린 나이에 이런 거룩하신 아들을 두고, 갑술년(영조 30년)에 군주郡主(왕세자 정실의 딸) 청연을 낳고 병자년(영조 32년)에 청선을 또 얻었다. 청연은 기질이 온유하고 너그럽고, 청선은 기상이 단아하고 온화하여 내 손 안의 두 구슬이었다. 내 팔자를 누군들 부러워하지 않았으리오. 밧집(비나 빈의 친정)으로 보더라도 부모 착하시나 공명과 영화가 빛나고, 형제가 많아도 큰 근심이 없었다. 어머니께서 궁에 들어오시면 여동생과 막냇동생(홍낙윤)을 앞에 세우고 들어오셨다. 막냇동생은 부모님이 늦게 낳은 자식으로 사랑이 지극하였고 또 저의 사람됨이 충직하고 너그러워 어릴 때라도 큰 그릇될 기상이 있었다. 그러므로 주상께서 이끌고 놀며 몹시 사랑하셨으니 내가 어여

* 「출사표(出師表)」 | 중국 삼국시대 촉한(蜀漢)의 정치가 제갈량이 위(魏)를 치려는 까닭을 지어 소열황제의 뒤를 이어 황제가 된 유선(劉禪)에게 바친 글.
* 보양관(輔養官) | 원자(元子)나 원손을 돌보고 양육시키는 관리.
* 유생전강(儒生殿講) | 성균관 유생 가운데 학식이 많은 사람을 궁에 불러 모아 왕이 친히 행하던 시험. 삼경(三經)이나 오경(五經)에서 뽑아 외우게 하였다.

뻐 여기고 기대하는 마음이 적지 않았다.

　여동생은 내가 궐에 들어온 후 부모께서 한결같은 마음으로 나를 잊지 못하다가 낳으셨다. 사람마다 아들 낳은 것을 기꺼하지만 우리 집안의 정리는 딸 낳은 것을 요행으로 여겨 온 집안의 기쁜 마음을 담아 이름을 지어 주셨다. 나도 내 자취가 부모 슬하에 머문 듯이 기뻤다. 또 제 기품이 아름다운 옥 같고 성품과 행실이 효성스럽고 우애 있으며 아름답고 온순하니 부모가 사랑하시고 동기들의 사랑이 제게 과분하였는데도 조금도 교만하지 않았다. 궐에 들어오면 인원·정성 두 성모와 선희궁께서 다 어여뻐 여기셨다. 통명전 대례 때는 온 궁의 나인들이 돌아가면서 안아 보며 밝은 달과 연꽃송이 구경하듯 하였으니 제 아름다운 자질을 여기서 알지라.

　내가 각별히 사랑하는 것이 어찌 한갓 동기의 정 때문만이리오. 제가 나를 따라 곁을 떠나는 일이 없었다. 경오년(영조 26년)에는 다섯 살이었는데 어머니를 잘 모시고 들어왔다. 내가 해산한다는 말을 듣고,

　"나라(왕)가 기꺼하시고 우리 아버님, 어머님이 다 좋아하시겠다."

하고 어른같이 말하니 듣는 사람이 이상하게 여겼다. 전에 효순왕후께서 저에게 노리개 한 줄을 채워 주신 적이 있었는데 효순왕후 승하 후에 그 노리개를 차지 않았다.

　"어찌하여 그 노리개를 차지 않느냐."

　내가 물었더니 제가 대답하였다.

　"주신 이가 안 계셔 보시지 않으니 못 찼나이다."

　임신년(영조 28년) 3월에 나라에 슬픔(작자의 맏아들 의소의 죽음)이 있었다. 그해 가을에 들어와 나를 보고 눈물을 흘리더니, 그 아이 기르던 보모의 손을 잡고 또 눈물을 흘렸다. 그때 일곱 살이라, 인사가 어찌 그리 숙성하던지 이상하였다. 임신년 9월 큰 경사(정조 탄생) 때 어머니께서 들어오시니 저도 모

시고 들어와 탄생한 주상을 보고 말했다.

"이 아기씨는 단단하고 숙성하시니 형님마마 걱정 안 시키겠다."

주위에 있던 사람들이 그 말이 옳아 웃었고, 어머니께서는 아이 말 같지 않다고 도리어 꾸중하시기에 내가 말했다.

"그 말이 옳으니 꾸짖지 마오소서."

이때 내 집에 궁중에서 내리는 복록福祿이 끊이지 않고, 집안도 번성하여 남매가 다 남 못지 않으니 모든 궁인이 나를 우러러 치하했다. 경모궁께서는 어머니를 사사로운 집안 장모 같지 않게 극진히 대접하셨고, 어머니도 경모궁을 감히 사위로 알지는 못하나 아끼고 우러러 귀중해하셨으니 그 정성이 어떠하였으리오. 경모궁께서 혹 성내는 일이 있다가도 어머니께서,

"일이 그렇지 아니하오이다."

아뢰면 즉시 안색을 돌이키셨다. 갑술년(영조 30년)에 청연을 낳을 때, 어머니께서 50여 일을 궐에 머물며 늘 경모궁을 모시고 지내셨다. 그때에 경모궁께서 지극히 격의 없이 공경하여 대하시니 어머니께서 항상 감축해 마지 않으셨다.

슬프다. 자질이 탁월하고 학문이 점차 발전하셨으니 그 기상과 기품이 어디론들 진취하지 않으셨으랴. 그러나 불행히도 임신·계유년(영조 28·29년) 사이에 병환점이 있으셨으니 내 끝없는 근심과 우리 부모의 애타고 초조한 마음이 어떠하였으리오. 어머니께서 밤낮으로 애타 몸소 기도하시고 명산대천에 정성이 미치지 않은 데가 없었다. 밤이면 잠을 이루지 못하고 두 손 모아 하늘에 축원만 하셨으니 다 나같이 불초한 자식을 두신 까닭이었다. 나라 위하는 지극한 정성이 아니었다면 어찌 이토록 염려하셨으리오.

우리 오라버니는 부모께서 일찍 얻은 자식으로 엄하게 교훈하시어 문장이 숙성하고 뜻과 기개가 아주 높으며 행실이 준엄하고 결백하셨다. 열다섯

이 지나자 엄연히 큰 선비 같아서 집안 식구들이 다 받들어 존대하고 노비까지도 모두 엄한 상전으로 알았다. 또한 또래들이 감히 함부로 여기지 못하고 엄중한 장부의 법도가 있었으니 할아버지 정헌공께서 늘 집안의 큰 기둥으로 아셨다. 계해년(영조 19년)에 혼인하려다가 대혼으로 연기되어 을축년(영조 21년)에 하셨다. 배우자는 여양*의 증손녀요, 봉조하*의 손녀이니 일세의 으뜸가는 큰 가문의 따님이다.

　형님(큰올케)은 어렸을 때 궁에 들어와 삼전(영조, 인원·정성왕후)의 은혜를 받은 적이 있었기 때문에 삼전께서는 형님이 내 집 며느리 된 것을 기뻐하셨다. 형님 신행 때 상궁이 내 친정에 나갔었는데 인원·정성 두 성모께서 그날로 그 상궁을 불러 일의 자초지종을 물으셨으니 사돈 사이가 두터웠음을 알 수 있다. 형님이 처음으로 궐에 들어오셨을 때 자질이 맑고 고우시고, 기품이 높고 빼어나며 위의와 예모가 더할 수 없이 훌륭하셨다. 형님이 여러 외척外戚 집안의 어린 부녀들 사이에 서신 것을 보면 닭의 무리에 학이 섞인 것 같고 돌 가운데 옥 나무가 빼어난 것 같았다. 궁 안에서 누군들 주목하여 칭찬하지 않았으리오.

　두 배우자가 짧고 깊이 없어 참으로 천생배필이라. 우리 집안의 종손 종부宗婦는 무리들 가운데 으뜸이니 부모께서 세상에 드물게 소중히 여기셨다. 연이어 딸을 낳고 오래도록 아들을 못 낳아 부모께서 몹시 답답하고 궁금해하셨는데 을해년(영조 31년) 4월에 수영이 네가 태어났다. 비록 강보에 싸였으나 골격이 빼어나고 얼굴이 관옥* 같으니 부모께서 너를 만금 보배보다 더 특별히 사랑하시고 천리마같이 기대하셨다. 그래서 내게 편지를 보내어 스스로 남몰래 하례하셨다. 그 부모의 소생이니 응당 잘났을 것이고 내 집안을 위하여 헤아릴 수 없이 기뻤는데 이후에 선대왕(영조)께서 보시고 너무나 어여삐 여기시어 이름을 '수영守榮'이라 지어 주셨다. 어린아이에게 이런 영광이 없고, 또 주상(정조)이 더욱 사랑하셨으니 어릴 때 임금의 은혜를 너같이 영예롭게 받은 사람이 어디 있으리오. 네가 태어난 후에 우리 집안은 더욱 한 가지도 험한 일이 없었다.

그런데 섧도다. 네가 태어나던 그해 8월에 어머니 상사가 났다. 누군들 어머니 잃은 슬픔이 없으리오마는 내 정경은 천지간에 나 혼자인 듯, 너무나 애통하여 천지가 망망하였다. 어이 살고 싶었으리오마는 아버지께서 어진 배필을 잃고 애통해하시는 외에 나로 말미암아 더욱 슬퍼하시니, 내가 몸을 버리지 못하고 아버지를 위하였다. 그러나 그 끝없는 슬픔이야 어찌 한때인들 참을 수 있었으리오.

출상出喪하던 날 선희궁께서 몸소 오시어 어머니같이 위로해 주셨다. 이런 자애는 민가民家의 고부 사이에도 없는 일인지라 내가 감동하여 감히 슬픔을 억누르지 않을 수 없었다. 장사를 지내고 문안드리러 올라가니 인원·정성 두 성모께서 손을 잡고 눈물 흘리며 안타까워하셨다. 망극한 중이었으나 이런 은혜로운 영광이 어디 있으리오. 내가 지극한 슬픔을 당하여 억지로 세상에 머물러 있기는 하나 참으로 살 마음이 없어 하니 선대왕께서 지나침을 말씀하시고 정성성모와 선희궁께서도 꾸중하셨다.

"어머니의 상사喪事 예절이 지나쳐 상복 입는 예절이 나라에서 정한 예와 다르다."

나는 어머니 상사에 마음을 다할 수 없음을 더욱 애통해하였다.

첫째 동생의 아내와 둘째 동생의 아내는 서로 재종형제로 동서가 되어 들

---

* 여양(驪陽) | 숙종의 장인인 여양부원군(驪陽府院君) 민유중(閔維重).
* 봉조하(奉朝賀) | 종2품 이상의 관원이 벼슬을 그만 둔 뒤 임명되며 종신토록 봉록(俸祿)을 받고 의식 때만 출사(出仕)하는 것인데, 여기서는 여양부원군 민유중의 아들 민진원(閔鎭遠)을 말한다.
* 관옥(冠玉) | 남자의 아름다운 얼굴을 비유하는 말.

어왔으니 귀한 일이다. 첫째 동생의 아내는 현숙賢淑 유순하고, 둘째 동생의 짝은 온순 효우孝友하여 부모께서 기꺼하셨다. 그런데 오래지 않아 어머니를 여의었으니 이때 두 동생은 각각 열일곱, 열다섯이었다. 혼인하여 어른 된 보람이 어디 있으리오. 불쌍하여 잊을 수가 없었다. 그런 가운데 막냇동생은 여섯 살이었으니 아버지께서 당신 어머니 여의시던 나이와 같았다. 어린 동생은 슬픔을 아는 둥 모르는 둥 하였으나 여동생은 서러워할 줄 알아서 상 당한 사람의 모습으로 막냇동생을 불쌍히 여겨 서로 의지하며 어른같이 거느렸다. 막냇동생은 할머니께서 돌보시고 여동생은 형님께서 거두어 주셨다. 그러므로 의복과 음식은 염려가 없었으나 남매가 외로이 의지할 곳 없이 지내는 모습을 생각하여 내가 차마 한때도 잊지 못하였다. 여동생이 내게 보낸 편지에는 어머니를 생각하는 슬픈 말이 드러나 있으니 내가 볼 적마다 제 글씨 한 자에 내 눈물이 한 줄이었다.

　이듬해 병자년(영조 32년) 2월에 아버지께서 광주廣州 유수*를 맡게 되셨다. 내가 할머니를 어머니같이 우러렀는데 아버지께서 할머니를 모시고 가니 아버지 떠나시는 슬픔에 보태어 더욱 서러웠다. 그해 윤9월에 청선을 낳았는데 해산할 적마다 어머니께서 들어오시던 일을 생각하여 지극한 슬픔에 임부의 건강도 돌보지 않은 채 오래도록 식사를 변변히 하지 않아 기운이 위태로웠다. 선대왕께서 염려하여 아버지께 명하시어 보약을 많이 써서 무사히 아기를 낳기는 하였으나 슬픔이 뼈에 사무쳐 그러하던지 출산 후에 몹시 허약해져서 아버지께서 크게 근심하셨다. 그런데 그달에 아버지께서 평안平安 감사監司가 되셨으니 떠나시는 심사가 또 오죽하였으리오. 사사로운 정은 못 가게 끌었으나 왕명이 지극히 엄중하니 서둘러 떠나셨다.

　그해 한겨울에 경모궁께서 두진痘疹(천연두)을 앓으셨다. 아버지께서 늘 힘이 부족함을 근심하시다가 천리 밖 시골에서 이 소식을 듣고는 밤낮으로 찬

방에 거처하며 서울 안부를 듣고 애태우시어 수염이 희어졌다고 하였다. 다행히 성두成痘(두진이 나음)하고 쉽게 출장出場(두진이 끝남)하셨으니 종사宗社에 이보다 더 큰 경사가 없었는데 그 뒤 백일이 못 되어 정성왕후께서 예척禮陟(승하)하셨다. 그때 경모궁이 몸이 수척해지도록 슬퍼하시며 효심이 거룩하였으니 누군들 탄복하지 않았으리오. 인산因山(나라의 장례) 때는 온 백성이 뒤따라가며 경모궁의 애통해하시는 거동을 보고 감동하여 울었다고 하였다. 그때 나랏일이 점점 어찌할 바를 몰라 천연두 후의 병환도 오래도록 낫지 않았다.

이듬해(영조 33년) 5월에 아버지께서 내직內職(서울의 관직)으로 들어오셨다. 부녀가 헤어져 있다가 만나 기쁨이 크기는 하였으나 첩첩이 쌓인 근심으로 서로 대하면 눈물뿐이었다. 그러다가 지월至月(11월)에 선대왕께서 격노하셨으니 경모궁이 7월부터 진현進見(임금 뵙는 일)을 빠뜨렸기 때문이다.* 아버지는 경모궁에 대한 충성과 사랑을 이기지 못하여 당신 처지에서 하기 어려운 말씀을 아뢰었다. ─경모궁의 행동이 부왕(영조)의 자애를 잃어 생긴 병환 때문이며, 부왕을 두려워하여 아는 것도 제대로 대답하지 못하는 것이라고 하셨다.─이로 말미암아 선대왕께서 더욱 크게 노하여 아버지를 삭탈관직 하시니 아버지께서 성문 밖으로 나가셨다. 갑자년(영조 20년, 세자와 가례하던 해) 이래로 나에 대한 선대왕의 사랑이 한결같으시어 비록 난처한 때일지라도 내게는 자애를 줄이신 일이 없었는데 이때 처음으로 지엄한 말씀을 들었다. 내가 몸 둘 바를 몰라 하실下室에 내려갔더니 오랜 뒤에 아버지를 서용敍用(죄를 풀어 다시 임용함)한다는 명을 내리시고 나를 불러 여전히 자애하셨다.

* 유수(留守) | 개성 · 강화 · 광주 · 수원 · 춘천 등 요긴한 곳을 맡아 다스리던 관직.
* 그러다가~때문이다. | 이 일로 영조는 승지를 문책하고 왕위를 세자(경모궁)에게 물려주는 교지를 내리려 하였다.

그때는 비록 천만 가지 모든 일이 두렵던 때였으나 지극한 성은이야 몸을 쪼개고 뼈를 간들 어찌 다 갚겠는가. 내가 겪어 지내 온 일들이 끝이 없으니 사건*을 다 쓰려 해도 붓으로 쓸 말이 아니기에 다 기록하지 못하노라.

국운이 불행하여 정성왕후께서 승하(영조 33년)하신 다음 달 3월에 인원왕후께서 또 승하하셨다. 내가 두 분 성모를 모시고 가없이 사랑받다가 하루아침에 큰 슬픔이 첩첩이 쌓이고 의지할 곳이 없어졌으니 그 마음을 어디에 비하리오. 정성성모 승하하신 후, 내 거처가 정성성모의 빈전殯殿(관을 모신 전각殿閣) 가까이 있기에 작은 정성을 다 하려고 오시午時 제전祭奠(제사)과 아침저녁 곡읍哭泣을 다섯 달 동안 한때도 거른 적이 없었다. 또한 인원성모께서 사랑해 주시던 은혜를 갚을 길이 없건만 인원성모의 환후가 한 달 남짓 위중하였다. 정성성모도 계시지 않은데 의지할 곳 없이 나 혼자 애태우던 정성이 어떠하였으리오. 선대왕께서는 밤낮으로 인원성모의 약시중을 들며 의대衣帶(옷)를 벗지 않으셔서 더욱 애타고 걱정스러웠는데, 인원성모 승하하신 후에는 선대왕을 우러러 망극하고 허전하며 한없이 애통하였다.

인원·정성성모의 삼년상을 겨우 마치고 을묘년(영조 35년) 6월에 선대왕께서 가례*를 행하셨으니 그때 말 못하는 가운데 근심이 많았다. 선희궁께서 나에게 말씀하셨다.

"정성왕후 계시지 않으니 이 가례를 행하여 곤위坤位(왕후 자리)를 정하는 것이 나라에 당연한 일이라."

선희궁께서 선대왕께 축하하시며 가례를 몸소 차려 정성되지 않은 것이 없었다. 나아가 선대왕의 가례로 궁중이 모양을 갖추게 될 것을 진심으로 기꺼하셨으니 성궁聖躬(임금의 몸) 위한 덕행이 이렇게 거룩하였다. 가례 후 경모궁께서 부왕父王과 새 중전께 뵐 때 지극히 조심스럽게 예를 행하고 공경하셨으니 타고난 효성이 뛰어난 것을 이런 일에서도 알 수 있으리라. 두

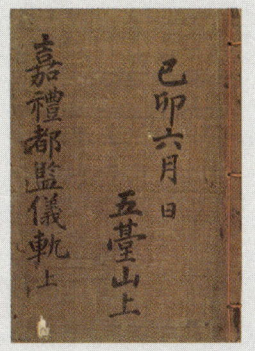

영조정순후가례도감의궤
영조와 정순왕후의 결혼 과정을 기록한 의궤 중 왕이 별궁에서 왕비를 모셔 오는 장면이 담긴 반차도 부분. 서울대학교 규장각 소장

분(영조와 계비 정순왕후)의 문안을 평안히 지내고 나면 경모궁께서 스스로 기꺼하셨으니, 이 대목은 궁중이 다 아는 일이다. 지극한 슬픔을 하늘을 우러러 묻고 싶으나 할 길이 없도다.

경모궁께서는 본디 효도와 우애와 자애가 특별하시어 주상(정조)을 말할 수 없이 귀중해하셨다. 명분을 엄하게 하여 군주들이 감히 바라지 못하게 하시고 천한 출신*이 우러러보지도 못하게 하셨다. 화순옹주와 화평옹주

---

* 사건 | 영조 33년 7월 이후 사도세자가 부왕을 진현하지 않은 것 외에 9월에는 인원왕후전 침방 나인인 빙애를 가까이하여 부왕의 진노를 샀다.
* 가례 | 영조가 정순왕후 김씨를 계비(繼妃)로 맞아 가례를 행했다. 당시 영조는 예순여섯이고 정순왕후는 열다섯, 세자 경모궁과 작자 혜경궁 홍씨는 스물다섯이었다.
* 천한 출신 | 경모궁 소생의 두 서출. 은언군 인(䄄)과 은신군 진(禛). 은신군은 흥선대원군의 할아버지이다.

는 손위 누님으로 공경하시고, 화협옹주는 선대왕께서 귀히 여기지 않으심을 불쌍히 여겨 더욱 귀히 대접하시더니 화협옹주가 죽자 몹시 슬퍼하셨다. 정처*는 선대왕께서 편애하시니 예사로운 인정으로 생각하면 당신 당한 일에 비겨 정처에게는 응당 화평한 기운을 잃을 듯하건만 말씨와 표정에 조금도 내비치는 일이 없으셨다. 평범한 사람이 이런 상황에 처하면 어찌 이럴 수 있으리오.

  신사년(영조 37년) 3월에 주상(정조)이 성균관에 입학하시고, 그달에 경희궁에서 관례冠禮를 하셨으나 경모궁께서는 병환이 깊고 선대왕의 신뢰를 잃어 가 보지 못하셨다. 그런데 혼자 갈 수 없어 나도 가 보지 못하니 어미의 정에 서운한 것 말고도 근심이 끝이 없었다. 이때 아버지께서 힘들고 험한 일을 당하시어 선대왕의 은혜도 갚고 소조小朝(국정을 대리하는 왕세자, 경모궁)도 보호하려 하셨는데 지나치게 신경쓰면 가슴이 막히는 증세가 심해져 늘 관격증*이 생기셨다. 그런 가운데서도 나를 보면 하늘을 우러러 국사 태평하기를 손 모아 축원하셨으니 이런 뜨거운 정성을 하늘이 밝게 살피시고 천지 신령들이 곁에서 보셨으리라. 털끝만큼이라도 아버지 위한 사사로운 정으로 이런 말을 하겠는가. 신사년(영조 37년) 3월에 아버지께서 우의정 겸 호위대장에 임명되셨는데 그때 조정에는 대신이 없고* 선대왕께서는 상후上候(임금의 병환)가 있으셨다. 이런 때 아버지께서 서둘러 관직에 나아가셨으니 이 어찌 본심이셨으리오. 물러나려 해도 성은이 막중하여 마음대로 못하시고 천백 가지 근심이 점점 끝이 없었다. 오직 몸을 다하여 나라의 은혜를 갚으려 하셨으니 어느 때인들 걱정하고 두려워하지 않았으며, 어느 날인들 두려워 떨지 않으셨으리오. 종묘에 비를 비는 헌관獻官(제관祭官)으로 가서 제사 지내실 때 역대 임금들의 신위를 우러러보며 왕실 조종祖宗들이 도우시어 나라가 평안할 것을 남몰래 축원하셨다. 그 말씀을 편지에 하셨기에 내가 편지를 붙들고 흐느껴 울었다.

　오라버니가 경오년(영조 26년)에 소과에 오르고 들어오시니 경모궁께서 보고 말씀하셨다.

　"의지와 기개가 서로 맞다."

　그 후 오라버니는 신사년(영조 37년)에 급제하여 세손강서원*의 관원이 되어 자주 세손(정조)을 모시고 학문을 가르쳐 주상(정조)께 공이 많으셨다. 오라버니가 강서원에 입직入直(숙직)할 때는 우리 남매가 자주 만나 나라를 걱정하고 갑자기 죽어 모르고 싶어 하였다.

　신사년(영조 37년) 겨울에 세손빈을 간택하였다. 예전에 아버지께서 청풍淸風 김씨 판서 김성응 대부인大夫人(어머니)의 수연壽宴에 가셨다가 어릴 때의 중궁전(정조 비)을 보고 비상한 자질이라 하신 적이 있다. 그때 경모궁께서 이 말씀을 들었는데, 마침 김시묵(김성응의 아들)의 딸이 세손빈 단자 한 것을 보시고 뜻이 이리로 기울어 많이 하고 싶어 하셨다. 중전은 유덕한 용모가 뛰어나신 데다 온 궁의 의론이 하나로 모아져 순조롭게 결정되었으니 참으로 하늘이 정하신 인연이다. 경모궁께서는 며느리를 몹시 귀중해하고 편애하셨다. 중전(정조 비)이 들어와 이런 특별한 자애를 받았기에 대상大喪(경모궁의 죽음) 후 어린 나이인데도 몹시 애통해하였고 세월이 갈수록 더욱 추모하여 말씀이 경모궁께 미치면 지금도 눈물 흘리지 않는 적이 없다. 비록 사랑받은 까닭이기는 하나 효성이 없으면 어찌 이러하리오.

---

* 정처(鄭妻) | 영조의 아홉 번째 딸 화완옹주(和緩翁主). 선희궁의 소생으로 일성위(日城尉) 정치달(鄭致達)에게 하가(下嫁)하여 정후겸을 양자로 삼았다. 영조 52년 3월, 후겸이 정조를 모해하는 죄를 지어 화완옹주는 작위가 박탈되어 '정씨의 아내'란 의미에서 '정처'로 불리게 되었다.
* 관격증(關格症) | 먹지 못하고 게우면서 대소변이 통하지 않는 병.
* 대신(大臣)이 없고 | 경모궁의 관서미행에 대한 책임으로 영조 37년에 대신들이 모두 죽게 되었다.
* 세손강서원(世孫講書院) | 왕세손에게 경전(經典) 가르치는 일을 맡아보던 기관.

중전이 재간을 지내고 바로 천연두를 앓고 곧 뒤따라 주상(정조)이 앓으셨다. 두 분 다 증세가 몹시 순하였으나 삼간이 임박한 때 연이어 큰 병환으로 지내시니 내 마음 씀이 또 어떠하였으리오. 주상의 천연두는 신사년(영조 37년) 11월 그믐께 시작되어 12월 10일경에 끝났으니 보통 집안에서도 기쁠 것이거늘 하물며 나라 경사가 아닌가. 선대왕께서 염려하다가 몹시 좋아하셨고 경모궁도 기뻐하시던 일이 어제 같다.

나는 남다른 정리로 이 큰 병환이 태평히 낫기를 남몰래 두 손 모아 천지신명께 빌고 빌었고 아버지께서도 숙직하며 애태우시던 정경이야 더욱 이를 것이 없었다. 조상들이 도우시어 두 분이 차례로 평탄하게 병환을 이기고 12월에 삼간을 지냈다. 이듬해 임오년(영조 38년) 2월 초이튿날 순조롭게 가례를 하였으니 나라의 막대한 경사가 이 밖에 어찌 더 있으리오.

섧고 섧도다. 모년 모월의 일*을 내 어찌 차마 말하리오. 하늘과 땅이 맞붙고 해와 달이 깜깜하게 막히는 변을 만나 내 어찌 차마 한때나마 세상에 머물 마음이 있었으리오. 칼을 들어 목숨을 끊으려 하였으나 곁에 있던 사람이 빼앗아 뜻을 이루지 못하였다. 돌려 생각하니 나마저 죽어 열한 살 세손(정조)에게 첩첩한 큰 슬픔을 남길 수 없고, 또 내가 없으면 세손이 어찌 왕위에 오를 수 있으랴. 참고 참아 모진 목숨을 보전하고 하늘만 부르짖었다.

그때 아버지께서 지엄한 명을 받으시어 동교東郊(동대문 밖)에 물러나 조용히 계시다가 일이 하릴없이 된 후에야 들어오셨으니 그 무한한 슬픔이야 또 누가 견디리오. 그날 혼절하셨다가 겨우 깨어나셨다. 당신께서도 어찌 세상 살 마음이 있었으리오마는 내 뜻과 같이 가만히 세손 보호하려는 정성만 있어 경모궁을 따르지 못하셨다.

이 뜨거운 충성심이야 귀신이나 알지 누가 알리오. 그날 밤, 나는 죄인의 아내로 세손을 데리고 친정으로 나왔으니 그 망극하고 정신 없던 정경이야 천지도 빛을 잃을 것이었으니 더 말할 수 있으리오.

선대왕께서 아버지께 명하셨다.

"네가 보전하여 세손을 돌보라."

이때 비록 망극한 중이었으나 선대왕의 이 말씀이 세손(정조)을 위하여 헤아릴 수 없이 감격스러웠다.

"성은을 갚으라."

내가 세손을 어루만지며 이렇게 경계하였으니 내 서러운 마음이 또 어떠하였으리오.

그 후 선대왕의 명으로 새벽에 궁으로 들어갈 때 아버지께서 내 손을 잡으시고 마당에서 목 놓아 통곡하며 말씀하셨다.

"세손을 모시고 만년을 누려 늘그막의 복록이 가득히 넘치소서."

그때 내 설움이야 만고에 다시 또 있으리오.

경모궁 인산 전에 선희궁이 창경궁으로 와 나를 보셨으니 가없이 원통한 설움이 또 어떠하셨으리오. 노친의 슬픔이 하도 지나치시기에 내가 도리어 큰 슬픔을 애써 누르고 우러러 위로하였다.

"세손을 위하여 몸을 버리지 마소서."

장례 후 선희궁께서 다시 경희궁으로 올라가시니 내 외로운 자취가 더욱 의지할 데 없다가 8월에야 선대왕을 뵈었다. 내 서러운 회포가 어떠하였으리오마는 감히 펼치지 못하고 흐느끼며 아뢰었다.

"모자母子(혜경궁 홍씨와 정조) 보전함이 다 성은이로소이다."

선대왕께서 내 손을 잡고 우시며 말씀하셨다.

"네가 이럴 줄 모르고 너 볼 마음이 어렵더니 네가 내 마음을 편케 하니

---

* 모년 모월의 일 | 경모궁이 뒤주에 갇혀 처형된 일.

아름답다."

 이 말씀을 들으니 심장이 더욱 막히고 모진 목숨 살아 있음이 갈수록 더욱 모질게 느껴졌다. 내가 또 아뢰었다.

 "세손을 경희궁으로 데려가 가르치시기 바라나이다."
 "네가 떠나 견딜 성 싶으냐."
 선대왕께서 말씀하시기에 내가 눈물을 흘리며 아뢰었다.
 "떠나 섭섭한 것은 작은 일이요, 위를 모셔 배우는 일은 큰일이오이다."
 그리고 세손을 올려 보내려 하였으니 모자 서로 떠나는 정리가 오죽하였으리오.

 11살 세손이 차마 나를 떠나지 못하여 울고 가시니 내 마음이 베이는 듯하였으나 참고 지냈다. 성은이 더욱 깊어 세손을 지극히 사랑하시고, 선희궁께서도 아드님 정을 옮겨 서러운 마음을 세손에게 쏟으시어 세손 일상생활의 모든 행동거지와 음식과 온갖 것에 이르기까지 마음을 놓지 못하셨다. 세손과 한방에 머물며 새벽에 깨어 날이 밝기도 전에 글을 읽으라 하시고, 세손이 나갈 때는 칠십 노인이 함께 일찍 일어나 아침밥을 정성껏 보살펴 주셨다. 세손은 이른 아침 음식을 잘 잡숫지 못하는데도 할머니의 지극한 정성을 위하여 억지로 애써 자시더라 하였다. 선희궁의 그때 마음을 또 어찌 차마 생각하오.

 주상은 네다섯 살부터 글을 좋아하였으니 모자가 각각의 궐에 서로 떨어져 지내면서도 공부하지 않을까 염려하지는 않았으나 나는 날이 갈수록 더욱 잊을 수가 없었다. 세손도 어머니 그리는 정이 간절하여 선대왕을 모시고 지내면서 밤늦게 자고 새벽에 깨어 내게 편지하여 서연書筵(글공부) 전에 내 회답을 보고서야 마음을 놓으셨다. 아기가 어미 못 잊는 인정은 자연 그러하겠지만 3년을 떨어져 지내면서 한결같이 그리하셨으니 남달리 숙성하

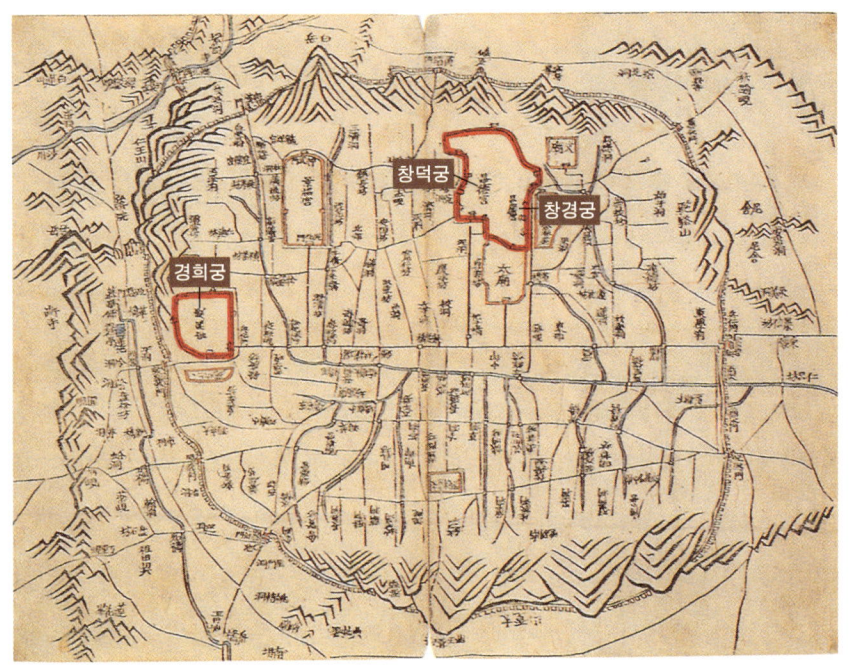

도성도 혜경궁 홍씨의 거처가 있었던 창경궁과 세손(정조)이 머물던 경희궁의 위치를 확인할 수 있다. 서울대학교 규장각 소장

셨다. 내가 전부터 앓아 온 병이 자주 나서 3년 동안 떠나지 않으니 세손이 멀리서 의관과 증세를 의논하여 약을 지어 보내기를 어른같이 하셨다. 이것이 다 타고난 효성이거니와 십여 세 어린 나이에 어찌 그리하셨던가. 매사에 다 숙성하지 않으시더냐.

그해(영조 38년) 9월에 천추절千秋節(세손의 생일)을 맞았다. 내 자취가 아직 움직일 만한 것은 아니었으나 선대왕의 명에 따라 부득이 올라갔다. 그때 나는 창경궁 경춘전 남쪽 낮은 집에 거처하고 있었는데 선대왕께서 그 집 이름을 '가효당嘉孝堂'이라 하시고 친히 현판을 쓰시고 말씀하셨다.

"오늘 네 효심을 갚아 써 주노라."

내가 눈물을 흘리며 받고, 감당하지 못하며 불안해하였는데 아버지께서 듣고 감격하시어 집안 봉서에 늘 그 당호堂號를 쓰게 하셨다.*

⁕

　세손(정조)을 죽은 효장세자의 양자로 정한 갑신년(영조 40년) 2월 처분*은 나라에 지극히 중대한 일이었으니 어찌 감히 이렇다 할 것이며 처분 후에야 더욱 무슨 말을 하리오. 그러나 그때 사정을 달리 말할 길이 없어 부득이 약간 언급한다.

　모년某年에 내가 모진 목숨을 끊지 못하고 살아 있다가 그때 당한 한이 천만千萬인데 선희궁께서 너무나 슬퍼하시기에 내가 도리어 위로하였다. 또 세손이 어린 나이에 지극한 아픔을 품고 있다가 또다시 감당 못할 일을 당하여 너무나 애통해하시니 나는 세손 몸 상할 것만 근심하여 도리어 세자를 위로하였다. 슬프다, 누군들 모자가 없으리오마는 주상과 나 같은 슬픔을 지닌 모자가 어디 있으리오.

　그해 7월에 선희궁께서 창경궁에 내려오셔서 경모궁 입묘* 하는 모습을 보시고 오래지 않아(7월 26일) 세상을 떠나셨다. 당신 서러움이 병이 되어 몸을 마치신 것이었으니 내 큰 슬픔이 또 어떠하였으리오. 이후로 궁중의 모양과 인심이 점점 달라 가고 정처는 부왕(영조)의 편애를 믿어 여자의 천성으로 어른께 바치는 정성이 헤아릴 수 없었다. 게다가 시기심이 몹시 심하여 궁 안팎의 권세가 다 그 사람에게 돌아가 내게는 모질고 사나운 일이 더욱 많았으니 내 처지에서 당할 수 밖에 없음을 스스로 탄식할 뿐이었다. 그러나 그때의 상황이나 형편이 아무런 탈 날 것이 없었고, 내게 다른 시동생도 없이 우리 모자 둘뿐이었으니 오직 선대왕을 받들고 세손을 보호하는 것만이 가장 큰 일이었다. 그래서 나는 조금이라도 죽을 상이 되거나 온화한 기운을 변하지 않았고, 아버지도 내 마음 같아서 세손을 대할 때마다 늘 그 고모(정처)를 잘 대접하라 깨우쳐 주셨다. 내게도 우애하라 권하셨으니 이리 헤아려 보나 저리 헤아려 보나 그 근본은 오직 나라를 염려하는 아버지의 굳은 충심이었다. 아버지는 정처의 양자 후겸을 후하게 대접하셨고, 정처의 시삼촌인 정휘량*과는 색목色目(사색당파의 파벌)이 다른데도 좋게 서로 친하였다. 그래서 정휘량도 우리를 감사히 여겼는데 그가 죽은 뒤 후겸이 혼자 있게 되어 과거 급제한 뒤로는 사람들의 꾐을 들어 마음이 변하였다. 이 대목이 우리 집안에 첫째 화근이 된 일이다.

무자년(영조 44년)에 후겸이 수원水原 부사府使를 하고 싶어 아버지께 새 영상인 김치인金致仁에게 청탁해 달라 하였다. 그러나 아버지께서,

"내가 어찌 말 한마디를 아끼겠는가마는 스무 살 아이에게 5천 병마兵馬를 맡기는 벼슬을 시키는 것은 실로 나라를 저버리는 일이고 저를 사랑하는 도리가 아니다."

하시고는 끝내 청탁하는 말씀을 하지 않으셨다. 나와 형제들이 어찌하여 집안을 돌아보지 않으시는지 여러 번 여쭈었으나 아버지는 듣지 않으셨다. 이로 말미암아 정처네와 틈이 생기게 되었다. 또는 오흥*이 국구가 되자 선비로서 뜻밖에 존대해져 모든 일이 생소하였다. 이때 아버지께서 오흥을 아주 가까운 혈육같이 보시어 즐거움도 걱정도 함께하실 마음으로 지도하여 모든 일에 탈이 안 나게 가르치셨다. 오흥이 처음에는 몹시 감사하게 여겼다.

---

* 내가~하셨다. | 여기까지가 「한중록 첫째」 편 전반이다. 이어 「한중록 첫째」 편 후반이 시작된다. 후반은 전반과 마찬가지로 61세에 쓴 것이고 김동욱의 『한듕록』(민중서관, 1961년)에서 「한중만목4(閒中漫錄四)」에 해당한다.
* 갑신년~처분 | 경모궁 사후 2년 뒤인 갑신년(영조 40년, 1764년) 2월 22일 혜경궁 홍씨와 죽은 경모궁(사도세자)의 아들인 왕세손(뒷날의 정조)을 영조 4년(1728년) 11월, 영조의 장남이며 사도세자의 형으로 어린 나이에 요절한 효장세자의 양자로 삼은 일.
* 입묘(入廟) | 대상(大祥, 죽은 뒤 두 돌 만에 지내는 제사) 후 신주를 사당에 모시는 것.
* 정휘량(鄭翬良) | 돈령부 판사 정수기(鄭壽期)의 아들이며, 정처의 남편 정치달의 숙부. 홍봉한이 노론이었던데 비해 정수기는 소론이었다. 우의정에 이어 좌의정에 올라서는 왕의 탕평책을 반대하고 노론을 제거할 것을 주장하였다.
* 오흥(鰲興) | 오흥부원군(鰲興府院君) 김한구(金漢耉). 영조의 계비인 정순왕후의 아버지.

나도 대비전大妃殿(영조의 계비, 정순왕후)을 우러러 내가 궁에 먼저 들어오고 나이 많은 것을 감히 생각하지 않고 한마음으로 공경하였다. 대비전도 역시 나를 극진하게 대접하시어 우리 사이에 티끌만 한 거리가 없어 두 집안이 백년을 서로 아끼리라 여겼다. 그런데 나중에 들어온 사람들이 형세가 두터워지고 알아야 할 것들에 익숙해진 후에는 먼저 온 사람을 꺼리고 지도하는 뜻을 저버렸다.

대비(정순왕후) 입궐하시던 기묘년(영조 35년) 이전에는 선대왕께서 아버지를 외척이라는 것 말고도 총애하시어 아버지께 장상將相(높은 벼슬아치)을 맡겨 정사를 의논하시며 천고에 드물게 예우禮遇하셨다. 그런데 병술년(영조 42년)에 할머니의 죽음으로 아버지께서 들어앉게 되시자 그 사이에 대비의 큰오라비 귀주龜柱와 정처의 양자 후겸이 서로 부합하였다. 후겸은 이전에 아버지께 수원 부사를 청하였다가 거절당했던 혐의를 끼고, 귀주는 제 집안이 우리 집만 못한가 싶어 이것을 꺼려 둘이서 당치도 않은 일에 성내고, 형체도 없는 일로 아버지를 모함하였다. 그러자 이로움을 즐기고 세력을 따르는 부류들이 겉으로는 사류士類라고 자처하면서 이리로 모함하고 저리로 해쳤다. 그런 가운데 절친한 벗과 가까운 친척들이 낌새를 보아 가며 다 함께 돌아서 버리니 내 집안의 위태로움이 조석朝夕에 달리게 되었다.

그러나 선대왕의 은혜가 갈수록 더욱 커져서 아버지께서 할머니의 삼년상을 마치고 나자 다시 영상에 임명하시며 여전히 총애하셨다. 이럴수록 반대 세력의 모함이 끝이 없어 안팎으로 도와주는 사람은 없고 해치는 이는 벌 떼처럼 일어났다. '열 번 찍어 거꾸러지지 않는 나무 없다.' 는 속담처럼 오늘 해치고 내일 해쳐서 선대왕의 은총이 말 없는 가운데 절로 줄었던 모양이다. 귀주와 관주*가 우두머리가 되어 경인년(영조 46년) 3월에 한유韓鍮를 시켜 아버지를 베라는 흉악한 무고誣告를 상소하게 하였다. 이로 말마암아 아버지께서 성 밖 의금부에서 명을 기다리며 몸에 욕이 지극하였으니 그 분통하고 억울함을 어디에 비하리오.

그러나 선대왕께서 특별한 은혜를 내리시어 관직을 그만두고 물러나 쉴 것을 명하셨다. 그때의 놀랍고 가슴 에이던 심경은 헤아릴 수가 없건만 아버지는 태연히 여기고 성은에 감사하시어 선마* 후 동대문 밖 연미정(창신동)으로 나가셨다. 내가 미망인의 모습으로 선대왕을 우러르고 아버지를 의지하며 군신제우*가 끝까지 한결같기를 바랐는데 아버지께서 뭇 소인들에게 미움 받아 흉악한 무고를 만나시어 하루아침에 물러나게 되셨다. 나는 아버지께서 벼슬 버린 것을 아까워한 것이 아니다. 다만 아버지의 굳은 충성심이 아직도 비춰지지 못하였는가 싶어 놀랍고 원통하였으니 그 심사 또한 한 자루 붓으로 어찌 다 쓰리오.

아버지께서 급제하시기 전부터 군신 간의 제우가 남다르셨고 갑자가례 후에는 과거 급제까지 하셨다. 이때 조정에는 오장육부 같은 중요한 신하가 없었기에 선대왕께서는 아버지의 벼슬이 높지 않던 때부터 나라의 크고 작은 일을 특별히 의지하셨다. 그러므로 아버지께서 조정에 드신 30년 동안 외임外任(지방 관아에서 일함) 때와 할머니 상으로 초려*에 살던 때 외에는 인견하지 않으신 날이 없었고, 오영장임과 탁지혜당*이 몸에서 떠나지 않았다. 10년 장상將相의 자리에 계신 동안 백성의 이로움과 해로움, 전국 팔도의 괴로움과 즐거움을 당신 자신의 일로 아셨으니 군신 간의 뜻 맞음이야

---

* 관주(觀柱) | 김한록(金漢祿)의 아들로 정순왕후 김씨와 김귀주의 육촌인 김관주. 영조 41년(1765년)에 급제하여 정언(正言)·홍문교리 등을 지냈다. 1772년 시파(時派) 우두머리인 홍봉한을 탄핵했다가 영조의 진노를 사 유배되었다. 순조 즉위 뒤 벽파가 득세함에 따라 순조 2년(1802년)에는 우의정에 올랐다.
* 선마(宣麻) | 70세 이상 2품 이상의 대신이 퇴직할 때 왕이 궤장(几杖)을 내리며 덧붙여 내리는 글.
* 군신제우(君臣際遇) | 임금과 신하 사이에 뜻이 잘 맞는 것.
* 초려(草廬) | 상중(喪中)에 부모님 산소를 돌보기 위해 묘 앞에 짓고 살던 작은 초가집.
* 탁지혜당(度支惠堂) | 호조와 선혜청 당상(堂上). 재정·조세·화폐 따위를 맡은 관청의 고위직.

옛날 사적史蹟에도 거의 드물리라. 그때는 과거가 잦고 가문의 운수가 형통하여 우리 집안 자제子弟가 연이어 과거 급제하였다. 우리 처지가 남다르고 정치가 밝은 때의 벼슬길을 아주 떠나버리지 못하여 운명인지 요행인지 집안이 지극히 과분하게 번창하였다. 시방 와서 생각하면 영화로운 길 걷기를 거두지 못하고 벼슬이 몸을 적셨으니 사람의 시기와 귀신의 꺼림을 어이 면할 수 있었으리오.

 아버지께서는 밤낮으로 물러나고 싶은 마음이 간절하셨으나 선대왕의 은혜가 정중하시고 처지가 남달라서 마음대로 물러나지 못하셨다. 그러다가 어렵고 험한 때를 만나서 옛사람의 곧은 절개를 다 지키지 못하셨으니 이것이 모두 임금을 위해 힘써 봉사하신 일이었다. 만일 조야朝野(조정과 민간)의 강직한 사람들이 임금을 잘못 받든다고 시비했다면 아버지 당신도 마땅히 웃고 받으셨을 것이요, 난들 어찌 마음에 담아 두겠는가. 그러나 내 집안을 치는 이는 귀주의 무리이며, 곧 후겸의 무리였으니 겉으로는 두 당이나 실은 마음이 서로 통하여 넘나드는 한 무리였다. 이들이 흉한 말과 고약한 계교로 내 집안을 없애 버리려 하였으니 하늘이 굽어 살피시기를 바랐다. 온 집안이 놀라고 가슴 에인 것은 그만두고 내 지극한 설움은 또 어찌 참을 일이었으리오.

 8월 한유의 두 번째 상소로 화색禍色이 점차 다급해져 갔다. 그때 내가 생각하기에 귀주에게서는 내 집안의 화를 풀 길이 없기에 정처에게나 완곡히 양해를 구하고 싶었다. 그러나 그 사람이 아들 후겸의 말을 들어 전날의 은근하던 정이 달라진 지 오래니 내 말 한마디로 움직이기 어려웠다. 일의 형세로 보아서 그 아들 후겸을 사귀어야 좋은 도리가 될 것 같은데 오라버니는 무슨 일 때문인지 미움 받는 사람이 되어 있었고 첫째 동생도 그러하였다. 오직 둘째 동생이 있을 뿐이었으나 그는 어릴 때부터 뜻과 기개가 고상하고 성품이 얼음같이 맑고 옥같이 깨끗하였으니 구차하고 더러운 일을 할 사람이 아니었다. 내가 그런 줄은 알지만 둘째 동생은 형제 가운데 나이가 어린 편이고 담과 지략이 충분한지라 내가 제게 편지하였다.

"옛사람 중에는 어버이를 위하여 죽는 효자도 있었으니 지금 상황에서는 아버지를 위하여 후겸과 사귀어 가문을 구하는 것이 옳으니라."

이렇게 내가 권하고 권하여 동생은 내 말에 따라 몸을 돌보지 않고 애써 옛사람의 권모술수를 행하여 후겸과 친하였으니, 그가 세상에 미움 받고 자신을 더럽힌 것은 이 누이 탓이니라.

이 동생은 오라버니께 글을 배워 글재주가 숙성하여 당장에 소과에 합격하고 전시殿試(왕이 친림親臨하여 행하던 과거)에 장원하여 할아버지의 자취를 이어 앞길이 만 리里 같았다. 그런데 집안의 화를 염려하여 가진 것을 펴지 못하고, 타고난 본심을 지키지도 못한 채 후겸과 사귀게 되었다. 그는 이것을 부끄러이 여겨 집안이 평안해지면 자신은 세상에 나가지 않겠노라 맹세하고 동서로 종종걸음 하여 번리磻里의 집을 장만하고 내게 편지하였다.

"멀리 못 갈 몸이니 장래에는 근교에 배회하여 궁궐을 의지하고 자연에 묻혀 평생을 살겠나이다."

그 글이 아직도 내 눈에 펼쳐져 생각이 난다.

신묘년(영조 47년) 2월에 아버지께서 당한 일 또한 천만 꿈 밖이었다. 중궁전(정순왕후)의 오라비 귀주가 제 작은아버지 한기와 은밀히 도모하여 내 온 집안을 아주 없애 버리려 하였으니 선대왕이 지극히 밝기는 하셨으나 춘추가 높으시어 이를 미처 살피지 못하셨다. 화의 기운이 급박하여 아버지를 청주淸州에 부처*하셨으니 어느 지경에 이를지 알 수 없었다. 그때 세손(정조)

* 부처(付處) | 중도부처(中途付處). 귀양지로 가는 도중 어느 지점에 머물러 있게 한 것.

이 외가를 보호하려고 중궁전(정순왕후)에 말씀을 많이 하셨다. 그날 귀주의 작은아버지 한기가 후겸에게 아버지 일파를 한자리에서 아주 없애 버리기로 결정하여 위에 아뢰자 하였으니 후겸의 뜻이 전날 같았다면 어찌 되었을지 모른다. 그러나 후겸이 둘째 동생과 사귀기 때문이었던지 그 자리에서 모두 아버지를 해칠 의논을 멈추었고, 그 어미 정처도 궁에서 나가 있다가 들어와 아버지에 대한 오해를 선대왕께 풀어 아뢰었던 모양이다. 화색이 적이 잠잠해졌다. 눈앞의 고마움에 대하여 은인이라 하였으나 그런 일이 애당초 없었던 것만 같겠는가.

이때 한기와 귀주가 아버지를 모함한 것은 다름이 아니었다. 경모궁의 후궁에게서 인䄄과 진䄄 형제가 연이어 태어나자 선대왕께서 이것이 화근이 될까 근심하셨다. 내 아버지 마음엔들 어찌 염려되지 않으셨으리오마는 드러난 죄가 없으면 근심과 원망을 먼저 드러낼 것이 아니기에 아버지께서 아뢰셨다.

"신의 처지는 세손께 지극한 몸이니 신이 좋은 낯으로 저희를 대접하여 원한을 부르지 않게 하는 것이 좋겠사오이다."

이것은 저희가 좋지 않은 무리의 꾐에 끌리는 일이나 없게 하시려는 뜻이었다. 그러나 그 위인들이 잘못 나서 가르침도 받지 않고 상스러운 일이 많으니 아버지께서 불행히 여기시고 한없이 염려하셨다. 그 후 가르쳐 감동할 인물들이 아니기에 아버지는 그들에게 신뢰를 두신 일이 없으셨고, 당신의 애씀으로 나라에 탈이 없게 하시려던 것이 뜻 같지 않음을 한탄하셨다. 그런데 경인년(영조 46년) 한유의 상소 후 귀주네가 아버지를 이 일로 모함하다가 되지 않으니 또 저 일로나 모함할까 하였으니 이때도 화기가 위급하였다. 다행히 세손(정조)의 덕으로 적이 진정되기는 하였으나 인정과 천리天理로 보아 당신 외손인 세손 위하신 정성으로 어떠하실 것이 아니건만 이치

밖의 일로 해치려 하였으니 사납고 험한 인정이 무섭고 또 무서웠다. 아버지께서는 청주에 귀양 가 계시다가 바로 석방되셨으나 계사啓辭(아버지의 죄를 논하는 글)가 그치지 않으니 과천의 시골집에서 죄에 대한 명을 기다리고 계셨다. 그러다가 4월에 죄가 풀려 다시 등용되시어 6월에 궐에 들어가 왕을 모셨다. 이때 우리 부녀가 서로 만나 반기고 원통함을 풀었는데 8월에 한유가 다시 상소를 올려 아버지를 벨 것을 아뢰었으니 이것도 귀주가 꾸민 흉한 모함이었다. 구름이 밝은 해를 가리듯 그들이 선대왕의 총명을 가려 아버지께 엄한 명이 내려져 죄명이 무거웠다. 아버지는 문봉文峯의 선산先山으로 내려가 칩거하시고, 오라버니 내외가 가서 모시고 지냈으니 마음이 어떠하였으리오.

경인년(영조 46년)에 아버지께서 연미정에 계실 때 큰집은 서울에서 사당을 모시고 있고 둘째 동생 내외가 아버지를 모시고 지냈다. 둘째 동생의 아내는 우리 집안에 시집온 지 오래지 않아 어머니께서 별세하셨다. 그래서 늘 시어머니를 그리워하고 시아버지를 극진히 공경하여 섬기며, 큰동서와 시누이를 지극 정성으로 우러르고 사랑하였다. 연미정에서 아버지를 모시고 있을 때는 지자부支子婦(맏며느리 아닌 며느리)로서는 얻지 못할 기회이기에 정성을 다하여 받들었다. 그런데 이듬해 신묘년(영조 47년) 2월에 아버지께 화색이 급해지자, 그때 마침 임신 수개월이었는데도 자주 찬물에 목욕하고 동대문 밖 뒷산 동망봉東望峰에 올라가 시아버지를 위하여 하늘에 빌었다. 그러다가 그해 9월에 죽었으니 임신의 고통 중에 있는 몸을 돌보지 않고 찬물에 목욕한 탓 같아서 내가 몹시 슬펐다.

임진년(영조 48년) 정월에 아버지께서 특별히 용서를 받아 조유*가 은근하

---

* 조유(詔諭) | 임금의 명령을 알리는 글. 이때 작자의 아버지 홍봉한은 봉조하로 임명되었다.

시니 아버지께서 마지못하여 삼호로 다시 와 머무시고 입시하였다. 선대왕께서는 천안天顔(임금의 얼굴)이 화평하고 기뻐 이전과 다름이 없으셨는데 그해 7월 21일에 관주와 귀주가 아버지를 벌주어 죽이라는 흉한 상소를 연이어 올렸다.* 어느 말인들 애매한 모함이 아니며 어느 대목인들 흉악한 모략이 아니었으리오. 저의 처지가 남과 다른데 무슨 원한으로 이 지경까지 이르렀는가. 이상하지 않으냐. 세상 변화가 망측하고 인심이 흉악하도다.

그러나 선대왕께서 해와 달같이 밝게 굽어 살피시어 아버지의 애매한 모함을 벗겨 주시고 왕실의 두 인척(정순왕후 김씨네와 혜경궁 홍씨네) 집안이 이러한 것에 크게 노하셨다. 그리하여 귀주를 육단부형*하여 사죄하게 하고 해임하셨다. 그때 나는 작은집에 내려가 죄를 청하고 있었는데 선대왕께서 불러 위로하셨다.

"내가 내전(정순왕후)께도 너를 이전과 달리 보지 마시라 하였으니 내 말을 들으실 것이라. 네가 조금이라도 거리끼어 내전을 어찌 알지 말라."

천은天恩이 너무나 망극하였으니 누군들 나라(임금)의 은혜를 입지 않았으리오마는 나 같은 이가 다시 어디 있으리오.

이날 내가 만난 일이 마디마디 괴이하여 처리할 방도가 까마득하였으나 선대왕의 간절한 말씀에 감동하였다. 또 귀주가 불공대천不共戴天의 원수임은 잊을 수 없으나 자전(중전, 정순왕후)에게는 감히 추호도 마음에 거리껴 미움을 품지 않고 지성으로 섬겼다. 이것은 궁중이 다 본 일이고 자전께서도 나를 전과 같이 대접하셨다. 내가 자전의 어진 덕을 우러러 그 분과 잘 통함이야 말할 것이 없고 자전께서도 자연 걱정하셨으니 내가 생각하기에도 귀주는 나라에 반역일 뿐 아니라 자전께도 죄인이다.

계사년(영조 49년)에 아버지께서 회갑을 맞으셨다. 아버지는 할머니께서 회갑 해에 생신을 미처 지내지 못하고 세상 뜨신 것이 크게 한恨이 되고 새로이 그리워 잔을 들지 않으셨다. 뿐만 아니라 조반도 잡숫지 않고 마음이 상하여 슬피 울며 지내셨으니 내가 감히 잔치 음식을 해드리지 못하였다. 겨우 진지를 차려 권하자 억지로 수저를 들기는 하였으나 잡숫지는 않으셨다. 돌아가신 어머니도 그 달에 회갑이신데 일찍 세상을 뜨시어 이해 이달에 부부가 함께 즐기시는 모습을 뵐 수 없었으니 우리 남매의 악연한 마음과 추모하는 슬픔은 비할 데가 없었다. 그해 10월에 선대왕께서 아버지의 회갑 날을 무덤덤하게 지냈다 하여 내 집에 잔치와 음악을 내려 주셨다. 아버지는 풍류 한가락을 들으심으로써 성은의 영광을 드러내셨고 온 집안이 더욱 깊이 감사하였다.

둘째 동생은 집안이 그릇된 가운데 어진 아내를 잃고, 울어 대는 어린아이들의 모습이나 신세 쓸쓸함이 말할 것이 없으니 몹시 슬퍼하였다. 그런데도 두 아들 때문에 재취하려 하지 않더니 해를 이어 며느리 둘을 맞아 살림살이의 모양이 갖추어졌다. 그래서 이제 아이들이 어미의 정숙하고 아름다운 덕을 갚을 수 있기를 바랬는데 갑오년(영조 50년) 겨울에 둘째 아들을 잃고 말았다. 자식이 부모에 앞서 죽는 이런 변상變喪은 우리 집안에 처음 있는 일인지라 집안이 기울려는 징조인가 싶더라. 그 후 둘째 동생이 하나 남은 아들 취영就榮이 때문에 재취하지 않는 것은 도리에 어긋나는지라, 아버지께서 권하시고 나도 여러 번 편지하여 그 고집을 돌렸다. 그리하여 을미년(영조 51년) 가을에 재취하여 아들 셋과 딸 하나를 얻어 백발 늘그막에 자녀가 북적이니 내가 늘 이 자식은 내가 준 것이라 일컫는다.

---

* 관주와=올렸다. | 혜경궁 홍씨 친정과 정순왕후 김씨 친정이 모두 노론에 속했으나 사도세자의 죽음 이후 홍봉한을 중심으로 한 시파(時派)와 김귀주·김관주를 중심으로 한 벽파(僻派)로 갈리게 되었다. 시파는 사도세자에 대해 다소 우호적인데 반해 벽파는 그렇지 않았다.
* 육단부형(肉袒負荊) | 웃옷을 벗어 어깨를 드러내고 매질을 청하는 벌.

이해 12월 첫째 작은아버지께서 영의정에 임명되셨다. 아버지께서 관직에서 미처 물러나지 못하고 계시다가 흉악한 무리들의 참소와 모함을 받은 것이 한이 되었기에 나는 우리 집안사람들이 벼슬을 버리고 성은에 감사하며 한가로이 지내는 것이 당연한 일이라 여겼다. 더욱이 나랏일이 백 척 높이의 장대 끝에 오른 것처럼 끝없이 아득한 때에 작은아버지께 이런 큰 벼슬을 내리시니 놀랍고 걱정스러워 스스로 몸을 동여맨 듯 움직일 수 없이 두려웠다.

집안이 이렇게 크게 융성하니 하늘이 가득 찬 것을 싫어하시고, 벼슬과 지위가 극진하니 재앙이 절로 생겼다. 무슨 일이었던지 을미년(영조 51년) 겨울에 작은아버지께서 큰 죄*를 지으셨다. 두렵고 겁난 탓이기는 하였으나 지극한 망언이었으니 본심은 헤아릴 수 없고 죄명은 지극히 무거워 집안 망할 기틀이 되었다. 바로 이 일 때문이다. 가슴이 막히고 괴로워 긴 말을 쓸 수 없으니 통곡, 통곡뿐이로다.

섧고 섧도다. 병신년(영조 52년) 3월 초닷새, 선대왕께서 승하하셨으니* 망극하고 망극함을 어찌 다 형용하리오. 내가 열 살부터 선대왕을 모셔 30여 년 동안 지극한 자애를 입어 아무리 어렵고 험난한 지경에 처한 때라도 선대왕의 나에 대한 사랑은 털끝만큼도 변치 않으셨다. 심지어 '마음과 뜻이 서로 통하는 오랜 사이'라는 은혜로운 말씀까지 들었다. 내가 당해 온 일과 어렵던 세상살이를 생각하면 내 한 몸 보전할 수 있었던 어느 일인들 선대왕의 하늘 같은 은혜가 아니었으랴. 내 집안이 구제된 것도 선대왕께서 끝까지 돌보아 주신 덕택이었으니 자식으로서 이 은혜를 어찌 잊으리오.

주상(정조)을 간신히 길러 구오九五(왕위)에 오르시는 모습을 보니* 어미의 지극한 정으로 어찌 귀하고 기쁘지 않으리오. 그러나 크나큰 슬픔이 마음속에 있고 내 집안의 화색이 천만 가지로 들이닥쳐 작은아버지의 죄만 망극한 것이 아니라 아버지에 대한 흉악한 상소가 연이어 일어나 아버지께서 맞을 일이 더욱 망극하였다. 내 비록 어리석으나 주상의 어미로 앉아 있는데 내 아버지를 굳이 해치려 하니 이것은 내가 없어지기를 바라는 뜻들이라. 내 몸이 없어져 이런 정경을 안 보고 싶으나 주상을 버릴 수 없음도 당연한 인정이다. 나는 지극한 슬픔을 서리 담고(가슴 깊이 간직하고) 하늘의 처분만을 바랐는데 7월(정조 1년)에 작은아버지께서 사약 받으시는 것을 보니 집안이 망했다. 내 처지에 이 어찌된 일인가, 어찌된 일인가. 통곡하고 통곡하나 이 또한 사사로운 정이다.

나의 나라 위한 지극한 정성은 더욱 더 힘을 써 주상(정조)께서 굽어 살펴 주시기만을 바랐다. 아버지께서 삼호에서 석고대죄席藁待罪(짚을 깔고 앉아 죄를 기다림) 하여 처분을 기다리시다가 애매한 모함이 더욱 심해지자 황급히 문봉 선산 아래로 가시고 온 가족이 다 따라갔다. 하늘에 사무치는 내 설움이야 또 어디에 비하리오. 내가 죽어 아버지의 원통함을 깨끗이 밝혀낼 만도 하였으나 주상의 심사를 생각하여 모진 목숨 구차히 부지하였다. 이 모든 일이 첫째도 사람이 만든 액이요, 둘째도 내 비록 무지하나 간절한 마음으로 깊이 캐 들어가 보면 헤아릴 수 없으랴.

선대왕의 은혜와 사랑을 지극히 받았으니 어찌 선대왕의 조석 제사에 참여하지 않으며 곡哭을 하지 않으리오. 내 집안 당한 일이 망측하기는 하나 감히 이런 일들을 하지 않을 수는 없었다. 그런데 작은아버지께서 사약을

---

* 죄 | 을미년(영조 51년) 11월 20일, 영조께서 기침(천식)이 심하여 왕세손에게 대리 정사 시키려 하니 영의정이던 홍인한 이 세손은 아직 조정 일을 알 필요가 없다는 뜻으로 '삼불필지(三不必知)'를 들어 세손의 대리 정사를 저지하였다. 삼불필지란 '굳이 알 필요 없는 세 가지'라는 뜻으로 노론이나 소론, 이조판서나 병조판서, 조사(朝事, 조정 일) 등을 말한다.
* 선대왕께서 승하하셨으니 | 병신년(영조 52년, 1776년) 3월 5일 묘시(5시~7시 사이)에 영조 대왕이 경희궁 집경당(集慶堂)에서 향년 83세로 세상을 떴다.
* 주상을~보니 | 영조 52년(1776년) 3월 신사일, 영조 승하 엿새 후에 정조가 스물여섯의 나이로 경희궁 숭정문에서 왕위에 올랐다.

받으시고 아버지께서 당한 일 또한 더욱 망극하며, 또한 생각해 보니 죄인의 자식이 몸가짐을 예사롭게 하는 것이 염치와 인사에 모두 안 될 일이었다. 그래서 생사화복生死禍福을 아버지와 함께 하려고 문을 닫고 칩거하여 방문 밖을 나간 적이 없었다. 다만 대전(정조)이 오신 때는 머리를 들었으니 주상이 어찌 내가 슬퍼하는 것을 보고 싶어 하셨으리오. 나를 대할 때마다 늘 불안해하고 슬퍼하셨으니 내가 주상의 괴로운 마음을 위하여 도리어 화평한 낯빛을 지었다.

아버지께서 당하신 일이 망극한 외에 둘째 동생의 죄목이 대안大案(죄안)에 오르니 도리어 어이가 없더니, 집안의 운수가 첩첩이 험악하여 정유년(정조 1년) 6월에 오라버니께서 돌아가셨다. 원통하고 또 원통하도다. 오라버니는 집안의 큰 몸으로 덕행과 학문이 보통 사람들보다 뛰어나 여러 아우와 사촌까지도 오라버니에게 배우고 들으려 하였다. 집안이 몹시 번성한 때에도 글을 좋아할 줄 알았고, 비루한 일들은 하지 않음으로써 남들이 괴이한 외척으로 알지 않게 하셨다. 당신이 비록 경열卿列(2품 이상의 벼슬아치 대열)에 오르셨어도 문을 닫고 글을 읽어 위로 당신보다 어린 삼촌(홍용한)이 있었으나 손아래 사람들이 보고 느끼며 분발했던 것은 모두 오라버니의 힘이며 공이었다.

내 비록 궁에 깊이 들어앉아 집안일을 자세히는 모르나, 깊은 골짜기에 난초가 피면 바람 따라 향내가 멀리 날아가는 것 같아서 내가 절로 익히 들었던 것이다. 오라버니는 언제나 좋게만 말하였기 때문에 집안이 비록 그릇되었어도 나는 오라버니를 크고 높은 산봉우리같이 믿고 바랐었다. 그런데 연세 오십이 못 되어 밤낮으로 집안 처지를 염려하시고, 불행히도 당신이 과거한데 이어 아들까지 벼슬한 일을 뉘우치고 뉘우쳐 하늘을 깨칠 웅장한 뜻과 기개를 하루아침에 가슴 깊이 간직하셨다. 그리하여 아침저녁으로 부모님께 문안드리는 일 외에는 방문을 닫고 한 칸 방에서 글만 대하시고, 심지어 조그만 언덕에 오르시고 상쾌한 수풀 사이를 배회하며 답답함을 푸신 적조차 없었다. 당신 형제가 조정에 들어가 집안에 영화가 가득하도록 하여 이로 말미암아 아버지께 걱정 끼쳐 드린 것만 차마 서러워 서러워하시다가 일찍 돌아가셨으니 이 어찌된 천리인가, 어찌된 천리인가.

내가 이럴진대 하물며 아버지는 어떠셨으랴. 아버지는 병으로 칩거하고 두려운 가운데 자식을 앞세우는 슬픔을 만나셨으니 집안이 그릇된 가운데 또 그릇되어 참으로 눈 위에 서리 내린 격이라. 애통하시어 하늘을 우러러 눈물만 흘리실 뿐이었다. 오라버니는 이상하리만치 조심하고 삼가며 무슨 일에나 지극히 빈틈없고 치밀하셨다. 나를 볼 때마다 늘 검소하고 소박하도록 경계하시고 가끔 제왕 집안의 여러 사적들과 착한 후비后妃에 대한 이야기를 끊임없이 하셨으니 어느 말씀엔들 탄복하지 않았으리오. 오라버니는 가문이 크게 번성함을 우려하여 말씀하셨다.

"척리 집안을 보전하는 길은 음관*으로 주부主簿(각 관청의 당하관 벼슬)나 봉사奉事(종8품의 벼슬) 같은 말단 직책을 길이 누리는 것이니 마누라께서 친정 잘됨을 기꺼워 마소서."

내 집안이 척리 되기 전에도 대대로 그런 말직末職을 지냈다는 이야기는 듣지 못하다가 그 말씀이 옳은 줄은 알면서도 웃었는데 지금 생각하니 밝으신 말씀이었구나 싶다. 오라버니는 풍채가 엄숙 단정하고 얼굴이 어머니를 많이 닮아 수려하셔서 뵐 때마다 반갑기 그지없었다.

"아무개도 크게 쓰일 신하로다."

선대왕(영조)께서 늘 이렇게 말씀하셨고, 주상께서도 큰외삼촌을 스승같

* 음관(蔭官) | 조상의 공덕으로 하는 벼슬.

이 대접하셨으니 이렇게 두터운 사랑과 대우는 오라버니 당신의 지체 때문만이 아니었다. 만약 집안이 무사하였더라면 공명뿐 아니라 한 몸의 빛남이 대수로운 것이 아니었을 것이나, 가문의 액운으로 중년에 갑자기 돌아가셨으니 내가 서러워한 것은 한갓 집안을 위한 마음 때문만이 아니었다. 그래서 슬픔과 안타까움이 골수에 박혀, 가신 지 수십 년이 되었으나 지금도 오라버니 이야기가 나오면 가슴이 막히고 눈물이 흐르노라.

  오라버니 돌아가셨을 때 주상이 친히 제문을 지어 덕행과 문장을 많이 칭찬하며 제사를 내려 주셨으니 그때의 내 집안 형편에 이 특별한 은혜를 내리셨으니 크게 감사하였다. 그 후 친히 서문序文을 지어 문집을 내주시어 슬픔과 영광이 극진하셨으니 저승에서 아신다면 눈물을 머금고 마음을 다하여 은혜에 보답하시리라.

  정유년(정조 1년) 8월에 둘째 동생에게 닥친 화색이 더욱 망극하여 하늘을 우러러 처분을 기다렸는데 주상께서 밝게 굽어 살피시어 한 가닥 가는 생명을 잇게 해주셨다. 그리고 이듬해 2월에 일월日月이 비치시어 그 원통함을 밝혀 주셨으니 이 동생에게 있어 주상의 은혜는 천지 같고 바다 같아 만고에 드물다. 나로서도 내 동기를 살려 내셨으니 그때의 감격스러움을 무어라 형용할 길이 없다.

  아버지는 그때 올라오시어 궐 밖에서 죄를 기다리고 계시다가 일이 무사해진 뒤에 궐에 들어 주상을 뵙고 안으로 들어와 나를 보셨다. 아버지는 지난 3년 동안 첫째 동생과 맏아들의 죽음, 그리고 수많은 일을 겪어 너무나 노쇠해지셨으니 내가 아버지를 만나 놀랍도록 기쁘면서도 억울하고 원통하여 오장五臟이 다 떨렸다. 아버지는 둘째 동생이 살아 다시 해를 보게 된 것에 크게 감사하시며 우리 부녀가 살아서 만난 것을 반기고 바로 나가셨다. 나는 두 손 모아 쥐고 아버지께서 만수무강하시어 집안이 적이 나아져 다시 뵙게 되기를 속으로 빌며 눈물로 보내드렸다. 그런데 내 죄가 갈수록 깊고 무거워 하늘이 또다시 재앙을 내리셨으니 그해(정조 2년) 섣달 초나흗날 아버지 상을 만났다. 이제 아버지와 영영 이별하게 되었으니 하늘에 이르는 슬픔과 땅에 사무치는 원한이 망극 망극하였다. 누군들 부모를 잃지 않으리오마는 나 같은 설움이야 고금을 다 헤아린들 다시 어디 있으리오.

홍봉한 초상 일본 덴리대학 소장

　아버지의 타고난 기품을 헤아린다면 어이 칠순을 못 누리시리오마는 수십 년 동안 나라를 위해 애태우시고 흉악한 무리들로 말미암아 애매한 욕을 수없이 보셨다. 그러다가 마침내 집안이 뒤엎어지고 몸이 더럽혀져 굳은 충성심을 드러내 밝히지도 못하시고 지극한 원한을 품은 채 명을 재촉하시게 되었으니 남기신 이 한은 천지간에 다시없으리라. 이 일이 다 누구의 탓이리오. 불효하고 불초한 나를 두신 까닭이니 뼈를 간들 이 불효를 속죄할 수 있으랴. 그런데도 모진 목숨을 또 견디어 지상에 살아남은 것은 주상의 효성에 이끌림을 피할 수 없었기 때문이라. 화와 복을 아버지와 함께 하지 못하여 부끄러움과 설움이 천지에 사무친다. 누군들 부모의 사랑을 받지 않았으리오마는 나 같은 이는 없으리라. 일찍이 부모를 떠나 살다가 중간에 어머니를 여의고, 아버지께서 어머니의 정까지 겸하시어 한때도 나를 잊지 못하시어 털끝만 한 일이라도 내 뜻을 어그러뜨릴까 염려하셨다. 내가 스스로의 운명을 서러워하는 것이 아버지 가슴에 병이 되어 아버지의 힘이 미치는 한 내 뜻을 받으려 힘쓰셨다.

동궁(경모궁) 처소는 궐에서 정하여 공급해 주는 물건 외에 물품을 조달해 쓸 길이 넓지 못한데 그사이 말없는 가운데 요구에 응해야 하는 재물이 허다하며 크고 잦다. 형용하여 옮길 수는 없으나 당장 급한 일이 수없이 많았다. 그럴 때면 아버지께서 내가 마음 쓰지 않도록 이어 주셨으니 그런 재물이 얼마인지 모른다.

아버지는 30년 동안 장상將相으로 조정 안팎의 중요한 직책이 한때도 당신 몸에서 떠난 적이 없었으나, 나라에 마음을 다하여 머무시는 곳곳의 창고들을 가득 채워 재물을 보관해 두게 하시고 조금도 낭비하는 일이 없으셨다. 그러나 재주와 기량이 비범하시어 부득이 써야만 하는 것에는 급히 서둘러 거행하셨다. 내 요청은 비록 작은 것이었으나 지극한 정리를 믿으시어 갑작스럽고 급박한 때를 무사히 지내도록 해주셨으니 그러고 나면 내가 다행스러운 외에 일을 맡은 궁인도 손 모아 감사하였다.

임오가례壬午嘉禮(정조의 가례, 영조 38년) 때는 모든 것을 마련하여 나를 도와주셨고 망극한 변(경모궁의 상사) 때도 초상부터 삼우제까지 입을 수의와 제복祭服들을 마음을 다하여 맡아 주셨다. 삼년 제향祭享(제사)에 쓰이는 물품과 소상小祥(사망 1년 만에 지내는 제사) 대상의 제물祭物까지도, 용동궁*에 한 해 남짓이나 밀린 빚이 있으니 쓰지 말라 하시고 아버지께서 다 도와주셨다. 어느 것엔들 정성이 미치지 않으셨으리오. 또한 청연·청선군주 혼례 때도 아버지께서 다 도와주셨으니 앞뒤로 내게 들인 재물이 몇 만금인 줄 모르겠다. 이 모두가 나라의 일로, 나라 위하신 일이었으나 나는 자연히 몹시 불안하였다.

"내게만 이리 다하시고 어찌 동생들을 돌아보지 않으십니까."

내가 늘 조용히 말씀드리면 아버지께서 웃으며 대답하셨다.

"나라가 태평하면 저희는 살 것이라. 집이며 논뙈기 만들어 준 것도 옛사람에 비하면 몹시 부끄럽다."

당신 처지에 그 말씀이 어찌 더욱 감동스럽지 않으리오.

당신께서는 충성을 다하여 임금을 섬기셨고 가정생활에서는 효성스럽고 우애가 깊으셨다. 직분을 맡아서는 청렴결백하셨고, 일을 처리하는 도량이 있어 모든 벼슬아치와 온 나라 백성이 아버지의 은혜와 덕을 입지 않은 사람이 거의 없었다. 이것은 사사로이 하는 말이 아니라 온 세상이 공공연히 하는 말이니 내가 다시 길게 말하지 않겠다. 어머니를 일찍 여의시어 외가에 정성이 극진하셨고 외할아버지, 외할머니 제사에는 반드시 제사 음식을 담당하셨으며 외사촌 조카들에 대한 돌보심도 특별하였다. 또 어렵고 가난한 벗과 친척들을 극진히 구제하시어 아버지께서 보내시는 것을 바라고 있다가 불을 지피는 집이 몇인 줄 모르겠더라고 한다.

당신 처지가 어떻고 관직과 지위가 어떠하신가마는, 천성이 소박하시어 거처하시는 방 벽을 고운 종이로 바르지 않고 그림 한 장 붙이신 적이 없었다. 방에 고운 등메(꽃 무늬 돗자리)를 깔거나 고운 병풍을 친 적이 없고 세간붙이 한 가지 놓으신 적도 없었다. 평생 무명 바지와 무명 창의氅衣를 입으시고 반찬을 사치스럽게 한 적이 없었다. 말년에는 죄인으로 자처하시어 서너 칸 초가집에 거처하며 두 가지 반찬을 놓지 못하게 하셨다 하니, 천성이 착하지 않으면 어찌 이렇듯이 하시리오.

일찍이 청연·청선 두 군주의 족두리에 구슬 얽은 것을 보시고,

"몸이 가려워 차마 못 보겠다."

---

* 용동궁(龍洞宮) | 명종의 맏아들 순회세자가 살던 궁으로 세자가 12세에 요절한 뒤 왕후의 소유가 되었다. 사궁(四宮)의 하나이며 서울 서쪽 황화방(皇華坊, 지금 정동)에 있다가 중부 수진방으로 옮겨 1908년까지 남아 있었다.

창의 벼슬아치가 평상시에 입는 소매가 넓고 뒷솔기가 갈라진 웃옷. 충북대학교 박물관 소장

하시며 나를 경계하신 적도 있었으니 한 가지 일을 들어 백 가지 일이 이러한 것을 알리라.

섧고 섧도다. 당신 덕행이 이러하고 사업이 이러하며, 자신을 닦고 일을 처리하는 것이 이러하시거늘 노년 운명이 기구하고 험하여 성은을 끝까지 보전하지 못하고 지하에 원한을 품으셨다. 내가 이 일을 생각하면 아버지를 여읜 큰 슬픔 외에 지극한 원한이 가슴에 얽혀 한때도 살고 싶은 마음이 없었다. 그런데 맏조카 수영이가 제 아버지 삼년상 중에 다시 할아버지 상을 만나 아버지를 대신하여 할아버지 상도 받들게 되니 그 몸에 최복衰服(상복)이 겹겹이 입혀졌다. 수영이 네가 태어난 후로 나는 너를 맏조카로 남달리 몹시 사랑하였다. 그러다가 네 할아버지와 아버지 두 대가 돌아가신 후로 가문의 중대한 책임이 너에게 지워졌다. 그러나 그때는 네가 어렸다.

첫째 동생은 성품이 효성스럽고 우애 있으며 자상하였다. 권세와 이익에 욕심이 없이 담백하여 아버지께서 연미정에서 죄를 기다리시던 경인년(영조 46년) 후에는 서울 집을 떠나 삼호에 살면서 세상에 나오려 하지 않았다. 매사에 공평하고 앞일을 깊이 잘 헤아리니 아버지께서 늘 기대하시더니 아버지께서 삼호에 머무신 때에는 모시고 지냈고, 신묘년(영조 47년)에 청주에 부처되실 때는 모시고 갔다. 병신년(영조 52년) 3월, 선대왕 승하 후 작은아버지께서 사약을 받으시고 뒤이어 둘째 동생에게 화색이 짙어지자 그해 9월에 아버지를 따라 고양高陽으로 옮겨 갔다. 아버지 돌아가신 후 남은 삼형제가 서로 기대어 울며 지내는 동안 첫째 동생이 형제 가운데 으뜸이 되어 아우들을 거느리고 조카를 내 몸같이 가르쳤다. 이로부터는 나도 모든 집안일을 그 동생에게 의탁하였고, 동생도 아버지 계신 때처럼 내 마음을 헤아려 매사에 걱정 없이 처리해 주었다. 그러니 아버지 돌아가신 후로는 내가 백배나 더 그에게 기대했다.

여동생은 기묘년(영조 35년)에 출가하여 가난하고 구차하기 이를 데 없었으나 자녀를 연이어 낳고 소천所天(남편)이 과거 급제까지 하였으니 나라의 은혜를 입어 안락하게 살기를 바랐다. 그런데 천만 뜻밖에 우리 집안이 그릇되고 제 시댁의 화도 또한 망측하여 옥 같은 저의 자질이 진흙에 떨어져 버렸다. 집안을 위한 나의 끝없는 근심 가운데 이 아우 못 잊어함을 어디에 비하리오. 제가 고향으로 내려가 아버지 계시던 곳과는 거리가 서로 멀지 않았으나 아버지께서 국법을 무섭게 여겨 불러 보시는 일이 없고, 나도 편지 한 자를 통하지 못하였으니 제 설움이야 더욱 이를 것이 없었다. 그러다가 아버지 상을 만나니 제가 의지하여 바랄 곳이 끊어져 슬픈 가운데 생계가 더욱 아득해졌다. 첫째 동생이 아버지께서 하시던 일을 조금도 변함없이 하여 돈 한 푼, 쌀 한 되, 심지어 간장, 된장까지라도 다 염려하고 의논하여 내 몸같이 여겨 동생의 가난한 처지에 의지가 되어 주었다. 이것은 동기 간의 평범한 정이기는 하나 말세에는 얻지 못할 우애이다. 그 아내도 우애가 극진하여 남편의 뜻을 받들어 화란禍亂 중에도 시누이의 급한 형편을 친동생보다 잘 도와주었으니 이 내외가 아니었다면 제 어찌 지탱하였으리오.

아버지께서는 막냇동생이 다섯 살일 때 동생을 호조판서를 지낸 김성응의 둘째 아들 지묵持默의 맏딸과 정혼해 두셨다. 그런데 그 후 그 처녀가 담종*을 앓아 어른될 가망이 없게 되자 김성응이 아버지께 이 까닭을 이야기하고 파혼하자 하였다. 그때 아버지께서 말씀하셨다.

"우리 두 집안이 이미 약혼하였는데 지금 처녀가 병들었다 하여 언약을 저버린다면 이것은 사대부의 도리가 아니다. 또 비록 병이 하릴없이 되어 부부의 도를 이루지 못한다 해도 또한 다 저의 팔자이니 하늘에 맡기리라."

그러고는 파혼하지 않고 혼인을 이루었으나 인륜의 도는 차리지 못하였는데 병술년(영조 42년)에 동생의 아내가 갑자기 죽었다. 동생은 아내에게 무슨 정이 있었으리오마는 몹시 슬퍼하여 오래도록 잊지 않았다. 아버지께서 이렇듯 신의를 소중히 여기시어 그런 상황에서도 파혼하지 않은 일은 예禮에 드물고, 동생이 오래도록 아내를 불쌍히 여긴 일도 쉽지 않은 착한 마음이다. 그해에 할머니마저 잃었으니 막냇동생의 정리로는 어머니를 두 번이나 잃은 것 같은지라, 내가 일마다 저를 못 잊어 하였으니 이름은 비록 동기이나 어찌 자식과 다르리오. 제 비록 가문이 번창한 것을 보기는 하였으나 제 기상과 박식함으로 자신에게 좋은 것은 없었는데 나이 이십 갓 넘으면서부터는 집안이 그릇되어 동서로 떠돌았다. 집안 상황 외에 동생에게는 남모를 근심이 또 있어 반생토록 즐거움을 몰랐으니 내가 이 동생을 불쌍히 여기는 마음은 여러 동기 가운데 남달랐다. 그러다가 또 실호지통失怙之痛(아버지 잃는 슬픔)까지 만나니 백배나 더 가엾고 불쌍하여 잊을 수가 없었다. 아버지 삼년상을 다 마치고 나서 삼형제가 별같이 흩어지니 이리로 돌아보고 저리로 돌아보며 서로 그리워하는 마음이 그지없더니라.

아버지께서는 하늘 같은 은혜로 낳아 주시고 천륜 이상으로 뛰어난 사랑을 주셨으나 나로 말미암아 집안이 이렇게 되니 생각할수록 이 몸이 없어져 불효를 사죄하고 싶었다. 그러나 모년(경모궁이 죽은 해) 이후 이를 결행하지 못했던 것은 주상(정조)을 위해서였고, 무술년(정조 2년, 홍봉한이 죽은 해)에 따르지 못한 것도 주상이 외롭고 위태로우신 것을 잊을 수 없었기 때문이었다. 그리하여 마침내 열烈(남편에 대한 절개)에도 죄를 짓고 효孝도 저버린 사람이 되었으니 내 그림자를 보아도 낯이 화끈거리고 등이 뜨거워 밤이면 벽을 두드리며 잠 못 이루기 몇 해였던가.

나라가 불행하여 흉한 변이 자주 일어나니 주상을 위해서도 걱정과 두려움이 간절하였다. 그런데 기해년(정조 3년)에 이르러 국영國榮(홍국영)이 예전에 아버지께 수원 부사를 청했다가 거절당한 일로 배반하는 마음이 더욱 흉악하고 망측해졌다. 어느 때인들 나라 어지럽히는 신하와 어버이 해치는 자식이 없었으리오마는 이렇게 나쁜 사람이 또 어디 있으리오. 사사로운 가문의 큰 슬픔(아버지 돌아가심) 외에 주상의 세력이 외롭고 위태로워 간장 마디마디를 다 녹였다. 그러다가 임인년(정조 6년) 9월에 세자를 얻으니 한없이 경사스럽고 즐거워 내 섧던 마음을 여기에 붙여 태평만세를 기약하였다.

갑진년(정조 8년)에 아버지의 원통함을 밝히는 은혜로운 교지敎旨를 내리시고 이어서 아버지에게 익정翼靖이라는 시호*를 내려 주셨다. 아버지의 뜨거운 충성심에 미루어 이 일이 늦은 것은 슬프나 당신은 저승에서 감사하실 것이라 생각하니 아버지를 위하여 눈물로 감사할 따름이다. 또한 맏조카 수영에게 우리 집안의 종손이라 하여 벼슬을 시키시니 주상의 은혜는 갈수록 감사하였으나 서먹하고 불안한 제 모습을 내가 기꺼하지 않았다.

---

* 담종(痰腫) | 담이 한군데로 몰려 된 종기.
* 시호(諡號) | 경상(卿相)이나 선비가 죽은 후 그들의 생전 행적을 칭송하여 왕이 추증(追贈)하는 이름.

나라가 또 불행하여 병오년(정조 10년) 5월에 세자의 상喪을 당하였으니 대전(정조)의 외로움과 나라의 위태로움이 더욱 새로웠다. 나는 주상을 위로할 말이 없어 하늘을 바라보며 국가 만년의 주춧돌이 될 성자聖子를 다시 주실 것을 빌고 또 빌었다. 마침내 조상들이 남몰래 도우시어 경술년(정조 14년) 6월에 원자(가순궁嘉順宮 유빈 박씨 소생, 뒷날의 순조)를 얻는 큰 경사를 다시 보았으니 경사스럽기가 천지에 끝이 없었다. 하늘의 고마움을 무엇으로 갚으리오. 손을 모아 감사할 뿐이었으니 이 몸이 살아서 나라의 경사를 다시 볼 것을 어이 기약하였으리오.

나는 생일을 맞으면 다만 낳아 길러 주신 부모의 은혜를 추모할 뿐 세상에 태어난 것을 슬퍼하였다. 비록 주상의 큰 효성을 보아 억지로 지내기는 하나 이날을 모르고 싶었다. 그런데 천만 뜻밖에도 내 생일날 원손이 태어나는 경사를 보았으니 이것은 저 하늘이 나를 불쌍히 여기시어 이날 이런 큰 경사를 두신 것이라. 스스로 내 몸을 어루만지며 하늘이 어여삐 여기심에 감사하고 또 감사하였다. 이 경사 있은 후로 하늘이 주시는 복을 받들어 평소 죽고 싶던 마음을 돌이켰으니 내가 나라의 경사를 즐거워하는 것을 알리로다.

주상(정조)은 효성이 뛰어나 자전(혜경궁 홍씨의 모후인 정순왕후)을 극진히 받드셨다. 또한 부모로 말미암은 남모를 슬픔으로 저승(돌아가신 아버지)과 이승(어머니인 혜경궁 홍씨) 사이에서 서러워하셨으니 주상이 당하신 일은 참을 수 없는 일이었다. 나는 내가 당한 일은 천지신명이 곁에 계시니 털끝만큼도 어찌 생각하지 않고 주상의 설움만을 슬퍼하였다. 주상이 아버지를 추모하는 일은 온 나라가 감동할 것이요, 살아 있는 어미를 국왕의 지위로 극진히 봉양하시니 나 또한 무슨 여한이 있으리오.

주상은 곤전坤殿(중전)과 함께 조정의 중심이 되어 두 분이 화락하시고 여러 빈들을 고루고루 잘 거느리시며, 청연·청선 두 누이를 더 이를 것 없이 사랑하셨다. 그래서 내 변변치 못한 어미의 정으로도 더 바랄 것이 없으니 두 딸에 대한 천륜의 정일 뿐 저희 못 잊어 부족하게 여기는 것은 없다. 심지어 서제庶弟(인과 진) 둘의 죄악은 부자(경모궁과 서자들) 간에도 용납 못할 일이건만 주상은 이들에게까지도 성덕聖德을 내려 극진한 은혜를 베푸셨다. 이런 일은 옛날에도 드문 일이니 누군들 감동하지 않으리오마는 나는 밤낮으로 이들에게 근심이 미쳐 마음이 놓이지 않는다.

내전(정조 비)은 덕이 많고 어지시어 안살림을 더할 수 없이 잘 받드시고, 자전(정성왕후)을 지성으로 받들고 나를 섬기신다. 또 가순궁(순조의 생모)은 효성스럽고 공손 검소하여 주상을 잘 섬기고, 원자를 극진히 보호하고 교훈하니 아름답고 공이 있으니 나라의 보배가 아니냐. 종사가 끊이지 않고 길이 이어지기를 내 온몸으로 비노라. 궁중에 평화로운 기운이 이토록 넘쳐나는 것은 근대에 볼 수 없던 일이니 내가 위로 자전(정순왕후)을 받들어 궁중에 법도 있음을 우러러 치하하고 스스로 자긍심을 갖노라.

내가 미망인의 슬픔을 품고 겪어 온 일들이 천만 가지로 얽혔으나 주상을 왕위에 오르도록 길러 성덕이 저리 거룩하시고, 또 원자가 아직 여섯 살 어린 나이이나 총명하고 효성스럽고 우애 있어 주상을 닮았으니 우리나라가 성스러운 자손으로 대대로 이어져 억만년 태평하기를 빌고 비노라. 또한 청연·청선 두 군주를 길러 저희들 사람됨이 귀한 왕녀王女라는 교만함이 없어 주상을 극진한 정성으로 우러르고 한결같은 마음으로 삼가고 조심하니 왕녀들로서 드문 일이다. 저희들이 평생 이렇게 조심하고 공손 근면한 데 힘입어 복록이 길이 오래도록 이어질 듯하니 아름답게 여기노라. 외손 아이들도 잘못되지 않아서 준수하며 맑고 곱다. 저희가 젊은 나이에 며느리를 보고 사위를 얻었으니 내가 그윽이 기쁘다. 다만 청선이 숙녀의 어진 덕을 지니고도 신세가 그릇되어 어미의 운명과 흡사함을 슬퍼하노라.

내 집안이 그릇된 후에 동생들이 깊고 후미진 시골에 묻혀 사니 내 생전에 동생들 볼 것을 기약하지 않았다. 그런데 경술년(정조 14년)에 원자가 탄생한 큰 경사 후에 은혜로운 말씀이 정중하시어 동생들에게 알리라 하셨다. 동생들은 세상에 용납되지 못할 자취였으나 성은이 황송하고 감격스러워 염치를 무릅쓰고 황급히 들어왔다. 이것은 주상이 내게 마음을 다하여 생전에 동생들을 다시 보게 하신 것이었으니 갈수록 천은이다. 몇 차례 화를 겪은 뒤에 서로 만나니 말없이 눈물뿐이었고, 성은을 노래하며 산속에서 병없이 오래도록 여생을 마칠 것을 바라고 바랐다. 지난 해(정조 13년)에는 내 회갑이라 하여 세 동생과 두 삼촌에게 모두 가자加資(정3품 이상의 품계를 올리는 것)를 주기도 하셨으니 틀어박혀 사는 몸들에게 이 어찌된 천은인가. 분수에 넘쳐 감사하고 두렵기가 헤아릴 수 없었다. 6월 내 생일 때는 두 삼촌을 뵈었으니 기쁨과 놀라움이 뒤섞여 세 동생 보던 때와 똑같았다.

나는 둘째 작은아버지·막내 작은아버지와 나이가 서로 비슷하여 한집에서 자랄 때는 여느 삼촌·조카들과 달리 친하였다. 둘째 작은아버지는 늘 나에게 가지고 놀 것을 만들어 주셨고, 막내 작은아버지는 나와 한 살 차이로 나를 각별히 사랑하여 글 읽으실 때면 내가 곁에서 서수*를 펴 드렸더니라. 할머니는 덕행이 몹시 훌륭하시어 당신이 낳은 아들과 손자손녀를 구분하시는 일이 없으셨고, 어머니는 삼촌들과 형수·시동생 사이지만 두 삼촌을 길러 내어 정이 어머니 같으셨다. 이런 까닭에 우리 삼촌·조카 사이의 정은 동기와 다름이 없었다.

둘째 작은아버지는 뜻과 취향이 담백하여 일찍이 과거 보기를 그만두셨으니 내가 귀하게 여겼다. 막내 작은아버지는 풍채가 말쑥하고 문장과 학문을 두루 겸하시어 주상이 입학할 때 성균관 유생으로 장명將命(말씀을 전하는 소임)

을 맡으셨다. 그 뒤 바로 조정에 들어와 명성과 덕망이 무성하여 나라의 중책을 맡을 만한 인물이었기에 내가 범상치 않게 기대하였는데 그간 억만 가지 변화를 겪었다. 그런 뒤에 뜻밖에 뵈니 역시 동생을 본 듯 놀랍고 기뻤다.

둘째 작은어머니는 내가 입궐한 뒤에 집안에 들어오셔서 자주 뵙지는 못하였다. 성품과 행동과 식견이 보통 여편네와 다르시어 우리 어머니와 첫째 작은어머니의 동서로서 부끄럽지 않으셨기에 온 집안이 다 칭찬하였는데 중년에 돌아가시고 말았다. 이렇게 집안 부녀가 부모에 앞서 세상을 떠나는 일이 계속되었으니 이 또한 집안의 불운이었다. 막내 작은어머니는 내 이종사촌으로 성질이 온순하고 겸손하여 참으로 부덕婦德을 다 갖추셨다. 나와는 어릴 때부터 같이 놀아 정이 서로 각별하였고 내 집안에 들어오자 어머니께서 딸같이 사랑하셨다. 내가 더욱 친하게 여겨 만나면 옛정과 옛말을 다 하였는데 집안이 그릇된 후로는 그 목소리와 얼굴조차 가물가물해졌다. 막내 작은아버지는 세상에 대한 생각을 끊은 채 산속에서 유학 경전들과 역사서 읽기를 일삼고, 작은어머니는 베짜기에 힘써 산중에 즐거움이 있다. 두 아들과 네 손자가 쌍쌍이 벌여 있어 비록 가문의 슬픔은 평생의 큰 한이나 부부 해로하여 회갑을 지내셨으니 숲 속에서 누리는 복은 실로 '산중의 분양왕*'이시다. 나는 당신네를 위하여 기뻐하며 속으로 생각하였다.

'내 집안이 필 때 만약 형제와 삼촌과 조카들이 차례로 종적을 감추어 관직과 작위와 녹봉을 사양하고 자연을 따라 살았더라면 집안의 화가 어찌 생겼으리오.'

이렇게 생각하면 부귀가 빈천만도 못하다는 것을 깨닫게 된다.

* 서수(書數) | 글을 읽은 횟수를 세는 패쪽.
* 분양왕(汾陽王) | 당나라 곽자의(郭子儀). 백 명의 아들과 천 명의 손자를 거느리며 복록의 상징으로 일컬어지는 인물.

이해(정조 19년, 경모궁과 혜경궁 홍씨의 회갑 해)를 맞으니 큰 슬픔이 끝이 없어 내 심정을 무어라 말할 수가 없다. 주상이 당신 아버지를 추모하여 지나치게 슬퍼하시니 내 큰 슬픔은 둘째라. 성체 상하실까 염려되어 마음껏 슬퍼하지도 못하고, 정월 명절(경모궁의 생일이 정월 21일임)도 즐기지 않는 주상의 모습을 민망스럽게 대하였다. 경모궁의 회갑 날, 주상이 자전(정순왕후)을 모시고 가서 경모궁에게 참배하니 중전도 오시고 가순궁과 청연·청선 두 군주도 따랐다. 나는 억만 슬픔이 뒤섞여 일어나 경모궁 신위를 우러러 가슴 가득한 슬픔으로 울었건만 경모궁의 모습과 목소리는 아득히 멀리 계시어 한마디 '아노라' 하지 않으셨다. 남은 한은 끝이 없고 심장이 꽉 막혀 답답하였으나 내가 너무 상할까 주상이 말리시기에 설움을 다 펴지 못하고 돌아오니 만사가 꿈같아 마음을 안정시킬 수가 없었다. 다만 주상이 착하시어 아버지를 추모하는 슬픔도 지극하시고 궁원제향* 범절에 국가적 기구로 거룩히 받드시고, 또 원자(순조)가 비상하여 당신 자손이 영원히 이 나라를 누릴 것이라. 이것이 다 당신의 지극히 착한 천성 때문이니 거룩한 자손들이 저승에 계신 당신의 덕으로 당신을 대신하여 누리는 것이라. 당신 위하여 마음속으로 위로하고 기꺼하노라.

　기유년(정조 13년)에 경모궁의 원소*를 수원으로 이장하였으나 그때 재궁梓宮(왕세자의 관)도 뵙지 못하고 몹시 슬펐다. 그런데 주상이 아버지를 추모하는 마음이 커서 어미의 뜻을 받아 경모궁 원행*을 함께 하자고 나를 데리고 가셨다. 내가 여편네 차림으로 예법에 어긋날까 염려하였으나 주상의 효성을 막을 수 없었다. 뿐만 아니라 이해에 원소를 뵙는 것이 천년에 한번 올까 하는 드문 기회였고 경모궁의 원소를 찾아뵙고 지극한 슬픔을 한 푼이나마 펴고 싶었다. 주상을 따라 원상園上(무덤 바로 앞)에 나아가 모자가 손을 잡고 무덤을 두드리며 억만 슬픔을 울음으로 알리니 하늘과 땅이 아득하고 저승과 이승이 까마득히 멀어 새삼스럽게 망극한 마음을 헤아릴 수 없었다. 작년에 거동하셨을 때 주상이 지나치게 애통하여 가슴 답답해하시기에 여러 신하들이 어쩔 줄 몰랐다는 말을 듣고 놀랐었다. 그런데 이번에도 하도 서럽게 우시어 용루龍淚(임금의 눈물)가 마른 풀을 다 적셨다. 나도 놀라 스스로 슬픔을 진정하고 주상을 붙들어 모자가 서로 위로하며 북받치는 설움을 억눌렀으니, 이때의 사정은 무덤 앞 무심한 돌사람조차도 분명 감동하였으리라. 청연·청선 두 군주도 따라 올라와 슬퍼하였으니 그 설움이야 더욱 어찌 형용하리오.

주상이 십 수년을 경영하여 경모궁의 원소 이장이라는 큰일을 해내셨다. 그때 주상이 뛰어난 효성으로 정성을 다하며 몹시 애태우시기에 경모궁이 아드님 잘 두셨음에 감동하였다. 내가 무슨 지식이 있어 산소 좋은 것을 알겠는가마는 이번에 가 뵈니, 산세山勢가 기이하고 맑고 밝아서 봉우리마다 정기가 맺혀 있었다. 이것으로 보아 이장 잘하신 것 같아 내가 속으로 기뻐하며 다행스럽게 여겼다. 원소 앞에 늘어놓은 석물石物은 어느 것 하나 특별하지 않은 것이 없고 정성을 다하지 않은 것이 없어 감탄스러웠다. 그러나 내 모진 목숨이 더욱더 그지없이 질겨 염치없이 살아온 것이 스스로 부끄럽고 서러웠다. 그런 가운데 생각해 보니 경모궁 세상 떠나실 때 열 살 갓 넘은 어린 나이셨던 주상이 천만 가지 어렵고 힘든 일 가운데 무사히 성장하시어 임금의 자리에 오르셨다. 또한 청연·청선 자매는 그때 미처 열 살이 안 된 어린아이였다. 그런데 내가 당신이 남긴 혈육을 간신히 보전하여 거느리고

---

* 궁원제향(宮園祭享) | 나라에서 궁이나 원에 올리는 제사.
* 원소(園所) | 왕세자, 세자빈, 왕자, 왕손, 왕의 사적인 친척들의 산소.
* 원행(園行) | 왕세자나 세자빈 등의 산소에 가는 것.

원행을묘정리의궤 반차도 부분 1759년 정조가 어머니 혜경궁 홍씨의 회갑을 기념하여 화성에 행차하는 모습을 담은 반차도의 부분. 행렬의 뒤편에 있는 것이 혜경궁 홍씨가 탄 가마이다. 서울대학교 규장각 소장

와서 잘 자라 성취하였음을 남몰래 알리니, 이 한 대목은 내가 살았던 것이 빛이 난다 하리라.

　원소에서 내려갈 때 주상이 내 가마 뒤에 바짝 서시고 국왕의 거동과 위의를 다 내 앞에 세우시어 찬란한 깃발이 바람과 구름을 희롱하고 늘어선 북과 피리가 산악을 움직였다. 임시로 놓은 노량진의 배다리는 평지를 밟는 것 같고, 멀리 바다를 굽어보는 높은 봉우리는 공중에 떠 있는 듯하였다. 태평연월*을 강호江湖에서 유람하니 마음이 편안하고 시야가 탁 틔어 궁궐에 깊이 든 몸이 하루아침에 장엄한 경관을 보았으니 그것은 참으로 쉽게 얻을 수 있는 일이 아니었다. 주상께서 걸음마다 노모의 안부를 물으시니 여행길에 빛이 났고 이 몸이 영화로워 주상의 효성을 크게 감탄하면서도 내 도리어 불안하였다.

　원소에 다녀온 다음 날 화성華城(수원) 행궁*에 큰 잔치를 베풀어 관현악기를 연이어 연주하고, 노래와 춤이 뒤섞인 가운데 내빈*과 외빈外賓(조정의 신하)을 성대하게 부르셨다. 잔치 자리의 비단으로 수놓은 꽃 장식은 영롱하고 맛있는 음식은 바다 것과 뭍의 것이 모두 갖춰졌는데 우리 주상이 손수 옥수에 금잔을 잡아 이 노모에게 올려 장수를 비셨다. 전에도 드물고 지금은 없는 일을 내 몸이 직접 겪으니 그지없이 귀하고 외람될 뿐 아니라 지난 일(경모궁의 죽음)을 추모하는 뜻과도 아주 달라서 참으로 즐기지 않았다. 주상이 지극한 효심으로 하시는 뜻을 어길 수가 없어 받기는 하였으나 나는 더욱 말할 수 없이 불안하였다.

　미망인이 수많은 세상 변화를 겪어 슬픔과 기쁨이 이렇게 뒤섞인 이상한 신세는 옛날 역사책 속의 후비后妃 가운데에도 나와 견줄 만한 이가 없다. 이런 나를 위하여 주상이 이번 행사를 너무나 장대하게 하셨으니 주상의 마음을 생각하여 백배나 더 서러웠다. 베푸신 잔치의 눈 닿는 곳마다 화려하

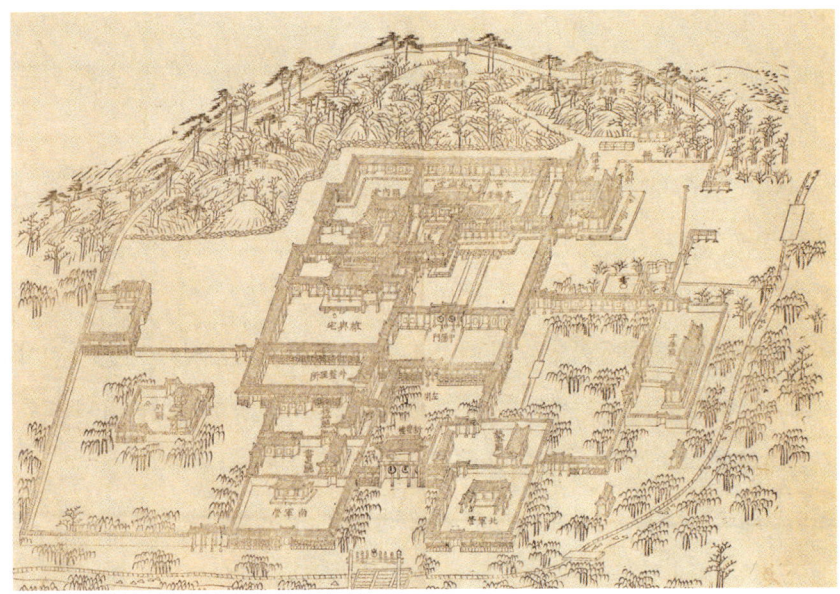

화성행궁전도 정조가 화성을 축성한 후 576칸 규모로 건립한 행궁의 전체 모습. 아버지 사도세자의 묘소를 참배하고 돌아가는 길에 이곳에서 쉬어 갔다. 서울대학교 규장각 소장

고 풍성하여 정성이 미치지 않은 곳이 없어 곳곳에 허비한 재물이 수없어 보이니 내 마음이 갈수록 더 불안하였다. 그러나 탁지度支(국가 재정)의 경비를 조금도 축내지 않으시고 모두 내부內部(왕실재정)의 경비로 차비하신 것이었으니 효성도 특별하고 재주와 계략도 비상하심을 내가 거듭거듭 찬탄하였다. 숙련된 문물 위의와 질서 정연한 모든 일에 주상의 교화가 두루 미쳤으니 걱정과 불안, 추모의 슬픔 가운데서도 기쁘고 든든한 속마음을 이길 수 없더라. 경모궁의 원소에 가 뵌 것이나 내외 손님이 모인 이번 일은, 옛날

---

* 태평연월(太平烟月) | 어진 임금이 다스리는 태평한 세상.
* 행궁(行宮) | 왕이 나들이 때 머물던 이궁.
* 내빈(內賓) | 봉호(封號)를 받은 부인의 총칭. 빈(嬪)·귀인(貴人)·소의(昭儀)·숙의(淑儀) 등 궁중에서 품계(品階)를 가진 여관(女官)과 종친의 딸과 아내·문무관의 아내 등 남편의 직책에 따라 봉작(封爵)을 받은 여자들.

한漢나라 명제明帝가 어머니인 음황후陰皇后를 모시고 부왕 광무제光武帝의 능에 참배한 뒤 외가에 일가친척을 모아 놓고 잔치하던 사적과 같다. 나는 이번 일을 후세에 미담으로 전할까 하노라.

외빈은 팔촌 친척까지로 정하니 육촌 할아버지 감보鑑輔 씨의 아들 선호 씨가 으뜸이 되어 아들 여럿을 데리고 일가를 거느리고 들어왔다. 외가는 오촌을 넘겨 외사촌 산중 씨가 감사인 아들 태영의 사촌 아우 도영과 그 세 아들을 데리고 참례하였으니 내 재간 후 먼 친척까지도 찾아와 보던 옛일이 생각나더라. 내빈으로는 조판서댁인 막내 고모와 막내 작은어머니 송씨와 오라버니의 아내 민씨, 심능필의 아내인 사촌 여동생(첫째 작은아버지의 딸), 오라버니의 딸인 사복첨정司僕僉正 조진규의 아내, 첫째 동생의 아내 이씨, 둘째 동생의 아내 정씨, 막냇동생의 딸인 유기주의 아내, 첫째 동생의 딸인 이종익의 아내, 대동 재종질再從姪(육촌 형제의 아들)인 참판 의영의 아내 심씨, 의영의 사촌동생인 세영의 아내 김씨가 모였다. 아버지의 측실側室(첩)은 천한 사람인지라 궐 안 출입을 못할 것이나 일찍부터 아버지의 시중을 잘 받들었고, 또 행궁에서 모이는 것은 사정이 좀 다르기에 나를 보도록 불러 들이셨으니 그에게는 이런 은혜와 영광이 없었다. 그의 아들 낙파樂波는 감관* 으로서 사람됨이 불초하지 않고 몹시 영민하므로 비록 서얼庶孼이나 주상께서 가까이 불러 어여삐 여기셨다. 그의 세 아우들도 다 괜찮은 인물로 성장하였으니 제 어미의 천한 팔자로 이러하기 드물다 하겠다.

불쌍하구나! 내 여동생(이복일의 아내)아. 남편과 10년 동안 떨어져 있더니 남편을 대사면大赦免으로 특별히 석방하셨으니 그 처지에 이런 은혜가 어찌 다시 있으리오. 부부가 다시 만나 천지 같은 주상의 은덕을 손 모아 빌며 지냈다. 작년(정조 18년)에 주상이 명릉明陵(숙종의 능)에 거동하셨을 때, 명릉이 제집과 가까운지라, 여자의 마음에도 임금 그리는 마음이 간절하여 시골집에서 주상의 거동을 구경하였다. 이것을 주상께서 어찌 아시고 액예를 시켜 안부를 물으시고 낙파를 시켜 돈과 무명을 많이 주셨다. 하사하시는 물건이야 전부터도 있었지만 이번에는 가난한 집에 빛이 나고 온 마을이 감동하였다. 시골 사람들이 평소에 그 집을 역적의 집안이라 업신여겼는데 이후로는 편히 정착하여 살게 되었으니 이런 은혜가 또 어디 있으리오.

내가 저와 이별한 후 수십 년 동안 늘 제가 불쌍하고 측은하여 하룻밤도 마음 놓이지 않아 하니 주상께서 이것을 헤아려 특별히 국법을 굽혀 만나게 해주셨다. 저의 황송함과 감격스러움은 말할 것도 없고 내 마음도 몹시 불안하였으나 내 생전에 저를 다시 보게 해주신 주상의 은혜가 너무나 눈물겹게 감사하였다. 자매가 부득이 주상의 말씀을 받들어 서로 만나 보니 꿈인 듯 생시인 듯 심신이 놀라웠다. 저의 젊던 얼굴과 아름답던 자질이 칠팔 분 변하였으니 반갑고 안타까워 손을 잡고 눈물이요, 뺨을 대어 눈물이라. 슬픈 말 기쁜 말이 헝클어진 실 풀리는 듯하였다. 다소간 겪어 온 일들을 이루 다 펼치지 못한 채 오륙일이 얼른 지나가 또 손을 놓고 헤어졌다. 생전에 다시 못 볼 것을 기약했을 적도 있었건만 새삼스레 놀라웠다. 이제 다시 보기 어려우니 이후의 삶과 죽음, 화와 복은 오직 하늘에 맡겨 두니 내 마음이나 저의 축원이야 긴말하여 무엇하리. 저의 어질고 밝은 마음으로 아들 넷과 딸 다섯에 손자가 셋이니 제 시댁이 저렇지 않았으면 복이 비할 데 없었으리라. 혹 하늘이 제 심정을 굽어 살피시어 늘그막에는 근심어린 미간을 펴고 나라의 은혜를 받아 남들이 도리어 유복함을 칭찬할 때가 있기를 바라노라.

막내 고모는 두 살 때 어머니를 잃으시어 아버지께서 남달리 우애하셨다. 막내 고모부(조엄趙曮)도 어려운 사람으로 뭇사람들의 기대가 있었으니 아버

---

* 감관(監官) | 관아와 관가에서 돈이나 곡식을 간수하고 출납을 맡아보던 관리.

지께서 한갓 남매의 정만으로 대접하지 않으셨다. 고모부께서 조정에 들어오신 후로는 덤덤하다 할 수 없을 정도로 서로 의지하셨는데 세상 변고가 거듭 일어나고 인간사가 복잡다단하니 중간 말이야 다시 하여 무엇하리. 끝내는 두 집안이 다 그릇되니 고모께서는 슬픔이 첩첩 쌓인 가운데 더욱 그지없이 불행하셨다. 그러다가 작년에 고모부의 죄가 깨끗이 씻겨져 흠 없는 사람이 되었고 고모께도 성은이 융숭하여 입궐하시게 되었다. 고모는 내빈 가운데 으뜸이 되어 오셨는데 비록 팔십 나이시나 소년처럼 강건하셨다. 맑고 밝은 용모와 인자하고 미더운 마음, 지혜로운 재기才氣가 조금도 줄지 않으셨으니 봉래산*이 떠 있는 동해 바다의 큰 액운을 여러 번 겪었다는 마고* 같으셨다. 막내 고모를 뜻밖에 만나 뵈니 돌이켜 아버지께서 칠순도 안 되어 돌아가신 것이 생각나 눈물을 멈출 수가 없었다. 고모는 가난하고 고생스러운 가운데서도 모든 언행이 규율規律에 어긋나지 않으시어 주상으로부터 양반다운 부녀라 칭찬받으셨으니 당신께 얼마나 영광스러우리오.

옛날에 우리 집안이 대궐의 뜻에 따라 어버이를 받드는 모든 일이 나날이 크고 번잡해져서 예사 부녀로서는 하루도 받들기 어려웠다. 그러나 우리 형님(큰올케) 민부인께서는 대가大家의 총부冢婦로서 병약하신 중에도 좌우를 엄하게 다스려 의식을 치르는 예절이 한 가지도 구차하지 않았다. 여러 사람을 거느리는 일이나 집안을 다스리는 데에도 법도가 있어 안채가 조정같이 엄숙하였다. 30년 동안 부귀에 처하셨으니 예사 집안 부녀로서는 얻지 못할 일인지라 집안에서는 형님을 두고 '남자로 태어났으면 정승 할 그릇'이라 공론하고 칭찬하였더니라.

형님은 오남매를 기르시어 저마다 뛰어나 복이 비할 데 없더니 중년에 미망인이 되셨다. 큰아들 수영의 전처는 충헌忠獻 김공(김창집金昌集)의 현손녀玄孫女(증손자의 딸)로서 여편네지만 큰 집안의 규범이 있어 형님의 행적을 이을 듯하였으나 불행히도 잃으셨다. 또 박씨와 송씨에게 출가한 두 딸을 연이어 잃으시고 둘째 아들 최영도 앞세우셨으니 당신을 뵈올 적마다 늘그막에 저러하심이 슬퍼 눈물이 나고 큰 집안이 외롭고 위태로워진 것이 민망스러웠다. 그런데 신해년(정조 15년)에 수영이가 아들 세주를 낳았으니 슬기롭고 깨끗하여 큰 그릇답게 생겼다. 그놈이 궐에 들어와 저도 어린 것이 원자(순조)를 모시고 놀 줄도 알았으니 기특하고 기특하였다. 주상께서 원자를 데리고 앉으시고 수영이는 제 아들을 데리고 주상을 모셨으니 주상이 기꺼워 웃으셨다. 내가 늘 집안과 나라를 위하여 한없이 염려하다가 비록 임금과 신하, 위와 아래가 다르기는 하나 이 경사를 보고는 말할 수 없이 기쁘고 다행스러워 이번에도 형님을 만나 서로 치하하고 위로하였다.

또 오라버니의 딸인 조카 조태인趙泰仁댁이 어려서부터 늘 제 작은 고모(혜경궁 홍씨의 여동생)를 데리고 궁궐을 출입하여 지금까지도 출입이 잦으니 내가 저 왕래할 적마다 아우 생각이 많이 났다. 부드럽고 덕성스러운 얼굴 생김새는 내 어머니를 많이 닮고, 수려한 자태는 제 어머니를 닮아서 왕실 외척의 여러 부녀 가운데 뛰어났으니 궁중 사람들이 칭찬하여 외간 부녀로 보지 않았고 주상께서도 남달리 사랑하셨다. 내가 저를 위하고 사랑하여 기쁠 뿐 아니라 오라버니의 아들 하나와 딸 하나(수영과 조태인댁)를 주상께서 이렇듯 극진히 사랑하시니 나는 오라버니를 생각하여 더욱 기꺼워하였다. 그런데 이번 모꼬지(잔치)에 두 삼촌과 세 동생은 모두 특별한 대우를 받아 서둘러 참예하였는데 오라버니는 안 계시니 감회가 더욱 컸다. 내가 지친至親

---

* 봉래산(蓬萊山) | 방장산(方丈山), 영주산(瀛州山)과 함께 중국 전설 속의 산으로, 신선이 산다고 하며 동해 한가운데 있다고 전해진다.
* 마고(麻姑) | 중국의 옛날 선녀(仙女) 이름. 한(漢)나라 환제(桓帝) 때 고여산(姑餘山)에서 수도하여 새 발톱 같은 긴 손톱으로 가려운 데를 긁으면 한없이 유쾌하였다고 한다. 또한 푸른 바다가 뽕나무 밭이 되는 것을 세 번이나 보고 봉래산으로 향해 갈 때 물이 그 전보다 얕아졌다는 전설이 있다.

(부자간이나 형제간) 부녀들을 보니 적지 않게 위안이 되었지만 옛일을 생각하여 마음이 슬펐다.

우리 집안은 할아버지께서 돌아가신 경신년(영조 25년) 후로 지내기가 어려웠다. 그런데 둘째 고모(이언형李彦衡의 처)께서 효성과 우애가 지극하시어 새어머니(정헌공의 후처)께 지성이었고 내 어머니를 친동기같이 사랑하시어 어려울 때마다 늘 많이 도와주셨다. 내가 어렸을 때를 생각해 보면 임술·계해년(영조 18·19년) 사이 할아버지의 삼년상을 마치고 난 뒤 쓸 것이 다 떨어져 없을 때가 많았는데 그럴 때면 고모께서 보내 주시기를 기다려 밥을 지은 적이 많았다. 당신 동생들과 여러 조카에 대한 사랑과 우애가 당신이 낳은 자식들 같으셨고, 성미가 너그러워 마음에 꼭꼭 담아 두는 일이 없으시니 복록이 세상에 짝이 없었다. 주상이 춘궁春宮(세손)때는 예우도 많이 받으셨는데 하늘이 하루아침에 큰 재앙*을 내려 흉악한 화가 비할 데 없어 그 성대하던 복록이 연기처럼 스러졌다. 둘째 고모를 생각하면 늘 가슴이 막히더니 막내 고모를 뵈니 이 고모가 생각나 코끝이 절로 시는 것을 막을 수가 없었다.

여러 사촌을 작년과 금년에 보니 다 아름답고 글공부들을 하여 선비의 풍모가 있으니 모두 집안의 아름다운 자제들이다. 내가 기특히 여기고 둘째 작은아버지와 막내 작은아버지를 위하여 기꺼워하였다. 그러나 죄에 걸려 귀양 간 두 사촌(첫째 작은아버지의 두 아들)을 생각하니 남만 못한 인물들도 아니련마는 타고난 운명이 어찌 그리 기구한가. 주상의 은혜가 넓고 밝아서 집안 온 가족이 모두 성대한 잔치에 참예하였는데 저희만 저러하니 저희 슬픔은 말할 것도 없고 내 마음이 아프고 슬퍼 또한 참기 어렵더라. 이 사촌들의 형은 장대한 포부를 지닌 화락하고 단아한 인물이더니 일찍 죽었다. 그때는 비할 데 없이 불쌍하고 참혹하였으나 지금 생각하니 도리어 팔자가 좋아 그런 화를 보지 않고 죽었는가 싶더라.

둘째 동생은 일찍이 번리 집에 뜻을 두었기에 화란으로 떠돌 때 몸담을 곳이 있었으나 첫째 동생은 남의 집을 빌려 있어 늘 민망하였다. 그런데 이제 번리로 옮겨 가 형제가 함께 지내니 곤궁한 처지에 그나마 다행이다. 막냇동생은 회계 정사*에 들어가 설움 품은 어진 아내와 산과 들에 노닐며 마음을 나누고, 아들 넷 딸 셋을 벌여 놓고 손자까지 얻었으니 몸은 비록 가난하나 눈앞의 유복함은 남부럽지 않다. 다만 형제들이 각각 떨어져 있어 내가 늘 민망하였는데 우연한 변고로 두루 옮겨 살다가 문안에 집을 정하였다. 삼형제의 집은 언덕 하나를 사이에 두고 솥의 세 발같이 벌여 있어 지팡이 짚고 슬슬 거닐며 우애를 나누고 있다. 집은 비록 각각이나 뜻은 한가지여서 마치 아홉 세대가 동거하며 형제간의 우애가 깊었다는 당나라 사람 장공예張公藝와 같다. 내가 동생들의 소식을 함께 들어 헤어져 있던 정회情懷를 위로하니 남들은 대수롭지 않게 여기나 내 마음은 몹시 기껍노라.

세 조카 수영·후영·취영 외에 첫째 동생의 둘째 아들 철영과, 막냇동생의 세 아들 서영·위영·귀영이를 작년 금년에 연이어 보았다. 모두 아름다워 여러 사촌들보다 나림(못함)이 없고 어린아이들까지도 괴이한 인물이 없으니 이것이 모두 내 아버지께서 쌓으신 공덕의 결과라. 하늘이 갚아 주심이 어찌 우연이리오.

수영이가 처음으로 관직을 임명받았을 때에 나는 진심으로 '벼슬' 두 자가 놀라웠는데 병오년(정조 10년)에 수영 외에 취영·최영(수영의 아우)·후영 네 사촌 형제를 나랏일로 부르셨다. 그 후 그들이 모두 연이어 음관을 하여 사촌 형제 넷이 문안을 다니니 비록 낮고 하찮은 벼슬이라도 여럿이 모두 하

---

* 큰 재앙 | 정조 1년(1777년) 8월, 둘째 고모의 맏아들 이택수(李澤遂)가 역모에 연루되어 정조의 배려로 죽음을 면하였으나 부친인 이언형을 비롯하여 두 아우들이 국문을 당하는 등 곤욕을 겪었다.
* 회계 정사(檜舍) | '회계'는 정확히 알 수 없으나 고유명사인 듯하다. '정사'는 학문을 가르치고 정신을 수양하는 곳이다.

는 것이 지나치지 않은가 두려웠다. 그러더니 갑자기 최영이를 잃었다. 제 뛰어난 자질로 스물 안팎의 젊은 나이에 저리되니 가문의 재앙이 아직 그치지 않았음을 이르는지 실로 모를 일이로다.

수영은 대가의 남은 가풍家風으로 조심스럽고 빈틈이 없으니 종손의 무거운 책임을 기꺼이 감당하고, 취영은 재주와 학문과 사람됨이 뛰어나 가문의 바람이 무거우니 한 보배이다. 사람들이 수영을 대하는 것과 취영을 추앙하여 존중하는 것이 거의 같다. 또 후영은 부드럽고 아름답고 깨끗하여 짐짓 선비이니 내 또한 어여삐 여기노라. 비록 음관이라 할지라도 무례하게 처신하지 않을까 하여 혹 외임을 하거나 말직에 있어도 내 마음이 놓이지 않았다. 혹 맡은 일에 소홀하여 주상께 허물을 뵈지나 않을까, 남의 나무람이 있지나 않을까 하여 내가 근심이 있는 듯 안절부절못하니 이 또한 내 집안을 위한 고심苦心이다.

우리 집안은 여러 대 재상가로서 아버지에 이르러서는 가장 높은 정승 자리에 오르셨고 뒤를 이어 첫째 작은아버지와 막내 작은아버지, 그리고 오라버니가 차례로 조정에 들어오시어 몹시 번창하였다. 그런데 첫째 동생이 또 이어서 하니 두렵기 한이 없었다. 기축년(영조 45년)에는 둘째 동생도 뒤를 이었으니 인정상 어찌 기쁘지 않다 하리오마는 나는 가문이 너무 번성함을 근심하여 즐기지 않았다. 과연 오래지 않아 가문이 뒤엎어졌다. 인물로 헤아린다면 흔한 급제에 참여함이 괴이하지 않지만 둘째 작은아버지같이 과거에 응시하는 일을 접어 버렸으면 집안의 화가 그토록 망측하지는 않았을 듯하다. 우리 집안 화의 근본은 부귀에 묻어 있던 것이라, 어찌 벼슬이 두렵지 않으리오.

지금 너희가 각각 소과도 못하고 거적사모*를 쓴 몸이 되었으니 인정상 안타까운 마음이 없으랴마는 나는 내 집안이 다시 벼슬하는 것을 조금도 바라지 않는다. 수영이 너부터 앞장서서 임금 섬기기에 정성을 다 하고 벼슬살이하는 동안 청렴결백하며 일 처리를 조심스럽고 충실히 하여라. 집안을 화평한 가운데 강직하고 밝게 다스리고 제사를 정결히 받들며 홀어머니를 극진히 효성스럽게 봉양하라. 맏누이를 형같이 알고 아비 없는 사촌동생 익주(최영의 아들)를 불쌍히 여기라. 두 분 작은할아버지를 너의 할아버지처럼 우러르고 작은아버지들을 너의 아버지같이 섬기라. 또 나이 어린 고모를 누이 보듯 하고 여러 사촌동생을 동기같이 지도하고 사랑하라. 먼 친척에 이르기까지도 정성껏 대접하고 집에 드나드는 가난한 사람들을 버리지 말라. 비복婢僕(남녀 종)에게까지도 사랑을 이루어 너의 할아버지와 아버지의 덕행을 한결같이 이어 가문의 명성을 떨어뜨리지 말라. 그리하여 주상께 착한 척리가 되고 집안의 착한 자손이 되어 무너지고 거꾸러진 가문을 다시 일으키라. 이것이 네 한 몸에 있으니 믿고 믿노라.

우리 주상이 만수무강하시고 거룩한 자손이 끊임없이 이어서 종실과 나라가 억만 년 동안 반석 같고, 우리 모자와 손자가 대대로 번성하여 나라와 함께 태평하기를 길이 축원하노라. 내가 겪어 온 일과 축원하는 말을 내 동생에게 써 주어야 할 것이나 네 요청에 따라 너에게 주노라. 작은아버지들께 보인 후 간직해 두어 내 필적을 네 자손에게 멀리 전하기 바라노라.

* 거적사모 | '거적'은 짚을 두툼하게 엮거나 새끼로 날을 하여 짚으로 자리처럼 만든 물건으로 자리 대신 허드레로 사용하는 것이며 '사모(紗帽)'는 관원이 관복을 입을 때 쓰던 모자이다. 그러므로 아무 관직이 없이 천함을 빗대어 하는 말이다.

백일

한중록 둘째
閑中錄 其二

순조 1년(1801년), 혜경궁 홍씨가 67세에 손자 순조에게 친정의 억울함을 밝히고 죄를 씻어 주기를 부탁하기 위해 쓴 글. 정조가 재위 24년에 승하하고 순조가 즉위하여 대왕대비 정순왕후 김씨의 섭정이 시작되자 혜경궁 홍씨는 친정의 억울함을 첫째 편보다 상세하게 밝힌다. 아들을 잃은 슬픔과 친정의 억울함에 대한 분노가 서린 기록이다.

❀

화평옹주和平翁主는 선희궁의 큰따님으로 영묘英廟(영조)께서 특별히 사랑하셨다. 성품과 행동이 온화하고 유순하여 교만한 습성이 조금도 없고 부왕의 사랑을 당신만 받고 동궁(경모궁)은 받지 못함을 스스로 불안하고 민망히 여겨 늘 부왕께,

"그리 마오소서."

아뢰고 동궁에게 닥친 일을 힘껏 도와 드렸다. 대조(영조)께서 격노하셨을 때 이 옹주의 힘으로 진정하고 풀린 때가 많았으니 대리 정사를 보시던 소조(경모궁)*께서는 고마워하며 매사에 이 옹주를 믿고 지내셨다. 무진년(영조 25년)에 옹주가 죽기 전까지 동궁을 보호한 것은 오로지 이 옹주의 공이다. 만약 이 옹주가 오래 사시어 부자父子 분 사이가 조화롭도록 주선하였다면 유익한 일이 많았을 터인데 불행히도 일찍 세상을 떴다. 영묘께서는 슬픔이 너무나 너무나 커서 화평옹주가 죽은 뒤에는 성체聖體를 둘 데 없어 하시고 마음 붙일 데도 없으셨다. 자연히 본디부터 화평옹주 다음으로 사랑하시던 정처에게 정을 옮기셨으니 그 각별한 총애를 어찌 다 기록하리오.

그때 정처의 나이는 겨우 열한 살이었으니 궁중의 아이로 유치한 놀음놀이나 알 뿐이지 무엇을 알리오. 그러나 위로 어머니인 선희궁이 계시고, 부

---

* 대조께서~소조 | 이 이야기가 진행되는 시점은 영조가 동궁(사도세자, 경모궁)에게 대리 정사를 맡긴 때이므로 영조를 대조라 하고 이에 비해 대리 정사하던 사도세자를 소조라 하였다.

마(공주의 남편)인 일성위 정치달은 그의 아버지와 삼촌 등 일가붙이가 인사人事를 아는 재상들이었고, 부마 자신도 상스럽지 않아서 소조께 정성을 나타내려고도 하였다. 일성위는 대조께서 자기 아내만 총애하시고 동궁은 덜 사랑하시는 것을 불안하고 송구스러워 하여 아내를 가르치기도 한 듯하다. 정처가 기괴해진 것은 일성위가 죽기 전이고 그 전에는 경모궁께 유익할지언정 해롭지는 않았기 때문이다. 정처는 소조께서 대조의 능행陵幸(능에 거동함)을 모시고 따를 수 있도록 해주었고, 소조의 온양 거동도 힘을 다하여 주선하여 해내었다. 그 밖에 위급한 상황에서 벗어나게 한 일이 한두 가지가 아니었으니 비록 정처가 밉고 또 지금 저리되었다 하여 바른말이야 아니하리오. 만일 지아비인 일성위가 일찍 죽지 않고 아들딸 낳아 부부 사이의 즐

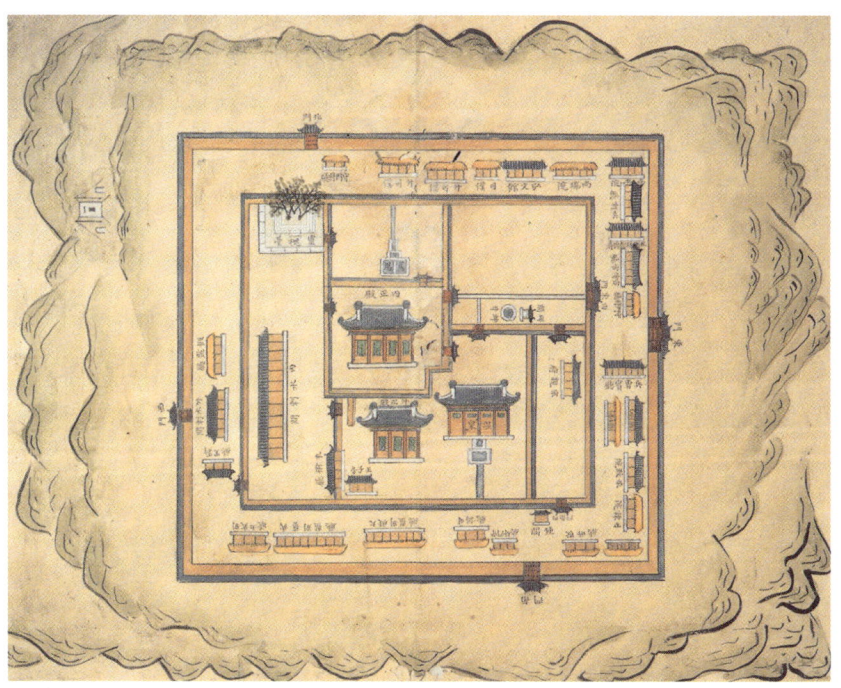

온양별궁전도 조선의 왕들이 요양하기 위해 자주 찾았던 온양의 별궁 모습. 서울대학교 규장각 소장

거움에 재미를 붙였더라면 정처가 궐 안에 머물며 그 무궁한 변을 일으키지 않았을 법도 하다.

 일성위가 죽은 뒤 영묘께서는 정처를 궐 밖에 내보내지 않으시고 오래도록 곁에 두어 잠시도 떨어지지 않으셨으니 만사가 다 그 사람의 권세인 듯하였다. 그러다가 임오년(영조 38년, 경모궁이 죽은 해) 후에는 궐 안에 이렇다 할 일이 없었다. 다시 2년 후 선희궁께서 돌아가시자 정처는 엄한 타이름을 받지 못한 데다가 시가에도 아무도 없이 어린 양자 후겸뿐이었다. 꺼리고 조심할 것은 없고 부왕의 총애는 날로 커지니 마음이 대담해지고 뜻이 방자해졌다.

 그 사람의 성품은 여편네 가운데서도 승부욕이 있고 시기와 샘이 많으며 권세를 유별나게 좋아하여 온갖 일이 다 일어났다. 대강을 말하자면,

 "나 밖에 또 누가 부왕의 총애를 받으랴."

하여 나인이라도 부왕께서 신임하시면 싫어하고, 세손世孫(정조)을 손아귀에 넣어 한때도 누가 손대지 못하게 하였다. 내가 세손의 어미임을 미워하여 제가 어미 노릇을 하려 하였다. 세손을 효장세자의 양자로 만든 갑신처분(영조 40년)도 세손이 왕위에 오른 뒤 내가 대비大妃가 되고 저는 못 될 것을 시기하여 지어낸 것이었다. 또 세손 내외 사이가 좋을 것을 시기하여 백 가지 천 가지 이간과 험담으로 양궁兩宮(세손과 세손빈) 사이를 얼음과 숯처럼 어긋나게 만들었다. 세손이 혹 궁녀를 가까이 할까 질색하여 곁눈질 한 번 하지 못하게 함으로써 부디 대 이을 아들이 나지 못하게도 하였다. 또 세손의 외가를 꺼려 흉한 계교로 이간하여 외가에 대한 정이 뜨악하게 하였으니 이것이 곧 기축己丑년(영조 45년) 별감 일*이다.

* 기축년~일 | 정조가 별감과 가까이하고 바깥출입을 한다는 정처의 간계에 넘어간 홍봉한이 그 일을 영조께 직언하였고, 이로 말미암아 별감이 귀양 보내지고 홍봉한이 정조의 원망을 샀던 일.

세손이 장인(청원부원군 김시묵)을 좋아하면 그를 시샘하고, 심지어 세손이 『송사宋史』를 정리하느라 밖에 나가면 그 책까지도 다 시샘하였다. 이렇듯 백·천·만 가지 일에 저만 권세를 쓰고 제게만 붙좇아 다른 이는 다 없어라 하는 법이었으니 이 어찌 된 사람인가. 이것이 다 국운에 관계된 일이다. 하늘이 무슨 뜻으로 모년(경모궁 죽던 해)이 있게 하여 나라가 거의 뒤엎어질 뻔하게 하시고, 또 괴이한 부녀를 내어 세상의 도를 무너뜨려 어지럽히며 조정 신하가 생선처럼 줄줄이 얽어 매이게 하셨는가. 알 길이 없도다.
　모년화변某年禍變(임오화변壬午禍變)은 오직 부자 분 사이가 예사롭지 않은 것이 빌미가 되어 이것이 구르고 굴러 된 일이었으니 내 평생토록 뼈를 깎는 지극한 원한이다. 영묘께서 아드님에게도 그러하셨으니 한 다리가 먼 손자에게는 또 어찌하실 줄 알리오. 또한 중궁전(정순왕후)의 오라비 귀주가 내 곁을 해치려는 기미가 있었으니 만일 또 세손이 영묘의 마음에 못 드시면 저것을 어찌하잔 말인가. 세손의 안위와 성심聖心(임금의 마음) 돌려놓기는 오로지 정처에게 있었다. 세손은 영묘와 함께 경희궁에 있고 나는 창경궁에 따로 있을 때 만사를 다 그 사람에게 부탁하여 아무렇든지 임금의 뜻에 어긋나지만 않게 해달라고 하였다. 그리고 세손께도 경계하였다.
　"그 고모를 잘 대접하여 나를 보듯 하라."
　그런 내 마음이 아프고 그러한 정상이 서글펐지만 그때는 정처가 내 말을 다 옳게 여겨 일마다 돕고 영묘께도 극진히 말씀하였다. 영묘께서는 만사를 정처의 말에 따르시어 어떤 흉이 있어도 그 사람이 옳다 하면 그렇게 들으셨고 설령 착해도 그 사람이 나무라면 그만이었다. 영묘께서 본디 세손을 사랑하기는 하셨으나 모년 이후에도 계속 변함이 없으셨던 것은 정처의 힘이었다. 정처가 세손을 맡아 차지하려 하였기에 앞에 이야기한 것처럼 천 가지 백 가지 괴이한 일이 다 일어났다. 그러나 내가 세손을 위한 고심苦心

으로 정처를 정성껏 잘 대접하지 않았다면 세손의 안위安危가 또 어떠했을 줄 알리오.

정축년(영조 33년) 무렵에는 '동궁(경모궁)께서 정가(정치달)를 죽이려 하신다.'는 터무니없이 와전된 말이 낭자하였다. 그때는 소조(경모궁)께 털끝만큼도 그런 뜻이 없으셨던지라 아버지께서 들어와 소조를 뵙고 이 사연을 아뢰시며 '진정시킬 도리를 찾으소서.' 하시니 소조께서 말씀하셨다.

"그런 일 없노라."

그러고 나서 정치달의 삼촌인 영의정 정휘량에게 친히 편지하셨으니 정휘량이 감격 감격해하였다. 그 후 신사년(영조 37년) 소조의 서행* 때도 정휘량이 잘 주선하여 대조의 말씀과 기색이 누그러졌다. 그래서 아버지와 정휘량이 자연히 서로 친해져 그가 자기 질부姪婦(조카며느리, 정처)에게 아버지에 대한 고마운 말을 하고 나를 우애로 받들라고도 하였다. 이후로 정처가 아버지께 정성스럽게 굴고 아버지를 칭찬하기도 하였다. 그런데 정휘량이 죽고 나서 그 집안에 어른이 없어지자 정처는 아버지께서 양자 후겸을 가르쳐 성공시켜 줄 것을 믿노라 하고 내게도 아버지께 여쭈어 달라 하였다. 그때 아버지는 인자한 마음 외에 정처를 잘 대접해야 할 처지였기에 때때로 후겸을 가르치고 괴이한 데에 빠지지 않게 하려 하셨다. 무슨 말이 들리고, 어른 없는 집안 아이로서 점잖지 못한 사람들을 사귄다는 소문을 들으시고 당신도 몇 번이나 진정으로 교훈하셨다. 그리고 정처에게도 말씀하셨다.

"이리이리하니 그리하지 않으면 좋겠다."

후겸은 본디 어려서부터 괴이하고 요망하고 악독한 인물이었다. 내 아버지는 제 친부형父兄이 아닌 데다 제 어미의 형세를 믿어 벌써부터 교만 방자

---

* 서행(西行) | 평안도 미행(微行)을 말하며 미행은 미복잠행(微服潛行)의 준말로 왕이 남이 알아보지 못하도록 남루한 차림으로 몰래 돌아다니는 것.

한 마음이 생겼으니 어찌 아버지의 가르치는 말을 좋아할 것인가. 게다가 제 어미에게 자기 흉을 보는가 하고 원한을 품어 정처에게 무엇이라 한 듯 하였다. 정처도 이기기 좋아하는 마음인지라 아들의 허물에 대해 말하는 것이 듣기 싫어 그 뒤로는 말씨와 낯빛이 현저하게 달라졌다. 나는 아버지의 마음 씀이 부질없는 것 같아서 아버지께 말씀드렸다.

"말이 가르쳐 달라는 것이지 우리 일가一家도 아니고, 좋은 뜻에 원한 맺기 쉬우니 이후에는 아는 체 마소서."

그래서 서로 사이가 끊어졌는데 오래지 않아 후겸이 해를 이어 소과와 대과大科(문과)에 급제하였다. 대조는 후겸을 당신께서 사랑하시는 딸의 아들로 비할 데 없이 귀중히 여기고 사랑하셨다. 대조의 은총이 이렇게 날로 더해지자 붙어 따르는 사람도 많고 꼬드기는 이도 많아져 귀주가 후겸에게 붙어 내 집과 맞서 버티게 되었다.

경모궁께서 승하하신 임오년 후부터 세손(정조)을 효장세자의 양자로 삼은 갑신년 전까지는 선희궁께서도 내 마음과 같아 세손이 착하기만 바라셨다. 매사에 예법으로 인도하시고 엄하고 바르게 훈계하시니 아기네(세손) 마음에 재미없어 하셨다. 나도 어미의 지극한 마음으로 세손의 행동이나 살피고 귀에 거슬리는 말만 하였다. 게다가 내 성품이 본디 남에게 아첨을 못하니 더욱이 자식에게 무슨 듣기 좋은 말을 하였겠는가. 그런데다 삶과 죽음, 화禍와 복이 다 그 고모의 손안에 있어 잘되고 못됨이 그의 입에 따라 순식간에 결단이 났으니 세손인들 어찌 무섭지 않으셨겠는가. 세손은 자연히 권세에 따르고 무섭기도 하여 정처에게 정이 들었다. 정처는 세손에게 정을 붙여 저만 혼자 세손을 차지하여 자기가 어미 소임을 하려고 우리 모자의 정을 빼앗기 위해 을유년(영조 41년) 무렵부터 계교를 꾸몄다.

갑신처분 전에는 세손이 할머님(선희궁)께 의지하였으니 고모(정처)가 권모술수를 부릴 길이 없었다. 그런데 선희궁이 안 계시고부터는 정처가 만사에 꺼릴 것이 없고 모든 일이 자기 뜻대로였다. 그때부터는 세손을 낚아 위(영조)에 잘 말씀드려 귀애하시게 함

운혜 구름무늬를 장식한 여성용 신. 서울역사박물관 소장

으로써 세손이 자기에게 감사하여 정성이 아주 지극하도록 해놓았다. 또 궐 안에서는 입지 않는 누비 의복붙이와 구름무늬가 장식된 고운 운혜雲鞋붙이(가죽신)와 좋은 칼 같은 것으로 아기네를 기쁘게 해드렸다. 또 음식도 궐 안의 예사 음식 외에 별별 것을 해드렸으니 내게는 그런 것이 어디 있으리오. 아버지께서는 더욱 그런 붙이를 모르시어 의복이나 음식, 완구 따위를 드리지 않으셨다. 이 어미는 듣기 괴로운 바른말이나 하고 꾸짖기나 하고, 외가에서도 각별한 정을 나타내어 드리는 것이 없었다. 그러니 아기네 마음에 점점 어미와 외가는 재미없고, 고모는 정들고 귀해져 외가만 아시던 예전의 정이 차차 줄어들었다.

을유년(영조 41년) 겨울 무렵부터 세손은 그 고모와 겸상하여 밥을 드셨다. 그런데 고모가 해온 반찬을 드시다가도 내가 앉아 있으면 겸상을 어찌 여길까, 음식도 어찌 볼까하여 숨기려 하셨다. 그럴 일이 아니건만 내가 뭐라 할까 하여 차차 보이지 않으려 하고 알리지 않으려는 눈치가 생겼다. 세손이야 열세 살 어린 나이였으니 꾸짖을 일이 아니었다. 정처가 적이 인심이 있는 사람이라면, 세손은 자기 오라버님의 아들이요, 내가 남다른 정으로 의지하며 자기에게 부탁하였으니 불쌍하고 가련한 우리 모자의 정리情理를 보아 나와 한마음으로 가르치고 서로 도와 세손 착하기만을 바라는 것이 인정과 천리天理에 마땅한 일이었다. 그렇건만 이 사람의 뜻은 그렇지 아니하여

모자 사이를 이간하려는 계교를 내었으니 흉악하지 않은가. 그러나 나는 모르는 체하고 말하지 않았다.

병술년(영조 42년) 봄, 영묘의 병환이 달포 동안이나 낫지 않아 영묘께서 중궁전(정순왕후)의 처소인 회상전으로 합하시고 정처와 세손도 밤낮으로 함께 거처하였다. 그러나 나는 문안問安 때만 잠깐 다녀왔으니 무엇을 알았으리오. 그때 귀주와 후겸이 한마음이 되었고 중궁전에서도 세손께 좋도록 구셨다. 뿐만 아니라 정처는 나를 이간하려 하였기 때문에 중궁전에 가서 그들과 한통속이 되었다. 이것은 귀주가 후겸을 좋아하였기 때문이다. 그리저리 하여 말 없는 가운데 아버지를 해치는 참소의 말이 영묘께 들어갔다. 그러나 본디 군신 사이의 믿음과 정의情誼가 굳어 단번에 틈이 나지는 않더니 아버지께서 할머니 상喪으로 3년 동안 들어앉으시니 영묘께서도 조정에 날마다 가 뵙는 것과 다르셨다. 게다가 그 사이에 여러 참소가 수없이 생겨났다.

무자년(영조 44년)에 후겸이 수원 부사를 하려고 그때 영상領相인 김치인金致仁에게 말을 넣어 달라고 아버지께 기별한 적이 있었다. 그때 아버지께서 이렇게 회답하셨다.

"내가 말 한마디를 아끼는 것이 아니라 겨우 스무 살 된 아이에게 5천 병마兵馬를 맡기는 벼슬을 시키자는 것은 참으로 나라를 저버리는 일이고, 또 저를 사랑

회상전 서궐영전도감의궤에 실린 회상전의 모습. 서울대학교 규장각 소장

하는 도리가 아니다."

그리고 끝내 말을 넣지 않으셨다. 그 후 후겸이 차차 나이를 먹고 남의 꼬임도 받으며 권세를 쓰려 할 무렵에 이전 혐의인 수원 부사 일과 여러 가지 일로 아버지를 좋지 않게 여기게 되었다. 게다가 정처는 중궁전에 정이 들어 극진하고, 귀주 부자와 후겸은 다 한 뭉치가 되어 아버지를 해치려 하였다. 그런데도 아버지께서 할머니의 삼년상을 마친 후 또다시 영의정에 임명되어 영묘의 총애가 여전하시니, 성은聖恩은 비록 감사하나 이럴수록 저들은 아버지를 더욱 꺼렸다. 정처는 아들 후겸과 귀주네 말을 들어 아버지를 전처럼 칭찬하기는커녕 오늘 해치고 내일 해쳤다. 그리하여 열 번 찍어 안 거꾸러지는 나무 없다는 속담처럼 아버지에 대한 영묘의 총애가 점점 약해져 갔다.

또 흉악한 일로 세상인심을 들끓게 하고 내 집안을 이 지경에 이르도록 한 데에는 까닭이 있었다. 병술년(영조 42년)에 홍은부위興恩副尉 정재화가 부마(청선군주의 남편)가 되었는데 용모와 행동거지가 아름다워서 세손이 이 매부를 어여삐 여기셨다. 그런데 기축년(영조 45년) 무렵에 그 아이가 갑자기 변하여 별감들을 데리고 외입外入(바깥출입)을 수없이 하여 세손을 모시고도 체면 없는 일을 많이 하였으니, 세손은 소년의 마음인지라 달게 받아들여 물리치지 않으셨던 것 같다. 그때 세손은 내 처소와 멀리 떨어진 홍정당에 계셨기 때문에 나는 전혀 몰랐다. 홍은이 오위도총부의 총관摠管으로 당번을 할 때는 들어와 세손을 뵙고 함께 놀았던 모양이다. 당시에는 정처가 세손을 손아귀에 넣고 무슨 일이든 마음대로 못하게 하여 한 가지 일도 자유롭게 하지 못했다. 심지어 세손과 세손빈 사이를 화락하지 못하게 하고 세손이 처가에 가까이 잘하는 것을 시샘하여 이간하려 하였다. 그러나 그때는 세손빈의 아버지 청원부원군 김시묵의 육촌인 김상묵이 후겸과 사귀어 음모의 주동자가 된 때였으므로 상묵의 낯을 보아 청원의 집은 아직 그냥 두고 세손의 외가를 먼저 이간하려는 뜻을 품고 있었다. 그런 가운데 또 세손이 홍은을 사랑함을 시샘하여 한 화살로 둘을 쏘려는 계교를 세웠다.

어느 날 밤, 정처가 나에게 와서 정답게 말했다.

"세손이 홍은에게 홀리시어 이번 진연進宴(궁중 잔치)때 궁 밖 기녀妓女에 대한 이야기도 하고, 잔칫날 홍은이 제가 가까이 한 계집도 가리켜 보여 드리며, 별감들이 사귀는 부류를 아시게 하였나이다. 그 밖에 상스러운 일이 많았으니 저러할 데가 어디 있으리까. 경모궁 때를 생각하여 보오. 별감으로부터 시작하여 차차 물들어 끝내 그리되셨나이다. 세손은 아직 소년이신데 그런 말씀을 들려 드리고, 또 세손이 저 상스러운 홍은을 사랑하여 외입이라도 하게 되면 저런 일이 어디 있겠나이까. 이를 처치하지 않으면 대조(영조)께서 아시고 모년의 일이 다시 나리이다. 저에게 세손을 도와 잘 인도할 것을 부탁하셨으니 지금 금하지 않을 수 없나이다. 그러나 제가 여쭈었다 하면 말이 좋지 않고, 또 하나뿐인 제 자식의 외로운 몸에도 해로우리이다. 나라를 위해 마지못해 이 말씀을 하오니 스스로 안 것으로 하시고 일이 늘어나고 커지기 전에 그 별감들을 귀양이나 보내면 좋겠나이다. 지금 영의정께서는 세손의 외할아버지이시니 대조께 아뢰려 해도 할 수 있을 것이고, 별감들을 다스려도 법에 따르는 일일 것이오이다."

이렇게 진정으로 나라를 위하고 세손을 걱정하는 모양으로 아주 세밀하게 말하였다. 내 평생의 지극한 한과 슬픔은, 처음부터 경모궁을 돕고 인도해 줄 사람 없이 오직 별감 같은 잡것들에 물들어 차차 그렇게 되셨는가 하는 것이었다. 그래서 세손이 착하게 되시기만 바라고 바랐다. 그런데 정처가 그렇게 말하니 내 소박하고 곧은 마음으로 생각하여 그 사람이 세손에 대한 정이 있으니 세손을 위하여 근심하는 줄로만 알았다. 어찌 세손과 어미를 이간하고 세손이 외할아버지를 푸대접하게 하려고 꾸미는 흉계인 줄 알았으리오. 나는 '모년이 다시 나겠다.' 하는 말이 너무나 무섭고, 또 만일 정처가 말한 대로 내가 금하지 않는다면 그 사람은 자기 말을 세우려고 이 일을 대조께 알려 큰 야단을 일으킬 것이었다. 그 사람에게는 이것이 괴이한 일이 아니었다. 내가 놀랍고, 또 홍은의 일이 분하기도 하여 말하였다.

"내가 세손께 이야기하여 못하게 하리라."

그러자 그 사람이 또 말했다.

"일을 어찌 그리 급히 하시리까. 차차 하시되 요란스럽지 않게 하오. '그 별감들을 다스려 주소서.' 하는 편지를 써서 세손빈에게 주시어 김판서(세손빈의 아버지, 청원부원군)더러 자제들도 모르게 영상(세손의 외조부, 홍봉한)께 갖다 드리게 하고 비밀리에 이놈들을 없애소서."

이제 생각해 보면 이것은 청원부원군까지 걸리게 하려는 계교였구나 싶으나 당시에 나는 그 흉한 마음은 아득히 모르고 '세손 외입하실까.' 하는 염려가 급하였다. 그래서 김판서에게 주라는 말은 따르지 않고 아버지께 편지하여 이 사연을 다 말씀드리고 청하였다.

"이 별감들을 귀양 보내 주소서."

아버지께서는 '요란스러우니 못하겠다.' 하시고 자제들도 못하게 힘써 말리셨다. 그러나 나는 놀란 간장인지라 '모년 일이 다시 나겠다.'는 두려운 말과 세손 위한 고심으로 여러 번 기별하였다. 그런데도 아버지는 끝내 듣지 않으셨다. 정처가 다시 나를 충동질하여 말하였다.

"영상께서 어떤 처지이신가. 나라 위하시는 마음으로 옳은 일을 하지 않으니 영상이 저리하면 설사 세손이 외입을 하신들 누가 막으리오."

정처는 기가 막혀 하며 한탄하고 또 한탄하는 모습을 지었다. 나는 더욱 갑갑하여 삼사일 밥을 굶고 아버지께 기별하여 울며 보챘다.

"만일 이놈들을 다스려 주지 않으시고 세손이 끝내 외입한다면 내가 살아 무엇하리오. 단식하고 죽겠나이다."

그러자 아버지께서 여러 번 주저하시다가 마지못해 말씀하셨다.

"세손 위하는 마음으로 삶과 죽음, 화와 복을 몸 밖에 두노라."

그리고는 청원 김판서와 의논하셨다.

그때 형조참판 조영순*이 처음에는 못하겠다고 하다가 나중에 아버지 말씀을 듣고 말하였다.

"제왕의 집안은 보통 집안과 다르니 장래에는 일이 커질 것이오이다. 그러나 대감이 나라 위한 진심 어린 정성으로 앞날의 생사화복을 내놓고 하시니 고맙습니다."

형조참판은 그 별감들을 잡아 한마디도 묻지 않고 귀양만 보냈고, 아버지는 세손께 상서上書하였다.

"어찌하여 홍은같이 협잡을 일삼는 상스러운 아이를 가까이 하시리이까. 홍은이 외입하기에 별감들을 벌주었나이다."

그리고 세손을 뵐 때도 많이 아뢰셨다. 세손은 헴차지(철들지) 않은 마음에 무안한 데다 별감들이 가엾어 당신을 위한 어미와 외할아버지의 뜨거운 진심은 모른 채 노여워만 하셨다. 게다가 정처가 더할 수 없이 흉악한 것은, 제가 세손 행동에 허물이 없기 바라 그런 말을 하였으면 내가 이리할 때 자기도,

"어머니 마음에 당연히 그러하시고, 외할아버지께서 나라 위한 마음으로 세손의 덕이 어그러질까 염려하셨기 때문이라. 그리하신 것은 옳은 일이니 조금도 어찌 알아 마음에 두지 마시고 그 말씀을 들으소서."

해야 할 터이다. 그런데 내게는 그렇게 걱정하더니 세손께는 수없이 충동질하였다.

"그 일을 그렇게까지 할 일이오? 저리 요란스럽게 하여 세상에 모를 사람이 없게 되었으니 마누라(세손)가 어떤 사람이 되겠소. 외할아버지라고 묻어 덮어 주지는 않고 허물을 드러내려 하니 저런 인정人情이 어디 있으리오."

그때는 세손이 정처의 손아귀에 쥐여 그의 말을 다 들을 때였는데 정처가 날마다 그 같은 말로 아버지를 흉보았다. 후겸도 들어와 세손의 덕에 해롭게만 하면서 안팎으로 심사를 돋우니 소년의 마음에 외할아버지 귀하게 여기시던 마음이 와락 변하였다. 어미에게야 어떠하실 것 아니지만 전날 거리낌 없이 가깝던 마음이 어찌 변치 않았겠는가. 그때 세손의 노여움과 불편한 마음이 헤아릴 수 없이 크시어 내가 도리어 가엾어 하였다. 그러나 나든 아버지든 다 당신에게 흉허물이 될까 하는, 당신 위한 한결같은 고심이었으니 어찌 뒷날을 염려할 일이 있었겠는가. 세손께서도 그렇게 노여워하면서도 나에게 하는 일이나 외할아버지에게 하는 일이 다 여전하셨다. 그러니 우리 부녀야 잘한 줄로만 알았지 털끝만큼이나마 후환을 근심하였으리오.

그런데 그 후 을미(영조 51년) 무렵에 홍국영이 말하였다.

"별감들 유배시켰던 기축년(영조 45년)의 일로 세손께서 아주 불편해하시나이다."

내가 비로소 깨닫고 선왕*이 왕위에 오르신 뒤에 자초지종을 다 이야기하였다.

"'모년이 다시 나리라.' 하는 정처의 말도 무섭고, 예사 어미도 모두 아들이 착하기를 바라는 마음이 있는데 하물며 생각해 보시오. 내가 모년화변을 겪고 아들 하나에 의지해 살면서 국가에 대한 중대한 책임 외에 내 사사로

---

* 조영순(趙榮順) | 세손 외입의 일로 별감 등을 유배시킬 당시의 형조참판.
* 선왕(先王) | 정조, 곧 세손을 가리킨다. 정조는 1800년에 승하하였고 이 글이 쓰인 때는 1801년(순조 1년)이므로 정조를 선왕이라고 칭해진다.

운 정을 겸하여 마누라(정조)가 지극히 착하고 아름다우시기를 바랐으니 그 마음이 어떠하겠나이까. 정처 그 사람의 말을 갑자기 듣고 놀란 가슴에 두렵고 근심스러운데, '만일 금하지 않으면 대조(영조)께서 아시고 모년의 변이 또 날 것이라.' 하더이다. 게다가 그 사람은 변덕이 죽 끓듯 하니 결국 대조께서 아시게 하는 것도 이상하지 않았사오이다. 그리하여 만일 큰 야단이 나면 마누라가 어느 지경이 되시겠나이까. '모년이 다시 나리라.' 하는 그 한마디에 더욱 갑갑하여 아버지나 동생이 다 그리 못하겠다는 것을 내가 단식으로 자결하려 하여 아무쪼록 처치하시게 하였으니 나야 순수한 어미 마음으로 한 일이오이다. 정처가 흉계를 꾸며 내게는 '다스리라' 권하고, 마누라께는 '흥을 드러낸다.' 고 충동질하여 어미와 외가를 이간하려는 것임을 어찌 생각인들 하였겠나이까. 이 일로 말미암아 귀주와 후겸의 무리가 밖에 말을 내놓기를, '홍씨가 세손께 득죄하였으니 홍씨를 아무리 쳐도 세손께서 외가를 붙들어 보호하실 정이 없으리라. 세손께 잘 보여 온 홍가인데 세손에게서 떨어진 뒤에는 홍가 치기가 아주 쉬우리라.' 하였나이다. 그러고 나서야 이른바 십학사十學士라든가 무엇 무엇이라 하는 것들이 귀주와 후겸의 새 형세에 따르면서 밖으로 '척리戚里 치면 사류士類 된다.' 하여 내 집을 치기 시작하여 구르고 굴러 이 지경이 되었나이다. 그러니 실은 내 손으로 아버지께 화를 끼친 것이라. 지금 생각하여도 그때 나나 아버지나 모두 마누라 위한 뜨거운 마음이었으니 부끄럽지는 아니하오마는 그 일은 곧 내 탓이었으니 불효한 죄는 실로 만 번 죽어도 용서받지 못할 것이오이다."

선왕(정조)이 듣고 웃으며 말씀하셨다.

"그때의 일이야 소년 적 일이니 거들어 무엇하리이까. 참으로 뉘우치오이다."

그 후에라도 이 말이 나오면 얼굴을 붉히고 부끄러워하시며 '다 잊은 지 오래라.' 하셨다. 그러고 나서 경신년(정조 24년) 2월 원자元子(순조)의 관례 책봉 때에 조영순의 관작官爵을 회복시키고 얼굴 가득 기쁜 빛을 띠어 말씀하셨다.

"조영순의 일이 늘 무언가 목에 걸려 있는 듯하였는데 오늘 푸니 시원 시원하여이다."

"참으로 다행하오. 우리 집에서 시킨 일로 말미암아 죄명이 몹시 무거웠기에 그 집에서 나를 오죽 원망했을까 보오. 마음이 몹시 불편하였는데 관작을 회복시켜 주셨다니 정말 다행하오."

내가 아뢰니 선왕께서 말씀하셨다.

"조영순은 본디 죄가 없었나이다. 그때 정처가 '모년이 다시 나리라.' 하고 위협한 말이 세상에 떠돌다가 정착할 곳이 없어 조영순에게 가서 죄가 되었으니 그는 참으로 원통하오이다. 그때 봉조하(홍봉한)께서 사옹원*에 앉아 여러 대신이 듣는 데서 '모년이 다시 나겠다.' 고 하시더라는 말을 누군가가 내게 전하더이다. 그래서 그 말이 사실인가 여러 곳으로 알아보았으나 그때 재상들은 아무도 들었노라 하는 이가 없었나이다. 어떤 이는 그 말이 사옹원에서 나온 것이 아니라 정광한이 소문으로 듣고 퍼뜨린 말이라 하더이다. 그 말이 이렇게 여러 가지로 났으니 분명 정처의 말로 말미암아 중간에 근거 없이 떠돌게 된 것이요, 봉조하께서 하시지 않은 것임은 바로 알았나이다. 봉조하도 애매하시거늘 하물며 조영순의 죄라니 가당키나 하오리까. 이제 기축년의 일은 결말이 났으니 조영순을 위함이 아니라 봉조하께 죄가 없음을 밝혀 드리는 일이오이다."

내가 듣고 아버지를 위하여 여러 번 감사의 말을 하였다. 이것으로 미루

* 사옹원(司饔院) | 대궐 안의 음식 장만을 맡은 관아.

어 보면 선왕께서는 기축년의 일을 후회하셨다. 또 '모년이 다시 나리라.'는 말에 대하여 아버지께서 애매하신 것을 알고 계셨음을 알 수 있다. 다만 정처가 애초부터 간계를 꾸며 모자 사이와 외가의 정을 이간하려던 일은 참으로 흉악하다. 이 간계로 말미암아 그 후 인심과 세도世道가 변하여 후겸은 안에서 부응하고 귀주는 밖에서 도모하여 경인년(영조 46년)에 처음으로 한유의 흉소兇訴(흉악한 상소)를 만들어 냈다. 이어서 신묘·임진년(영조 47·48년)의 일*까지 일어났으니 내 집안이 잘못된 근본은 기축년의 일이다.

❁

　임진년(영조 48년) 7월 귀주의 상소 후, 그때는 선왕도 뜨거운 정성으로 외가를 구하려 하셨다. 정처와 후겸도 내 집안을 죽이지는 못하리라 생각하여 아버지를 구하고, 귀주에게 여러 번 엄교嚴敎(엄한 교지)를 내리시게 하였다. 병술년(영조 42년) 이후 정처는 거리낌 없던 중궁전(정순왕후)과의 사이도 점차 변하였다. 후겸이 귀주와 함께 아버지를 해치려던 계획이 변하여 내 집안은 붙들고 귀주는 치는 셈이 되었다. 그러자 정처가 중궁전과 가까운 곳에 머물기를 꺼려 떠나고 싶어 하여 영선당迎善堂이란 집으로 옮겼다. 그때는 세손(정조)께서 나이도 점점 많아지셨고 강학講學도 몹시 부지런히 하시니 정처를 잠시도 못 떠나던 마음이 조금 덜한 듯하였다. 이것으로 보아도 정처에게 남편과 자식이 있어 가정의 재미를 알았더라면 국사國事를 이토록 어지럽히지 않았을 듯하니 애달프다.

　정처는 항상 자기 아들 후겸은 글도 잘하고 예의바르고 정중하여 기특하다고 하고, 세손은 제 아들만 못한 듯이 말하였으니 어찌 감히 이러하리오. 세손이 차차 따로 계시게 된 후 행여 궁녀 무리에게 눈독 들일까, 내관이라도 편애하시고 마땅히 부리실까 하여 살피는 눈이 번개 같으니 세손께서는 잠깐 쉬는 동안에도 마음 놓고 지내지 못하셨다. 심지어 경인년(영조 46년)부터는 세손과 빈궁嬪宮(세손빈) 사이를 심하게 금하여 흔적도 없고 대수롭지 않은 일에도 없는 흉을 굳이 잡아내어 세손께 듣게 하였다. 그동안 빈궁 모해하던 일과 핍박하던 행위가 천백 가지니 어찌 다 기록하리오.

세손은 본디 성품이 담백하시어 금실이 아주 친밀하지는 못하셨으나 정처 그 사람이 화복을 쥐고 앉아 남의 내외 사이를 한사코 방해하니 설사 세손께서 화락하려는 뜻이 있으신들 감히 어찌하시리오. 이리하여 아들 낳는 경사를 볼 가망이 없으니 아버지께서 두 분의 금실이 화락하여 쉬 생산하시기를 밤낮으로 하늘에 빌었다. 그리고 들어가 뵐 때면,

"그리 마오소서."

간절히 아뢰셨고 자제들도 따라서 한없이 걱정하고 한탄하였다.

정처는 두 분 사이를 그토록 금하여 행여 아들을 낳으실까 겁을 내고, 귀주네는 바깥에 '세손께서는 아들 못 낳는 병환이 있으시다.' 고 말을 지어 내놓으니 이로 말미암아 민심이 더욱 소란스러웠다. 그 심술은 이제 생각하여도 흉악하도다. 정처 그 사람은 일이 없고는 못 견디는 버릇인지라 내 집안을 실컷 속였다. 또 세손께서 당신 장인에게 정들어 귀히 여기셨고, 그 아들 김기대金基大가 글자도 하고 춘방春坊(세자시강원世子侍講院)도 출입하여 사랑하셨다. 그러자 정처가 세손의 처가를 마저 없애려고 그 사이에 수없이 참소하고, 빈궁도 홍정당에 계시지 못하도록 세손을 꾀었다. 그러던 중 임진년(영조 48년) 7월에 뜻밖에 청원부원군의 상사가 났다. 세손이 주무시다가 부음訃音을 들으시고 어진 마음에 크게 놀라 정처 있는 곳으로 오셨는데 너무 슬

---

* 신묘·임진(辛卯·壬辰)년의 일 | 혜경궁 홍씨의 아버지 홍봉한이 사도세자의 서자인 은언군 인(䄄)과 은신군 진(禛)의 편의를 보아준 것이 빌미가 되어 은신군과 은언군의 관직이 삭탈되고, 김귀주 등의 모함으로 홍봉한이 삭직(削職)되어 청주에 부처되었던 사건.

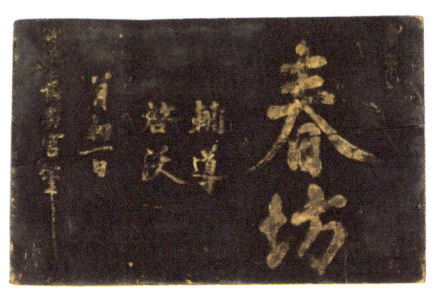

춘방(세자시강원) 현판 조선 시대 왕세자의 교육기관이었던 춘방의 현판. 국립고궁박물관 소장

퍼서 거의 눈물이 떨어질 듯 불쌍 불쌍해하셨다. 내가 보고 위로하며 놀라셨으리라 염려하니, 정처는 속으로 세손이 죽은 장인을 불쌍히 여겨 빈궁에게 너그럽게 구실까 염려하여 문득 말하였다.

"이 일이 뭐 그리 큰일이라고 저토록 슬퍼하시니 마치 죽은 그 사람의 탈을 쓰고 오신 것 같지 아니하나이까."

그때는 내가 그 사람을 미워하지 않으려는 마음이었으나 그 말을 들으니 너무 끔찍한지라 흉악하고 불길하여 소름이 돋아 말하였다.

"저 어인 말인고. 오늘 취하였는가. 말을 살펴 해야지 시방 죽은 사람을 갖다가 이 귀한 몸에 비겨 말을 하는가."

그러자 자기도 흉한 말을 한 것이 무안하고 세손의 안색도 어이없어 하시니 금방 속죄하듯이 잘못하였노라 하였다. 그러고는 자기 아들은 살지 못하고, 며느리와 손녀는 다 노비가 되며 자기는 절도絶島에 유배되어 가시나무로 둘러싸여도 이 죄를 용서받지 못하겠노라 하였다. 갑자기 불공스러운 말을 하고 나서, 세손의 거룩한 목숨에 불손한 것을 가지고 아닌 밤중에 앉아서 그 무서운 소리를 하였다. 그러더니 끝내는 그 말처럼 되었으니 실로 이상하고 귀신이 시킨 듯하다.

정처가 비록 인물이 괴이하여 천태만상을 다 꾸몄으나 실은 한갓 부녀자라. 양자 후겸만 아니었다면 궐 안에서 상스런 짓이나 하였지 어찌 조정을 간섭하여 권세 쓸 생각을 하였으리오.

내가 후겸이 독물毒物(악독한 사람)임을 알게 된 일이 있었다. 경진년(영조

36년)에 소조(경모궁)께서 후겸을 잡아다 가둬 놓고 정처를 위협하였다.

"만일 온양 행차를 못 이루어 내면 네 아들을 죽이리라."

그때 후겸이 열두 살이었는데 어린것이 오죽할까마는 조금도 두려워하지 않고 당돌하게 굴었다. 유별난 독종이 아니면 어찌 그리하리오. 요놈이 조숙한 데다 모자란 놈이 아닌지라 이제 착하고 의젓함에는 들지 못하고 일찍부터 교만 방자함만 들어 내 아버지를 제거하고 제가 권세를 쓰려고 제 어미를 돋우어 내었다. 그러자 권세 좋아하고 이기기 좋아하며, 시기심 많고 남을 해치기 좋아하는 어미가 아들의 말이면 다 그대로 시행하여 변란變亂이 수없이 생겼다. 그 어미에 그 아들이 때를 만나 모여서, 집안과 나라를 잘못 만들었으니 이 일은 천의天意를 한탄할 뿐이다. 후겸이 밖에서 권세를 쓸 때 백관신료百官臣僚를 노예같이 보고, 온 세상이 그 위세에 쏠렸던 일이야 궁중에 깊이 있는 내가 어찌 다 알았으리오. 그러나 드러난 큰일로 말하면, 경인·신묘년(영조 46·47년) 사이에 귀주와 결탁하여 내 아버지를 해치려 하였으니 죽일 놈이요, 임진년(영조 48년)에는 통청*하는 일로 김치인을 몰아붙였으니 망측 망측하다.

영묘의 탕평책 후에는 통청하는 벼슬의 후보자 세 명을 추천할 때면 노론 소론을 섞어서 넣고 한 당파만으로는 못하게 하였다. 그때 어찌하여 정존겸이 이조판서로서 대사성大司成에 통청하였는데 삼망三望(세 후보자) 가운데 노론인 김종수를 첫째 후보에 넣고 아래 두 후보자도 다 노론이었다. 그런데 영묘께서 이것을 미처 살피지 못하셨다. 그때 후겸은, 김치인과 김종수가 내 아버지를 치는 데는 뜻을 함께 하였지만 매사에 제 말을 듣지 않았든지, 혹은 통청하는 것을 제가 몰랐든지 이것을 불쾌하게 여겼다. 뿐만 아니라

---

* 통청(通淸) | '청백리'라는 뜻의 청관(淸官), 즉 홍문관 벼슬아치가 될 자격을 얻는 일.

김치인 초상 1716~1790년. 영·정조 시대의 정승. 영조 48년 당파를 조성했다는 이유로 유배되었다가 정조가 즉위하자 다시 기용되었다. 일본 덴리대학 소장

저도 소론이요, 제 처가도 소론인지라 여러 소론들이 후겸을 꾀어 순색통청純色通淸(한 당파로만 하는 통청)하는 것이 몹시 놀라운 일이고, 김치인네가 권세 쓰는 일이니 가만히 둘 수 없다고 하였다. 그래서 후겸이 제 어미에게 일러 영묘께 참소하였다. 영묘께서는 '편당偏黨(당파가 한쪽에 치우침)한다' 하면 몹시 놀라셨던지라 김치인이 탕평*하던 김재로의 아들 휴와 조카 종수를 데리고 편론偏論(한 당파에 치우쳐 논란함)하는 것으로 알아 무섭게 노하셨다. 그래서 김치인과 조카 종수를 다 절도로 유배시켜 가두시고, 김치인은 안율계사*까지 났으니 그런 일이 어디 있으리오.

 종수는 본디 내 집안과 좋지 않은 사이였던지라 내 집을 의심하여 아버지든 첫째·둘째 작은아버지든, 혹은 둘째 동생까지 후겸을 꾀어내어 이런 화를 만들어 낸 것이라 생각하였다. 둘째 동생은 더욱 의심받아 피맺힌 원수로 알았으니 세상에 이런 맹랑한 일이 어이 있으리오. 내 집안사람들은 상스럽지 않으니 김치인네를 미워한다면 다른 일로 죄가 되도록 무함誣陷할 수는 있다. 그러나 내 집도 노론인데 어찌 노론 사람을 통청한다는 것으로 죄를 삼을 리 있으리오. 그때 영묘의 성교聖敎(왕의 명령)는 '청류淸流(절의를 지키는 사람) 노릇 하고, 명류名流(명분을 소중히 여기는 사람) 노릇 한다.'는 것으로 죄안罪案(죄목)을 삼았다. 세상에 청류 명류로 죄주는 법이 어디 있으리오. 내 집에서 후겸을 꼬드겼다는 말은 삼척동자三尺童子라도 옳게 듣지 않을 것이니 도리어 가소롭도다.

내 집안이 처음에는 후겸 때문에 죽을 뻔하였으나 나중에는 또 후겸 모자의 힘으로 보전하였으니 영묘께서 재위하시는 동안에는 후겸과 서둘러 떨어질 길이 없었다. 아무려나 서로 연결되어 가다가 끝내 후겸과 함께 죄를 입었으니 지금 생각하면 신묘년에 아버지께서 화를 당하시더라도 후겸을 사귀지 말았더라면 싶다. 그러나 사람의 자제가 되어 눈앞에 있는 부형의 참혹한 화를 보고 어찌 차마 구하지 않으리오. 그저 정처 모자가 내 전생업원*이려니 한탄할 뿐이로다.

세상에서는 첫째 작은아버지가 아버지의 아우이기 때문에 공명을 이루었다고 하지만 사실은 그렇지가 않다. 과거 급제 초에 영묘께서 크게 쓸 인물이라는 칭찬을 하였고, 그 뒤에 형보다 낫다고까지 하셨으니 영묘와 당신의 제우際遇가 본디 컸던 것이다. 경인년(영조 46년, 한유의 상소) 후에 아버지께서는 망측한 일을 당하셨으나 첫째 작은아버지께는 영묘의 사랑이 줄지 않았고 선왕(정조)도 작은아버지를 거리낌없이 좋아하셨다. 집안이 망측한 일을 당한 가운데서도 작은아버지는 평안 감사도 하고 정승도 하셨다. 비록 영묘의 보살핌으로 인한 것이었으나 벼슬길에서 발길을 끊지 못하신 것은 결과적으로 잘못이었다. 그리하여 이 일을 논하는 사람들에게 이렇게 말하게 하였다.

* 탕평(蕩平) | 탕탕평평(蕩蕩平平)의 준말로 한쪽으로 치우치거나 무리 짓지 않음을 뜻한다.
* 안율계사(按律啓辭) | 법을 살펴 죄목을 지어 올리는 글. 영조 48년(1772년) 정언(正言) 유강(柳焵) 등이 김치인을 죄 지우라고 계사하고 이튿날 김치인을 해남으로 멀리 유배하였다.
* 전생업원(前生業冤) | 전생에 지은 죄로 이승에서 받는 괴로움.

"형님이 망측한 일을 당했는데 아우가 어찌 벼슬을 다니며, 후겸이 권세를 쓰는 때에 어찌 부귀를 탐하리오."

이것으로 죄를 삼는다면 작은아버지 당신도 달게 받을 것이요, 나로서도 평생 분개해할 일이다. 그러나 을미년(영조 51년)에 세손(정조)의 대리청정代理聽政을 저지하였다 하여 반역이라는 죄명으로 참화를 입은 것은 지극히 원통하다. 세상에 이런 일이 어이 있으리오. 을미년에 작은아버지께서 정승(좌의정)으로 계실 때 영묘께서는 점점 깊이 늙어 가셨다. 그때 후겸은 권세도 없으면서 거리낌 없이 제멋대로 굴어 난감한 일이 많았고, 국영은 세손께 총애 어린 대우를 크게 받아 상스러운 일이 많았다. 작은아버지는 국영에게 세손의 숨은 은총이 있는 줄을 자세히 알지 못하고 국영을 그저 집안의 어린아이로만 알았다. 작은아버지는 본디 국영의 큰아버지인 낙순樂純과 좋지 않은 사이인 데다, 국영의 모양이 경박하고 해괴하고 요망스러우니 그를 두어 번 꾸짖어 경계하였다.

"영안위永安尉 자손 가운데 저런 요망한 것이 날 줄 어이 알았으리. 집안을 망칠 것이라."

국영은 제 털끝만 거슬러도 죽이는 성품이인 데다, 전에 아버지께 와서 첫째 작은아버지께 기별하든 이조판서를 통하든 제 아비 낙춘樂春을 벼슬시켜 달라고 한 적이 있었다. 아버지는 처음에는 핑계 대고 거절해 가시다가 두서너 차례 와서 보채니 마지못해 작은아버지에게 편지를 하셨다. 국영이 앉아서 작은아버지의 회답을 기다리다가 오래도록 오지 않자 '나중에 오겠다.' 하고 나가다가 문 앞에서 회답 가져오는 사람을 만났다. 국영이 편지를 달라 하여 열어 보니 작은아버지가 회답하셨다.

"이 미친 어린애를 어이 벼슬시키라 기별하시나이까. 못하겠나이다."

국영이 그것을 보고 파리해져서 죽을 듯이 하고 갔는데 그때 품었던 독까지 겸하여 끝내 참혹한 화를 만들어 낸 것이었다.

작은아버지의 죄명은 세손이 대리하는 것을 막아 방해했다는 것이었다. 그 밖에 큰 죄안은 국영을 제거하려는 것을 두고 저군儲君(세손)을 도와 받드는 사람을 베어 없애려 한다는 것이었다. 그러나 그렇지 않은 한 가지 명확한 증거가 있다. 작은아버지 당신이 세상살이에 익숙해진 데다 비상하게 눈치가 빠르고 민첩하니 처음에는 국영의 형세가 그렇게까지 된 줄 모르고 꾸짖었다가 나중에 차차 알게 되어 그 놈의 독을 만날까 조심하였다. 그러던 차에 을미년(영조 51년) 10월, 영묘께서 국영을 제주 감진어사*로 보내려 하셨다. 그런데 동궁(세손)께서 보내지 않게 해달라고 작은아버지에게 청하시니 작은아버지께서 영묘께 아뢰었다.

"홍국영은 춘방 일을 오래 맡아보고 있으니 다른 문관文官을 보내소서."

그리하여 유강柳烱을 대신 보내고 국영이 가지 않도록 하였다. 사실 작은아버지가 궁료*를 베어 없앨 마음이 있었다면 그 좋은 기회에 우겨서라도 국영을 제주에 보내지, 어찌하여 안 가게 하였으리오. 그때 영묘께서는 성수聖壽(연세)가 높은 데다 담후痰候(기침이 잦고 가래가 끓는 병)가 자주 올라 매사에 분간하시지 못하는 때가 많았다. 국가 원로대신元老大臣이라면 왕세손이 왕을 대신하여 바로 정사政事에 임할 것을 청하는 것이 마땅한 일이고 그때 형편으로는 하루가 급했으니 누군들 그런 마음이 없었겠는가. 그러나 오래전 기사년(영조 25년)에 영묘께서 왕세자(경모궁)에게 대리를 명한 일로 말미암아 만사가 다 탈이 났던지라 나는 대리를 원수같이 알았다. '대리' 두 마디를 들으면 심장과 담膽이 떨렸다. 또 영묘의 증세는 비록 여지없으셨으나,

---

* 감진어사(監賑御史) | 진휼(賑恤)에 관한 일을 감시하기 위한 어사.
* 궁료(宮僚) | 시강원 보덕(輔德) 이하 관원의 총칭. 여기서는 홍국영을 가리킨다.

어른이 된 동궁이 왕세손으로 계시니 나라의 근본이 튼튼한지라 나라의 안위가 대리를 하고 안 하고에 따라 갈리지는 않을 듯하였다. 영묘께서 대리 하겠다는 하교를 내리신 후 정처가 안에서 말하였다.

"이것은 나라의 큰일이니 나는 모르겠노라."

그때 작은아버지는 정처가 오래도록 영묘께 조용히 말씀드리지 못한 것을 모르셨다. 그리고 행여 정처가 또 무슨 권모술수를 부려 영묘를 북돋우어 '대리'로 올무(함정)를 놓아 만일 '대리한다'는 하교下敎를 곧바로 받들면 야단을 내리려는 줄로만 알았다. 그래서 '대리하자'는 영묘의 말씀을 다 시험하는 것으로 알아 의심하고 두려워하여 그저 임시변통으로 적당히 꾸며 나가려고만 하였다. 그러기에 그저 인사로,

"저런 하교를 어이 하시나이까. 신하가 되어 어찌 감히 받드오리이까."

하며 눈앞에 닥치는 일을 근근이 지탱하여 갔다. 영묘께서는 정신이 점점 혼미하여 섬어譫語(헛소리)를 반이 넘게 하셨으니 그때 정시령*도 내리고, 아무 일 없이 진하령*도 내리셨다. 뿐만 아니라 숙종 때의 재상 김진구에게 '약방제조藥房提調를 제수除授하라.'는 전교傳敎까지 내리셨다. 그러다가 정신이 들면 '어이 이런 반포頒布를 한단 말이냐.' 하며 뉘우치시는 때가 잦았다. 첫째 작은아버지가 학식은 비록 부족하시나 그런 일붙이 눈치는 남보다 빠른 성품이다. 정말 대리를 하시려는 것인 줄 알았으면 어찌 즉석에서 영묘의 뜻을 받들어 당신의 공으로 삼지 않았으리오. 다만 영묘께서 본심이 아니거나 헛소리하시는 것으로 의심하면서 이것이 곧 정처가 놓은 함정인 줄로만 알았다. 그래서 두려워 피하려고만 하다가 끝내 동궁(왕세손)의 대리를 지근덕거리며 방해하는 죄가 되고 말았다. 옛날 대신다운 품격과 절개를 가지고 책망하여, 위에 쓴 말대로 '성후聖候(임금의 병환)는 깊고 나라 형세는 위급한데 대리를 청하지 않았다.' 하는 것으로 죄를 삼는다면 이것은 정정

당당한 의논이다. 그러니 당신이 비록 참화까지 만났다 해도 원통하지는 않았을 것이다. 그러나 '동궁이 슬기롭고 총명함을 꺼려 자기가 권세를 쓰려고 대리를 막았다.' 하고, 그런 까닭으로 '역적'이라 하였으니 그런 원통한 일이 어이 있으리오.

작은아버지가 하셨다는 '망언妄言'은 이러하다. 을미년(영조 51년) 11월 20일 작은아버지가 입시入侍하였을 때 영묘께서,

"세손이 국사를 아는가, 이吏·병판兵判을 아는가, 노老·소론少論을 아는가. 아무것도 모르니 민망하지 않은가."

하시기에 작은아버지가,

"노·소론이야 세손이 아서 무엇하오리까."

하고 대답해 아뢰었으니 이것이 이른바 '삼불필지三不必知'이다. 그때 죄가 된 '삼불필지'라는 것은 '동궁(세손)이 이·병판도 꼭 알 필요 없고, 노·소론도 알 필요 없으며, 국사는 더욱 꼭 알 필요 없다.'는 것이었다. 그러나 사실은 영묘께서 한 가지씩 차례로 물어 대답을 기다렸다가 또 한 가지를 물으신 것이 아니었다. 영묘의 마음에 세손이 어린 것으로 아시어 '국사든 이·병판이든 노·소론이든 아무것도 모르니 민망하다.'는 말씀이었다. 여기에 대해 작은아버지는 영묘의 끝 말씀이 '노·소론'이었기에, '노·소론이야 알아 무엇하시리이까.'라고 한 것이었다.

세손은 영묘께서 자기를 특별히 사랑하시기는 하나 여러 신하가 모두 크게 칭찬하는 말씀을 들으시면 속으로 '당신이 노쇠하니 젊은 동궁(세손)에게 붙어 따르는가.' 의심하실까 염려하였다. 그래서 늘 대신들에게 '대조(영묘)

---

* 정시령(庭試令) | 나라에 경사가 있을 때 궐 안에서 행하던 과거 시험.
* 진하령(進賀令) | 즐거운 일이 있을 때 백관이 축하하던 일.

들으시는 데서 나를 너무 칭찬하지 말라.' 당부하고 약속하셨다.

영묘께서는 당론이 한쪽으로 치우치는 것을 질색하시어 '노·소론' 자를 말씀하신 적이 없었다. 신하들도 연석*에서 노·소론 말을 아예 거들지 못하였다. 그러므로 작은아버지 소견에 만일 '동궁이 노·소론을 어이 모르시리이까.' 하고 아뢰면 영묘께서 앞에 한 이야기처럼 시험하시다가, '내가 그렇게 금하는 편론을 세손이 안단 말인가.' 하실까 하여 임시변통으로 꾸며 대느라고, '알아 무엇하시리이까.' 라고 말씀드린 것이었다.

그 상황을 상상해 보건대 영묘께서,

"동궁이 이·병판을 아는가."

물으시고, 한참을 가만 계시다가 작은아버지가,

"동궁이 이·병판을 알아 무엇하시리이까."

하고 대답하면 또,

"노·소론을 아는가."

하시고, 다시 가만 계시다가 작은아버지의

"알아 무엇하시리이까."

하는 대답을 기다리셨다가,

"국사를 아는가."

하고 물으시고 또 기다리셨다가 대답 들으셨을 리 없으며, 어훈語訓(말투)도 그렇게 될 수가 없다. 이 일의 바탕은 임금과 신하 사이에 주고받은 대화이다. 즉 세손이 이 일도 모르고 저 일도 모르니 민망하다 하시는 말씀이었고, 작은아버지의 대답은 영묘의 끝 말씀이 노·소론이었기에,

"알아 무엇하시리이까."

하였던 것이다. 작은아버지의 마음에는 '동궁(세손)이 매사에 모르는 것 없이 다 아신다.' 하고 아뢰면 영묘께서 어찌 아실지 모르고, 또 전에 당신을

너무 칭찬하지 말라고 한 세손과의 약속을 어기는 것이 되었다. 게다가 노·소론 일은 더욱 금기禁忌 같아서 당신은 교묘하게 아뢰노라고 한 말씀이 몽상문*이 되어 세 마디 물음에 따라 세 마디 대답한 것처럼 되었다. 그러니 이 대답을 '망발妄發'이라 한다면 그것은 죄가 되지만 그것으로 역적이 되는 것은 천만 애매하고 원통하다. 당신이 비록 화를 당하기는 하였으나 지하에선들 어찌 눈을 감으며 어찌 굴복하리오.

내가 그때 궐 안의 형편과 세손의 뜻을 미리 기별하여 이 뜻을 알고 계시게 하였더라면 작은아버지는 세손의 뜻이 그러하신 줄 알았을 것이고, 그런 말실수도 하지 않았을 것이다. 내 융통성 없는 마음은 어디 갈 것이라 이리 하였던가. 집안에 기별하는 것도 겸연쩍고 번거로운 듯하여 미리 기별하지 않았다. 또 외가로서 세손을 받든다 하여 무슨 시비가 나거나, 정처의 참소와 이간이 있거나, 영묘께서 크게 노하실까 싶어 혐의를 피하는 도리로 더욱 주저하여 집안에 의논조차 하지 않았다. 이제 생각하면 다 내 탓이요, 내 죄인 듯하니 어느 대목이 후회스럽지 않으며 한이 되지 않으리오.

우리 집안사람들이 벼슬을 많이 하고 부귀도 성대한 것은 온전히 동궁(세손)의 외가여서이다. 그러니 동궁을 믿고 그 세력을 빙자하여 조정을 어지럽힌다 하면 그것은 죄가 될지 모른다. 권세 쓰고 부귀 누리는 것을 온전히 동궁만 믿으니, 동궁이 대리하시거나 왕위에 오르시면 무식한 척리의 마음에 더 즐겨 할 일이다. 동궁을 꺼려 대리를 못하게 하면 누구를 의지하여 부귀를 누리겠다는 말인가. 또 영묘의 병환은 구십 노경老境에 조석을 알 수 없

---

* 연석(筵席) | 임금과 신하가 자문하고 주달(奏達)하는 자리.
* 몽상문(蒙上文) | 한 문장 속에 같은 구절이 둘 이상 있거나 두 단어 속에 같은 구성 요소가 동시에 나타날 때에 공통된 구절이나 글자를 한 번만 쓰는 것, 또는 그 구절이나 글자. 예를 들어 '여름에는 비가, 겨울에는 눈이 많이 온다.'에서 '많이 온다' 같은 것.

는 때여서 바로 눈앞에 불과한데 여전히 권세를 쓰려고 하면서 길게 바랄 동궁께 죄를 얻으려 할 인정이 어디 있으리오. 동궁은 외가에 불편한 것을 말이나 얼굴에 나타내신 적이 없어서 나도 전혀 몰랐다. 작은아버지 당신이야 동궁이 재위하시는 동안에는 분명히 척리대신戚里大臣으로 대권을 더 잡을 줄로 마음 졸이며 바랐을 것이다. 그러므로 작은아버지가 동궁께 불리하게 하였다는 말이 어찌 인정과 천리밖의 말이 아니겠는가.

그때 영묘께서 말씀하셨다.

"내가 시력이 희미해서 손수 낙점*하지 못하고 측근들을 시켜 표를 붙이게 하고 다른 공무는 다 내관의 손에 맡겼다. 이것은 전에 경묘景廟(경종, 희빈 장씨 소생, 영조의 이복형)께서 대리를 '세제世弟(영조)에게 시키는 것이 옳은가, 측근에게 시키는 것이 옳은가.' 하시던 말씀과 같다. 나는 세손에게 맡기려 하노라."

그때 영상 한익모韓翼謨도 당황하고 두려워하여 말하였다.

"측근을 근심하실 만한 것이 없나이다."

그때도 이 말이 '망발'이라 하여 함께 상소에 올랐었다. 한익모도 대리에 관한 일이 중대하기에 눈앞에서 갑자기 받들 수 없어 임시변통하려는 뜻으로 한 말이었으리라. 그 사람인들 다른 뜻이야 어찌 있었을까마는 '망발'로 의논하자면 작은아버지와 다를 것이 없었다. 또 '대리하자'는 말씀을 받들지 않은 것을 죄라고 따지면 영상인 한익모와 좌상左相인 작은아버지가 다 똑같다. 그런데 지금 영상은 흠 없는 깨끗한 사람이 되고, 작은아버지만 혼자 극형에 처해지는 죄안에 올랐으니 나라의 형사정책이 어찌 이토록 고르지 못한가.

이로 말미암아 선왕(정조)이 작은아버지를 말할 수 없이 미워하고 벼르셨다. 병신년(정조 1년) 4월, 여산礪山으로 귀양 보낼 때는 전교를 내리시어 여러 가지 죄목으로 여지없이 논란하여 다시는 세상에서 사람 노릇을 못하도록 동여매셨다. 그러나 끝에는 "왈유역정曰有逆情과 왈유이지曰有異志는 차즉만만과의此則萬萬過矣라. 결시정외지언決是情外之言이라." 하셨다. 이것은 "'역심逆心이 있다.'는 말과 '다른 뜻이 있다.'는 말은 대단히 큰 실수이다. 결단코 본심 밖의 말(이익에 끌리지 않은 말)이다."라는 뜻이다.

선왕이 본디 외가에 불편한 마음이 있으셨기 때문에 한번 징계하려고는 하셨다. 그러나 어찌 차마 노모老母(작자인 혜경궁 홍씨)를 앞혀 놓고 외가를 망하게 하실 뜻이야 있었겠는가. 그리고 국영은 작은아버지와 골수에 사무친 원수가 아니었다. 다만 제 권세나 쓰려고 세상을 호령하느라 나라의 외가부터 제거하는 위엄을 보였을 뿐이었다. 제가 알다시피 우리 집안에는 꼭 죽어야 할 죄는 없었으니 어찌 죽이려는 생각이야 났겠는가. 선왕이 이 전교를 내려 처분하신 뒤에는 아주 끝난 일로 알았는데 그해(병신년 영조 52년) 5월에 김종수가 들어와 국영을 꾀었다.

"홍씨 집안을 아주 흉악한 역적으로 만들어 놓아야 나라를 깨끗하고 편안하게 해낸 공과 충성이 더욱 대단해지리라."

그리하여 작은아버지는 귀양 간 뒤 두세 달 안에 아무 죄도 더 지은 것 없이 전의 죄에 형벌이 차차 더해져 끝내 큰 화(사약)를 받으셨으니 어찌 처음 귀양 보내실 때의 전교와 다른가. 임자년(정조 16년) 5월, 연석에서 내린 교지에 "'불필지不必知(굳이 알 필요 없다.)'라는 말은 '막수유莫須有(반드시 없다고도 할 수 없다.)'라는 말과 같아서 죄가 되기에 충분하지 않다."고 하셨다. 이것은 승정원일기承政院日記에도 있을 것이요, 반포한 연설筵說(연석에서 임금의 자

---

* 낙점(落點) | 벼슬을 시키거나 시호 등을 정할 때, 세 명의 후보 가운데 가장 적임자로 헤아려진 이름 위에 임금이 손수 점을 찍어서 뽑던 일.

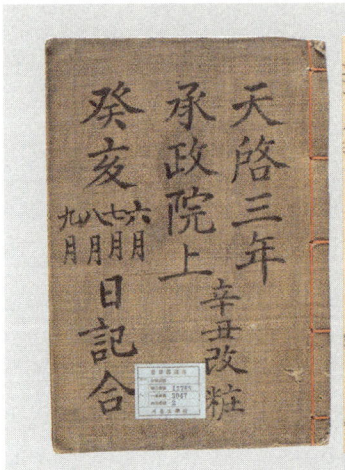
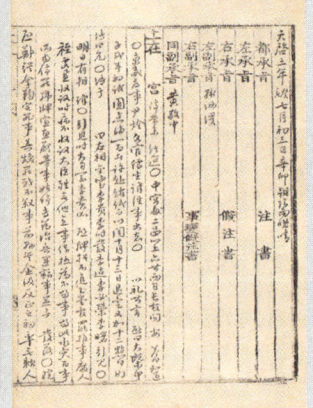

승정원일기
왕명 담당 기관인 승정원에서 국가의 중대사와 의례 등을 매일 기록한 것. 서울대학교 규장각 소장

문에 답한 말)인지라 누군들 보지 않았으리오. '막수유'란 말은 송宋나라의 간신 진회秦檜가 충신 악비岳飛를 죽이던 천고에 다시없는 원통한 옥사獄事로 언문책에까지 있어 무식한 여자들이라도 지금껏 악비를 위해 원통해하는 것이다. 선왕의 고명한 학문으로 '막수유'라는 문자의 출처를 모르지 않으실 터였는데도 이 문자에 비유하실 때는 '그 일로 그렇게 되기는 원통하다.'는 말씀이었다. 설사 내 집안사람이 아니더라도 세상에 그 연설 본 사람이면 누구나 선왕 뜻이 어디 있는지 헤아릴 수 있었으리라. 그때 전교에 '막수유' 말씀을 하시고 덧붙이셨다.

"병신년(정조 1년)의 '삼불필지'는 죄 될 것이 없고, 실은 '모년 일'로 이리하였노라."

그리고 나에게 들어와 말씀하셨다.

"'삼불필지'를 벗길 길이 없어 민망하였는데 이제 '모년 일'로 돌려보내어 죄를 벗기 쉽게 하였으니 다행하오."

내가 놀라서 말했다.

"병신년의 일도 천만 원통하지만 '모년'은 아예 당치도 않은데 그런 말이 어디 있사오리까."

선왕이 말씀하셨다.

"모년의 죄를 가리켜 '이러이러하다' 하였으면 어렵겠으나 '모년의 죄'라고만 하고 '죄명이 이러하다.' 거들지 않았으니 후세에 가면 무슨 죄인 줄 알리오. 또 '모년의 죄들'은 갑자년에 다 풀려 하니* 이번에 병신년의 일은 풀린 셈이라. 이 일을 '모년'으로 옮겨 보냈다가 갑자년을 기다릴 것이오."

근래에는 더욱 깨달으시어 작은아버지를 가리켜 늘 '화를 입은 대신'이라 하시고,

"탈이 없었다면 척리로서 주석柱石 원로대신이 될 뻔하였다."

라고 하셨다. 또한 작은아버지께서 당신께 정성스럽게 하던 것과 당신이 좋아하여 매사를 의논했다는 말씀도 하셨다.

"아무래도 좋은 뒷날이 있으리라. 세상과 조정의 주인 될 사람이요 영웅이니 지금 대신이야 누가 당할 수 있으리오."

그러시면서 당신(선왕)이 남과 교제하는 일과 용모를 바르게 하는 것, 심지어 옷 입는 일까지도 다 작은아버지에게서 배웠노라 하셨다. 선왕이 만일 작은아버지를 진정 아주 흉악한 역적으로 아셨다면 어찌 귀하신 당신 성체에 비겨 말씀하셨으리오. 내가 병신년(정조 1년) 첫머리에 작은아버지의 화를 만나 슬프고 원통하고 괴롭기 비할 데 없었으니 그때 어찌 자결하거나 별다른 행동을 생각하지 않았으리오. 그러나 구구한 어미의 마음에 생각하건데, 만고에 없는 정리로 당신을 간신히 길러 임금 되시는 것을 보니 귀하

---

* 모년의~하니 | 이때 정조는 갑자년(1804년)에 아들(순조)에게 왕위를 내어 주면서 임오화변으로 인한 죄를 다 없애려고 마음먹었다. 그러나 그 4년 전인 정조 24년(1800년)에 49세를 일기로 세상을 떠났다.

고 경사스럽고 다행스러운데, 만일 내 몸을 보전하지 못하면 선왕의 효성과 덕에 해가 되고 누가 됨이 이루 말할 수 없을 것이었다.

그래서 '시방은 소년이시고 국영이 총명을 막아 가리는 것을 피하지 못하여 이런 지나친 일을 하시지만 머지않아 결국 뉘우치고 깨달으시리라.' 생각하여 참고 참으며 목숨을 버리지 못하고 예사로운 듯이 지내 왔다. 궐 안팎 사람들이 나를 어리석고 나약하다는 듯 꾸짖는 것을 어찌 달게 받지 않았으리오. 과연 선왕이 앞에 쓴 말처럼 깨달으셨고, 또 갑자년(1804년)에 내 집안을 다 풀어 주실 때에는 작은아버지의 일도 함께 밝혀 주겠노라 여러 번 확실한 말씀을 하셨다. 나는 그 말씀을 금석金石같이 믿고 바라며 갑자년이 더디 오는 것만 민망하게 여겼다. 그런데 하늘이 갈수록 나를 미워하고 가운家運이 갈수록 막혀 선왕이 도중(정조 24년)에 돌아가시고 만사가 다 흩어져 버렸다. 이런 원통하고 잔인한 일이 어디 있으리오.

내 비록 여편네이나 조정 야사野史 번역한 것을 많이 보았다. 우리나라의 원통한 옥사가 끝까지 신원설치伸寃雪恥(원한을 풀고 수치를 씻음)하지 못한 적이 없었는데 내 작은아버지의 일은 너무나 원통하다. 주상(정조의 아들, 순조)이 장성하여 옳고 그름을 분간할 때면 이다음에라도 이 늙은 할미의 크나큰 한을 풀어 줄 때가 있으리라 기다리노라. 그러나 내가 그때까지 살아서 보게 될지 미처 알 수가 없다. 장래에 내가 죽은 후라도 주상이 이 글을 보시면 반드시 감동하여 작은아버지의 삼십 년 쌓인 원한을 풀어 주시지 않을까 빌고 또 빈다.

명종조明宗朝에 윤임*이 자기 사위 봉성군鳳城君을 추대하려 한다 해서 그의 죄에 대한 증초*와 국안鞫案(심문한 내용)을 명백히 만들어 『무정보감』*에 올렸다. 그 책에 올린 윤임의 죄명을 보면 만고에 없는 극악한 역적인 듯싶으니 누가 감히 말하리오. 그러나 이 옥사는 본디 완전히 거짓으로 꾸며 일으킨 것이어서 공론이 일제히 일어나 모든 사람의 의견이 '윤임이 몹시 원통하다.' 는 것으로 한결같았다. 그런데도 선묘宣廟(선조)께서는 오히려 거듭 곤란해하시다가 공의대비恭懿大妃(인종 비)의 원통해하시는 뜻을 받들어 윤임의 삭탈되었던 관작을 회복시켜 주셨다. 윤임은 공의대비의 시외삼촌이요, 공의대비는 선묘의 큰어머니이시다. 공의대비께서는 시외삼촌의 원통함을 신설伸雪(신원설치)하려 하셨고, 선묘께서는 큰어머니의 마음을 우러러 이 일을 하셨으니, 사람들은 지금껏 공의대비의 사정을 서러워하고 선묘의 효심에서 나온 처분을 공경하며 우러른다.

하물며 작은아버지의 죄는 윤임의 죄와는 무게가 아주 다르고 나는 주상(순조)의 할머니이다. 선묘께서는 큰어머니인데도 그 시외삼촌의 원통한 호소를 따르셨거늘, 지금은 할머니가 그 작은아버지의 원통함을 풀려는 것이다. 내 정리로나 나라 체면으로나 뒷날 아무도 말하지 못할 것이다. 또 이 일은 선왕(정조)이 후회하시어 갑자년(1804년)에는 누명을 씻어 주겠노라 여러 번 말씀하셨으니, 병신·임자년(정조 1·16년) 두 번의 전교가 더욱 확실한 증거라. 작은아버지를 신설하는 것은 선왕의 유지(남긴 뜻)이니 금상今上(지금의 임금, 순조)께서 불안해하거나 주저할 일이 아니다. 공의대비는 윤임의 일에 간섭하다가 속임 당하셨기에 더욱 윤임의 맺힌 원한을 풀고 수치를 씻어 주려 하셨다 한다. 그런데 병신년 7월, 작은아버지를 처분할 때의 전교에 내가 '그리하라' 했다고 하였으니 이것은 곧 내가 함께 죽인 셈이다. 세상 사

---

* 윤임(尹任) | 중종(中宗) 비 장경왕후의 오빠로 인종(仁宗)의 외삼촌. 인종이 즉위 1년이 못 되어 죽자 중종 계비 문정왕후 소생인 명종이 즉위하여 문정왕후가 수렴청정하였다. 그해에 윤임이 반역하였다 하여 아들 3형제와 함께 사사(賜死)된 을사사화가 있었다.
* 증초(證招) | 죄의 증거가 되는 범죄 사실 진술 내용.
* 『무정보감(武定寶鑑)』 | 왕명에 따라 조선 건국 초부터 예종 때까지 발생한 국내의 정변, 전쟁, 외침 등의 전말을 기록한 책. 현재는 전하지 않는다. 여기서는 그 후편인 『속무정보감』을 말하는 듯하다.

람들이 자세한 내용은 모른 채 내가 삼촌의 화를 구하기는커녕 오히려 화를 입힌 것으로 알아 나를 인륜에 어긋난 죄인이라 하여도 피할 수 없으리라. 그러나 제 삼촌 화 입는 데 그리하라 할 사람이 만고에 어디 있으리오.

 나 이제 오래지 않아 생명이 다할 것이다. 만일 작은아버지의 원한을 풀고 수치를 씻어 드리지 못한 채 죽는다면 영원히 삼촌을 죽인 사람이 되어 귀신이 되어서도 나를 받아 줄 곳이 없으리라. 한때 무고한 말을 들었던 공의대비의 원통함에 견주어 보면 나는 어떠하겠는가. 공의대비는 조카님도 감동시켰는데, 내 비록 정성이 보잘 것 없기는 하나 설마 할머니로서 주상(손자인 순조)을 감동시키지 못하랴. 늘 마음에 있으면서도 주상이 아직은 마음대로 못할 때요, 내 숨은 점점 끊어져 가니 그저 아득할 뿐이로다.

❁

 국영이 임진년(영조 48년) 가을에 과거에 급제하였으나 본디 아이 적부터 싹이 뻔했고 제 아비 낙춘은 미친병이 있어 가르칠 수도 없었다. 제 스스로 미친 듯 망령되고 허랑방탕하여 술을 좋아하고 여색을 탐하며 행실이 어찌할 도리가 없어 제 집안에도 용납되지 못하고 세상에 버려졌다. 그러나 약간의 재주가 있어 못하는 글도 억지로 '하노라' 하였다. 또한 기지가 있고 민첩 담대하며, 호기가 있어 하늘도 무서워하지 않고 땅도 두려워하지 않았다. 이 미친것이 늘 천하만사를 다 제가 하겠노라 하였기 때문에 제 무리들이 몹시 놀라 웃지 않는 이가 없었다.

 그런데 과거 급제 후 수년 동안 한림翰林(예문관藝文館 검열, 정9품)을 다녀 오래도록 대궐에 있으니 영묘께서 사랑하시어 늘 '내 손자'라 하셨다. 동궁(정조)과는 나이도 서로 비슷하고 얼굴도 어여쁘며 기지 있고 민첩하니 그때 벌써 세상에 난리가 난 때였다. 동궁께서 요놈을 한 번 보고 두 번 보시고는 절로 제우際遇가 극진하여 몹시 거리낌이 없으셨다. 처음에는 요놈이 간계를 내어 동궁께 바른말을 아뢰는 체하였으나 실은 다 듣기 좋은 말이었다. 동궁께서는 국영을 강직한 사람으로 알아 깊이 사귀셨고, 그 후에는 그놈이 이르지 않는 곳이 없었다.

세손(정조)이 동궁에 계시면서 매일 대하는 것이 하인 외에는 사부師傅로 상대하시는 빈객賓客(시강원의 정2품 벼슬)과 궁관宮官(동궁에 딸린 관리들)뿐이었다. 그 사람들이 강학이나 의논하지 무슨 말을 할 것이며, 하물며 조정 일이나 외간설화外間說話(궁 밖에 떠도는 이야기)야 어찌 감히 일언반구나마 주고받으리오. 동궁이 재미없고 답답해하시다가 국영을 만났는데 그는 여쭙지 않는 말이 없고 아뢰지 않는 일이 없으니 동궁께서 신통하고 귀히 여기셨다. 그리하여 이전에 사랑하시던 궁관은 점점 멀어지고 국영만 제일가는 사람으로 아시어 마치 사나이가 첩에게 혹한 모양 같았다. 국영은 제게 밉게 하거나 원한이 있거나, 혹 저를 나무라는 이가 있으면 턱없이 참소하여 '동궁을 비방한다.'고 아뢰었다. 동궁이 저를 지나치게 사랑하시니, 설사 제 인물이 의젓하다 해도 사람들의 꺼림을 받을 것이거늘 하물며 세상에 무뢰하고 경박하기로 이름난 자를 지나치게 사랑하시니 어찌 말이 없으리오.

"동궁이 이 괴이한 것을 가까이 하신다."

걱정하고 탄식하는 사람도 있고 혹은,

"동궁이 한때 저를 용납하신들 제 어찌 감히 상스럽게 굴리."

하여 갑오·을미년(영조 50·51년) 사이에는 집집마다 국영에 대한 말이요, 사람 사람마다 국영에 대한 근심이었다. 전들 어이 듣지 못하였으리오. 이런 말을 들으면 곧 들어가 동궁을 헐뜯어 비방한다고 아뢰었다. 이른바 '부언浮言(근거 없이 떠도는 말)'이란 것이 이 일이다. 세손께서야 동궁에 깊이 계셔 다른 사람은 보지 못하고 국영의 말만 들으셨다. 또 고놈을 사랑하는 터인지라 간사한 마음을 살피지 못하고 곧이들으셨으니 세손이야 어찌 알았으리오.

　이러구러 동궁과 국영의 천고에 없는 만남이 이루어졌다가 '대리' 일로 국영이 큰 공을 세워 세손(정조) 등극 후에 칠팔 개월 안에 높이 발탁되었다. 도승지都承旨(승정원承政院의 우두머리)·수어사守御使(수어청守禦廳의 우두머리)를 하고, 숙위대장宿衛大將으로 대궐에 있으면서 저 있는 곳을 숙위소宿衛所라 이름 붙이고 오군문대장*을 다 하였다. 그리하여 그 벼슬 이름이 '오영도총숙위五營都總宿衛 겸 훈련대장訓練大將'이었으니 고금에 그런 은총과 그런 공명이 어찌 다시 있으리오. 사람을 제 마음대로 무수히 죽이는 가운데 내 집안이 으뜸으로 화를 입었다. 이것은 내 작은아버지가 저를 꾸짖은 데 대한 원망 때문만이 아니었다. 국영의 큰아버지 낙순이 내 작은아버지와 원수 같아서 항상 죽이고 싶다고 했는데, 국영이 초년 정사를 제 큰아버지의 말을 들어 했기 때문에 작은아버지의 화가 더욱 극심했던 것 같다.

　4년 동안 신의도 절개도 없는 일과 멋대로 날뛰는 일이 천백 가지였다. 나는 궁 안에 있으니 어찌 자세히 알리오마는 낭자하게 전하는 소문만 들어도 대단하였다. 궐 안에서 내의녀*를 데리고 제집 사랑인 듯 지내고, 약방제조를 하여 외수라外水刺(임금의 진지)를 차리면서 제 밥도 수라상(임금의 진짓상)과 똑같이 차려 먹었다. 임금 앞에서 버릇없이 구는 것이나 대신 이하 신하들을 능욕하는 것은 헤아릴 수 없었으니 우리 선조들이 쌓은 덕으로 어찌 이런 요망한 역적이 나리라 생각하였으리오.

　국영이 처음에는 아직 작은 그릇이었던지라 상스러울지언정 일을 크게 벌여 그르치는 데에는 미처 생각이 미치지 못하였다. 그런데 병신년(영조 52년) 5월에 김종수란 것이 들어와 국영의 아들이 되어 천만 가지 흉악한 변괴를 다 만들어 내기 시작하였으니 어찌 국영의 죄뿐이겠는가. 종수는 내 오촌 고모*의 아들이다. 그 고모가 어렸을 때 할아버지께서 이 조카딸을 사랑하시니 고모가 할아버지, 할머니를 늘 '수양아버님, 어머님'이라 하였다. 그러다가 고모가 아들을 낳았으니 맏이는 종후요, 둘째는 종수이다. 집도 같은 동네에 있고 허물없이 서로 친하여 친부모 자식과 다름이 없을 듯하였다. 그런데 국혼國婚(혜경궁 홍씨의 가례) 후 우리 집은 위세가 성대해지고, 저희는 비록 재상가 사람이나 '선비로 명론*하노라.' 자처하고 전날 친밀하던 정이 변하였다.

김종수 초상 1728~1799년. 조선 정조 때의 문신. 영조 때 당쟁을 일으켜 유배되었으나 정조 때 다시 기용되어 좌의정을 지냈다. 일본 덴리대학 소장

아버지는 그 형제들을 집안 아이로 아시어 꾸짖기도 하고 가르치기도 하셨으니 점점 빗나가 심사가 현저하게 비뚤어지고 거만해졌다. 아버지는 명예를 구하고 인정에 어그러지는 일이 많은 그들의 됨됨이와 태도에 걱정하고 한탄하며 옳으니 그르니 하셨다. 저희는 이것에 유감을 품었던가 싶다. 그러나 아버지야 아들이나 조카 교훈하는 일처럼 하신 것이고 말씀하신 뒤

---

* 오군문대장(五軍門大將) | 훈련도감, 금위영, 어영청, 수어청, 총융청의 총 대장.
* 내의녀(內醫女) | 내의원 혜민서(惠民署)의 기녀 또는 비녀(婢女)로서 의술을 배운 사람.
* 오촌 고모 | 혜경궁 홍씨의 큰할아버지 홍석보(洪錫輔)의 장녀이며 아버지 홍봉한의 사촌 누이로 청풍 김씨 김치만(金致萬)의 아내.
* 명론(名論) | 가치 있는 의론을 말한다. 여기서는 어느 한 당론(黨論)에 치우치지 않고 가치 있고 명분 있는 공정한 의견에 따른다는 의미이다.

에는 마음에 두기나 하셨으리오. 그 고모는 아버지 사촌형제 항렬의 남매 가운데 나이가 으뜸인지라 아버지는 할아버지 하시던 일도 생각하고 또 친동기 누님같이 보시어 대장직大將職에 계실 적이나 지방에 계실 적에 때마다 연이어 물건을 보내시며 정이 남달랐다. 그러니 그것들이 저희 어미의 사촌을 죽이려 계교하는 줄을 어찌 알았으리오.

정해년(영조 43년)에 종후가 가자加資에 통청할 때였다. 이조판서가 대신께 의논도 하지 않고 유림계儒林界의 공론도 없이 혼자 결정하려 하므로 아버지께서 비록 상중喪中이었으나 공론으로 말씀하셨다.

"관리를 내쫓고 등용하는 법칙에 어긋난다."

종수가 그 일로 원한이 뼈에 사무쳐 보복을 꾀하고, 임진년(영조 48년)에 자기가 귀양 갔던 일을 기어이 내 둘째 동생 탓으로 삼아 늘 말했다고 한다.

"내가 저 망하는 것을 보고야 말겠노라."

아버지는 가까운 친척 사이에서 천만 뜻밖의 의심을 받는 일을 불행히 여기셨다. 그런데 종수가 이제야 때를 만나 국영과 한 마음이 되어 국영이 하려 하지 않는 일을 충동질하였다. 국영은 본디 세상을 속이고 껍질뿐인 명성을 도적질하였다. 그러니 종수가 제게 와서 아들이나 아우처럼 친근히 굴고 노예처럼 복종하며 비첩婢妾(여종으로 첩이 된 여자)처럼 아첨하는 것을 기뻐하였다. 그리하여 국영은 종수가 하자는 대로 따르고 계교를 썼으니 종수가 아니었으면 국영이 혼자만으로는 우리 집안의 화변이 이렇게까지 되지는 않았을 듯하다.

국영이 그 망측한 것이 아무런 지각도 없고 주관도 없는 것이 대수롭지 않은 원한으로 사람을 무수히 죽였는데 그때 종수도 함께 제 원수를 갚았다. 죄가 있고 없음을 막론하고 두 놈의 원수 갚기에 따라 사람들이 무수히 죽었다. 국영이 망하였기 때문에 후세 사람들은 그의 죄악에 대해서는 더러 안다. 반면에 종수는 태도를 수없이 바꾸고 제 자신은 직접적으로 관계하지 않았기 때문에 지금까지도 그의 죄만은 자세히 모른다. 그러나 실은 국영의 죄악은 서너 푼이요, 종수의 죄악은 육칠 푼이다. 그래서 내가 늘 선왕(정조)께 말씀드렸다.

"국영의 일은 제 죄만이 아니라 실은 종수의 죄라."

그러면 선왕도 웃으시며 '그렇다' 고 하셨다.

국영이 선왕의 그런 은총으로 싫증이 날 정도로 다하여 못한 노릇이 없었으나 그런데도 오히려 부족하여 제 누이(정조의 후궁 원빈元嬪)를 선왕께 드리고 척리가 되어 안팎으로 한없이 즐기려 하였다. 그때 중전(효의왕후)께서는 정처의 이간으로 선왕과 금실이 화합하지 못하셨다. 선왕께서 국영 저를 몹시 가까운 친족같이 아시는 신하였으니 제가 충신이라면 아무쪼록 중전과 화합하시기를 권해야 할 것이었다. 그때(정조 2년, 1778년) 중전의 나이 스물여섯이시고 본디 속병이 없으셨다. 그렇건만 중전께 병환이 있다 하고 왕대비(정순왕후)에게 빈어*를 택하는 한글 교서를 내시게 하여 선왕과 중전 사이를 화합하지 못하게 하였다. 만일 제 힘이 미치지 못하면, 선왕이 춘추 근 서른에 대 이을 후사가 없으시니 어엿이 장성한 처녀를 가려 서둘러 아들 낳는 경사가 있기를 축원해야 옳을 터였다. 그런데 홀연 요망하고 악한 계교를 내어 겨우 열세 살 된 제 어린 누이를 드렸으니 언제 길러 후사를 보리오. 게다가 그 후궁을 '원빈' 이라 하고 궁호宮號를 '숙창淑昌' 이라 하였으니 '으뜸 원元' 자의 뜻이 흉하였다. 곤전(중전)이 계신데 어디서 감히 비빈*을 '원' 자로 일컬을 도리가 있으리오.

* 빈어(嬪御) | 왕의 잠자리에서 시중드는 궁녀, 왕의 첩.
* 비빈(妃嬪) | 비(妃)는 왕의 정실 배우자인 왕비를 뜻하며, 빈(嬪)은 왕비 다음가는 왕의 여자를 말한다. 왕세자의 아내는 빈궁 또는 세자빈이라고 한다.

천도天道가 신령스럽게 밝고 제 죄악이 가득 차 넘쳐서 기해년(정조 3년)에 홀연 국영의 누이가 죽었다. 국영이 독살스럽고 분한 마음을 이기지 못하고 제 누이의 이른 죽음에 대하여 감히 중전을 의심하였다. 그러다가 선왕을 부추겨 내전(중전) 나인 여럿을 잡아내어 칼을 빼 들고 수없이 치며 가혹한 형벌로 국문하였다. 그리하여 누이 죽음의 원인을 아무쪼록 내전께 닿게 하려 하여 하마터면 참소와 무고가 내전께 미칠 뻔하였다. 외간의 이런저런 어수선한 소문이 이르지 않는 곳이 없어 베전(포목 가게)과 갓전(갓 파는 가게) 상인들이 문을 걸어 잠그고 도망하기까지 하였으니 만고에 이런 극악한 역적이 어이 다시 있으리오.

제가 부귀를 길이 누리려던 계교를 이루지 못하였으면 천심天心을 두려워하여 위세를 조금 거두고 다시 명망 있는 가문에서 간택할 것을 권해야 한 푼 반 푼이나마 속죄할 수 있을 터였다. 그런데 다른 비빈을 뽑으면 선왕의 정이 그 집안 사람에게 옮겨질까 염려하여 이조참판 송덕상宋德相을 시켜 '다시 간택할 수 없다.' 하는 흉악한 상소를 올리게 하였다. 그리고 선왕의 서제 인祵의 아들 담湛을 수원관*을 시켜 완풍군完豊君이라 하여 죽은 제 누이의 양자로 삼아 선왕의 아들같이 되게 하였다. 이것으로 제가 담의 외가가 되어 길이 누리려 하였다. 선왕이 춘추 서른이 못 되고 병환이 없으신데도 후사 보실 길을 아주 막은 것이다. 선왕이 비록 한때 총명이 가리고 막혀 모든 일을 저 하자는 대로 따라 하시면서도 '당신을 위하노라.' 하는 말에 무심히 속으셨으나 이 일에 이르러서는 선왕의 밝으심으로 그 요망하고 악한 마음을 어찌 깨닫지 못하셨으리오.

담이 그 어린 것을 갑자기 데려다 임금 아들같이 삼고 제 생질甥姪로 만들어, 선왕이 가깝고 미덥게 부리는 내관을 시켜 붙들고 출입하게 하였으니 거의 동궁과 같았다. 담의 아비 인은 허황되고 막돼먹은 인물인지라 제 아들 그리된 것이 제 몸에 큰 화근인 줄 몰랐다. 아들로 말미암아 권세를 쓰고 '궁묘 충의 수위관宮墓忠義守衛官'이라고 하는 것들을 모두 저와 인연 있는 사람을 시켰으니 그런 무지한 것이 어디 있으리오. 그때 동생들이 내게 편지하여 분개하고 걱정하며 한탄해 마지않았다.

"이런 국사와 이런 일이 어디 있으리오."

내가 이 모양을 보고 절통한 분노가 천지에 사무쳐 선왕께 아뢰었다.

"이 무슨 일이며 이 어찌된 뜻이오이까. 생각해 보오. 마누라가 아주 늙었나이까, 병환이 있으시오이까. 아들 얻고 싶은 마음은 노소 귀천이 없고, 더욱이 종사를 마누라께 부탁한 것이 어떠하오이까. 서른이 되도록 아들 없는 것도 애타고 민망하거늘 시방 남의 손에 휘이어 스스로 아들 못 낳는 것으로 판결하시니 이 무슨 일이오."

그리고 내가 몹시 서러워하였다.

그때는 국영의 형세가 태산 같아서 아무도 말할 사람이 없었기 때문에 원빈의 빈소를 정성왕후貞聖王后(영조의 비)의 빈전殯殿하였던 곳에 차리고 무덤은 인명원仁明園이라 하고, 혼궁*은 효휘궁孝徽宮이라 하였다. 그리고 의정부 이하 관원들이 모두 영전에 향을 올리고 상복 제도에 따라 행하였으니 그때의 신하들은 꾸지람을 피할 수 없으리라. 나 홀로 분해하고 나 홀로 원한이 하늘에 사무쳐 이를 갈며 차마 볼 수 없어 선왕을 만나면 울고, 보면 어루만지며 서러워 서러워하였다. 그러자 선왕이 차차 고놈에게 앞뒤 일을 속은 줄 깨닫는 듯하였다. 국영이 담을 조카라 하면서 궁중에서 동궁같이 추켜세우며 침식을 함께 하여 그 정상이 날로 흉악 교활해지고 행동이 날로

---

* 수원관(守園官) | 『실록(實錄)』에는 '수원관'이 아니라 '대전관(代奠官)'으로 되어 있다.
* 혼궁(魂宮) | 국장(國葬) 후 3년 동안 신위를 모셔 두던 궁전.

두려워져 갔다. 선왕이 얼마나 영명英明하신 분인데 뉘우치지 않으며 분해하지 않으시리오.

나랏일이 아득하여 어찌 할 바를 모르시는데 내가 지성으로 서러워하고 분해하며 뵈올 적마다 후사 넓힐 일을 헤아리도록 권하였다. 선왕은 본디 어질고 효성스러우신지라 내 사정과 당신 신세를 돌이켜 생각하여 감동하고 옳게 여기시어 내게 보이는 기색이 점점 더 지극하시고 국영의 죄악은 더욱 분명히 깨달으셨다. 기해년(정조 3년) 9월에 국영에게 관직을 내놓게 하셨지만, 전에 사랑하시던 일을 생각하여 끝까지 보전해 주려 하셨다. 그러나 관직을 내놓은 뒤에 하는 일이 더욱 흉악하고 요망하여 강릉으로 쫓아 보내시니 그곳에서 제 스스로 죽었다. 예로부터 흉악한 역적과 권세 쓰는 간신이 오죽이나 많았으리오마는 국영 같은 것은 다시없으리라.

제가 처음에 사사로운 원망으로 사람을 함정에 빠뜨려 걸핏하면 다 역적으로 몰아 죽여 선왕의 거룩한 덕에 누가 되게 하였으니 그 죄가 하나이다. 왕과 중전을 화합하지 못하게 하고 선왕께 제 어린 누이를 드려 부귀를 독점하려 하였으니 그 죄 둘이다. 제 누이 죽은 뒤에 선왕께 후사 보실 길을 막고 담을 양자로 삼아 동궁을 만들고 제가 외가 노릇하여 부귀를 길이 누리려 계교하였으니 그 죄 셋이다. 또 곤전의 나인을 가혹하게 형벌하여 곤전을 범하도록 거짓 자백을 받고 곤전께 흉악한 계교를 행하려 하였으니 그 죄 넷이다. 그 밖에 바깥에서 임금을 향하여 임금이 안중에 없는 듯한 부도덕한 말과 무례하고 불충한 말이 아주 수없이 많았다. 그러나 그런 것들은 내가 직접 보지 못한 일이니 어찌 다 기록하리오. 남의 신하가 되어 이것들 가운데 한 가지 죄만 있어도 극형을 면할 수 없거늘 국영의 몸에는 예로부터 지금까지 들어보지 못한 천만 죄악이 다 실렸다. 그런데도 끝내 누운 자리에서 편안히 생을 마쳤으니 천도가 무심함을 어찌 한탄하지 않으리오.

종수가 제 스스로 '명론하노라' 하면서도 처음에 후겸에게 붙어 벼슬을 도모하였다. 종수가 태천泰川(평안도에 있는 한 고을) 현감이 되어 임금께 하직하던 날, 영묘께서 초록 명주 한 필을 손수 내어 주시며 '관대冠帶를 만들어 입으라.' 하셨다. 편론한다 하여 괘씸히 여기시다가 갑자기 이렇게 애정 어린 대우를 하셨다. 영묘의 뜻이 후겸에게 있지 않았다면 어찌 이러하실 리가 있었으리오. 제가 본디 이익을 보면 달려드는 습성인지라 뒤에 후겸에게 들어가려다 받아 주지 않자 분하여 이를 갈았다. 그러다가 국영에게 들어가 천만 가지 교활함과 간악을 도와 이루지 않은 것이 없고, 국영이 벼슬에서 물러날 때는 형 종후를 시켜 만류하는 상소를 내었다.
　"국영은 나라의 충신이요, 이 사람이 있음은 호랑이와 표범이 산에 있는 형세라. 하루라도 조정에 없어서는 안 되리라."
　저희 형제가 설사 처음에는 국영에게 속았다 하더라도 결국은 출세욕이었다. 국영이 담을 양자로 들이고 덕상을 시켜 상소를 내어 다시 간택하지 못하게 하자 나라 사람이 모두 국영을 역적이라 하였다. 그런데도 종수는 산림에 묻혀 글이나 읽는 선비로서 부득이한 일도 없이 평안도에서 황급히 상소하여 국영을 위한 일에 행여 남보다 뒤질까 두려워하였다. 세상에 무리 지어 반역하는 명론이 어디 있으리오. 그 뒤에는 종수가 차자箚子(간단한 상소문)하여 국영을 쳤으니 이것은 선왕이 몸소 시키신 일이었다.
　"종수는 국영의 아들인데 제 아비를 논박하니 저럴 데가 어이 있으리오."
　내가 선왕께 아뢰면 선왕이 말씀하셨다.
　"제 마음이 아니고 저도 살아나려니 어찌할까 보오이까."
　"천변만화하는 구미호인가 보오이다."
　내가 말하면 선왕이 웃으시며 좋은 표현이라 하셨으니 선왕이 어찌 종수 제 마음과 태도를 모르기야 하셨으리오.

국영이 떠난 뒤에는 국영 때의 일을 다 바르게 되돌려 첫째 작은아버지같이 원통한 사람은 억울함을 밝혀 죄를 씻어 주어야 참으로 천리에 합당케 하고, 인심을 위로할 수 있었다. 그런데 그때 국영의 죄악은 분명히 드러나지 못하였고 원통한 사람은 지금껏 억울한 누명을 벗지 못하였으니 이것은 국영이 없어도 종수가 국영의 심법心法을 전했기 때문이다. 이 일은 종수가 병신년(영조 52년) 초부터 국영을 데리고 해온 일이요, 그를 꾀어 무죄한 사람을 저의 사사로운 혐의로 죽였으니 죄가 국영보다 더하다.

  내전(중전)께 있지도 않은 병환이 있다 하고, 국영의 어린 누이를 선왕께 드려 '원빈'이라 이름 붙여 곤위를 빼앗으려 하였다. 또 담을 양자로 삼아 선왕께서 후사 보실 길을 막아 종실을 옮기려 하였다. 이것이 비록 국영의 흉악한 마음이기는 하나 계교는 종수가 가르친 것임이 분명하다. 그렇지 않다면 저는 예사로운 조정 신하와 달라 천고에 없는 군신간의 만남으로 선왕께서 제게 못하실 말씀이 없고 제 말을 따르시지 않은 일이 없었거늘 국영의 앞뒤 일을 한 번도 말씀드린 적이 없을 수 있겠는가. 심지어 형 종후에게 권하여 원류소願留疏(유임을 요청하는 상소)를 올리도록 하였으니 국영과 마음을 함께한 것이 분명하다. 평생 동안 나라에 직언 한 번 한 일 없고 그른 일 바르게 한 일도 없었다. 오직 '홍가洪哥 치기'와 옥사 일으키는 데만 소매 걷어붙이고 힘을 다하여 달려들었으니 만고에 이런 사갈蛇蝎(뱀과 전갈) 같은 독물이 어찌 다시 있으리오.

  선왕은 종수 고놈의 정상을 다 아셨으나 다만 제가 집안 생활을 검박히 하고 벼슬살이에 욕심내지 않아 인심을 크게 잃지 않았기 때문에 선왕께서 다독여 이전의 정을 보전하시려고 끝까지 한결같이 하신 것이었다. 그러나 저의 검박 청렴이라는 것도 다 아양 떠는 겉치레이다. 또 세상에서 다 저를 두고 '어미께 효도한다.' 하였으나 어미의 사촌은 종수 저의 지친至親(외당숙)이라. 비록 죄가 있더라도 어미 마음을 미루어 생각할 양이면 세상에 저만 사람인 것도 아닌데 어미를 앉혀 놓고 제 홀로 나서서 어미의 사촌 아우를 죽였으니 어찌 진정 효성이리오. 세상이 국영의 일은 거의 다 알면서도 종수의 일은 오히려 모른다. 그러나 사실 국영은 헛껍데기요, 종수가 핵심이다. 그러므로 국영과 종수를 이렇게 함께 써서 자세히 알리노라.

내가 일곱 살이던 신유년(영조 17년)에 둘째 동생이 태어났는데 자질이 얼음같이 맑고 옥같이 깨끗하여 평범한 부류보다 뛰어났다. 부모의 특별한 사랑과 내 편애는 말할 것도 없고, 궐에 들어올 때면 영묘께서 어여삐 여기시어 첫째 동생과 함께 둘을 앞세우고 다니셨고 경모궁께서는 더욱 사랑하셨다. 둘째 동생은 학문이 숙성하여 대·소과에 삼장장원*하였고 문장과 재주로 명성이 가득하였으니 내가 동기 가운데 지기知己(서로 마음이 통하는 벗)로 알아 가문에 대한 기대가 깊었다. 그런데 동생은 출세한 지 얼마 되지 않아 집안이 망측한 일을 만나 애타고 두려워 편안치 못함을 괴로워하였다.

경인·신묘년(영조46·47년) 사이에 귀주 등의 모함으로 아버지께 미치는 화색禍色이 날로 급해졌다. 그때 내가 생각하기에 귀주는 풀 길이 없고 정처에게나 부탁하여 화기禍機를 누그러뜨리고 싶었다. 그러나 정처가 아들 후겸의 말을 들어 오래 전부터 전날과 달라졌으니 어색한 말로 움직이기 어려웠다. 일의 형세로 보아 그 아들을 사귀어야 혹 풀 도리가 될 것 같았으나 오라버니와 첫째 동생은 무슨 일로인지 후겸에게 미움을 받고 있었다. 다만 둘째 동생이 있지만 이 사람은 지조가 고상하고 규모가 조촐하여 부귀에 물들지 않았다. 또한 세상살이에 남을 따라 달리기를 싫어하여 예사롭게 사귀는 친구가 없었을 뿐아니라 집안 문객門客조차 얼굴을 아는 사람이 적었다.

* 삼장장원(三場壯元) | 과거 시험 초시(初試)·복시(覆試)·전시(殿試)의 수석 합격.

어찌 이 위인에게 구차하고 더러운 일을 시키고 싶을 리가 있었으리오. 그러나 이 동생이 형제들 가운데 나이도 적고 후겸에게 미움 받지 않았기에 내가 저에게 편지하여 간절히 권하였다.

"옛사람 가운데는 어버이를 위하여 죽은 효자도 있었다. 지금 형편으로 네가 어버이를 위하여 후겸을 사귀어 가문의 화를 구하는 것이 옳겠다. 후겸은 옹주(정처)의 아들로 임금의 총애를 믿어 권세를 좋아하는 것뿐이지 내시內侍도 아니고 흉악한 역적도 아니다. 그러니 한때 후겸에게 오염되는 것을 어렵게 여겨 아비의 위태로움을 구하지 않는다면 어찌 사람의 자식이 취할 도리겠는가."

동생이 처음에는 목숨 걸고 마다하였다. 그러다가 화기가 점점 가까이 닥쳐와 온 집안 멸망이 눈앞에 있고 내가 더욱 긴급히 권하니 부득이 자신을 돌아보지 않고 후겸과 친하여 아버지의 참혹한 화를 면하게 하였다. 그러니 동생이 한편에게 자못 미움 받은 것은 이 누이의 탓이다. 동생은 그 문장과 재주와 식견으로 아버지와 형을 이어 조정에 들어가 앞길이 만 리 같았는데 자신의 포부를 펴지 못한 채 어렵고 험악한 때를 만나 늙은 아버지의 화를 염려하여 평생의 본심을 지키지 못하고 후겸과 사귀었다. 그리고 이것을 스스로 부끄럽게 여겨 마음속으로 맹세하였다.

"집이 평안해지면 세상에 나가지 않겠노라."

동생은 동쪽 교외에 집을 장만해 놓고 내게 편지하였다.

"멀리 가지는 못할 몸이니 장래에 근교에 머뭇거리면서 궁궐을 의지하고 천석泉石(자연)에 묻혀 한평생을 마치려 하노라."

그 편지가 아직도 눈앞에 선하다.

동생의 마음이 이러하니 그가 후겸을 사귄 것은 오직 아버지와 형을 위함이었다. 비록 아버지와 형의 화는 구하였을지언정 후겸과의 인연으로 벼슬

독서당계회도 산기슭에 있는 호당(독서당)에서 독서를 하던 9명의 문인들을 그린 것. 서울대학교 박물관 소장

을 한 가지라도 한다면 이것은 본심을 저버리고, 더러운 일을 탐하고 어지럽히는 무리와 똑같이 되는 것이라 하였다. 그리하여 기축년(영조 45년) 장원 급제한 뒤 을미년(영조 51년)까지 7년 동안 본디부터 지내던 옥당玉堂(홍문관) 춘방 두세 차례 한 것 밖에는 응교應敎(홍문관 정4품직)에 통청조차 한 일이 없었다. 큰 고을이든 작은 고을이든 간에 수령 한 곳 한 적 없고, 호당*을 시키려는 것도 마다하고 쭉 경인년(영조 46년) 이전의 몸으로 있었지 대수롭지 않

---

* 호당(湖堂) | 독서당(讀書堂)의 고친 이름. 임금의 특명으로 젊고 재주 있는 문신에게 휴가를 주어 학업에만 전념하게 하던 서재. 여기서는 호당에 다니며 공부하는 문신을 말한다.

은 벼슬 하나 더 한 일이 없었다. 그러므로 둘째 동생이 후겸을 사귄 것이 이익을 탐하기 위함이 아니었음을 이로써 분명히 알 수 있으리라. 동생은 정처의 변화와 후겸의 간교로 말미암아 집안에 변과 화가 다시 나지나 않을까 하는 것이나 걱정하여 다녔지 그 밖에 누구를 통하고 누구를 막으며, 누구를 죽이고 누구를 살리든 일체 알려 한 적이 없었다. 후겸도 역시 동생에게 의논한 일이 없었으니 이것은 온 세상이 다 아는 일이다.

사람들이 권세 있는 집안과 체결하여 세상을 흐리고 어지럽히는 것은 제 몸에 이익을 얻기 위함이고 그 이익이란 오직 부귀공명밖에 없다. 그런데 동생은 자신의 처지와 학문으로 장원급제 7년이면 가만히 앉아 있어도 오는 벼슬은 하였을 때였다. 게다가 후겸과 사귄 뒤였으니 제 몸에 이익을 보려 했다면 어찌 한 가지 요직要職과 한 품 가자加資를 못하였으리오. 이 편지 글 한마디에 아버지와 형을 위하여 어쩔 수 없이 후겸과 친하였으나 자기는 끝내 벼슬하지 않음으로써 본심을 깨끗이 드러내려 하였다.

둘째 동생을 걸어 상소한 심상운沈翔雲은 본디 요사한 폐족*으로서 재주를 내세워 후겸에게 친밀하였다. 동생은 후겸과 함께한 자리에서 그 얼굴을 알아 인연이 되어 왕래하게 되었다. 동생은 마음이 괴로웠으나 후겸이 두려워 상운에게도 잘 대해 주었다. 그런데 을미년(영조 51년), 세손(정조)이 대리한 뒤에 경과방*이 났는데 신임사화*를 일으켰던 역적 최석항崔錫恒·조태억趙泰億의 자손 셋이 급제하여 조정 공론이 놀랍고 어지러웠다. 그러던 어느 날 상운이 와서 말하였다.

"내가 상소하여 최·조 세 사람의 삭과削科(급제 취소)를 청하려는데 어떻습니까."

동생이 대답하였다.

"자네의 처지로 부득이 벼슬을 다니기는 하나 어찌 상소하여 조정 일에 간여하리오. 최·조의 과거 급제 일은 참으로 놀라우니 세상에 저절로 공의 公議가 있어 의논할 사람이 있을 것이라. 자네가 알은체할 것이 아니다."

그러자 상운이 노한 기색으로 불쾌하여 돌아갔다. 그런데 그날 바로 서유녕徐有寧의 상소가 있어서 상운이 상소를 하지 못하였다. 그로부터 이삼일 뒤에 상운이 문득 편지하였다.

"내가 오늘 아침에 상소를 하였는데 상소문이 길어서 전체를 적어 보내지 못하고 상소한 조목의 대략만 베껴 보냅니다."

그리고 다른 종이에 제가 상소한 조목을 한 자씩만 벌여 써 놓았다. '당黨' 자, '관官' 자 등 모두 여덟 조목인데 마지막 조목은 '척戚' 자였으니 척리를 쓰지 말라고 한 말이었다. 다른 조목은 다 한 자씩만 썼으나 '척' 자 조목에 이르러서는 상소에 논하여 올린 글을 다 베껴 보냈으니 그것은 우리 집안이 척리이므로 보라는 뜻이었다. 동생이 보고 그 상소의 자세한 사연은 모르나 제가 폐족의 자취로서 일을 논하는 상소를 올린 것이 놀라워 답장하였다.

"자네는 스스로 잘하였노라 하지만 보는 이는 반드시 나무랄 것이니 잘한 상소인지 모르겠다."

그런데 저녁 때 그 상소의 원본을 보고 몹시 놀라, 즉시 당시 대사헌大司憲이던 윤양후에게 편지하여 상운을 체포하여 엄히 국문할 것을 청하라 하였다. 그리고 그의 형 윤상후에게도 양후가 상운을 국문하도록 힘써 권하라고 편지하였으나 양후가 하지 않았다. 이 일의 시말始末은 무술년(정조 2년)에 이

* 폐족(廢族) | 선조가 형을 받고 죽어서 벼슬을 할 수 없게 된 집안 자손.
* 경과방(慶科榜) | 나라에 경사가 있을 때 행하던 과거 시험 경시 경과(京試 慶科)의 합격자 발표로 이때 시관(試官)은 영의정 김상철(金尙喆)이었다.
* 신임사화(辛壬士禍) | 신축·임인년(경종 1·2년, 1721·1722년) 연잉군(영조)를 왕세제(王世弟)로 책봉하는 문제를 둘러싸고 일어났던 노론과 소론 간의 정치적 분쟁. 경종이 병이 잦고 세자가 없자 노론 사대신의 주장으로 연잉군을 왕세제로 책봉하고 대리 정사를 하게 하였다. 그러자 소론이 부당함을 상소하여 노론 사대신이 처형당하였다. 이듬해 소론 김일경(金一鏡) 등이 노론이 반역을 도모한다고 무고하여 100여 명의 노론이 죽거나 유배당했다.

동생을 공초*할 때 자세히 아뢰었다. 그리고 그때 동생에게 보냈던 상운의 편지와 그 상소 조목의 글자를 나열하여 써 보냈던 종이까지 다 임금께 바쳤다. 동생이 양후에게 상운을 국문하도록 권했던 일은 상후가 아는 일이고, 더욱이 상후가 살아 있으니 그를 증인으로 삼아 면질面質(대질)할 것까지 청하였다. 동생은 상운의 상소를 보고 너무나 놀라워 그와 면분面分(얼굴이나 알 정도의 친분)이나마 있었던 것을 불행히 여겨 상운을 국문할 것을 남보다 백배나 더 청하였다. 동생이 상운의 상소 일에 간섭했다는 것이 천만 애매함은 너무나 명백하였다.

또 후겸 등의 죄를 다스린 정유역변*이 났을 때 상길의 공초*에 말하였다.

"저희가 추대를 모의하면서, '홍모洪某는 척리이니 비록 시방은 쓰이지 못하더라도 오랜 뒤에는 스스로 병권을 잡을 것이다. 만일 그렇게 되면 진陣치는 법을 연습할 때 거사할 방도가 있으리라.' 의논하였노라."

이것이 어찌 사람의 말인가. 어불성설語不成說이라 해도 곡절이 있지, 삼척동자인들 누가 곧이들으리오. 만일 흉계를 꾸미며 '홍씨네가 세력을 잃고 임금을 원망하여 추대를 모의한다.' 하면 무함이 되겠다. 그러나 이 말은 '홍가가 장래에 대장이 되어 병권을 잡을 것이니 그리하면 이 일을 하자 하였노라.' 하였다. 대장이 되어 병권을 잡을 때면 임금의 노여움이 풀리고 총애 받는 시기일 것이다. 제 집안이 잘되고 자신이 대장에까지 이르면 부귀가 지극하고 소망이 충족될 터인데 무슨 생각으로 다른 사람의 추대를 꾀하리오. 또 설사 그놈들이 그런 이치에 맞지도 않는 말을 다 했다 한들 아무것도 모르고 앉아 있던 동생에게 무슨 죄가 있으리오. 그러나 동생이 본디 국영에게 미움 받았기 때문에 국영이 굳이 해치려 하여 화색이 닥쳤다. 선왕(정조)의 성덕聖德으로 겨우 한 가닥 실낱같은 목숨을 붙였다가 무술년(정조 2년)에 이 두 가지 일의 억울함을 씻고 다시 사람이 되었다. 그때 선왕이 전교를 거룩히 하셨다.

"공초供招가 마디마디 조리 있고 결단코 다른 뜻이 없어 극진함이 명백하니 천리와 인정으로 헤아려도 실로 이러할 리가 없다. 비록 의심스러운 자취가 있더라도 본심을 보아 용서하여야 옳은데 하물며 본디 의심할 만한 일이 없다. 오늘 사실무근임을 드러내어 그 원통하고 억울함을 풀어 주니 내가 자궁慈宮(어머니)께 뵈올 낯이 있노라."

그리고 몹시 기꺼워하셨으니 둘째 동생은 내 오라비와 함께 임금의 외삼촌으로서 그렇게 원통한 누명을 쓴 모습으로 국문하는 마당에 들었다. 이는 옛날 『사기史記』부터 우리 조정에 이르기까지 다 없던 일이었다. 그때 나는 원통하고 비참하고 놀라워 몸소 당한 것과 다르지 않았으나 선왕의 효성에 감동하였고, 선왕께서 동생의 원통함을 밝혀내어 완인完人(죄 없는 사람)이 되게 해주심을 감축하였더니라.

국영이 죽고 난 후 선왕이 지난 일을 점점 후회하여 해가 갈수록 더욱 외삼촌들을 은혜롭게 대우하시고, 심지어 둘째 동생이 그러한 문장과 글씨로 세상에 쓰이지 못함을 더욱 안타깝게 여기셨다. 그래서 늘 칭찬하시고 종이를 보내어 글씨를 씌우다가 병풍 여럿을 만들어 당신도 치고 내게도 주셨으며 부벽서付壁書(벽에 붙이는 글)와 입춘서立春書(입춘에 벽이나 문짝에 붙이는 글)도 씌어다 붙이셨다. 또 '만천명월주인옹*'이라는 글씨도 씌어다가 현판까지 하시고, 신해년(정조 15년)부터는 아버지의 『주고奏藁(상소문집)』 만드는 일을

---

* 공초(供招) | 죄인이 범죄 사실을 진술하는 것.
* 정유역변(丁酉逆變) | 정유년 정조 1년, 1777년) 8월에 드러난 '은전군 추대 사건'. 홍계능(洪啓能)과 홍상길(洪相吉)의 주도로 정조를 폐하고 사도세자의 아들인 은전군 찬(禶, 경빈 박씨 소생)을 추대하고자 하였다. 여기에 민홍섭(閔弘燮), 이택수, 정후겸, 윤양후 등 많은 노론 인사가 개입하였는데 혜경궁 홍씨의 둘째 동생인 홍낙임이 연좌되었다. 많은 이가 사형을 받아 죽거나 유배되었으며 한 달 뒤인 9월 11일에 마무리되었다.
* 공초(供草) | 죄인이 진술한 범죄 사실의 초안.
* 만천명월주인옹(萬川明月主人翁) | 정조의 자호(自號)로 '만천명월'은 모든 개울을 밝게 비추는 달이라는 뜻이다.

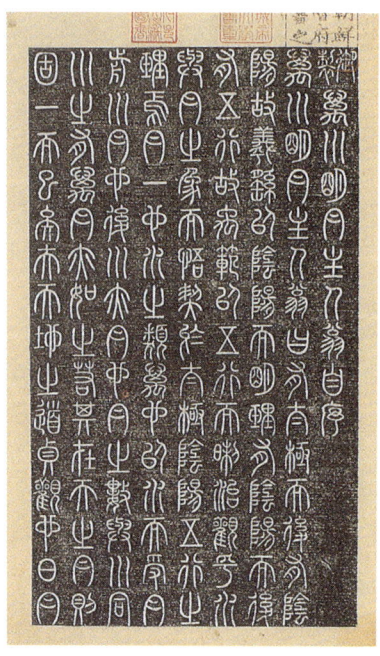

만천명월주인옹자서 정조가 자신의 호인 '만천명월주인옹'의 뜻과 내력을 적은 글. 서울대학교 규장각 소장

시작하여 자주 왕복하셨다. 첫째 동생이 죽은 뒤에는 둘째 동생에게 더욱 뜻을 기울여 오로지 이 동생에게 물으셨다. 정사년(정조 21년) 무렵부터 수권*을 만드실 때 빼고 보존하고 바로잡아 고치는 것을 다 이 동생과 의논하시어 편찰片札(조각 편지)이 하루에도 여러 번 연속하였다. 그리고 만나면 말씀들을 하셨다.

"얼굴과 기상이 요즘 재상으로는 당할 사람이 없으니 시방은 비록 침체하였으나 결국은 윤시동*만은 하리라."

"갑자년(순조 4년)에는 예순네 살이니 넉넉히 하리라."

"문장이 정결하여 당세에 제일이라."

"지기라."

"회심지문붕會心之文朋(마음에 맞는 글벗)이라."

근년에는 어떤 글을 지으셔도 보내어 평론하게 하시고, 시詩에는 그 운으로 시를 지어 화답하게 하셨다. 포상이 번번이 크고 자주 내려보내 주시며 무엇이든 굳이 나눠 보내어 맛보게 하시고,

"문장이 길게 전할 만하도다. 문집은 내어 줄 것이니 그리 알라."

라고도 하셨다. 그 밖에 남다른 은혜가 보통 집안의 부자 사이 같아서 이루 다 기록할 수가 없다. 내 집안사람 가운데 늙은이 젊은이 할 것 없이 누군들

선왕의 은혜를 입지 않았을까마는, 이 동생은 재생의 은혜를 입은 데다 이런 특별한 대우를 받았다. 그래서 그는 글이나 편지에나 늘 천은에 감사하였다.

"몸이 부서지고 뼈가 가루가 된다 해도 은혜의 만분의 일도 갚을 길이 없노라."

선왕이 이 동생에게 이리하시던 것은 궐 안팎 사람들이 다 아는 바요, 주상(순조)이 비록 어리시나 어찌 자세히 모르시어 내 세세한 말을 기다리시리오.

❊

내가 본디 지극한 슬픔(경모궁의 죽음) 외에 친정 가문에 대한 설움으로 반생 동안 간장을 썩이다가 '갑자년(순조 4년)에 세자에게 왕위를 물려주고 모자가 화성 경모궁의 능 가까이 가서 함께 살리라. 그러면 세자가 즉위하여 부왕(정조)을 위하여 부왕 외가의 죄를 깨끗이 풀어 줄 것이라.'는 선왕의 확실한 기약을 얻었다. 어찌 다행스럽지 않고 어찌 믿지 않았으리오. 이제 집안이 평안해지는 것은 선왕께서 약속한 그 기한(갑자년)에 있으니 그때가 되면 동생들이 자연에 묻혀 한가로이 놀면서 성군聖君의 은혜를 입어 남은 생을 무사히 지낼 수 있게 되리라 마음 졸이며 바랐다. 그런데 오늘날 우리 선왕을 잃고 둘째 동생이 참화를 받게 될 줄 어찌 꿈에나 생각했으리오.

경신대상* 때 우리 집안사람 여럿의 이름을 죽 나열하여 종척집사*를 시켰으니 이미 좋은 뜻이 아니었다. 그 가운데 둘째 동생이 들었다 하여 심환

---

* 수권(手圈) | 글을 평할 때 붉은 먹으로 찍는 둥근 점(권점圈點). 글에서 잘된 곳이나 중요한 곳을 표시하기 위하여 찍었다.
* 윤시동(尹蓍東) | 해평 윤씨. 오음 윤두수의 후손으로 영조 30년에 문과에 급제하였고, 정조 때 좌의정에 이르렀다.
* 경신대상(庚申大喪) | 정조 24년 6월 28일, 정조는 49세의 나이에 창경궁 영춘헌(迎春軒)에서 승하하였다.
* 종척집사(宗戚執事) | 국상(國喪) 때 종친과 인척에게 시키던 임시 벼슬.

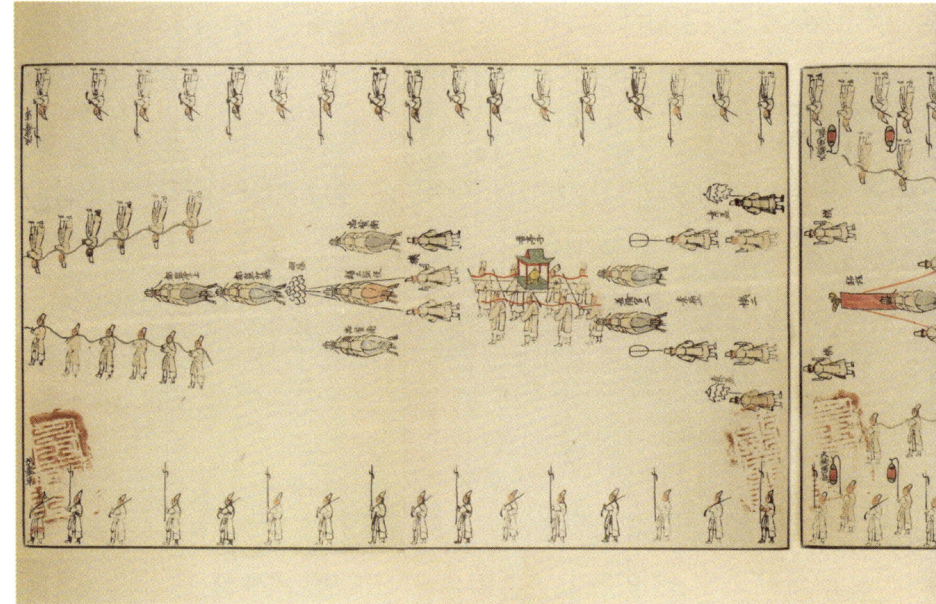

정조국장도감의궤 1800년 정조가 승하한 후 장례의 기록을 정리한 의궤의 정조 상여 부분. 서울대학교 규장각 소장

지沈煥之(정조 말의 영상)가 원상*으로서 으뜸이 되어 흉한 말로 '못하리라' 하고 문서로 아뢰었다. 선왕이 계실 때는 벼슬을 시키고, 사은謝恩하고 궐 안에 출입하여도 이렇다 말이 없다가 엊그제 선왕이 승하하셨다고 갑자기 이 짓을 하니 차마 할 수 있는 일인가.

그 사람을 집사를 시켜도 다닐 리도 없거니와 설사 다니기로서니 나라에 무슨 시급한 변이 생겨 시각을 참지 못하고 호흡지간呼吸之間에 있는 듯이 그리한단 말인가. 선왕을 미처 입재궁入梓宮(관에 모심)도 못하였고, 또 나에 대한 인정과 도리로 생각하더라도 만고에 그런 흉악한 반역의 놈이 어이 있으리오. 칠십 노인이 아들 잃은 참혹한 정경을 당하여 하늘을 부르짖으며 통곡하고 생사도 구분하지 못하는 그때, 그 동생에 대해 그런 말을 하다니.

또 내 집안사람을 다 '못 들어온다.' 하면 모르거니와 둘째 동생에게만

그러하였다. 동생이 비록 전에 당한 일이 망측하기는 하였으나 선왕이 친히 국문하셨고 환하게 누명을 씻어 억울한 죄를 명백히 밝혀 벗겨 주셨다. 선왕의 하교는 더욱 밝아 『속명의록』*이라는 책에까지 올려 온 세상이 다 알았고 동생은 예사 사람이 되었다. 그런데 거의 30년이 지난 후에 홀로 고달프니, 그렇다면 예로부터 현인군자賢人君子가 불행하게 한 번 재앙에 걸리면 비록 억울함이 드러나 결백해지더라도 평생의 허물이 되리라. 세상에 이런 의논이 어디 있으리오.

선왕이 내 아버지의 『주고』를 다 해놓으시고 미처 간행치 못하신 채 갑자

---

* 원상(院相) | 왕이 죽거나 유고(有故)한 때에 상주(喪主)가 된 왕을 대신하여 잠시 정무(政務)를 보던 임시 벼슬.
* 『속명의록(續明義錄)』 | 정조가 초년에 그 외종조부 홍인한과 정후겸 등을 벌하고 대의를 만천하에 밝히는 뜻에서 간행한 책.

기 상빈上賓(승하)하셨다. 내가 그 즉시 당신을 따라 죽지 못함이 흉측하고 비록 실낱같은 목숨이 붙어 있으나 죽은 사람과 같았다. 이때를 당하여 난들 『주고』가 세상에 쉽게 나가게 될 줄 어찌 생각하였으리오. 선왕을 생각하여 서러워하는 내 심사를 위로하려는 뜻이었는지, 혹은 일을 끝내어 내 집안을 더 그릇되게 하려는 것이었는지 그해 8월 10일* 이후에 궁 밖에서 일을 맡아보는 사람이 말하였다.

"주상(순조)께서 전교를 내시어 내각內閣에서 밖으로 반포頒布하라 한다"

나는 아직도 세상이 이토록 흉악하고 무서운 것인 줄 깨닫지 못하고 선왕이 10년을 수고하신 데다 60여 편의 선왕 어제御製가 있으니 반포를 하든 못하든 박아나 주려는가 싶어 본초本草(초고)를 내주었다. 아버지를 위하는 마음과 선왕이 애타하시던 것에 대한 보답, 그리고 내 목숨이 조석을 장담하지 못하니 생전에 개간開刊하는 것을 보려고 한 일이었다. 그런데 한 권을 채 박지 못하여 심환지 등이 주상(순조)께 나아가 끝없이 아뢰어 인쇄를 정지하도록 청하였다. 그들이 아뢴 글 반포한 것을 보니 심장과 뼛골이 놀라 오싹하고 마음이 찢겨 숨이 막힐 듯하여 할 말이 없었다. 아버지를 무고하여 욕되게 한 것은 이르지도 말고 글자마다 구절마다 모두가 나를 무고하고 핍박하며 능욕하는 말이었다. 내 아무리 돌아갈 데 없는 신세로 한 늙은 궁녀 같으나 선왕의 생모라. 제가 비록 기세와 권세가 온 세상에 진동한다 한들 저도 선왕을 섬기던 신하이거늘 나를 선왕의 어미라 하면서 이리 욕하니 고금천지古今天地 간에 이러한 변괴가 어디 있으리오.

주상이 나이가 어리고 나랏일이 바람에 날리는 터럭같이 위태로운데 인심과 세태가 갈수록 이러하여 마침내 어미 모르는 세상이 되는 것을 면할 수 없게 하였다. 종실에 대한 근심과 인륜이 멸망한 것을 생각하니 통곡하고 싶도다. 선왕이 계실 때는 효성으로 봉양을 받든지 영화를 보든지, 하는 대로 두었지만 지금에 와서는 위아래에 해당되는 것이 없고 궁중의 대수롭지 않은 한 과부일 뿐이다. 내 몸에 조정의 문안이나 약방藥房 나인의 안부도 합당치 않고 같지도 않아 숨이 끊기려는 중이라도 늘 민망하였다. 그런데 이제 저희가 나를 핍박하고 모욕하여 어서 죽기를 마음 졸이면서, 겉으로 '문안'이라 하였다. 그럴 때면 저희 마음에 나를 더더욱 구역질나게 여겼을 것이니 이것은 내가 점점 더 욕을 받는 것이라. 내 몸에 이렇게 욕이 미치는 것을 선왕이 아신다면 그 문안을 받지 않으려 하실 것이라. 내가 결단하여 조정 문안과 약방 문안이라는 것을 받지 않아 저희 마음을 즐겁게 하고 내 본분을 편히 하려 하였다. 그러나 선왕의 인산 전이기에 주저하였는데 인산 후 내 서제 낙파와 조카 서영(막냇동생의 아들)의 벼슬과 품계를 올리는 일로 연이어 상소가 났다.

"역적의 자손이니 못하리라."

예전에 장령掌令 한용귀가 내 장조카 수영을 가리켜 '역종逆種(역적의 자손)'이라 할 때 선왕이 진노하여 말씀하셨다.

"손자는 한가지이니 진손眞孫이 역종일 때 외손도 역종이겠다."

서자나 손자가 역적의 자손이면 친딸은 역적의 자손이 아니고 무엇이리오. 옛날 역사책에도 이런 흉악한 변괴의 말이 있었던가 모르겠다.

또 이어 이안묵의 상소에 아버지에 대한 욕이 더욱 망측 망측하여 다시 어찌할 여지가 없었다. 내 형세가 너무 약하여 조정이 모두 업신여기는 것을 못하게 할 길이 없으니 모든 일을 사절하고 아무것도 모르려 생각하였다. 그래서 졸곡卒哭(삼우제 뒤의 제사) 후 폐인으로 자처하고 선왕 계시던 영춘헌에 가서 누워 목숨을 마치려 하였다. 나의 삶과 죽음이 다 꿈같으니 무

---

* 8월 10일 | 정조는 6월 28일에 승하하고 순조는 7월 4일에 즉위하였다.

엇을 아껴 이 원통하고 분한 마음을 달게 견디며 살리오. 11월에 내가 마음먹은 대로 하려고 약방에 '문안받지 않겠다.' 는 사연으로 한글 편지를 써서 내어 주고 영춘헌으로 와서 선왕의 자취를 어루만지며 내 신세를 서러워하여 하늘을 부르짖어 통곡하고 까무러쳐 누웠다. 만고에 이런 광경과 이런 인정이 어디 있으리오.

 가순궁嘉順宮(순조의 생모)도 처음에는 말리더니 나중에는 내 일을 애처로이 여겨 굳이 막지 않았는데 웃전(대왕대비전, 영조의 계비 정순왕후)에서 아시고 대노大怒 대노하여 여러 가지로 꾸지람이 많으셨고 내 한글 편지도 내주지 못하게 하셨다. 안에서 내가 하는 일을 말리는 것은 이상한 일이 아니나 천만 뜻밖에도 웃전에서,

 "충동하는 놈이 있으니 그 놈을 다스리겠노라."

하고 벼르신다 하였다. 그러더니 그 달(정조 승하 5개월 뒤인 11월) 27일에 언교諺敎(한글 교지)를 내리시어 둘째 동생이 나를 꾀어 이런 행동을 한다 하시고 동생을 삼수갑산三水甲山 지방에 멀리 귀양 보내라 하셨다. 마치 나인들에게 죄가 있으면 제 오라비를 잡아 옥에 가두거나 내수사*에서 죄를 다스리는 것과 같은 모양이라. 나를 선왕의 어미라 하면서 이런 변이 어디 있으리오. 주상이 비록 어리시나 몹시 놀라셨고, 가순궁의 친정아버지 박판서(박준원朴準源)도 공정한 뜻에서 놀라 주상께 자전慈殿(여기서는 대왕대비인 정순왕후)에 올라가 언교를 도로 거두어들이시도록 여쭙게 하였다. 본디 자교(모후의 전교)는 대전大殿(순조)에 먼저 아뢰고 난 뒤에 소관 부처에 내어 주는지라 가순궁이 주상께 여쭈어 그 한글 교지를 내주지 못하게 하고 희정당 뜰에 거적을 깔고 웃전에 아뢰었다.

 "대전에 아뢰는 자교를 보니 너무나 놀랍사오니 이 어찌된 지나친 일이시나이까. 차마 내어 주지 못하고 벌 받기를 기다리나이다."

그 사람(가순궁)이 귀한 몸으로 나를 위하여 추운 뜰에 거적을 깔고 엎드려 벌을 기다리기까지 하였으니 선왕의 효성을 생각하여 자기 정성을 다한 것이라. 가엾고 딱하며 감격스러움을 어찌 다 헤아리리오.

그 전에 내가 영춘헌에 가서 자결하려 할 적에 주상(순조)이 영춘헌에는 차마 못 오시고 쓸쓸하고 싸늘한 거려청*에서 내가 나오기를 기다리신다 하고, 가순궁이 와서 돌아가자 하기에 내가 유약한 마음에 어린 주상의 마음을 차마 상하게 할 수 없어 마지못해 끌려왔었다. 그날그날 한집 안에서 지내며 모르는 체하기 괴이하여 내가 웃전에 들어가 여쭈었다.

"어찌하여 엄교가 이 같으시나이까."

웃전께서 답하셨다.

"이번 행동이 그대의 뜻이 아니라 격동激動하는 사람이 있어서이니 어찌 이 처분을 하지 않으리오."

내 팔자에 안 겪고 안 당한 일이 없었으니 선왕이 계시다면 감히 이러할 리 없을 것이라. 하늘을 우러러 길게 탄식하고 피눈물이 흘러 가슴이 막힐 듯하였으나 참고 참으며,

"너무 이리 마오소서."

의기가 북받쳐 분개하여 말하니 주상과 가순궁의 힘도 있고, 또 나를 보시니 당신이 지나친 듯하여 말씨도 나직하시고 언교를 거두셨다.

원래 자진하려던 것은 이번뿐이 아니었다. 선왕 계실 때도 통분한 일을 보면 항상 이런 생각이 있었다. 그러나 만사를 다 선왕을 믿어 참고 지냈는데 지금은 안 계시니 원통함과 비통함이 가슴 가득 치밀어 올라 하늘에 사

* 내수사(內需司) | 내사(內司). 궁중에서 쓰는 쌀·옷감 따위 맡아보는 관청.
* 거려청(居廬廳) | 상제(喪制)가 거처하는 여막. 여기서는 순조가 상제로서 돌아가신 아버지 정조를 기리기 위해 거처하는 여막.

무쳐 죽을 곳을 얻으려 하였다. 그러던 차에 또 둘째 동생을 지목하는 변고를 당하였다. 아버지께 애매한 욕이 되는 것 외에, 내 신상을 급하게 핍박하니 한때나마 살고 싶은 마음이 있었으리오. 나 스스로 결정하여 한 행동이니 내 집안사람이 알기나 할 것인가. 또한 내 아무리 못난들 어버이 위하는 마음은 남만 못하지 않거늘 칠십이 얼마 남지 않은 나이에 누구의 꾐을 듣고 그런 일을 할 리가 있으리오. 설사 누구의 말을 듣고 하였다 한들 내가 한 일을 가지고 동생에게 죄를 주니 나를 어느 지경에 이르게 하는 일인가. 또 집안 형제와 삼촌과 조카가 여럿인데 오직 둘째 동생의 죄만을 문제 삼으니 이런 일이 어디 있으리오.

 그 후로는 하릴없이 분함을 참고 억울함을 머금어 겨우 날을 보냈다. 저희에게는 내 한글 편지와 웃전(정순왕후)에 올린 말씀이 다 용납되지 못할 죄라. 그러나 나를 죽여 분풀이할 수 없기에 동생을 대신 죽이려고 문안 일로부터 시작하여 밤낮으로 충동하고 모해하였다. 마침내 12월 18일 엄교가 나서 동생의 화색이 나날이 위급하여 여지가 없게 되었다. 대신 이하 신하들이 들어와 '죽이라' 하고, 또 '역적들의 소굴을 없애소서.' 하고 상소하였다. 이렇다 할 죄명을 말하지도 않고 그저 오로지 죽이자고만 하니 만고 천지간에 이런 허무맹랑한 일이 어디 있으리오.

 예로부터 원통하게 화를 당한 사람이 오죽이나 많았을까마는, 그래도 벼슬을 하였거나 권세를 썼거나, 사람을 살리고 죽이고 앞길을 열고 막고 하였거나, 또는 세상의 왕래를 의논하였거나 간에 무슨 죄에 얽힌 일이 있었으리라. 그럴 때 죄라 하여 잡는다. 그런데 동생은 이전의 일은 억울함이 풀리고 죄 없음이 다 드러나 제 진술과 선왕의 하교가 명백하여 다시 말할 것이 없었다. 이번에 새로 잡는다 하는 죄목은 생판 아무 까닭 없이 이 일 저 일 천부당만부당한 것을 정해진 것 없이 죄목이라고 모았다.

첫째 '은언(은언군 인)을 위한다.'는 말과 신묘년의 일로 한 죄목을 삼았으니 이것은 아버지에게 연좌하여 이른 말이다. 애매하게 모함한 헛된 말을 30년 후 그 아들에게 연좌하는 일이 세상에 어디 있으랴. 선왕(정조)이 내 아버지에게 뉘시며 내 동생에게 뉘신데 아버지나 동생이 선왕을 버리고 '인(은언군)을 위한다.' 하니 이 말이 사람의 말인가. 길을 막고 물은들 조선에서야 인을 위하는 사람이 어디 있으리오. 그런데도 인과 함께 나란히 기록되어 화를 입었으니 예나 이제나 다시없는 억울한 일이다.

둘째로 경모궁을 왕으로 추존하는 전례典禮(국가의 예)를 하려 한다 하였으니, 평소에 그 동생이 전례에 대한 일을 입에 올린 적이 없고, 집안 자제를 데리고라도 말을 주고받은 적이 없었다. 누가 와서 '전례' 말을 주고받았거나, 누가 들었거나 한 사실이 있으면 모르거니와 듣도 보도 못한 일을 가지고 억지로 '응당 그리하였으리라.' 하니 그런 일이 또 어이 있으리오.

셋째로 비류匪類(적도賊徒, 먼저 처형된 무리)를 체결하여 스스로 소굴이 되었다 하였으나 그 동생은 집안이 그릇된 뒤 30년 동안 집 안에만 박혀 있어 사람들과 서로 통하지 않았다. 이것은 온 세상이 다 아는 것이니 이 또한 생판 애매한 거짓말이다. 심지어 사학*에까지 넣으려 하였으나 속일 길이 없으니 비슷하게 하여 서로 얽히게 해놓은 것이다. 천지간에 이런 속임수가 또 어디 있으리오. 동생은 본디 경술經術(유학에 관한 학문)과 문장을 하였기 때문에 책을 넓게 보지 않아서 평소에 유학 이외의 잡서雜書는 보지 않았다. 『삼국지』·『수호전』 같은 것도 본 일이 없거늘 하물며 부정不正한 책(성경)을 보았겠는가. 보기는커녕 이름인들 어떻게 들었으리오. 전에는 세상에 사학이 있는 줄도 몰랐다가 신해년(정조 15년) 12월에 형제가 사사로이 선왕을 뵈었

* 사학(邪學) | 국교인 유학에 어긋나는 요사한 학문이라는 뜻으로 당시의 천주교를 말한다.

을 때 비로소 그 대략을 들었다. 그때 동생이 놀라고 근심하여, '철저히 금하옵소서.' 하고 아뢰던 말이 지금도 생각난다.

이른바 '사학'이란 것은 도깨비 같은, 불만에 가득 차 멋대로 행동하는 무리가 하는 것이지 부귀한 집안이나 척리붙이 사람들이야 할 리 있으리오. 하물며 내 집안사람이 그런 책을 보긴들 하였으리오.

사학에는 남인南人이 많이 들었는데 내 집안이 30년 칩거하는 동안 사람을 도대체 몰랐고 남인은 더욱 아는 이가 없었다. 채제공(남인의 우두머리)은 소식도 없었고, 이가환은 동생이 평생 얼굴도 모르던 사람이다. 또 심환지가 아뢰었다.

"오석충이 홍낙임에게 다니면서 제 조상 오시수의 관작을 회복하였는데, 이것을 두고 오석충이 그의 힘을 얻어 이루었다고 진술하더라."

그러나 이 한마디 말은 그 허다한 말들이 다 생판 거짓이라는 명확한 증거가 된다. 전에 오시수가 죄 입을 때 고조할아버지(홍만용)가 대사헌으로서 대궐 문 앞에 엎드려 그에게 죄줄 것을 3일을 다투었다. 결국 오시수에게 내려진 처분이 내 고조할아버지로 말미암은 것이었기 때문에 오가吳哥들이 우리 집안을 대대로 원한 품은 집안으로 알더라 하였다. 오석충이 아무리 왕래하려 한들 원한 품은 집안에 올 길이 어찌 있으리오. 또 선왕이 이 동생의 말을 듣고 오시수의 관작을 회복해 주셨다면 동생의 권세가 컸던 셈이니 어째서 제 첫째 작은아버지의 관작을 회복해 내지 못하였으리오. 모두 다 터무니없고 근거 없는 말이니 다시 의논할 것이 없다.

사람을 죽이는 일은 나라의 큰일이고, 게다가 둘째 동생은 내 동기요 선왕의 외삼촌이다. 설사 그럴듯하게 흡사한 죄상罪狀이 있더라도 가벼이 해치지 못할 것이었다. 그런데 만들어 낸 죄명이 한 가지도 말이 안 되게 해놓고, 이런저런 말들 다 그만두고 죽이고자만 하면서, '정청*하네', '계사하네' 하여 마침내(순조 1년 5월) 천리 바다 밖(제주도)에서 참혹한 화(사약을 받음)를 받게 하였다. 만고 천지간에 이런 원통한 일이 다시 어디 있으리오.

내가 칠십 늘그막에 선왕(정조)을 잃고 밤낮으로 통곡하며 별안간 죽어 버리기만을 바라는 가운데 동생이 생판 한 가지 죄도 없이 참혹한 화를 입었다. 그런데도 내 처지에 살아 앉아 구하지 못하였으니 나같이 흉악하고 어리석은 사람이 다시 어디 있으리오. 주상(순조)이 그때 내 정경을 보고 눈물을 머금고 가시더니 사람 없는 곳에 가서 많이 우시더라 하였다. 당신이 어려서(열두 살) 비록 구하지는 못하셨으나 그 사람에게 죄가 없는 줄 아셨고, 선왕이 평소 잘 대우하시던 일을 생각하시고 또 내 정리를 서러워하여 그리하신 것이라. 어찌 이렇듯 슬퍼하지 않으셨으리오.

내 비록 망극하고 애통하나 주상의 그 어질고 효성스러운 마음은 장래를 바라고 계실 것이라. 또 내가 만일 슬픔을 이기지 못하고 자진하면 나 죽기를 마음 졸이고 기다리는 흉악한 무리들의 마음에 맞추어 주는 일이 될 듯하여 참고 살았다. 그러나 원통하게 죽은 동생은 다시 살아날 길이 없고, 내 호흡은 나날이 쇠약해져 밤낮을 기약하지 못할 듯하다. 내가 이승에서 죽은 동생의 원한이 풀리고 죄 없음이 드러나는 것을 보지 못하고 죽으면 저승에 가서도 동생 볼 낯이 없고 혼백은 영원히 한이 맺혀 있을 것이다.

하늘아! 하늘아! 나를 머물러 두셨다가 동생의 억울함이 풀리는 모습을 보고 죽게 하실 것인가. 밤낮으로 피눈물 흘리며 손 모아 빌 뿐이로다.

---

* 정청(庭請) | 조정에서 임금에게 죄주기를 청하는 것.

한중록 셋째
閑中錄 其三

순조 2년(1802년), 혜경궁 홍씨가 68세에 쓴 글이며 둘째 편 후반부에 이어서 동생 홍인한의 억울한 죽음을 항변하는 것으로 시작된다. 정조의 지극했던 효성을 순조가 본받을 것을 호소하며 모함받은 친정의 억울한 원한을 풀어 달라고 간절히 청원했다.

내가 어렸을 때 궐에 들어와 거의 60년이다.* 운명이 험난하고 겪어 온 일들이 무궁하여 만고에 다시없을 슬픔을 지닌 외에도 억만 가지 세상 변천을 다 겪어 살 만하지 않았다. 그러나 선왕(정조)의 지극한 효성으로 차마 목숨을 끊지 못하여 오늘날까지 이르렀는데 하늘이 갈수록 나를 미워하여 차마 감당할 수 없는 가혹한 화를 당하였다. 그 자리에서 곧 죽어 선왕을 따르는 것이 당연하였으나 모진 목숨이 토목土木 같아서 자결하지 못하였다. 또 어린 임금(순조)을 못 잊어 지금까지 실낱같은 목숨을 지탱하였으니 어찌 사람이 차마 견딜 것이리오. 여염집 아낙네라 하여도 칠십 노인이 외아들을 잃었다면 동네 사람도 서로 조문하고 위로하여 불쌍하게 여길 터이다. 그런데 선왕을 여읜 뒤 두서너 달 안에 아버지에게 참혹한 욕이 끝이 없고, 내가 자결하여 의리에 따르려 한 일을 둘째 동생의 충동질이라 하여 그의 죄로 삼았다. 그리하여 시작부터 끝까지 칠팔 개월 동안 전혀 비슷하지도 않은 헛된 말로 속이고 얽어 동생을 외딴섬(제주도)에 유배하여 가시나무 울타리를 치고 곧이어 참혹한 화(사약)를 받게 하였다. 이것은 내가 자결하려는 일을 동생의 죄로 전가한 것이니 동생을 죽인 것이 아니라 실은 나를 죽인 것이다. 흉악한 무리가 때를 얻어 선왕을 저버리고 어린 임금을 업신여겨 선왕

---

* 내가~60년이다. | 혜경궁 홍씨는 영조 20년(1744년)에 세자빈에 책봉되었으니 이 글을 쓰던 1802년에는 궐에 들어간 지 햇수로 59년이 되었다.

의 어미를 이리 핍박하니 이때처럼 인륜이 끊어지고 신하로서의 직분이 없던 적이 없었다.

내가 밤낮으로 가슴을 치고 피눈물을 흘리며 선왕과 동생을 따르려 하였으나 그러지 못하고 홀로 외로워 의지할 곳, 마음 붙일 곳이 없으니 살려 해도 살 길이 없고 죽으려 해도 죽을 수가 없었다. 이것이 모두 내 죄악이 깊고 무겁고 운명이 흉악한 까닭이니 하늘을 부르짖고 귀신을 원망할 뿐이다. 내가 겪은 일은 옛날 후비后妃에게도 없었고, 내 집안이 당한 일은 옛사람의 집안에 없던 일이다. 천도가 밝고 주상(순조)이 어질고 효성스러우시니 내 비록 미처 보지 못하고 죽을지라도 주상이 옳고 그름을 가려 내 지극한 원한을 풀어 주실 날이 있을 줄 아노라. 그러나 내가 만일 허다한 사건의 자취를 기록하지 않으면 자세히 알 길이 없을 것이기에 내 쇠약해진 정신을 수습하고 쇠진한 근력을 억지로 일으켜 앞머리에 나를 섬기던 선왕(정조)의 효성과 나와 주고받던 말씀을 기억하여 옮겨 쓰고, 나머지는 조목마다 벌여서 명백히 알게 하노라.

나 아니면 누가 이 일을 자세히 알며, 누가 이 말을 할 수 있으리오. 목숨이 언제 끝날지 밤낮을 기약할 수 없으니 쓴 것을 가순궁(순조의 생모)에게 맡겨 나 죽은 뒤라도 주상께 드려 내가 겪어 온 흉하고 험한 일과 내 집안이 겪은 원통함을 알아 30년 쌓인 원한을 풀어 주시기 바라노라. 그런 날이 있으면 죽은 혼백이라도 지하에 가서 선왕을 뵙고, 거룩한 자손(왕실의 자손)이 선왕의 뜻과 일을 이어받아 우리 모자의 평생 한을 푼 것을 서로 위로하리니, 이만 하늘에 빌고 또 비노라.

이 글에 털끝만큼이라도 꾸미거나 과장한 조항이 있으면 위로는 선왕을 속여 모함하는 것이고, 다음으로는 내 마음을 속여 신왕新王(순조)을 속이는 것이며, 아래로는 내 어버이에게 아첨하는 것이라. 어찌 당장 닥칠 하늘의 재앙이 무섭지 않으리오. 내 평생 겪어 온 일들이 수없이 많고 선왕(정조)과 주고받은 말이 몇 천 마디인 줄 모르나 늙고 쇠약한 정신에 만에 하나도 생각해 내지 못하였다. 또 집안이나 나라의 큰일에 관계없는 자질구레한 일은 번거롭게 다 올리지 않고 큰 조항만 기록하려 한다. 그런데도 오히려 자세하지 못하도다. (임술 칠월 일서*)

※

세상에 누군들 모자가 없으리오마는 나와 선왕 같은 인정과 의리는 다시 없으니 선왕이 아니면 내 어찌 오늘날이 있으며 나 없었으면 선왕이 어찌 보전하셨으리오. 두 모자가 외로이 서로 의지하여 세상의 큰 변화를 백번이나 겪었고, 말년에 영화로운 봉록을 받아 국가의 무궁한 복을 보리라 기다렸다. 그런데 하늘이 무슨 뜻으로인지 도중에 선왕을 앗아 가셨으니 고금 천하에 이런 참혹한 화가 어디 있으리오. 내가 경모궁께서 가신 임오화변(영조 38년)에 죽지 않은 것은 선왕을 보호하기 위함이었다. 그리고 무술년(영조 47년)에 아버지께서 흉악한 무고를 만나 억울함을 밝히지 못하신 채 한을 품고 죽음을 재촉하셨을 때도 자결하여 따르려다가 선왕의 효성에 감동하여 뜻을 이루지 못하였다. 그런데 이제 선왕을 잃고 또 이어서 아무 죄 없는 동생에게 참혹한 화를 입혔으니 나는 불열不烈(남편에게 절의를 지키지 못함)하고 부자不慈(아들에게 자애롭지 못함)하며, 불효不孝하고, 불우不友(형제에게 우애롭지 못함)한 사람이다. 천지간에 무슨 면목으로 하루나마 세상에 남아 있을 마음이 있었으리오. 그러나 어린 임금을 간절히 생각하고 또 모진 목숨이 썩 끊어지지 않아 지금껏 구차스럽게 삶을 훔쳐 왔다. 나같이 어리석고 나약한

---

* 임술 칠월 일서(壬戌 七月 日書) | 『읍혈록(泣血錄)』에 있는 서문 끝의 기록. 임술년 7월 어느 날 썼다는 뜻이다.

사람이 다시 어디 있으리오.

  선왕은 천성이 지극히 효성스러운데 근년에는 효도가 더욱 지극하여 날마다 나를 섬김에 부족한 듯이 하셨다. 평소에 이 노모가 잊지 못해 하는 마음을 받아들이시어 성 안 거동이라도 궐을 떠나시기만 하면 문안하는 편지가 끊이지 않았다. 원행園行은 늘 하루 남짓 걸리기 때문에 내가 더욱 불안해하니 이런 내 마음을 생각하시어 길에 역마驛馬를 세우고 네 시간이 못 되어 소식을 듣게 하셨다. 그런데 이제는 어디 가서 한 자 서신을 얻으리오.

  슬프고 원통하도다. 선왕은 타고난 바탕이 비범하여 얼굴이 잘 생기셨고, 기상이 준수하며 태도가 특별하여 말을 배우면서부터 글자를 아셨다. 어려서부터 학문에 몹시 부지런하여 잡숫고 주무시는 동안 외에는 책을 놓는 일이 없었으며, 마침내 이전의 훌륭한 임금들보다 더 뛰어나게 성취하여 천만 가지 일에 모르시는 것이 없었다. 옛날 하夏·은殷·주周 삼대三代 이후의 제왕 가운데 학문 문장과 성덕으로 천하를 다스림이 우리 선왕 같은 이는 아무도 없었다. 춘추가 거의 오십이 되시고 온갖 중요한 정사가 많은데도 매년 겨울이면 반드시 책 한 질을 읽으셨다. 기미년(정조 23년) 겨울에는 『좌전左傳』을 다 읽으셨기에 내가 기쁘게 여기는 뜻으로, 어렸을 때 책씻이* 해 드리던 것처럼 탕병湯餠(떡국이나 만두 등) 약간을 해드렸다. 선왕이 노모의 뜻이라고 기꺼하시어 여러 신하와 함께 배불리 잡수신 뒤 글을 지어 기록하시던 것이 어제 같다. 세상 일이 이렇게까지 변할 줄 어찌 생각이나 하였으리오.

  선왕이 지극히 어질고 효성스러워 할아버님인 영묘英廟(영조)께 순종하고, 부모께 효도함은 이루 다 기록할 수 없으니 대략은 『언행록』에 올렸다. 임오화변 이전에 난처한 때가 많았으나 선왕이 어린 나이셨는데도 근심할 줄을 알아 더욱 자신을 닦으셨다. 그래서 영묘께서 한 번도 선왕을 불편하게 여기신 적이 없어 보실 때마다 늘 총명하고 지혜롭고 덕성이 숙성함을 칭찬하셨다. 만약 선왕의 지극한 효성과 아름다운 행실이 영묘의 마음을 감동시키지 못했다면 어찌 왕위에 오를 수 있었으리오.

어려서부터 모자 사이의 천륜 외에 나에 대한 정성이 유난하여 내가 먹으면 잡수시고 내가 자면 주무셨다. 또 초조하고 당황스러운 때가 많았으나 그때마다 어른같이 애태우고 걱정하시어 일의 기틀에 따라 여러 가지로 많이 힘쓰셨으니 이 어찌 어린 나이에 할 수 있는 것이리오. 임오화변을 당했을 때는 성인처럼 애통망극해하시고 슬픈 거동과 우는 소리가 곁에 있는 사람을 감동시켰으니 보고 듣는 사람 누군들 눈물 흘리지 않았으리오. 아버지(경모궁)를 여의신 뒤에는 지극한 슬픔까지 더하시어 어미를 극진하게 섬겨 한 때도 마음을 놓지 못하셨다. 나를 떠나서는 잠을 이루지 못하여 각각 다른 대궐에 있을 때는 일찍 내 안부를 들으신 뒤에야 비로소 아침 밥상을 받으셨고, 내가 혹시 대수롭지 않은 병이 있어도 꼭 손수 약을 지어 보내셨으니 하늘이 낸 효성임을 알지라.

섧고 섧도다. 갑신년(영조 40년)을 어찌 차마 일컬으리오. 그때 애통망극하여 모자가 서로 붙들고 죽을 곳을 얻지 못해 하였으니 그 정경이야 어찌 다 기록하리오. 선왕이 만나셨던 지극한 슬픔은 옛날 제왕가에 없던 일이었으니 비록 나라를 위하여 왕위에 나아가셨으나 평생 잊지 못할 지극한 슬픔을 품어 해가 갈수록 깊이 추모하셨다. 경모궁*에 일첨문과 월근문*을 두시어 매월 초하룻날 전배*한 것이 한두 번이 아니었고, 아버지에 대한 걷잡을 수 없는 그리움으로 아침저녁 문안을 여쭐 듯이 하셨다. 나를 천승지부千乘之富

---

* 책씻이 | 책거리, 세책지례(洗冊之禮)라고도 한다. 책을 다 읽고 선배나 동료에게 술과 음식을 대접하는 일이다.
* 경모궁(景慕宮) | 영조의 아들 사도세자의 궁(宮)이나 묘(廟) 이름. 그 궁의 주인을 일컫기도 한다.
* 일첨문(日瞻門)과 월근문(月覲門) | 창경궁에 있는 두 개의 문. 일첨문은 '날마다 바라보는 문', 월근문은 '달마다 뵙는 문'이라는 뜻. 특정 대상에 대한 존경을 나타냈다.
* 전배(展拜) | 임금이 궁궐, 종묘, 문묘, 능침에 참배하는 것.

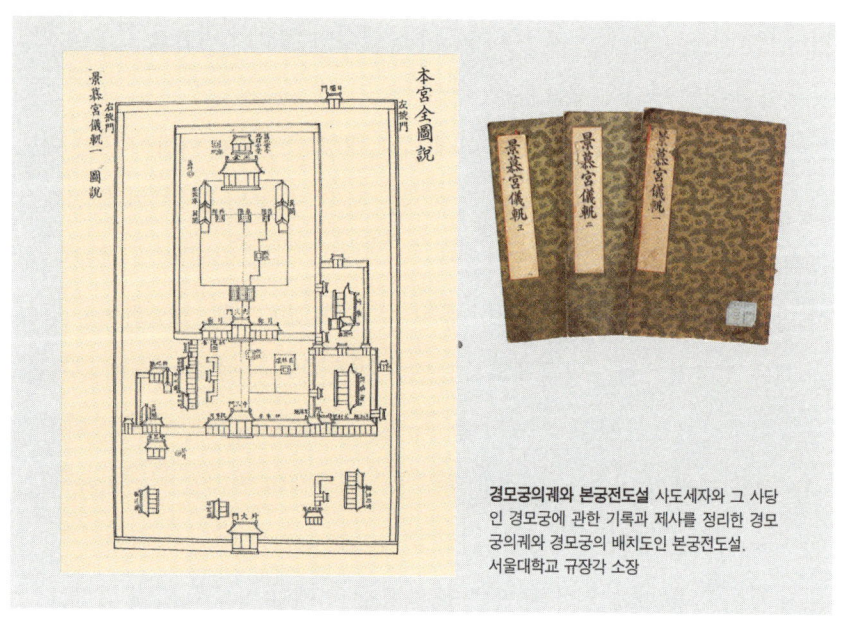

경모궁의궤와 본궁전도설 사도세자와 그 사당인 경모궁에 관한 기록과 제사를 정리한 경모궁의궤와 경모궁의 배치도인 본궁전도설. 서울대학교 규장각 소장

(큰 왕가의 부귀)로 봉양하면서도 오히려 부족하게 여기시며, 부드럽고 온화한 얼굴과 기쁜 음성으로 하루 네다섯 번을 들어와 보시고 매사에 혹 내 뜻을 어길까 마음 놓지 못하셨다. 근래에 내가 노쇠로 인한 병이 잦아 기미·경신년(정조 23·24년)에 두 번 큰 병을 앓았다. 선왕이 몹시 근심하고 애태우시어 잠도 자지 않고 옷도 벗지 않으신 채 몸소 탕약을 올리고 고약을 붙여 옆에 있는 사람에게 맡기지 않으셨다. 내 비록 선왕과 모자 사이지만 감격한 마음을 어찌 다 헤아리리오.

선왕은 천품이 소박하셨다. 만년에는 더욱 검소하시어 평상시에 거처하신 집은 짧은 처마와 좁은 방에 단청을 칠하지 않고 수리를 허락하지 않아 가난한 선비의 쓸쓸한 거처와 다름이 없었다. 곤룡포 외에는 비단을 몸에 가까이하지 않고 굵은 무명을 입으셨으며 명주 이불도 덮지 않으셨다. 아침저녁 수라에는 반찬거리 서너 그릇 외에는 더하지 않고 작은 접시에 담아 많이 담지 못하게 하셨다. 내가 혹 지나치다고 하면 사치의 폐단을 힘써 말하셨다.

"검박을 숭상하는 것은 재물을 아껴서가 아니라 복을 기르는 도리이오이다."

이렇게 도리어 나를 깨우치실 때가 많았으니 나도 탄복하였다.

선왕이 자녀를 늦게 두시어 종묘사직과 나라에 근심이 크다가 임인년(정조 6년)에 문효세자文孝世子를 얻으시어 처음으로 경사스럽고 다행스러웠다. 그런데 병오년(정조 10년) 5월과 9월에 세자와 세자의 생모가 연이어 죽는 변을 당하여 슬픔과 근심으로 성체가 손상되시니 내가 선왕의 건강을 생각하여 두렵고 애가 탔다. 그러다가 정미년(정

문효세자책봉도 정조의 장자로 5살에 죽은 문효세자의 세자 책봉 의식을 담은 그림. 서울대학교 박물관 소장

조 11년) 봄에 가순궁(수빈綏嬪 박씨)을 간택하였는데 덕행이 어질고 후덕하고 몸매와 용모가 수려하여 전통 있는 집안의 숙녀다운 풍채와 태도가 있었다. 입궐한 뒤에는 나를 지극한 효성으로 받들어 내가 낳은 딸같이 정이 갔다. 선왕 받드는 것도 지극히 훌륭하여 한 가지 일도 성심에 어긋나지 않았으니 선왕이 남달리 귀중해하고 특별히 기대하시어 늘 금방이라도 무슨 중대한 부탁을 할 듯이 하셨다.

선왕이 선견지명이 있으셨던가 싶더라. 가순궁의 몸에서 종사지경螽斯之慶(자손을 많이 낳는 경사) 보기를 우러러 빌어 줄이고 바라는 마음이 나날이 간절하였다. 그랬더니 하늘과 조상이 도우시어 과연 경술년(정조 14년) 6월 18일 신시에 내 처소 건너편 집에서 주상이 태어나는 큰 경사를 보았다. 비로소 종사 억만년의 반석 같고 태산 같은 튼튼한 경사를 본 것이다. 선왕과 내가 서로 축하하며 기쁨과 즐거움으로 세월을 보냈다. 신기하게도 그날은 곧 내 생일과 같은 날이어서 선왕께서 늘 말씀하셨다.

"저 아이 생일이 마마의 생신과 같은 날이니 옛날 역사 기록에도 없는 기이한 일이라. 아이의 탄생은 마마의 지극한 정성과 고심의 결과이니 천심은 우연이 아니오이다."

내 무슨 지극 정성이 있었으리오마는 종사와 선왕을 위한 고심은 나보다 더할 사람이 없을 듯하더니 하늘이 이런 나를 어여삐 여기시어 같은 날 생일이 된 것인가 신기하다 하리라. 경신년(정조 24년) 봄에 관례와 세자 책봉冊封 두 경사로운 예를 지내고 덕 있고 이름 있는 가문의 숙녀를 간택하여 그해 겨울에 며느리 보기를 손꼽아 기다렸다. 그런데 지금 선왕은 어디 가시고 나 혼자 남아 볼 일이 더욱 섧도다.

선왕은 늘 영우원永祐園(경모궁의 묘소)이 완전히 흠 없는 곳이 아님을 아셨고, 병신년(영조 52년) 초에는 내 아버지께서 경모궁의 묘소를 옮길 것을 힘써 청하셨다. 그러나 일이 중대하여 근심하시며 마음 깊이 담고만 계시다가 기유년(정조 13년)에 수원 화산花山의 '신룡神龍이 구슬을 희롱하는 모양의 묘혈墓穴'을 점쳐 이장하시고 원호園號(원소의 이름)를 '현륭*'이라 고치셨다. 그리고 나에게 말씀하셨다.

"이 땅은 고인이 '천리千里에 한 번 만난다.' 하던 땅이라. 효묘孝廟(효종)를 모시려던 곳을 얻어 썼으니 무슨 한이 있으며, '현륭' 두 자에서 세상이 내 깊은 뜻을 알게 되리라."

그때 밤낮으로 수고하시며 한없이 슬퍼하고 그리워하시던 일을 어찌 다 기록하리오.

선왕께서는 경모궁의 원소를 이장한 후 효성이 더욱 새로이 간절하시어 어진御眞(임금의 화상畫像)을 재전齋殿(재실·능·묘의 전각)에 봉안하여 성묘하는 뜻을 붙이고 닷새에 한 번씩 살펴 드리게 하셨다. 매년 정월에는 현륭원에 가서 참배하시고, 봄가을 나무 심을 때는 몸소 심는 것같이 정성껏 감독하고 지시하셨다. 또 원소 주위의 오래된 고을 백성을 화성으로 이주시키고 원소를 보호하기 위하여 성을 크게 쌓고 행궁行宮을 웅장하게 지으셨다. 그리고 을묘년(정조 19년) 중춘仲春(3월)에 나를 데리고 원소에 참배하시고 돌아와 봉수당*에서 잔치를 베푸셨다. 내외빈척內外嬪戚과 문무신료文武臣僚를 모아 밤새도록 실컷 먹고 마시게 하셨다. 노인에게는 낙남헌洛南軒에서 술을 권하고 가난한 백성에게는 신풍루新豊樓에서 쌀을 주니 환호하는 소리와 기운이 화성에서 서울까지 가득 넘쳤다. 이것이 다 노모를 위한 효성스러운 생각에서

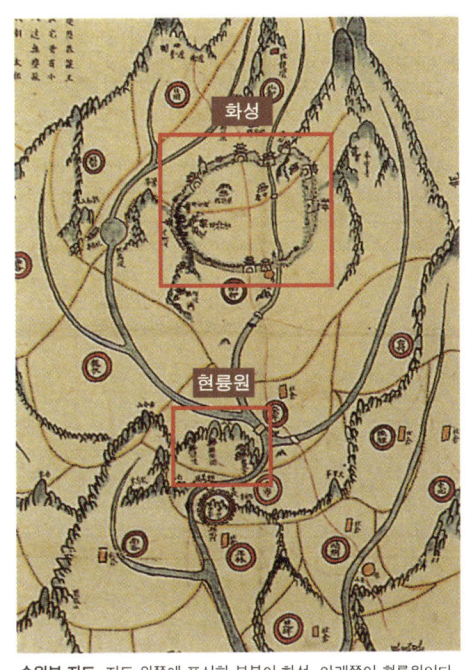

수원부 지도 지도 위쪽에 표시한 부분이 화성, 아래쪽이 현륭원이다.
서울대학교 규장각 소장

---

* 현륭(顯隆) | '밝게 드러내어 높인다.' 는 뜻이다.
* 봉수당(奉壽堂) | 낙남헌·신풍루·노래당·미로한정과 함께 원소를 화성으로 이장하고 축성하면서 지은 정각(亭閣)이다.

화성행행도

정조의 화성 행차에서 거행된 주요 행사를 나누어 그린 8폭 병풍 그림. 아래 두 폭 외에 낙남헌방방도, 낙남현양로연도, 서장대야조도, 득중정어사도, 환어행렬도, 한강주교환어도가 있다. 국립고궁박물관 소장

화성성묘전배도 화성 행차의 셋째 날, 정조와 혜경궁 홍씨가 사도세자의 묘소인 현륭원(顯隆園)에 행차하여 성묘하는 모습이다.

봉수당진찬도 화성 행차의 다섯째 날, 정조가 봉수당에서 혜경궁 홍씨의 회갑을 축하하는 진찬례를 올리는 장면이다.

난 일인지라 온 나라 백성들이 모두 공경하여 찬양하였다.

선왕이 종사를 위하여 부지런히 힘쓰며 왕위에 계시기는 하셨으나 크나큰 슬픔이 마음에 있어 왕위에 있는 것을 즐기지 않으셨다. 존호尊號(왕이나 왕비의 덕을 칭송하여 올리던 칭호) 정할 것을 청하여도 굳이 사양하여 받지 않으시고 항상 임금 자리를 벗어날 생각만 하셨다. 그런데 성자聖子를 얻으시어 종실과 국가를 부탁할 사람이 생기자 화성을 크게 쌓아 경성에 버금가게 하시고 집을 노래당老萊堂·미로한정未老閒亭이라 이름 지으셨다. 그리고 나에게 말씀하셨다.

"내가 왕위를 탐내서가 아니라 나라를 위해 마지못해 있었는데 4년 뒤 갑자년에는 원자元子가 열다섯이 되니 왕위를 전하기에 충분할 것이라. 처음 마음먹었던 대로 마마(어머니인 혜경궁 홍씨)를 모시고 화성으로 가서 경모궁께 자식으로서 행하지 못했던 평생의 큰 한을 이루겠노라. 이 일은 내가 영묘(영조)의 하교를 받았기에 하지 못했던 것이니 비록 지극히 원통한 일이기는 하나 이 또한 의리라. 그러나 원자는 내 부탁을 받아 내 마음을 이루어 내가 하지 못한 것을 대신 행하는 것이 또한 원자의 의리라. 오늘날의 여러 신하는 나를 따라서 경모궁 위한 일을 하지 않는 것이 의리요, 훗날의 여러 신하는 신왕(순조)을 따라 받드는 것이 의리라. 의리는 일정한 규정이 없어 때에 따라 의리가 되는 것이라. 우리 모자가 살았다가 자손의 효도로 이런 영화와 효성 어린 봉양을 받는다면 어떻겠나이까."

내 비록 왕의 뜻이 비정상적인 줄은 알면서도 그때 나랏일이 망연함을 생각하여 늘 눈물을 흘렸다. 그러면 선왕도 슬퍼하시어 나와 함께 울며 말씀하셨다.

"이렇게 하여 내가 하지 못한 일을 아들의 효도로 이루고, 그런 뒤에 죽어 지하에 돌아가 경모궁을 뵈면 무슨 한이 있으리이까."

또한 원자를 가리켜 말씀하셨다.

"저 아이가 경모궁의 일을 알고 싶어할 만큼 숙성한지라 나는 차마 말할 수 없어 제 외할아버지(박준원)더러 이르라 하였더니 그 사람도 대략만 가르쳤다 하더이다. 이 아이는 경모궁을 위하여 그 일을 하라고 소원을 빌어 화化하여 났으니 이 또한 하늘 뜻이라."

그리고 을묘년(정조 19년)에 경모궁에게 팔자존호八字尊號(여덟 자로 된 존호)를 붙이시고 나에게 말씀하셨다.

"그렇게 막던 김종수가 '옥책금인玉册金印과 팔자존호를 하옵소서.' 하더이다. 이제 다 되고 한 글자만 남았으니 이것은 훗날 신왕이 하기를 기다립시다."

존호 글자를 '장륜륭범기명창휴章倫隆範基命昌休'라고 외우시기에, 나는 무식한 여편네인지라 자세히 알아듣지 못하고 물었다.

"기명창효基命昌孝니이까?"

선왕이 웃으며 답하셨다.

"'효' 자는 장래에 '무슨 효대왕孝大王'이라 할 제 쓰겠기에 아직 '효도 효孝' 자는 두었으니, 우리 왕조 여러 임금의 존호에 '효' 자는 쓰지 않나이다."

정조의 옥책과 금인 옥책은 왕이나 왕비의 존호를 올릴 때 공덕을 기린 글을 대나무에 새겨 묶은 책이며, 금인은 금으로 만든 도장이다. 국립고궁박물관 소장

그때 내게 금선金線을 두른 다홍색 천이 있었는데 선왕께서 말씀하셨다.

"중궁전의 적의翟衣는 무거우니 경모궁 존호 올릴 때 이 천으로 만들려 하니 없애지 말고 잘 간직해 두소서. 장래에 손자의 효도로 쓸 것이오이다.*"

근년에는 갑자년(순조 4년)에 양위할 준비를 더욱 서두르시어 갖가지 일과 주고받는 말이 여기에 미치지 않을 적이 없었다. 내 비록 놀라우나 실로 옛날 인군人君의 훌륭한 뜻(효성)이라. 세상에 머물렀다가 이 희귀한 일을 직접 볼 수 있을까 기다림이 없지 않았더니라.

경인년(영조 46년) 후로 내 집안이 세상에 배척받아 병신년(영조 52년)에 이르러 흉악한 무고와 참혹한 화禍가 망극 망극하여 가문이 뒤집혔으니 내 억울함과 슬픔을 어찌 다 형용하리오. 그때 내가 아래채에 내려가 밤낮으로 통곡하며 목숨을 끊을 것을 기약하니 선왕이 나를 극진히 위로하셨다. 그때 내가 이렇게 생각하였다.

'선왕의 타고난 기질이 어질고 효성스러우시어 신명神明에 통하시니 비록 한때 간신이 하늘의 뜬구름처럼 임금의 총명을 막아 가리는 것 같으나 해와 달의 밝은 빛은 한결같도다. 마침내는 아버지의 충성과 첫째 작은아버

적의 조선 시대 중요한 의식에서 왕비가 입던 예복. 국립고궁박물관 소장

지의 원통함을 굽어 살피시리니, 편협한 마음으로 실낱같은 내 목숨을 보존하지 못하면 선왕의 효성이 손상될까 두렵도다.'

그리하여 힘써 구차하게 목숨을 부지하니 내 마음은 비록 귀신에게 묻더라도, 한편 생각해 보면 어찌 부끄럽지 않으리오. 과연 선왕께서 요사스런 도적(홍국영과 김종수)을 물리치고 깨우치시어 말씀이 내 아버지에 이르면 많이 뉘우치고 늘 말씀하셨다.

"외할아버지(홍봉한)께서 일물一物(뒤주)을 들이지 않았음은 내가 목격하였노라 하는데도 그놈들이 끝까지 그 분의 죄라 우기니 우습다."

그래서 내가 말하였다.

"그놈들이 '밧소주방* 뒤주는 먼저 들여오고 어영청* 뒤주는 내 아버지께서 아뢰었다.' 하고 죄를 삼는다 하니 저런 원통한 말이 있나이까."

이에 선왕께서 말씀하셨다.

"저희 놈들이 무엇을 알까 보오리까. 어영청 뒤주도 외할아버지가 대궐 들어오시기 전에 들어왔나이다. 한마디로 말해서 밧소주방 뒤주는 쓸 수가 없었고, 문정전이 선인문 안이고, 선인문 밖은 어영청 동영東營이어서 가깝기 때문에 어영청 것을 들여왔나이다. 망극한 일은 신시(오후 3시~5시 사이) 초 즈음에 났고 아주 망극해지기는 유시(오후 5시~7시 사이) 초 즈음이었으며, 봉조하(외할아버지 홍봉한)는 통금을 알리는 인정*을 친 후에야 비로소 대궐에 들어오셨나이다. 이것은 내가 목격하였으니 자세히 아는 일이오이다. 그런데 일물 두 번 들어온 것이 봉조하께 무슨 관계가 있나이까. 그러기에 봉조

---

* 중궁전~것이오이다. | 순조가 경모궁을 추존하면 혜경궁 홍씨는 중궁전 적의를 입게 됨을 의미한다.
* 밧소주방(燒廚房) | 바깥 소주방. 대궐 대내(大內) 밖에 있던 대궐 음식을 만들던 집.
* 어영청(御營廳) | 조선 시대 삼군문(三軍門)의 하나인 군영의 이름.
* 인정(人定) | 하룻밤을 오경(五更)으로 나누어 초경(初更) 삼점(三點)에 큰 종을 치고 야간통행을 금하는 것. 봄·여름에는 오후 8시, 가을·겨울에는 오후 7시쯤이었다.

하를 벌하라는 정이환의 상소비답上疏批答(상소에 대한 왕의 결재문)에 내가 마지못해 차마 못할 말*을 하여 변명 드렸으니 세상이 다 아나이다."

"그러면 무엇을 아버지의 죄로 삼나이까."

내가 물으니 선왕께서 말씀하셨다.

"비교하자면 봉조하는 최명길*과 같나이다. 극단적인 논의로, '나라에 큰일이 있던 때, 그때의 대신으로서 죽지 못했다.' 고 하면 혹 죄가 될지 모르나, 봉조하는 나를 보호해 내고 종사를 붙들었으니 후세 사람들은 '나라에 공이 있다.' 고 할 것이오이다. 지금 내가 왕위에 앉아서 그때 봉조하께서 하신 일을 옳다 그르다 하면서 나를 보호해 낸 것이 잘한 일이라는 말은 인정상 못할 일이오이다. 그래서 시방은 저들이 하는 대로 두어 외할아버지의 저러한 처지를 밝혀 드리지 못하나 후왕(순조) 때 이르면 제 아비를 보호하고 종사를 붙든 충성을 어이 찬양하지 않으리이까."

또 원자를 가리키며 말씀하셨다.

"저 아이 때에 외할아버지의 죄와 원한이 풀리고, 어마마마께서는 저 아이의 효양孝養을 나 때보다 더 낫게 받으시리이다."

그리고 신해년(정조 15년) 겨울부터 아버지가 나라를 다스리던 일과 임금에게 나아가 아뢴 상소붙이를 모아서 『주고』라 이름 붙여 손수 순서에 따라 편집하셨다. 그 후 기미년(정조 23년) 12월에 책을 다 완성하여 60여 편 서문을 어제하시고 금상수上(순조)에게 들려 들어와 읽혀 내가 듣게 하시고, 나아가 번역하여 전편全篇을 보이고 이르셨다.

"이제야 외할아버지의 공을 갚았으니 오늘에야 외손 노릇을 하였노라. 외할아버지의 충성과 공을 유감없이 칭찬하고 장려하여 주공*에게 붙여 쓰는 문자도 썼다. 혹은 한위공·부필*이 되어 성인도 되고 현인도 되셨으니 이 글이 간행되면 백세百世에 길이 전할 것이라. 지난 겁운劫運(액이 낀 운수)

이야 다시 거들어 무엇하오리까."

경신년(정조 24년) 4월에는 『주고총서奏藁叢書』와 「문집서文集序」를 지으시고 둘째 동생에게 어찰御札(임금의 편지)하셨다.

"외할아버지의 충성이 이것으로 인하여 더욱 드러난다."

남기신 그 글이 지금 내 집 안에 있고, 나에게도 말씀하셨다.

"그 가운데 한 가지 떨쳐 드러낼 일은 간행할 때 다시 넣으려 하노라."

그 한 가지는 모년(임오화변 나던 해)에 아버지께서 당신 보호하신 충성을 당신 스스로 편안히 일컫지 못하여 뒷날 크게 드러날 때를 기다려 칭찬하시려는 뜻이었다. 내가 어제 서문의 앞뒤를 보니 칭찬이 대단히 거룩하여 자손에게 짓게 한들 어찌 이에 미치리오. 내가 손 모아 감사하며 말하였다.

"오늘날에야 내가 인군(임금) 아드님 두었던 보람이 있고 구차히 살아온 낯(면목)이 있노라."

그런데 내 운명이 흉하고 험악하여 선왕을 잃은 설움 가운데 『주고』 일로부터 화란禍亂이 비롯되어 심지어 장張마다, 편篇마다에 들어 있는 어제를 '없애자'고까지 하였다. 그러니 위로 아버지께 무고한 욕이 여지없고, 아래로 내 몸에 대한 핍박이 끝이 없으며, 선왕도 업신여김을 받으셨다. 비록 지금 선왕이 계시지 않으나 선왕의 아드님을 임금(순조)이라 하면서 이런 일을

---

* 차마―말 | 영조 47년(1771년), 영조가 당시 세손이던 정조의 손을 잡고 "너에게 임오년의 일(사도세자의 죽음)에 대해 말하는 사람은 나에게 불충일 뿐 아니라 너에게 순수한 신하가 아니다."라고 했던 말. 정조는 이 말을 들어 정이환의 요청을 허락하지 않았다.
* 최명길(崔鳴吉) | 인조 때의 재상으로 명분론과 친명배금(親明排金) 정책을 고수하며 정묘호란·병자호란 등 전쟁의 빌미를 제공한 당시 조정에 반대함으로써 현실을 직시하고 백성의 안위를 꾀하는 대외관계의 융통성을 주장하였으나 극렬한 비난과 참소를 받으며 정계에서 내쫓겼다.
* 주공(周公) | 중국 주나라의 정치가. 이름은 단(旦)이며 문왕(文王)의 아들, 무왕(武王)의 동생. 무왕을 도와 은나라를 멸망시키고 무왕이 죽자 숙부로서 어린 성왕을 보필하여 문물제도를 완비하고 주나라 왕실의 기초를 튼튼히 하였다. 주나라의 고굉지신(股肱之臣, 임금이 가장 믿고 중요하게 여기는 신하)이라 일컬어진다.
* 한위공(韓魏公)·부필(富弼) | 송(宋)나라의 어진 재상들.

행하니 만고에 이런 시절과 세상 변고가 다시 어디 있으리오. 선왕께서는 첫째 작은아버지에 대한 말씀도, 처음 귀양 보내실 때 전교에 하셨다.

"반역할 마음과 다른 뜻은 없다. 임자년(정조 16년)의 '불필지'는 '막수유'와 같아서 죄가 되기에 부족하니 장래에는 그 죄를 벗으리라."

근래에는 더욱 자주 말씀하시어 작은아버지를 죄 없는 사람과 다름없이 여기셨고 외가의 일에 대해서는 늘 말씀하셨다.

"갑자년(1804년)에 큰일(아들인 순조에게 양위하려는 일)을 이룬 뒤에 모두 함께 밝혀 모자의 지극한 한이 동시에 풀리리라."

경신년(정조 24년) 2월에 또 전교하셨다.

"오늘 한 사람의 죄를 용서하고 내일 또 한 사람을 용서하여, 막힌 사람이 없고 망한 집이 없도록 하여 크고 화和한 기운 가운데 있게 하리라."

이것은 대개 점차로 하여 갑자년까지 크게 풀려 하신 것이었다. 그래서 내가 말씀드렸다.

"그때에 내 나이 칠십이요, 칠십을 꼭 채우면 살아 있기가 어렵고, 또 혹 오늘날 말과 어긋나면 어찌하리."

그러면 선왕이 왈칵 성을 내셨다.

"설마한들 칠십 노모를 속이랴."

그래서 나는 갑자년을 금석같이 기다렸는데 내 험하고 흉하고 독한 운명으로 말미암아 천백 가지 일을 하나도 이루지 못하고 내 신세와 우리 집안의 가혹한 화가 이 지경까지 이르렀다. 이런 일은 왕첩往牒(지난날의 역사책)에도 없으리니 내가 한때인들 살아 무엇하리오. 그러나 신왕(순조)이 비록 나이 어리나 어질고 효성스러움이 선왕(정조)을 닮으셨으니 장성하면 마땅히 부왕이 끝내지 못한 뜻을 이룰 듯하기에 밤낮으로 하늘에 빌고 또 비노라.

갑자 국혼 후 아버지께서는 처지가 달라졌으므로 과거를 보지 않으려 하셨는데 그때 산림학자山林學者(자연에 묻혀 지내는 선비)의 의논이 '임금 장인의 처지는 남다르니 과거 보기를 그만두는 것이 괴이하다.' 하였다. 그래서 그해 10월에 과거 급제하셨으니 대조大朝(영조)께서 기다리다가 다행히 여기고 소조小朝(경모궁)께서도 어린 나이였으나 '장인이 과거하였다.' 하며 기꺼하셨다.

그때 경은慶恩(숙종의 장인 경은부원군 김씨)·달성達城(영조의 장인 달성부원군 서씨) 두 댁 사람들 가운데 문과에 급제한 이가 없다가 처음으로 외척이 과거 급제한 경사를 보셨다. 인원·정성 두 성모께서도 사돈이 급제하였다고 나를 불러 특별히 치하하셨다.

정성왕후께서는 친정이 신임화변(신임사화)을 당하였기 때문에 남달리 노론을 붙드시어 아버지의 과거 급제 경사를 당신 친정아버지의 경사 못지않게 기꺼하셨다. 그때 황공하고 감탄스럽던 것이 어제 같도다.

세상에서는 잘 모르고 아버지의 제우際遇가 외척이어서 그런가 하나 실은 그렇지 않다. 계해년(영조 19년) 봄에 아버지께서 성균관 장의掌議(기숙하던 유생들의 우두머리)로 숭문당에 입시入侍하시어 행하는 모든 범절을 영묘(영조)께서 보시고 크게 기이하게 여겨 들어와 선희궁께 말씀하셨다.

"오늘 세자를 위하여 정승 하나를 얻었노라."

"누구오니이까."

"장의 홍洪 아무라. 이 사람을 위하여 뒤에 알성과*를 보이니 이 사람이 급제할 것을 마음 졸여 기대하노라."

---

* 알성과(謁聖科) | 왕이 문묘(文廟)에 작헌례(酌獻禮)를 한 뒤에 몸소 납시어 실시하는 비정기 시험.

선희궁께서 이 말씀을 내게 전하셨으니 이로 보면 아버지의 제우는 이미 선비일 때에 나와 정승으로까지 허용되었다. 세자빈 간택 때는 추천된 다른 처녀도 있었던 것 같다. 내 비록 재상의 손녀이기는 하나 할아버지께서 이미 계시지 않고 한 선비의 딸일 뿐이니 간택에 뽑힌 것은 의외였다. 그러나 영묘(영조)께서는 나를 사랑하실 뿐 아니라 우리 아버지를 크게 쓸 신하로 아시어 내가 아버지의 딸이기에 더욱 확실히 결정하신 일이었다. 아버지께서는 비록 척리가 아닐 때도 지체와 물망, 재주와 도량을 아울러 지녀 제우가 이러하셨으니 어찌 높은 지위에 오르지 못하셨으리오. 그런데 특별히 나로 말미암아 한 몸을 자유로이 못하시어 고금에 없는 상황을 다 겪으셨다. 마침내 참소하는 말이 망극하고 처지가 망측해져서 원한을 품고 수명을 재촉하셨으니 척리 되신 효험은 적고 해는 많았다. 이것이 다 나를 두신 까닭이었으니 내가 평생토록 죄스럽고 지극히 원통해하는 것이다.

　아버지께서 과거 급제하신 뒤에는 제우가 점점 융숭하고 직위가 차차 등급을 뛰어넘어 올라가, 돈과 곡식과 군사에 관한 일과 조정과 나랏일이 모두 다 맡겨졌다.* 아버지는 지극히 공평하고 뜨거운 정성과 능통한 재주, 통달한 지식으로 하시는 일마다 영묘의 마음에 맞았고 가지가지 일상생활에서 지켜야 할 법도에 어긋남이 없었다. 20여 년 동안 장수와 재상으로 계시며 백성의 이로움과 해로움, 팔도(온 나라)의 괴로움과 즐거움을 당신 자신의 일같이 아시어 조정 안팎의 없애기 어려운 폐해도 모두 바로잡아 고쳐 지금까지 그대로 행하고 있다. 비록 임금과 신하의 뜻맞음이 천고에 드물었기 때문이기는 하였으나 당신의 충성과 재주와 도량이 남보다 낫지 않았다면 어찌 이러하셨겠는가. 당신 당하신 것이 망측하여 참소와 무고가 이르지 않은 곳이 없었으니 모두 허황되고 거짓된 말 두어 가지뿐이었다. 30년 나랏일을 하셨건만 이 일을 잘못하여 나라를 병들게 하였다거나, 저 일을 잘

못하여 백성에게 해롭게 하였다는 말은 지금까지 털끝만큼도 없었다. 그래서 유식한 사대부 외에 장안(서울)의 군민軍民이나 지방의 어리석은 백성들까지 아버지의 덕을 생각하고 은혜에 감격하여 지금까지도 말한다.

"홍정승 아니었으면 나라가 어찌 지탱하였으며 우리가 어찌 살아났으리."

이것은 나 한 사람의 사사로운 말이 아니다. 어린아이나 심부름꾼을 잡고 묻더라도 반드시 아버지를 근세의 어진 재상이라 할 것이다. 이 어찌 한때 권세 쓰던 사람이 얻을 수 있는 것이리오. 당신께서 조정에 들어 이루신 허다한 사적은 세상이 다 알 것이고, 또 선왕이 『주고』 서문에 갖추어 올려놓으셨으니 다시 기록하지 않겠다. 다만 당신 당하신 것 가운데 지극히 억울한 것만 대략 거드나 아버지께서 흉악한 무고받으신 자초지종 곡절은 아래 여러 조건에 각각 올랐으니 다시 거들지 않겠다.

만일 경모궁의 병환이 아주 말하기 어려운 지경이 아니셨고, 또 영묘(영조)께서 모르시는데 아버지께서 괴이하여 영묘께 아뢰어 일물을 드리며 '이리이리 처분하소서.' 하고 권하셨다면, 내 비록 아무리 무식한 여편네라도 소천所天이 아비보다 소중하다는 의리는 알았다. 그러니 어찌 그때 한 번 죽어 지아비를 따를 것을 결정하지 않았으며, 설사 목숨을 결단치 못하였다 하더라도 어찌 차마 부녀 간의 인정과 의리를 보전하였겠는가. 또 선왕(정조)께서 어찌 차마 신묘년(영조 47년)에 서인庶人 홍봉한의 죄를 씻어 주겠다는 한글 편지를 하셨으며, 상소비답 중에 영묘의 하교를 인용하여 그렇지 않음을 밝히셨으리오. 또 만약 하늘이 아는 것이 있었다면 아버지인들 어찌 자손이 남았으며, 난들 시방 이렇게 40년 동안 세상에 머물러 자손의 효양을 받아

---

* 돈과~맡겨졌다. | '돈과 곡식에 관한 일이 맡겨졌다.' 함은 홍봉한이 선혜청 당상을 지낸 것을 말하고, '군사에 관한 일이 맡겨졌다.' 함은 어영대장을, '조정 일과 나랏일이 맡겨졌다.' 함은 영상을 지냈음을 가리킨다.

올 수 있으리오.

그때(영조 38년, 임오화변) 나라가 몹시 급박한 상황에 있었다. 그러니 아버지께서 만일 주선을 잘못하였으면 우리 집안이 아주 망해 버리는 것은 둘째요, 선왕이 어찌 보존되실 수 있었으리오. 하릴없는 상황을 당하여 아버지께서 통곡하고 피눈물을 흘리시며 선왕을 구호해 내어 이 나라의 오늘이 있게 한 것이었다. 그나마 영묘께서 아버지를 믿고 의지하셨기 때문에 선왕을 보전할 수 있었지, 그렇지 않았다면 영묘께서 크게 성나셨던 그때, 아드님(경모궁)에게도 그런 처분을 하셨는데 어찌 손자인들 헤아리셨으리오. 만일 그러하였으면 그날의 날카롭고 엄정한 의론과 후세의 공론은 무엇이라 하였으리오. 그때 아버지의 처지에서 영묘 앞에서 머리를 부딪쳐 죽어 세손과 함께 보전하지 못한 것이 옳았을런가, 아니면 하릴없는 지경이니 세손이나 보존하여 종사를 잇게 하는 것이 옳았을런가. 식자識者를 기다리지 않고도 알리라.

선왕이 늘 말씀하셨다.

"외할아버지의 충성은 옛사람에게도 쉽지 않건만 나는 세상 놈들의 욕이 무서워 차마 '충忠이다', '공功이다' 하지 못하고, 댈 데 없고 탓할 데 없어 눈앞에서는 이렇게 어리석은 사람처럼 지내어 가노라. 그래서 한유같이 괴이한 놈의 죄명을 씻어 주었으니 이것은 몹시 부득이한 일이지 영원히 진정한 의리가 아니다. 내 아랫대부터는 외할아버지의 공열功烈이 드러날 것이니 시호諡號를 고쳐 충忠 자로 하리라."

이러시기를 몇 천백번인지 모르니 이것은 가순궁도 보고 들은 말이다. 지금 선왕이 안 계시다 하여 내 어찌 차마 추호라도 틀린 말을 하리오.

선왕의 뜻이 이러하시기에 10년 동안이나 『주고』를 만드느라 그 수고를 잊으신 채 밤낮으로 친히 순서에 따라 편집하시고 그 많은 「서序」를 지어 간행하여 세상 사람들에게 보이려 하셨다. 이것은 아버지의 사업 경륜을 칭찬하고 권장하신 것만이 아니었다. 외할아버지를 향한 당신의 마음과 외할아버지가 당신을 보호하여 종사를 평안케 한 충성과 공을 세상에 다 알리려는 일이었으니 친근히 모셨던 신하들이야 누군들 모르리오. 그러시고도 오히려 외할아버지의 모년 일(임오화변)의 원통함이 덜 풀어질까 항상 근심하시고 거기에 더 손질하여 말하기가 어렵다 하셨다. 그러더니 연보를 손수 편집하실 때 '임오년 5월 13일' 조항에 뒤주 들인 시각을 못 박으시고, '삼도감도제조*로서 초종상례初終喪禮까지 충성을 다하였다.'고 써 넣으셨다. 그리고 또 물으셨다.

"문집에 임오년의 수차袖箚(임금을 뵙고 직접 바치는 상소)가 어찌 안 들어 있는가."

내 동생들이 아뢰었다.

"지금은 공문서에 모년 일을 거들지 못하는 때여서 올리지 못하나이다."

그러자 선왕이 말씀하셨다.

"그러할 묘한 이치가 없고, 외할아버지의 본심과 사실이 이 수차에 있으니 올리라."

여러 번 말씀하시다가 오래지 않아 둘째 동생이 화를 당하여 결단치 못하였다. 그러다가 신묘년(영조 47년)에 쓰신 영묘의 친필 편지(홍봉한의 죄를 씻어 준 글)를 얻으신 뒤 선왕의 안색이 변하고 기꺼하셨다.

"『춘저록春邸錄(동궁일기)』에 올리자."

그리고 연보에 올리고 나에게 말씀하셨다.

"내가 목격한 일인 데다 선왕(영조)의 글이 있어 그 한 장이 연보에 올라

---

* 삼도감도제조(三都監都提調) | 상례(喪禮)를 위한 세 도감 중 으뜸 제조를 말한다.

동궁일기 정조의 시문집. 서울대학교 규장각 소장

길이길이 증거가 되게 하였으니 한이 없다."

만일 모년 일에 아버지께서 조금이나마 관계하셨다면 차마한들 선왕의 평소 말씀이 그러하셨을 것이며, 『주고』와 연보를 만드셨을 리 있으리오. 당신 손으로 하지 못할 일은 의리를 지키시느라 당신 아버지를 위한 일에도 오히려 미진한 것이 있었다. 만약 진정 의리에 어긋난다면 어찌 외할아버지라 하여 용서하셨을 것이며, 염려는 그만두고 이렇게 칭찬하고 권장하셨으리오. 이 한 마디에 더욱 결단할 일이다.

아버지의 일은 갑진년(정조 8년)에 선왕이 전교를 내리시어 세 가지* 다 밝게 누명을 씻어 주셨다. 보통 집안 같으면 애매하다 하리라. 그러나 아무 형체도 그림자도 없는 일이 다시 세상으로부터 애매히 욕을 받으니, 이것은 다른 죄가 아니다. 갑진년에 이미 다 밝혀진 옛 누명 때문이라. 세상에 이런 일이 어디 있으리오.

모년의 일로 두 가지 의논이 있다. 하나는 모년의 대처분(경모궁을 죽인 일)이 광명정대하여 영묘께 '거룩하신 성덕대업聖德大業'이라 하면서 천지 어디에 내세워도 도리에 어긋나지 않으리라.' 하는 것이다. 또 한 의논은 경모궁이 본래 병환이 없으신데 원통히 그리되셨다 하는 것이다. 앞의 의논 같으면 경모궁께서 진실로 본심이 어떠하여 무슨 죄가 있으셨기 때문이라는 것으로 영묘의 처분이 무슨 적국이라도 평정한 듯 공로 있는 일로 칭찬하는 말이 된다. 이러하면 경모궁께서 어떠한 몸이 되시며 선왕께서는 또 어떠한 처지가 되시리오. 이는 경모궁과 선왕께 모두 망극한 말이 된다. 뒤의 의논 같으면 영묘께서 거짓으로 헐뜯는 말을 들으시고 동궁(경모궁)을 그 지경에까지 이르게 하셨다는 것이 되니, 그렇다면 선왕(정조)께서 경모궁을 위하여 그 원한을 풀고 수치를 씻어 주노라 하신 것이 영묘께는 또 어떤 실덕失德이 되리오. 이리 말하나 저리 말하나 삼조三朝(영조·경모궁·정조)에 망극하기는 마찬가지요, 두 가지 다 실상이 아니다.

아버지께서 여러 번 하신 말씀처럼 경모궁은 분명 병환이 있었다. 그렇기는 하나 성체 위태하심과 나라 위급함이 다 급박하여 영묘께서 애통망극하신데도 어쩔 수 없이 그 처분을 하셨다. 경모궁께서도 본심으로 하신 일이어야 참 허물이 되지 천성을 잃은 병환 중에 하신 일이었으니 당신 하시는 일을 당신도 다 모르셨다. 그러므로 병환 드신 것이 망극하지 경모궁께야 어찌 조금이나마 나쁜 덕이 되리오. 실상이 이러하니 이렇게 말하여야 영묘 처분도 '아주 부득이한 일'이 되고, 경모궁 당하신 일도 '하릴없는 터'가 되며, 선왕도 또한 '애통 각각, 의리 각각'이셨던 것이 된다. 그래야 실상에도 어긋나지 않고 의리에도 합당하다.

그런데도 지금 위의 두 이야기 가운데 하나는 영묘 처분을 거룩하다 하면서 경모궁을 죄 있는 곳으로 돌아가게 하고, 다른 하나는 경모궁을 위한다 하여 영묘를 자애롭지 않은 곳으로 돌아가게 하였다. 그러니 둘 다 삼조에

---

* 세 가지 | 홍봉한의 죄로 지목되었던 세 가지로서 첫째, 임오년에 뒤주를 들였다는 일. 둘째, 영조가 병환 중일 때 나삼을 드리지 않은 일. 셋째, 영조를 사사로이 뵈었을 때 하신 말씀들에 관한 일. 정조는 이런 일들을 들어 죄가 없음을 밝히고 홍문관에 자세히 알게 하였다.

죄인이다. 또 한편의 의논은 영묘 처분이 옳다 하면서 아버지에게만 죄를 씌우려 하여 알지도 못하면서 '일물을 드렸다.' 한다. 이것이 영묘께 정성 있단 말이냐, 경모궁께 정성 있단 말이냐. 이것은 모년 일을 가지고 남을 함정에 빠뜨리는 구덩이를 파려는 일에 지나지 않는다. 30년도 안 된 지극히 애통하고 망극 망극한 일이 저들의 남을 해치는 기묘한 계책이 되고 출세의 사닥다리가 되었으니 통곡 통곡할 뿐이로다.

흉악한 무리들이 선왕이 안 계신 지금에 이르러서야 비로소 저희 뜻을 얻었다. 그런데도 아직도 나를 없애지 못한 것을 분히 여겨 둘째 동생에게 참혹한 화를 끼치고 아버지를 반교문頒敎文(널리 반포하는 교서) 첫머리에 올려 역적의 괴수로 만들었다. 내 비록 역대 『사기』를 모르기는 하나 선왕의 어미를 앉혀 놓고 선왕의 외할아버지를 역적이라고 반교문에 올려 온 세상에 전하는 흉악한 도적은 아무리 그릇되고 비꼬인 세상이라도 없었을 것이다. 또 신유년(순조 1년) 6월에 죄를 논해 올린 글에 내 둘째 동생의 동기 가운데 역종逆種(역적의 종류)이 아닌 것이 없다 하였으니 그의 동기가 누구인가. 이것은 더욱 분명히 나를 역종이라 한 말이다. 세상 변화가 이제 극에 이르렀고 신하의 절개가 아주 망하였으니 '통곡하며 눈물 흘리는 것도 부족하다.'고 한 옛사람의 말이 오히려 가볍도다.

불행히도 아버지께서 어렵고 험난한 때를 만나시어 오래도록 조정을 담당하셨다. 비록 물러날 마음이 밤낮으로 잠시도 떠나지 않았으나 임금(영조)의 은혜로운 대우가 정중하고 당신의 처지가 남다르셨다. 그래서 나라에 대한 근심과 세손 어리심을 못 잊어 몸을 자유로이 하지 못하시고 구차스럽게 그럭저럭 맞춰 나가 옛사람의 곧은 절개를 다 지키지 못하셨다. 그러므로 만일 조야朝野에 있는 강직한 사람이 아버지의 본심은 헤아리지 않고 '대신으로서의 늠름한 충절이 없다.' 고 시비한다면 당신도 마땅히 웃고 받으실 것이고 또 난들 어찌 마음속에 담아 두리오. 또한 우리 집안이 대대로 벼슬하는 집안으로서 가문의 운수가 형통한 때를 만나 자제들이 연이어 과거 급제를 하였다. 가문이 번성하고 권세가 너무나 무거웠으니 사람들이 성내고 귀신이 꺼린 것은 괴이하지 않다. 다만 집안이 그릇된 뒤에 생각하니 영화로운 길에서 자취를 거둬들이지 못하고 과거 급제하여 벼슬에 몸을 적신 것이 천만 번 뉘우쳐지고 한이 된다. 천만 뜻밖에도 애매한 모함으로 이 지경까지 된 것은 정말 지극히 원통하니 성함과 쇠함, 화와 복은 둥근 고리 도는 듯하다. 우리 집안은 이미 번성하였다가 이제 쇠잔해졌으니 이 원한을 다 밝혀내어 화를 굴려 복을 이룰 때가 있으려나? 피눈물을 흘리며 하늘에 비노라.

❀

기묘대혼己卯大婚(영조 35년, 영조의 재혼) 후 귀주의 집안이 빈한한 선비에서 하루아침에 존귀해지니 서먹서먹하고 불안한 일이 많았다. 그래서 아버지께서 말씀하셨다.

"두 척리 집안이 서로 의가 좋아야 평안과 근심을 함께 할 수 있으리라."

그래서 모든 일을 지도하고 주선하여 추잡하고 못난 일이 나지 않도록 간곡히 전심전력을 다하셨다. 그러자 처음에는 고맙고 감격해하기도 하더니 저희 형세가 무거워지고 흉악한 마음이 점점 자라 마침내는 원수가 되었다. 이런 일이 어디 있으리오.

귀주 아비는 화를 잘 내고 음흉한 성품이고, 귀주는 더욱 사나운 기운이 모인 사람으로 표독스럽고 흉악한 인물이다. 처음에 척리가 된 뒤 몸가짐을 경은부원군의 집안처럼 하였으면 누가 나무라리오. 그러나 저희가 본디 충청도 사람으로서 충청도의 어그러지고 괴상한 논의를 하는 것들과 친하였다. 또 귀주의 당숙인 한록은 관주의 아비인데 남당*인지 누구인지의 제자로 '학자學者질 하노라.' 하였다. 그래서 귀주네가 신명같이 받들고 믿어 한결같이 그것들의 논의를 따라 척리의 본색은 지키지 않았다. 처음에는 잘하던 것을 중간에 그만두어 버려 건방지고 어중되어 아닌 것이 긴 체하는 모습이 아니꼬울 때가 많았으니 세상에 누가 웃지 않았으리오.

우리 집안이 대대로 재상가요 먼저 된 척리이니 행여 저희를 비웃는가, 업신여기는가 의심하고 화내었다. 경진·신사년(영조 36·37년) 사이에 동궁(경모궁)의 환후患候가 점점 여지없어지고, 영묘께서 귀주 저희를 새사람으로 과하게 친근히 하시자 귀주들이 흉악한 마음으로 생각하였다.

"동궁이 저렇게 덕을 잃었으니 하릴없이 큰일이 날 것이다. 그때는 동궁의 아드님도 보전치 못할 것이 당연하다. 그리되면 나라에 다른 왕자가 안 계시니 마침내는 양자가 뒤를 잇게 될 것이고 우리가 외가로서 장래까지 부귀를 누리리라."

이리하여 저희 의논들이 무르익었다. 그러나 아버지에 대한 영묘의 대우가 특별히 융숭하시니 혹 세손(정조)이나 보전되면 저희 욕심대로 되지 못할까 염려하였다. 그래서 신사년(영조 37년)에 귀주가 스물이 겨우 넘은 어린놈으로서 감히 영묘께 봉서를 올려 아버지를 해치고 정휘량까지 끌어들였다. 그때 영묘께서 놀라시어 중궁전(정순왕후)께 '이리 못하리라.' 하고 단단히 말씀하셨다. 귀주가 봉서하여 아뢴 것은 경모궁이 서행西行하신 일로 아버지는 경모궁께 못하도록 간하지 않았다는 것으로, 정휘량은 대조(영조)께 아뢰지 않았다는 것으로 얽은 말이었다. 이 어찌 아버지만 해칠 생각이었으리오. 결국은 소조(경모궁)의 잘못을 대조께 알리려는 일이었으니 제 처지에 어찌 이런 흉악한 마음을 가졌으리오. 나인 이계홍의 누이 이상궁이 그때 영묘의 승은承恩(침실에서 모심)을 받아 늘 대조를 모시고 있어 대조와 소조 사이를 조정하는 일이 많았는데 그날 이 봉서를 보고 놀라고 분하여 중궁전께 아뢰었다.

"댁에서 감히 이런 일을 하실까 보오이까. 급히 물에 풀어 씻으소서."

나도, 아버지도 그때부터 이미 그놈의 흉심을 알아 남몰래 근심하고 탄식하였으나 보는 데가 있어 소조께도 이 말을 여쭌 일이 없었다. 우리 집안이 저희와 서로 모나지 않게 하려던 뜻을 여기서 알 수 있으리라.

저희 마음에 저희는 임금의 장인이니 어찌 동궁(경모궁)의 장인에게 못 미치리오 하여 시기하는 마음과 제거하려는 계교가 날로 심해 갔다. 그러던 차에 모년(임오년) 처분이 나니 저희 생각에 이제는 세손(정조)도 보전할 수 없으니 양자를 정하여 저희가 외가 노릇을 하고 홍씨(혜경궁 홍씨의 친정)는 다 망해 없어질 것으로 알았다. 그랬는데 결국 세손이 도로 동궁이 되시고 우리 집안도 보전하여 아버지께서 재상의 자리에 계시게 되니 분함을 이기지 못하였다. 그제서야 바로 천고에 없는, 도리에 벗어난 흉악한 말을 하여 영묘의 마음을 의심케 하고 어지럽혀서 세손을 보전하지 못하게 하려 계교를 내었다. 이 흉악한 말을 저희는 비록 입 밖에 내었으나 내 어찌 차마 붓으로 쓰리오. 그러나 분명히 쓰지 않으면 후세 사람들이 무슨 흉악한 말인지 몰라 의혹할 듯하기에 마지못하여 쓰노라.

모년 뒤에 김한록이 홍주洪州 김씨의 모임에서 말하였다.

"세손은 죄인의 아들이라 왕위를 계승할 수 없을 것이니 태조의 자손 가운데 누군들 괜찮지 않으리오 罪人之子 不可承統 太祖子孫 何人不可."

이것이 세상에 전하는 열여섯 자 흉한 말이다. 그때 모든 김씨들이 다 들

---

* 남당(南塘) | 한원진(韓元震)의 호. 영조 때 사람으로 이이 · 송시열을 조종(祖宗)으로 하였다. 송시열의 수제자인 권상하(權尙夏)의 학행(學行)이 뛰어나고 우수한 여덟 제자, 고족강문팔학사(高足江門八學士) 중 한 사람으로 호(湖, 충청) · 낙(洛, 서울 경기) 간의 논쟁에서 충청 지방 호파(湖派)의 대표자.

었고 전해진 이야기가 낭자하였으나 끔찍한 말이어서 차마 아무도 입에 올리지 못하였다. 나도 듣고, 세손(정조)도 들으시고 흉악히 여기면서도 오히려 반신반의하였는데 근년에 선왕(정조)이 나에게 말씀하셨다.

"한록·귀주 무리의 흉악한 말이 끝내 의아스럽더니 이제야 정말인 줄 알았노라."

"어찌 아셨나이까?"

내가 물으니 선왕이 말씀하셨다.

"소문에 홍주 갈미(갈산葛山) 김씨네 모임에서 그 말을 하였다 하더이다. 그 무렵 마침 홍문관에 다니는 김이성이 당직이었는데 그가 갈미 김가이기에 알 듯하여 조용히 '숨기지 말고 바로 이르라.' 달래고 얼러 물었나이다. 이성이 처음에는 서머서머해하였으나 내가 저 하나를 못 휘겠나이까? 나중에는 실토하더이다. 한록이 그 말 하는 것을 이성이 직접 들었고, 다른 김씨들도 많이 듣고는 즉시 저희 문장門長(집안 어른) 김시찬에게 전하였답니다. 김시찬이 듣고 몹시 놀라 '이제 귀주·한록의 무리가 역적임이 분명하니 자손들에게 경계하여 충신과 역적을 분간하여 알아 두라.' 하였다 하더이다. 그리고 이것은 한록의 말일 뿐 아니라 실은 귀주에게서 난 의논이라 하더이다. 이제는 명확한 증거를 얻었으니 확실한 말이라. 이런 일이 어찌 있으며 이것을 말하면 장차 어느 지경까지 갈지 알 수 없으니 참고 앞을 볼 것이오이다. 지금 당장에는 그것들이 무서우니 아직은 짐짓 위로하고 달래어 급박한 변과 깊은 원망을 부르지 않을 것이오이다."

또 말씀하셨다.

"모년 뒤에 누구를 양자로 정하겠다고 세 후보를 천거한 적도 있었다 하니 그것이 모두 이 흉악한 말에서부터 나온 계교라. 그것들이 한 나라에 군림하여 모든 신하를 엄히 대하려 하였으니 흉하지 않은가. 생각할수록 그놈들 반역의 마음과 흉악한 말이 몸서리쳐진다."

그리고 관주를 동래 부사 시키실 때 나에게도 말씀하셨다.

"말도 안 되는 몹시 난처한 일을 하노라."

선왕(정조)이 어찌 이놈들이 흉악한 역적인 줄 깊이 살피지 못하셨으리오. 선왕이 전부터 아셨기 때문에 병신년(영조 52년)에 귀주를 흑산도로 귀양 보낼 때 내린 하교에 귀주의 죄를 다만 사소한 작은 일로 말씀하시고, 이 밖의 것은 실로 '불인설不忍說(차마 못할 말)'이라 하셨다. '차마 못할 말'은 곧 이 흉악한 말이었으니 병신년 전인들 모르지 않으셨으나 김이성의 말을 들으신 뒤에 더욱 확증을 얻으셨던 것이다.

예로부터 다른 사람을 왕으로 추대하는 역적과 국본國本(왕세자)을 흔드는 역적이 오죽 많았을까마는 우리 조선왕조에 이르러서 효묘(효종) 이후로 육대六代의 혈맥은 세손 하나뿐이시다. 그런데 저희가 그릇되게 한때 부귀할 욕심으로 육대의 혈육을 없애고 '태조 자손이라.' 하면서 전혀 안면도 없는 것을 가져다 세우고 나라를 오로지 차지하려 하였다. 만고 천지간에 이런 흉악한 역적이 또다시 어디 있으리오. 우리 집안과 엎치락뒤치락하여 아버지를 굳이 해치려 한 것도 다 이 흉악한 말로 말미암아 나온 것이었다.

저희의 흉악한 말이 차차 전파되어 온 세상이 다 알게 되니 계교는 행하지 못하고 흉언을 가려 덮을 길은 없어졌다. 그때서야 이른바 선비를 사귀어 사류 노릇을 하고 '사론士論(선비의 의논)한다.' 하였다. 그러면서 가난하고 죽게 된 것들, 시골·서울 할 것 없이 문사·무사 가리지 않고, 떠도는 이야기나 하고 쓸데없는 일을 좋아하는 무리를 모아다가 재물로 맺고 의기로 사귀는 체하여 몸을 기울여 끌어당기고 모아들였다. 그것들은 나라에 불평불만을 품고 제멋대로 하는 시골의 미천한 도깨비 무리에 지나지 않았으니 제 일생에 어찌 부귀한 집안의 문간 뜰을 구경이나 해본 자들이리오. 그것들에게 좋은 음식과 두꺼운 의복을 후하게 대접하고, 돈 달라면 돈 주고 쌀 달라면 쌀을 주며 급한 병이 있다 하면 인삼 녹용을 주고, 누구 혼인이다 상이 났다 하면 혼례나 장례 비용을 조금도 아끼지 않고 해주었다. 그러니 그것들이 죽든 살든 간에 귀주네를 잊지 못할 은혜로 알아 이르는 곳마다 '거룩한 사류 척리'라 일컬었다. 귀주네는 그것들이 저희들을 위하여 끓는 물이나 뜨거운 불도 피하지 않게 만들었다. 이것이 모두 왕위를 찬탈하여 황제가 된 한漢나라의 왕망王莽이 사람 거두어들이던 흉계요, 귀주가 끝내 내 집안을 쳐내려는 뜻이었다. 선왕(정조)이 늘 말씀하셨다.

"봉조하(홍봉한)께서 비상시에 대비하기 위하여 어영청에 몇 만 냥의 은을 쓰지 못하게 봉해 두셨는데 오흥이 다 내어다가 귀주와 함께 흩어 봉조하를 죽이려 하는 일군(모군募軍) 삯으로 썼나이다. 세상에 그런 우습고 원통한 일이 없기에 조정의 친한 신하에게 말하였더니 명담名談이라 하더니이다."

귀주 무리는 마음먹고 애써 생각하여 아무쪼록 내 집을 없애려 하였으니, 설사 아버지께서 잘못하신 일이 있다 해도 두 외척 집안 사이에 그렇게 못할 터였다. 또 제게 불리하거나 서로 핍박하거나 한다면 보통 심정으로 혹 미워할는지 모른다. 그러나 내 집안이 처음부터 저희에게 은혜가 있을지언정 원한은 털끝만큼도 없었으니 세세히 깊이 생각하여도 어찌 다른 일이 있으리오. 저희가 흉악한 음모와 말로 동궁(세손)을 아무리 흔들려 한들 영묘(영조)께서 세손(정조)을 변함없이 사랑하시고, 내 아버지를 의지하여 뜻 맞음이 한결같으시며 세손이 점점 장성하여 왕세자의 위치가 아주 굳어지니 저희가 하릴없이 망연해하였다. 그러던 중에 천만 뜻밖에도 기축년(영조 45년)에 동궁(정조)이 가까이하고 외입한다는 별감들을 아버지께서 귀양 보낸 일이 일어났다. 그러자 선왕(정조)이 소년의 마음으로 외할아버지와 이 노모가 당신께 애태우며 정성을 다하는 것은 미처 살피지 못하시고 한때의 노여움으로 외가에 대한 정이 변하셨다. 게다가 후겸이 내 집안과 좋지 않으니 귀주가 이 두 대목을 잘 알고 그제야 기회를 얻었다 하여 적반하장賊反荷杖의 계책을 내었다. 그리하여 거꾸로 저희가 동궁(세손)께 정성 있고 아버지는 동궁의 서제인 인과 진을 귀여워하여 동궁께 불리하게 하려 한다는 말로 동궁께 아첨하고 세상에도 공공연히 퍼뜨렸다.

"홍가洪家(동궁의 외가)가 동궁에게 불리하게 하고, 동궁이 홍가를 푸대접하신다."

그러자 세상에 급히 벼슬하려는 부류와 이익을 탐내고 기회를 따르는 것들이 한꺼번에 뛰어들어 십학사니 무엇이니 하여 아울러 한 뭉치가 되어 아버지 해치기를 꾀하였다. 그리하여 경인년(영조 46년) 3월에 청주의 한유란 것을 얻어 내어 아버지를 베라는 상소를 올리도록 그 흉악한 모의를 시켰으니 이것은 귀주가 으뜸이 되어 한 일이었다. 한유란 것은 시골에서 토반土班(대대로 시골에 붙박여 사는 양반)이라고 변변히 밝히지도 못하고 글도 못할 뿐 아니라 어리석고 흉악하여 상스러운, 인류에 참여할 수도 없는 시골의 어리석은 백성이었다.

그때 영묘(영조)께서는 학자들이 당신이 40년 동안 애타는 마음으로 이루어 놓으신 탕평책을 나무란다 하여 송명흠과 신경에게 크게 노하시어 이들을 죄주셨다. 그리고 『유곤록裕昆錄』이라는 책을 만드셨다. 이것은 학자가 나라를 그릇되게 하니 뒤를 잇는 왕은 학자를 쓰지 말라는 말씀이셨다. 이것은 몹시 지나친 거동이시니 누군들 걱정하고 한탄하지 않았으리오마는 춘추 팔십인 임금의 과한 거동으로 그리하셨다. 그때 아버지로서는 임금의 마음을 크게 노하시게 할 처지가 아니었고 또 누구라도 영묘의 본심을 모르지 않을 것이기에 반포하도록 청하기도 하여 눈앞의 상황을 무사히 하려 하셨다. 비유하자면 일반 가정의 늙은 어버이가 실상도 없는 일로 걱정하면 자제들이 임시로 때우노라고 비는 것과 같았다. 그러므로 아버지께서 어렵고 험난한 때를 만나신 탓이지, 실은 당신이 계심으로써 동궁(세손)을 보호하여 나라의 근본(왕세자)을 튼튼히 할 것만 아셨다. 그 밖의 일은 노인네의 한때 지나친 거동을 어찌할 것이 아니니 결국 바르게 할 때가 있을 줄로 생각하셨다. 그러니 근본은 모두 관과지인*에서 찾을 것이요, 동궁 위한 고심이었다.

그때는 『유곤록』의 내용으로 상소하면 뛰어난 이론이라 하였으니 누군가가 한유 놈을 꾀었다.

"네가 『유곤록』으로 상소하면 유명한 사람이 되고 장래에 벼슬하고 양반이 되리라."

이 우매한 놈이 그 말을 옳게 듣고 짐짓 충성 있는 표를 내느라고 팔 위에 글자를 새기고 서울에 와서 『유곤록』 내용으로 상소하려 하였다. 그런데 그 놈이 심의지와 친하였고, 의지는 곧 귀주와 생사를 같이 하는 무리였다. 마침 귀주가 사람을 얻지 못하여 갈구하던 때인지라 의지와 귀주가 서로 의논하고 한유를 달래며 무수히 꾀었다.

"『유곤록』에 대한 말도 하려니와, 지금 홍 아무개(홍봉한)가 오래도록 정승으로 있으면서 권세를 많이 써 임금께서 싫증 나고 사랑이 옅어졌다. 동궁(정조)께도 죄를 지어 동궁도 돌아보지 않으시고 세상이 다 공격하는 터이다. 그러나 아무도 앞장서서 덥석 상소나마 하지 못하니 만일 네가 상소하여 홍가를 논박하면 벼슬이라도 할 것이고 큰 공이 되리라."

또 한유가 여인숙에 있을 때 귀주네들이 하인을 시켜 그가 묵고 있는 집에 가서,

"여기 청주 한생원 있느냐. 영의정 대감께서 '상소하여 일낼 놈이니 잡아오라.' 하신다."

하고 한유의 얼굴을 가리키며 말하였다.

"그 선비를 어서 쫓아 내쳐서 서울에 있지 못하게 하라 하신다."

이러기를 여러 번 하니 한유란 놈이 불끈 분기를 돋우어 불쾌해하였다. 그 때에 의지가 사이에서 감언이설로 꾀어,

"이 상소를 하면 곧고 절개 있는 선비가 되고 몸은 영화로워지리라."

그러면서 상소를 지어 주니, 이놈이 죽을 둥 살 둥 옳은지 그른지도 모르고 흉악한 상소를 하였다. 그때 정처는 후겸의 말을 듣고 우리 집을 제거하여야 제 모자의 권세가 안팎으로 무거워질 줄로 알았다. 그래서 귀주와 합세하여 별별 소리를 다하여 아버지를 참소하니 영묘의 마음이 칠팔 분 변하시어 경인년(영조 46년) 정월의 대수롭지 않은 일로 아버지를 삭탈관직 하셨다. 그 뒤 다시 등용되어 영부사領府事를 하셨으나 아버지의 뒤를 이어 김치인이 3월까지 영의정을 대신하였으니 아버지에 대한 영묘의 사랑이 줄었음을 알 수 있다. 영묘께서는 한유의 상소를 보시고 비록 크게 놀라기는 하셨으나 가까이에서 해치는 말에 끌려 한유는 간단히 형장刑杖을 때려 섬(흑산도)으로 귀양 보내시고 아버지께는 벼슬을 그만두고 물러나게 하셨다. 비록 끝까지 간곡히 보호하시려는 뜻이었으나 평소에 주시던 사랑과 뜻 맞으시던 것으로 보아 하루아침에 이리하시기는 천만 뜻밖이었다. 이후로 우리 집안이 그릇되고 아버지께서 조정에 안 계시게 되었다. 그러자 귀주가 혼자 득세하여 안으로는 후겸을 끼고, 밖으로는 여러 무리와 더불어 밤낮으로 모의하여 아버지를 해치려 하였다. 그때의 위태로움과 두려움을 어찌 다 기록하리오.

---

* 관과지인(觀過知仁) | 어진 사람의 잘못은 그 원인이 너무 후한 데 있고, 악한 사람의 잘못은 너무 야박한 데 있으므로 잘못을 보고 그의 어질고 그렇지 않음을 알 수 있다는 말로 『논어(論語)』에서 나왔다.

이백오

경인년(영조 46년) 11월에 전 이부시랑 최익남이 상소하였다.

"동궁이 지금까지 사도세자의 묘에 참배하지 않는 것이 편치 않다. 이것은 수상首相 김치인의 죄이다."

'묘소에 참배하소서.' 하는 말이야 옳은 말이나 그 일은 형편상 아랫사람으로서는 청하지 못할 터였고, 하물며 지금 수상은 아랑곳없는데 그렇게 상소하였다. 익남은 본디 품행이 나쁘고 경솔하고 천박하여 세상이 지목하는 인물이나 본디 정처의 시집붙이로서 불행히 우리 집에 출입하여 안면이 있었다. 그래서 귀주네가 몰래 구상*을 시켜 후겸에게 익남을 꾀어 '홍가(홍봉한)가 익남을 부추겨 시킨 것이라.' 고 참소하게 하였다.

영묘께서는 마음속으로, 아버지께서 모년의 일을 영묘 당신의 허물로 돌리고, 이제 김치인을 제거하기 위해 익남을 시켜 상소하게 한 것이라 곧이들으셨다. 그리하여 대단히 엄하게 친국하시고 아무쪼록 홍가가 시켰다고 말하도록 여러 사람을 엄하게 형벌하셨다. 그러나 진실로 아버지는 몰랐으니 결국 최익남이 곤장을 맞고 죽기까지 하였으나 끝내 화가 아버지께 닿지는 않았다. 그러나 영묘의 마음은 끝까지 풀리지 않았고 아버지를 죽이려는 저놈들의 마음은 불 같아서 그로부터 겨우 두서너 달이 지난 신묘년(영조 47년) 2월에 인·진의 일로 큰 변란을 지어냈다.

갑술년(영조 30년)에 처음 인이 태어나고 을해년(영조 31년)에 진이 태어났으니 귀천 없는 여편네 인정에 나도 어찌 좋았겠는가. 그러나 그때 경모궁 병환은 점점 한계에 이르렀고 또 경모궁이 그 어미를 총애하시는 것도 아니었다. 그저 뜻밖에 그것들이 났으니 투기하려 한들 할 처지가 아닌 데다, 내 인자하고 유약한 마음에 천하나마 그도 골육이니 거두지 않을 수 없어 거두었다. 영묘께서는 그것들이 화근이라 하여 엄교가 대단하시니 거기에 또 나까지 강샘을 부리면 소조(경모궁)께서 더욱 난감하실 듯하여 참고 지냈다. 영묘께서는 내가 그것들을 예사로이 보고 투기하지 않는다 하시어 '그것은 인정이 아니다.'는 엄교도 하셨다. 모년 후에는 그것들이 더욱 의지 없고 불쌍하여 그저 예사롭게 적모嫡母(서자의 처지에서 아버지의 정실부인)의 도리로 경모궁이 남기신 골육인지라 대수롭지 않게 여겨 돌보았다. 그런데 저희가 어른이 되어 궁 밖으로 나가게 되자 영묘께서 근심하셨다.

"저것들이 어떠하리."

아버지께서도 오직 공평한 마음으로 경모궁의 골육이라는 것만 생각하시고 영묘께 아뢰셨다.

"저것들이 점점 자라 밖으로 나가게 되었는데 혈기가 아직 안정되지 않은 아이들이 만일 다른 데에 반하거나, 혹 누구의 꼬임을 듣고 다른 데에 뛰어든다면 무슨 변고가 날 줄 모르니 이 일이 민망하오이다. 신의 처지는 세손께 지극히 가까워 꺼리고 의심받을 것이 없사오니, 신이 살피고 가르치겠나이다. 그래서 저희가 사람이 되고 다른 데 반하지 않으면 이것은 저희만을 위하는 것이 아니라 나라의 복일 것이오이다."

"경의 마음이 고맙고 감탄스러우니 그리하라."

영묘께서 말씀하시고 덧붙이셨다.

"그것들이 그대의 교훈을 잘 들을까 염려하노라."

그때 여러 숙부와 우리 형제들이 여쭈었다.

"이것은 잘못하신 일이니 화근이 되리이다. 알은체 마소서."

그리고 그것들이 우리 집에 가면 집안 소년들까지 다 피하고 보는 일이 없어 아버지께서 꾸중하셨다.

---

* 구상(具庠) | 영조 때의 장령(掌令). 영조 42년에 해남으로 유배되었다.

"그것은 비뚤어지고 온당치 않은 근심이다. 그것들을 공평한 마음으로 가르치고 타일러 못쓸 곳에 빠지지 않게만 하리라. 내 처지에 세손이 의심하시겠는가? 세상에 누가 내 마음을 모르겠는가?"

만일 아버지께서 말세의 인심을 헤아리지 않고 이런 부질없는 일을 하셨다고 꾸짖는다면 자제들도 늘 여쭙던 말이었으니 그러려니 하리라. 그러나 이 일로 얽어서 큰 화를 빚어내기는 천천만만 꿈 밖이었으니 만고에 이런 일이 어디 있으리오. 이 일에 대해서는 아버지뿐 아니라 청원(청원부원군, 정조의 장인)도 미심쩍어 하지 않았기 때문에 청원이 사정을 보아주고 남여藍輿든가 뭐든가를 만들어 주었다. 그러니 청원도 의심하랴.

그것들이 궁궐을 나간 뒤에 아버지께서 여러 번 경계하고 꾸짖으셨다. 그러나 저희 자질이 못나서, 어리석고 패악하고 미련하여 배우지도 않고 가까운 종실이라는 교만하고 존귀하다는 마음만 앞세워 궁중 잡류들과 함께 상스럽게 폐해나 일으켰다. 그리고 가르침을 십 분의 일도 받아들이지 못한 채 차차 어긋나니 아버지께서는 끝내 가르칠 수 없음을 아시고, 가르치는 것이 도리어 원망을 부를까 하여 기축년(영조 45년)부터는 점점 소홀히 하셨다. 그러다 경인년(영조 46년)에 당신이 당한 고난으로 교외에서 불안하게 사셨다. 이로 말미암아 그것들이 발길을 끊었고 당신도 다시는 알은체하신 적이 없었다.

해마다 동산에서 주운 밤을 각 전殿과 궁에 드리고 군주들까지 주었는데 신묘년(영조 47년) 정월 그믐께에는 그 밤이 인과 진에게도 갔다. 그 일로부터 시

남여 뚜껑 없이 의자같이 된 가마. 서강대학교 박물관 소장

작하여 영묘의 노여움이 거듭 쌓여 2월 초에 창의궁(영조의 잠저潛邸)에 거동하셨다. 급한 변을 내시려고 궁성 호위까지 거느리고 오시어 그것들을 제주에 귀양 보내 가두고 아버지께도 화색이 몹시 급박하였다. 그때 세손은 영묘(영조)의 거동을 수행하지 못하셨고, 한기(오흥부원군 김한구의 아우)와 후겸만 함께 입시하여 즉석에서 처분하시게 하려고 계교하였다. 그 당시 귀주는 상중에 있었기 때문에 제 아저씨(김한기)를 시켜 이 일을 해낸 것이었다.

영묘께서는 처음부터 내가 인과 진을 예사롭게 보던 것도 불쾌하셨고, 아버지가 그것들을 알은체하던 것도 옳지 않게 여기셨다. 그리고 익남의 일을 내 집에서 시켜 모년의 일을 당신 탓으로만 돌려보내려는 것으로 생각하여 격노하셨다. 그리하여 믿으시는 귀주 쪽의 참언과 사랑하는 정처의 부추김을 겸하여 이 일을 하셨다. 그때 선왕(정조)이 놀라 외가를 위하여 중궁전(정순왕후)에 가서 아뢰셨다.

"봉조하가 왕손(인과 진)을 추대하는 흔적이 없는데 지금 추대한다 하여 죽이려 하니, 사람이 밉다고 함정을 만들어 빠뜨려 죽이는 것이 말이 될까 보리이까. 심하게 마옵소서."

세손의 말씀으로 한기와 후겸네가 누그러져 아버지께서 급한 화는 면하셨다. 그리고 아버지를 청주에 부처하셨다가 삼사일 만에 풀어 주시고 환궁하시어 그 일이 사사로운 혐의와 모함에서 난 것임을 깨닫고 세손에게 말씀하셨다.

"두 척리가 서로 공격하니 국가의 근심이 적지 않다. 내가 이놈들에게 속지 않을 도리를 생각하리라."

비록 한때 총명이 막히고 가려지셨으나 영묘의 밝으심으로 어찌 그놈들의 실상과 그 일이 거짓되고 망령된 것임을 바로 깨닫지 못하셨겠는가. 그래서 세손께 그렇게 하교하셨던 것이다.

그때는 세손의 힘으로 눈앞에 닥쳤던 위기가 누그러졌으나 아버지를 죽이려는 그놈들의 마음은 갈수록 더욱 심해져 급기야는 마음먹은 일을 실지로 저질러 놓았다. 두 세력은 양립兩立하지 못하는 것이어서 만일 죽이지 못하면 저희에게 후환이 될까 염려하여 끝없이 아버지를 비방하였다. 그리하여 2월(영조 46년)에 영묘께서 한유를 '선견先見 있다.' 하시고 특별히 석방하셨다. 저 한유란 놈이 처음에는 남의 꼬임을 듣고 그 상소를 하여 벼슬이나 할까, 또 제 몸에 좋은 일이 있지 않을까 믿었다가 형장刑杖을 맞고 흑산도에 유배되었다. 그제서야 제 본심이 아니었던 것을 깨닫고 「자회문自悔文(스스로 후회하는 글)」이란 글을 지었다. 그때 김약행이 그 유배지에서 먼저 귀양살이하고 있다가 한유와 수작하면서 그때 상소한 까닭을 물었다. 그러자 그놈이 「자회문」을 꺼내어 보여 주었다.

"내가 심의지·송환억 무리에게 속아 그리하였고, 심의지 무리는 김귀주의 꾐으로 그리했는가 보더라. 그러나 나야 시골 선비로서 『유곤록』을 말하러 올라갔던 것이니 그 곡절을 어찌 알까 보냐. 이리 온 뒤에야 들으니 다 내가 속아서 그리된 것이라. 후회막급이기에 「자회문」이란 글을 지었노라."

그 글은 세상에 전파되어 내 집안까지도 보아 나도 들었다. 지금 김약행이 살았는지 죽었는지 모르지만 이것이 귀주가 시켰다는 더욱 명백한 증거가 아니겠는가. 한유 그놈이 풀려 올라오자 귀주 일당이 또 꾀었다.

"이제는 저쪽(홍봉한)이 몰리는 터이고, 또 전하께서 너를 선견 있다 하여 특별히 석방하셨으니 다시 하면 아마 좋으리라."

그래서 이놈이 그해 8월에 또 상소를 하여 비로소 일물에 대해 말하며 '드려서 권하였다.' 하는 등 무고한 모함이 끝이 없었다. 영묘께서는 이미 발설이 금지된 '일물' 말을 들춘 죄로 그놈을 충청 감영忠淸監營에 내려 보내어 정법正法(사형)하시고 그때 심의지도 잡아들여 '일물이 무엇이냐.' 물으셨다.

"전하가 일물을 진정 모르시오."

의지가 당돌하게 굴며 대답하였으므로 영묘께서 '임금을 범한 반역 죄인'이라 하시고 한유보다 형벌을 더하여 사형하고 처자를 모두 이리저리 흩어 귀양 보내셨다. 한유든 심의지든 '일물' 들춘 죄로 극형을 쓰신 것이었지 아버지를 거론했다 하여 그리하셨을 리는 없다. 그놈들을 사형에 처하셨으나 아버지에게는 엄교를 내리시어 노여움이 그치지 않았다.

"봄부터 지금까지 임오(임오화변)를 양성釀成한 자가 누구인가. 삭탈관직하여 서인으로 만들라."

'임오의 일을 양성하였다.'는 말씀은 다른 것이 아니다. 근본은 최익남의 상소로 의심하고 격노하신 데 있었다. 그때 영묘의 교지에 이미 '임오를 양성하였다.' 하셨고 나아가 '권성勸成(조장)하였다.' 하셨다. 최익남이 한유의 상소를 꾸며 내어, 아버지께서 일물을 가져다 드리며 '처분하옵소서' 한 것으로 말하였기 때문에 영묘께서는 '권성하였다'고 하신 것이었다. 또 한쪽 사람들의 말은 상교上敎를 따라 그리하였으니 이 의혹을 어찌 풀며 누가 밝혀내리오. 그러나 내 말도 오히려 사사로운 듯하니 영원히 증명할 만한 명확한 증거가 한 가지 있도다. 신묘년(영조 47년) 9월에 아버지께서 죄를 입고 시골에 칩거하여 문봉文峯에 계셨는데 그때 선왕(정조)이 세손으로서 아버지께 이렇게 편지하셨다.

"나라 위한 외할아버지의 진심 어린 정성은 천지신령께 물어 평가할 것이요, 고인(경모궁)께 부끄럽지 않음은 할아버지와 손자 사이의 사사로운 말이 아니라 일세一世의 공의公議와 백대百代의 공언公言이 저절로 있을 것이오이다. 그러나 불행히도 임금의 총명이 미혹하시어 이번 처분이 있었으니 외할아버지의 처지가 실로 기박하고 험하시오이다. 그러나 나는 말하리이다. 외할아버지께서 수차에 말씀하신 것처럼 비록 천백 가지 기괴하고 놀랄 만한 일이 한이 없으나 그 본심을 추구해 보면 나라요, 공公이라. 이번 명령이 비록 의외이기는 하나 외할아버지의 그날의 충성은 길이 만세를 두고 말할 것이니 무엇을 근심하리오."

또 이어서 쓰셨다.

"모년 5월 30일 신시에 망극한 것(뒤주)을 밧소주방에서 들이라 하신다기에 비로소 망극한 것도 있는 줄 알고 문정전으로 들어갔더니 위(영조)에서 나가라 하시더이다. 그곳을 나와 왕자 재실齋室(분부를 기다리는 방) 처마 밑에 앉아 있는데 신시가 지나고 오랜 뒤에야 봉조하께서 궐 앞에 와서 기운이 막힌다 하시기에 내가 먹으려던 청심환을 보냈더이다. 그러니 일물은 위(영조)에서 생각하신 일이요, 시각의 앞뒤로 보더라도 봉조하께서 여쭙지 않은 것이 확실하오이다. 또 위에서 그날의 처분을 '종사를 위하노라.' 하시며 위의 뜻으로 결단하셨나이다. 그러니 자식 된 처지에도 의리는 의리요, 애통은 애통인 까닭에 나는 지금까지 살아 지탱하였나이다. 만일 봄 사이의 하교같이 신하가 일물을 드리고 위에서 신하의 말을 듣고 처분하셨다면 이것은 임금의 겸덕歉德(부족한 덕)이 될 뿐 아니라 큰 의리도 가려질 것이오이다. 큰 의리가 가려지면 내가 세상에 살아 있는 것도 의義가 없으리니 망극하지 않나이까."

그리고 이 뜻을 김한기에게 일렀노라 하셨다.

선왕(정조)이 당신 목격하신 일로 시각의 앞뒤를 증명하여 이렇게 말씀하셨으니 이 편지 한 장이 있음으로써 아버지께서 일물 드리지 않은 것이 명백하다. 일물을 드리지 않았으면 무슨 일로 죄를 삼으리오. 시골 어리석은 백성들이 상스러운 소문만 듣고 의심하는 것은 괴이할 것 없다 하겠다. 그러나 귀주네는 가까운 척리요, 또 한기에게 하신 예교睿敎(왕세자의 교지)가 이렇게 분명한데 이것을 알면서도 끝까지 무고하게 모함하였다. 귀주가 해치려는 마음이 아니었다면 어찌 이렇게까지 하였으리오. 또 제 처지가 아무리 그러하더라도 제가 정처와 후겸을 끼지 않았으면 여러 변괴를 지어내지 못하였을 것이다. 밖에서는 귀주가 제 무리를 데리고 계교를 꾸며 놓고 안에서는 후겸이 내통하여 안팎으로 힘을 합쳤다.

그런데 우리 집에서는 부형父兄의 참혹한 화를 구하려고 내가 권한 대로 둘째 동생이 후겸을 사귀었다. 후겸은 본심이 아이인지라 홍씨(홍봉한)만 제거하면 대권이 다 저에게 돌아가리라 생각하였다. 게다가 귀주 무리의 충동을 들었고 내 아버지에 대한 사적인 혐의도 약간 있어서 이것저것 아울러 귀주에게 뛰어들었다. 그뿐이지 후겸이 짐짓 우리 집안을 다 죽여 버리려 한 것은 아니었던 듯하다. 그리고 둘째 동생이 연이어 후겸에게 가서 애걸하니 점차 안면도 두꺼워졌고 혼인도 정해 놓았다. 또 제 생각에도 둘째 동생이 동궁(정조)의 외가이니 장래에 대한 염려도 없지 않았다. 정처는 조석으로 변하는 상스런 성품인지라 내가 극진히 굴어 그 환심을 얻었다. 본디 우리 집안에 깊은 원한이 없었기에 마침내 점점 풀려 임진년(영조 48년) 정월에는 아버지의 죄명도 풀어 주었다. 그리고 후겸이 귀주 편을 현저하게 푸대접하자 귀주가 내부에서 은밀히 통하는 자기편을 잃고 분함을 이기지 못하고 이왕 내킨 걸음에 한판 씨름을 하려 하였다. 그래서 7월에 제가 몸소 한록의 아들 관주를 데리고 아버지를 죽일 것을 청하는 상소를 올렸다. 만고 천지간에 중궁전(정순왕후)의 오라비인 제 처지에 중궁전을 보아서라도 고부 사이에 이런 흉악한 일을 할 수 있으리오. 이놈이 내 집안의 '한 하늘 아래 함께 살 수 없는 원수'일 뿐 아니라 나라의 역적이요, 선왕(정조)에게도 역적이며, 자전(중궁전)에게는 죄인이다.

그 상소에는 세 가지 조목이 있었다. 하나는 병술년(영조 42년) 영묘 환후

때 나삼*에 대한 말이요, 하나는 송절다松節茶(소나무 마디로 만든 차)에 대한 말이며, 하나는 '여시여시如是如是(이러이러하다)'에 대한 말이다. 임금의 병환 때는 하루에 인삼 두세 냥을 쓸 때가 많다. 병술년 영묘 환후 때 내의원內醫院 도제조는 김치인이고 아버지는 영의정이었는데 어약御藥(임금의 약)에 나삼과 공삼*을 반씩 넣어 썼다. 그런데 귀주의 아비가 숙직 처소에 의관을 불러다가 말하였다.

"성후가 이러한데 어찌 순전히 나삼만을 쓰지 않느냐."

아버지께서 내의원에 도제조와 앉아 계시다가 제조(도제조 다음 벼슬)에게 말씀하셨다.

"남아 있는 나삼이 항상 적으니, 만일 순전히 나삼만 쓰다가 떨어지면 앞으로는 공삼만 쓸 지경이 되리라. 그러면 더욱 민망하지 않은가. 내의원 일은 국구가 간여할 일이 아니다."

나삼에 관한 사실은 이것뿐인데 '내의원 일에 국구가 간여한다.'는 말에 그 부자가 성을 내어 저는 충성 있고 아버지는 나삼을 쓰지 못하게 한 것으로 몰아갔다. 그런 흉악한 마음이 어디 있으리오.

또 '송절다'에 대한 말은 더욱 상스럽고 맹랑하니 이야기할 만한 것이 못 된다. '여시여시'에 대한 말은 곡절이 있다. 정해·무자년(영조 43·48년) 사이에 아버지께서 상중이실 때 청원이 와서 말하였다.

"세손(정조)의 뜻이 장래에 경모궁을 추숭*하시려나 보더라."

청원은 아주 가까운 친족처럼 대대로 사귀어 와 교분이 허물없을 뿐 아니라 안락과 근심을 함께하는 처지였다. 이것은 나라의 큰일이기 때문에 허물없는 사이에 와서 그렇게 말하였던 것이다. 그러니 아버지께서 탈상 뒤 궐에 들어오시어 내가 있는 곳에서 세손과 함께 여러 가지를 세세히 말씀하시다가 추숭 말씀을 여쭙고 나서,

"이 일은 할단*하여 굳게 지키옵소서."

하시고 세도와 인심이 위험하다는 말을 하셨다.

"이 일은 법에 따라 그리해야 옳으나 기사유얼*이나 무신여당* 들 가운데 시방도 나라를 원망하며 나라의 틈을 엿보는 부류가 많사옵니다. 그러니 만일 이 일로 말미암아 그 흉악한 무리들이 난을 일으키면 저를 어찌할까 민망하오이다."

"정말 그것이 몹시 염려스러우니 답답하다."

세손께서도 말씀하셨고 나도 그날 이후의 먼 앞일에 대한 근심으로 상하上下 셋이 앉아 그런 말을 주고받았다. 그때는 선왕이 어렸던지라 그 말을 중궁전(정순왕후)에게 하였고, 이것을 귀주가 듣고 아버지를 모함하여 상소하였으니 이런 흉한 놈이 어디 있으리오. 설사 아버지께서 잘못한 말씀이라 하더라도 어찌 감히 내간內間(부녀자의 거처)에서 오간 말을 중궁전에게서 듣고 상소하리오. 그러니 선왕(정조) 말씀처럼 만일 영묘께서 '세손이 추숭을 수작한다.' 하시고 세손에 대해 불쾌해하셨더라면 화색이 어느 지경에 미쳤으리오. 이것은 아버지를 모함하는 것뿐 아니라 제 본래 흉계대로 세손까지 해치려는 계교였다. 이런 음흉하고 참혹한 역적이 고금에 다시 어디 있으리오. 아버지의 처지에서 선왕(정조)께 사사로이 뵐 때 무슨 말을 못하리오. 설사 아버지께서 권하여,

"추숭을 하소서. 만일 안 하시면 이러이러하오리이다."

---

* 나삼(羅蔘) | '신라의 삼'이라는 뜻으로 경상도에서 나던 산삼. 약효 좋은 삼으로 인정받았다.
* 공삼(貢蔘) | 평북 강계(江界)에서 공물로 바치던 산삼.
* 추숭(追崇) | 왕의 자리에 오르지 못하고 죽은 이에게 제왕의 칭호를 올리던 일.
* 할단(割斷) | 대의를 위해 사사로운 정을 억제하라는 뜻.
* 기사유얼(己巳遺孼) | 기사년(숙종 15년, 1689년)에 득세하였다가 갑술년에 세력을 잃은 남인 후손을 가리킨다. 기사년에 송시열 일파가 실각하고 남인이 등용되었는데 5년 뒤인 갑술년에 남인이 참패하고 서인이 재등장하였다.
* 무신여당(戊申餘黨) | 무신년(영조 4년, 1728년) 이인좌(李麟佐)의 난, 곧 무신역변(戊申逆變)에서 남은 무리.

하셨어도 이것은 아버지께서 무식한 사람이 되시는 데 지나지 않는다. 그런데 하물며,

"추숭은 마오소서. 대의大義를 위해 사사로운 정을 끊고 굳게 지키소서."

하시고 말세 인심의 변화가 무궁하니 깊고 멀리 염려하여 이를테면 말로 근심하는 수작이었으니 이것이 어찌 죄가 되리오. 그러면 옛사람이 임금에게 '위태로워 망하는 것이 아주 가까이 닥쳤다.'고 아뢰거나, '도적이 일어나리라.' 하는 말이 모두 임금을 위협하는 죄가 된다는 것인가. 그렇다면 아뢸 사람이 누가 있으리오. 세상에 그런 말이 어디 있는가. 이 일은 조정의 문서에 있고 갑진년(정조 8년)에 아버지의 누명을 씻어 주시던 전교에 다 있으니 대략만 쓰노라. 그 후 병신년(영조 52년)에 있었던 정이환, 송환억 무리의 흉악한 상소도 모두 귀주가 하던 논의의 나머지를 주워서 한 말들이니 다시 거들 것이 없다.

신사년(영조 37년) 이후로 귀주가 우리 집안 해치려던 일을 세세히 깊이 연구해 보면 이렇다. 첫째는 경모궁이 보전하지 못하시면 세손까지 여지없을 것이니 정순왕후(영조의 계비)가 양자를 들여 저희가 외가가 되기를 바란 것이었다. 둘째는 모년 처분 후 영묘의 마음이 저희와 같지 않으니 한록과 함께 열여섯 글자로 된 흉한 말을 내어 영묘의 마음을 의심으로 어지럽히고 저위儲位(왕세자)를 흔들어 기어이 양자와 함께 외가가 경영하려는 계교였다. 그러나 영묘의 마음은 굳고 세손(정조)은 장성하여 국본은 흔들기 쉽지 않고 저희 흉악한 말은 세상에 전파되어 숨기기 어렵게 되었다. 그제야 동궁(세손)이 외가를 불편하게 여기는 줄을 알고 저는 동궁께 크게 충성하고 홍씨는 동궁께 불리하게 한다 하는 것으로 홍가를 제거하고 동궁께 영합하면서 저희가 하던 흉한 말을 가려 덮으려 하였다. 이 일이 이리저리 굴러 여기에 이르렀으니 저들의 이 흉악한 말이 큰 바탕이었다. 지금 세상 사람들 가운데

에도 옛일을 본 사람이 있을 것이니 대략이야 어찌 모를까마는 나처럼 이리 자세히 아는 사람이야 또 누가 있으리오.

  아버지께서 풍병風病(신경의 탈로 생기는 병)으로 본성을 잃어버리지 않고서야 어찌 선왕(정조)께 불리하게 하고 인·진을 위할 이치가 있었겠는가. 이는 삼척동자도 속이지 못할 말이다. 또 귀주는 선왕께 충신이요, 홍가는 선왕께 역적이라 한다면 이 또한 삼척동자도 속일 수 없으리라. 모든 일은 인정과 천리 밖으로 벗어나는 일이 없는데, 아버지를 얽어 모함하던 귀주의 말은 인정 천리 밖이라. 학식 있는 사람을 기다리지 않고서도 피차의 시비를 분간할 수 있고 충신과 역적을 정할 수 있을 것이다. 귀주와 한록의 무리가 나라를 망하게 하려던 흉악한 말은 끝까지 드러내지 아니하여 귀주는 충신까지 되었다. 그리고 털끝 반 마디만 한 말도 사실과 같지 않은 내 집안은 가혹한 화가 갈수록 더하여 극악한 역적이 되었다. 만고에 이런 세상과 이런 천리가 어디 있으리오. 피를 토하고 곧 죽어 아무것도 모를 것을 판별해 내지 못하는 것만이 한이로다.

한중록 넷째
閑中錄 其四

순조 5년(1805년), 혜경궁 홍씨가 71세에 순조의 생모인 가순궁의 권고로 쓴 글. 궐 안의 제일 어른이 되어 임오화변의 원인과 과정, 사도세자의 탄생과 성장, 발병 원인과 증상, 부자간의 갈등, 임오화변 당일의 정황 등에 대해 구체적으로 기술하였다.

❀

임오화변은 아득한 옛날에도 없는 변이다. 병신년(영조 52년) 초에 왕세손이던 선왕*이 영묘(영조)께 상소하셨다.

"정원일기政院日記(승정원일기)를 없애 주소서."

그리하여 그해 2월에 임오년에 관한 기록을 모두 없애 버렸으니, 이것은 선왕의 효성스런 마음에 많은 사람이 아무라도 그때의 일을 함부로 보는 것을 서러워하셨기 때문이다. 그러나 이제 연대가 오래되어 사건의 자취를 알 사람이 없어져 가니, 그 사이에 이익을 탐내고 화禍를 즐기는 무리들이 사실을 어지럽게 조작하고 떠도는 소문을 현혹시켰다. 어떤 이는 말하였다.

"경모궁은 병환이 없으셨는데 영묘께서 모함하는 말을 들으시고 그런 처분을 하셨다."

또 어떤 이는 말하였다.

"영묘께서 생각하지 못하신 것을 신하가 권해 드려 그런 망극한 지경에 이르게 되었다."

선왕은 지혜롭고 사리에 밝으셨다. 그때 비록 열 살 안팎의 어린 나이였으나 다 목격하신 일이었으니 이런 말 저런 말에 어찌 속으시겠는가. 그러나,

"아버지 위한 일을 대수롭지 않게 대한다."

---

* 선왕(先王) | 글이 쓰인 1805년은 작자의 아들인 정조와 시어머니인 영조의 계비 정순왕후가 세상을 뜬 뒤이다. 선왕은 정조이고 주상은 정조의 아들이며 작자의 손자인 순조이다.

할까 두려워 경모궁께 속하는 일이나 모년의 일이라 하면 그저 '그렇다' 고만 하시어 옳고 그름이나 진실과 거짓을 분별하지 않으셨다. 이것은 당신의 지극한 슬픔으로 인한 부득이한 일이었으니* 선왕은 다 알면서도 아버지에 대한 지극한 정에 이끌려 그리하셨다. 그러나 후왕後王(정조의 아들 순조)은 처지가 선왕과는 적이 다르고 또 자손이 되어 어떤 큰일을 모르는 것은 인정과 천리에 어긋나는 일이다.

주상(순조)이 어릴 때 이 일을 알고 싶어 하셨으나 선왕은 차마 자세히 말할 수 없으셨다. 다른 어느 누가 감히 이 일에 대하여 말하며, 또 누군들 이 사실을 자세히 알 수 있으리오. 나만 없어지면 궐 안에서는 알 사람이 없어지니 그저 다 모르게 하였다. 그러나 자손으로서 선조先祖가 겪은 큰일을 아득히 모를 것을 망극하게 여겨, 사건의 앞뒤를 기록하여 주상께 보이고 없애버리려 하였다. 그러면서도 차마 붓을 잡고 쓸 수 없어 그저 그날그날 세월을 보냈는데, 내가 공적, 사적으로 연거푸 참혹한 화를 겪고 나서 이제 목숨이 실낱같아 거의 끊어지게 되었다. 주상에게 이 일을 모르게 하고 죽는 것은 참으로 인정 밖이기에 죽음을 참고 피눈물을 흘리며 이렇게 기록한다. 그러나 차마 쓰지 못할 대목은 많이 뺐고 지루한 곳은 다 들춰내지 못하였다.

나는 영묘의 며느리로서 평소에 자애로운 사랑을 받았고 그때(임오화변)는 재생의 은혜를 입었다. 경모궁의 아내로서는 남편 위하는 정성이 하늘을 깨칠 것이니 내가 영묘와 경모궁 두 분 부자 사이에 있었던 일을 털끝만큼이라도 잘못 말하면 천벌을 면치 못할 것이다. 그러니 바깥사람들이 모년 일을 이렇다 저렇다 하는 것은 다 허무맹랑한 이야기라. 이 기록을 보면 그때 일의 시작과 끝을 분명히 알게 될 것이다.

영묘께서 처음에는 비록 아드님(경모궁)을 크게 사랑하지 못하셨지만 나중에 가서는 사랑을 더 하려 해도 어쩔 수 없이 되어 버렸다. 경모궁께서도 타고난 기질과 성품은 비록 대단히 어질고 너그러우셨으나 병환이 아주 망극하여 종사宗社의 존망이 몹시 다급해지니 어쩔 수 없는 처지를 당하셨다. 나와 선왕(정조)이 경모궁의 처자로서 그런 망극한 변을 겪고서도 죽지 못하고 목숨을 보전하여 오늘날까지 살아온 것은 애통은 애통이요, 의리는 의리대로 따로 생각했기 때문이었다. 나는 이 대목을 주상에게 자세히 알리려는 것이다. 이 일은 영묘를 원망하거나, 경모궁이 병환이 아니셨다 하거나, 또는 신하에게 죄 있다고 해서는 안 된다. 그리하면 일의 실상을 잃을 뿐 아니라 삼조(영조·정조·순조)에게 다 망극한 일이 된다. 실상만 잡는다면 의리를 분간하는 일이 무엇이 어렵겠는가.

임술년(순조 2년) 봄 무렵 이 일에 대해 초벌을 써 놓고 미처 보이지 못했는데 요사이 지나온 일에 대해 수작이 미쳐 가순궁嘉順宮도 자손에게 알리는 것이 옳으니 써내라기에 억지로 써서 주상께 보이노라. 내 피맺힌 마음이 이 기록에 다 있는지라 마음과 넋이 새삼 놀랍고 답답하며 간장이 찢어져 한 글자마다 한줄기 눈물이 흘러 글씨를 잘 쓸 수 없노라. 세상에 나 같은 사람이 다시 어이 있으리오. 원통하고 원통하도다. (을축년* 4월 어느 날)

❀

영묘의 맏아들 효장세자가 승하한 무신년(영조 4년, 1728년) 뒤로 왕세자의 자리가 오랫동안 비어 있었다. 영묘께서 밤낮으로 걱정하며 애태우시다가

---

* 당신의~일이었으니 | 경모궁에 관련한 일과 임오년의 일에 대해서는 영조 때 이미 발설 금지령이 있었다. 또 아버지인 경모궁이 죽은 뒤 세손(정조)은 일찍 죽은 효장세자(경모궁의 형)의 양자가 되었으므로 이에 관하여 이렇다 저렇다 말할 수 없었다.
* 을축년 | 이해 (순조 5년, 1805년) 1월에 어린 순조에게 큰 영향력을 행사하였던 순조의 증조할머니, 정순왕후 김씨가 세상을 떠났다. 정순왕후는 영조의 계비로서 며느리 혜경궁 홍씨보다 나이가 10살이나 어렸다. 정조 24년(1800년) 6월 정조가 승하하고 11살의 순조가 즉위하자 정순왕후는 막대한 영향력을 행사하면서 혜경궁 홍씨의 둘째 동생인 홍낙임을 사사하는 등 홍씨네를 핍박했다. 혜경궁 홍씨는 몹시 억울해하며 이 글을 써서 아버지와 형제 등의 애매함을 밝히려 했다.

을묘년(영조 11년) 정월에 선희궁께서 경모궁을 낳으셨다. 영묘와 인원仁元·정성貞聖 두 분 성모聖母께서 종사의 큰 경사를 비할 데 없이 기뻐하셨고 온 나라 국민도 누군들 기뻐하지 않았으리오.

경모궁께서는 태어나면서부터 세자로서의 자질이 뛰어나게 영리하고 특별히 비범하시어 궁중에 기록되어 전하는 글을 보면 태어난 지 백일 안에 기이한 일이 많았다. 네 달 만에 걸었고 여섯 달 만에 영묘의 부르심에 응대하셨으며, 일곱 달 만에 동서남북을 가리키셨다. 두 살 때 글자를 배워 60여 글자를 다 쓰셨고, 세 살 때는 다식茶食을 드리자 '목숨 수壽' 자나 '복 복福' 자 찍은 것은 잡수시고 팔괘* 찍힌 것은 따로 놓고 잡숫지 않았다. 모신 이가 드시라고 권하자 팔괘는 먹는 것이 아니라 싫다고 하셨고, 그 후 태호복희씨*가 그려진 책을 높이 들게 하여 절하셨다. 또 천자千字를 배우시다가 '사치 치侈' 자와 '가멸 부富' 자에 이르자 '사치 치' 자를 짚고 입은 옷을 가리키시며 '이것이 사치다.'고 하셨다.

또 영묘께서 어릴 때 쓰시던 칠보 얽은 감투를 씌우자, '이것도 사치다.' 하며 쓰지 않으셨고, 돌 때 입던 옷을 입히려 하자,

"사치스러워서 남부끄러워 싫다."

하셨다. 이것은 세 살 어린 나이에 기이한 일이니 모신 이가 시험 삼아 명주와 무명을 놓고 여쭈었다.

"어느 것이 사치요, 어느 것이 사치 아니오이까."

"명주는 사치고 무명은 사치 아니다."

하시는 양을 보려고 또 여쭈었다.

"어느 것으로 옷을 만들어 드리면 좋사오리이까."

그러자 경모궁이 무명을 가리키시며 '이것이 좋으니라.' 하셨으니 이런 일들로 미루어 보더라도 경모궁께서 탁월하셨음은 거의 알 수 있으리라.

체구도 웅장하게 크시고 천성이 효성스럽고 우애 있으며 총명하셨으니, 만일 부모님께서 곁에서 떠나보내지 마시고 모든 일을 손수 가르치고 지도하여 자애와 가르침을 병행하셨더라면 훌륭한 행실과 뛰어난 재능을 잘 성취하셨으리라. 그러나 그렇지 못하여 일찍부터 부모와 멀리 떨어져 계신 일로 말미암아 작은 일이 이리저리 굴러 커져서 끝내 말하기 어려운 지경에까지 이르렀다. 이것은 하늘의 운수가 불행하고 나라의 운명이 망극한 탓이었으니 사람의 힘으로는 어찌할 수 없었으려니와 나의 지극한 원통함이야 어찌 헤아릴 수 있으리오.

영묘께서는 동궁東宮(왕세자의 궁)이 오래 빈 것을 염려하시다가 원량元良(왕세자)를 얻으시자 기쁘고 즐거운 마음에 멀리 떠나보내는 사정은 돌아보지 않으시고 오직 동궁에 주인 계시게 된 것만 든든히 여기시어 성급히 법만 차리려 하셨다. 그리하여 나신 지 백일 만에 탄생하신 집복헌을 떠나 보모에게만 맡기시어 그동안 오래 비어 있던 저승전*이라는 큰 전각으로 옮기게 하셨다. 저승전이란 본디 동궁이 계시는 전각으로 그 곁에는 강연講筵(임금 앞에서 경서를 읽고 설명해 올리는 것)하실 낙선당과 소대召對(왕이 참찬관 이하의 신하에게 강연하는 것)하실 덕성합, 동궁이 축하받고 회강* 하시는 시민당이 있고, 그 문 밖에 춘계방春桂坊(춘방인 세자시강원과 계방인 세자익위사)이 있었다. 이 집들은 모두 동궁에 딸린 집이므로 세자가 비록 아기이시나 어른스럽게 저승전 주인이 되게 하려는 뜻이었다. 그러나 부왕인 영묘의 거처나 생모인

* 팔괘(八卦) | 중국 상고시대(上古時代)의 복희씨가 지었다는 여덟 가지의 괘. 『주역(周易)』에서 세상의 모든 현상을 음양(陰陽)으로 겹쳐 여덟 가지의 상(象)으로 나타낸 것.
* 태호복희씨(太昊伏羲氏) | 팔괘와 서계(書契, 사물을 표시하는 부호)를 만들었다는 중국 태고 적 임금.
* 저승전(儲承殿) | 원래 영조 앞의 임금인 경종이 있던 경묘전(景廟殿)인데 동궁에게 주고 저승전이라 고쳤다. 집복헌과 함께 창경궁 안에 있던 전각.
* 회강(會講) | 왕세자가 한달에 두번 사부(師傅, 스승) 이하 여러 관원들 앞에서 경사(經史), 기타 진강(進講)에 대하여 복습하는 일.

이백이십오

회강반차도 부분 왕세자가 한 달에 두 번 스승과 신하들 앞에서 학습하던 회강의 장면. 서울대학교 규장각 소장

선희궁의 처소와 서로 멀리 떨어져 있었다. 두 분께서 심한 추위와 무더위를 피하지 않고 날마다 와서 머무시는 때가 많았다고는 하나 한집 안에서 아침저녁으로 양육하며 쉴 새 없이 교훈하시는 것과 같았으리오. 귀중한 종사를 의탁할 아드님을 겨우 얻으셨으니 법은 다음이요, 먼저 부모 곁에서 잘 길러 성취하게 하시는 것이 옳을 터였다. 그런데 계신 곳들이 멀리 떨어져 있어 어린 세자가 철들 즈음부터는 자연 떠나 계시는 때가 많았고 모이는 때가 드물어졌다. 그러므로 어린 세자가 아침저녁으로 대하는 사람이 환관宦官(내시)과 궁첩宮妾(나인)이요, 듣는 것이 항간의 자질구레한 이야기들뿐이었으니 이것이 벌써 뒷날 잘못될 근원이었다. 어찌 섧고 원통하지 않으리오.

어릴 때에는 덕과 재능이 비상하고 행동에 법도가 있어 상스럽지 않으셨고, 기상이 엄숙하고 말씀이 없으시어 뵙는 이들이 어른 임금 모시는 것과 다르지 않게 여겼다고 한다. 이런 타고난 기품과 자질로 부모 곁에서 떼어 내지 마시고 부왕께서 수많은 정사 틈틈이 글 읽고 일 배우는 것을 몸으로 가르치셨다면 어찌 이 지경에 이르렀겠는가. 또 모빈母嬪(어머니)께서라도 아드님 성취하는 일이 당신께 가장 중요한 바람이었을 것이니 손 밖에 내어 남에게 맡겨 두지 마시고 일마다 지도하고 가르치시어 한편으로 엄격하고 또 한편으로는 가까이 사랑하여 한마음으로 거리가 없었더라면 어찌 이 지경에 이르렀겠는가. 그러니 섧고 애달픈 일의 첫 시작은, 하나는 어리신 아기를 이렇게 저승전에 멀리 두신 것이요, 둘째는 괴이한 나인을 들여왔기 때문이었다. 이것은 여편네 잔소리가 아니라 사실의 시작을 대략 말하려는 것이다. 저승전이란 원래 경종의 계비이신 어대비魚大妃(선의왕후)께서 계시던 집으로 비어 있은 지 오래되지 않았다. 또 저승전 저쪽 취선당이라는 집은 경종의 어머니인 희빈禧嬪(장희빈)이 왕비에서 희빈으로 강등된 갑술년* 이후에 머물면서 인현왕후를 저주하던 집이었다. 그런데 이 황량한 전각에 강보에 싸인 아기네를 혼자 두시고, 희빈이 머물던 곳은 소주방燒廚房(궁중의 부엌)으로 만들어 세자가 잡숫는 음식 하는 곳으로 삼았으니 어찌 이상한 일이 아니리오.

어대비의 국상國喪(영조 6년) 3년 후 어대비께서 부리시던 나인들이 다 밖으로 나갔다. 그런데 동궁 차릴 때 체면 있게만 차리려 하시어 각처 나인을 불러들이고서도 어쩐 뜻이었는지 경묘(경종)와 어대비전에 있다가 나간 최상궁 이하 나인을 다 불러들여 원자궁元子宮(동궁)의 나인으로 삼으셨다. 그

---

* 갑술(甲戌)년 | 숙종 20년(1694년). 폐출되었던 인현왕후 민씨가 복위되어 다시 돌아오고, 왕비로 있던 장씨가 희빈으로 강등되던 해.

러니 동궁의 처소 나인*들에게는 경묘 계신 듯한 모습이었을 것이다. 그 나인들은 말할 수 없이 기가 세고 정이 없어 아주 미세한 일에서부터 탈이 나기 시작하였으니 어찌 한이 되지 아니하리오.

영묘께서 그 아드님을 얻으신 뒤 지극한 자애가 비할 데 없어 아기네가 네다섯 살 때까지도 저승전에 오시어 자주 주무시고 머물며 빈틈없이 사랑하셨다. 경모궁께서도 바탕이 효성스럽고 우애로우실 뿐 아니라 천륜의 인정이 있으니 어릴 때 어찌 부모를 사랑하지 않으셨으리오. 비록 각각의 처소는 거리가 멀지만 별다른 일이 없었으니 이렇게 사랑하고 교훈하시어 예사 집안의 부자같이 지내셨으면 어찌 티끌만 한 틈인들 생겼으리오. 그러나 국운國運이 그릇되려고 부왕께서는 형체도 없고 딱 꼬집어 지적할 것도 없는 자잘한 일에 말씀도 없이 마음으로만 크게 노하셨다. 그러기를 한 가지 두 가지 하시어 어찌된 것인 줄도 모르게 동궁에 머무시는 일이 차차 줄어들었다. 아드님은 막 자라나는 아기네이시니 한때라도 가르치지 않고 금하지 않으면 방탕하기 쉬울 때였다. 그런데 자연히 안 보시는 때가 많았으니 어찌 탈이 나지 않으리오.

영묘께서는 셋째 따님인 화평옹주를 천륜 이상으로 남달리 사랑하시어 무오년(영조 14년)에 금성위를 부마로 뽑아 미처 혼례를 행하기도 전에 동궁(경모궁) 처소에서 놀게 하셨다. 그만큼 그 부마에 대한 사랑이 옹주를 따라 특별하셨다.

원자궁 나인들은 다 경묘의 나인이었는데 보모 최상궁은 잡념이 없고 굳세어 충성스럽기는 하나 성품이 과격하고 음험하여 온화하지 못한 사람이었다. 또 한상궁은 수완 좋고 간사하여 남을 잘 속이는 데다 시기심이 많은 인물이었다. 비록 지금은 동궁 나인이 되었으나 본디 옛적 대전大殿(경종) 나인이었으니 영묘께 어찌 극진한 정성이 있었으리오. 이들이 이러하니 천한 나인들이 대의를 몰라 동궁을 낳으신 선희궁을 지극히 존귀하게 생각지 않고 선희궁 미천하던 때 일만 생각하여 업신여기기도 하고 말씨도 공순하지 않으며 혹 헐뜯기도 하였다. 선희궁께서는 속으로 불쾌하게 여기셨고 영묘께선들 어이 모르셨으리오.

그때 정초에 경經을 읽히는 날, 금성위도 들어왔는데 마침 날이 저문 데다 독경讀經하는 자리 차림이 늦어졌다. 그때 본디부터 공순하지 않던 나인들이 화를 내어 이리저리 흩어져 앉아 서로 무엇이라 하였던지 선희궁께서 노여워하시고 영묘께서도 그 눈치를 스쳐 아시고 괘씸히 여기셨다. 그러나 사랑하는 금성위가 들어와 머무는 끝에 죄를 주시면 그 원망이 옹주와 부마에게 미칠 듯하므로 나인들을 처분하지 않고 속으로만 몹시 분하게 여기셨다. 그 후로는 동궁에 가고 싶으셔도 그 나인들이 보기 싫어 가시는 일이 줄어들었다. 그 나인들을 다 들어 내치지 못하고 도리어 동궁을 그 괴이한 이들의 손 안에 넣어 두신 채 이들이 미워서 동궁을 보러 다니는 일이 드물어졌으니 어찌 갑갑한 일이 아니리오.

그런 가운데 동궁은 점점 자라 놀이하고 싶은 마음이 나셨으니 그것은 아기네들의 보통 마음이다. 막 가르쳐야 할 때 부왕께서 드물게 오시니 그 틈을 타서 한상궁이라는 것이 최상궁에게 말하였다.

"사람마다 다 말리고 뜻을 거스르면 아기네 마음이 울적하여 기를 못 펴실 것이라. 최상궁은 엄하게 도와 옳은 도리로 인도하고 나는 노실 때도 있게 하여 답답한 마음을 후련하시게 하리라."

한상궁 그것이 손재주가 있어 나무와 종이로 월도月刀(큰 칼)와 활과 화살

---

* 처소 나인(處所內人) | 안소주방 나인, 서답방 나인, 세수방(洗手房) 나인, 밧소주방 나인, 상과방(尙果房) 나인 등 다섯 처소 나인.

을 만들고, 최상궁이 자기와 교대하여 내려가는 때를 틈타 어린 나인 아이들과 약속하여 문 뒤에 세워 두었다. 그러고는 그 아이들에게 자기가 만든 무기를 가지고 무예 소리를 하며 달려들게 하여 동궁이 함께 노시게 하였다. 맹자孟子 어머니는 맹자를 위하여 세 번을 이사하였다. 동궁이 비록 성인의 자질이나 어찌 이 놀이에 혹하지 않으며 유희하고 싶지 않으셨으리오. 놀기에 빠져 혹 부왕이 와 보시면 꾸중이나 하실까 걱정되어 어느 사이엔지 부모를 거리낌 없이 뵙던 아기네 마음이 달라지셨다. 어머니도 아시게 될까 염려하여 선희궁 나인이 와도 꺼리고 싫어하게 되셨다. 막 배우실 때에 괴이한 한상궁이라는 것이 그 불길한 무기를 가지고 노시도록 이끌었다. 본래 영웅의 기상으로 타고나셨는데 돕는 놀이마저 마음에 꼭 맞게 좋아 그 놀이로 말미암아 차차 늘어 나중에는 말하기 어려운 지경에까지 이르게 되셨다. 그러니 그 한가韓哥 나인의 작용이 흉악하고 상스럽지 않은가.

그렇게 삼사년을 지내고 일곱 살 되시던 신유년(영조 17년)에 영묘께서 한가의 심술을 깨달아 내보내셨고 많은 다른 나인도 벌을 받았다. 그 처분이 지극히 옳으니 그때 만약 그 일로 해서 그곳 나인들을 다 내치고 깊이 징계하여 두 분이 아기네를 떼어 놓지 말고 곁에 두고 가르치셨으면 그 효심에 어찌 따르지 않으셨으리오. 그러나 그 나인만 내보내시고 다른 나인은 다 그냥 두어 거룩히 받들게만 하였다. 아기네를 어른의 보살핌 없이 넓은 집에서 마음대로 자라게 하였으니 보는 것은 나인과 내시뿐이라, 무엇을 배우시리오.

이러는 동안 이렇다 하게 드러난 것 없이, 어떠어떠한 일이라 지적할 것은 없었으나 아드님께 아버님을 두려워하는 마음이 생겼다. 아버님은 아드님이 어떻게 자라는가, 혹 내 마음과 다르지는 않을까 생각하시어 대전(영조)과 동궁(경모궁) 사이가 편안치 않아졌다. 부자 분은 성품이 다르셨으니,

영묘께서는 총명하고 어질며 섬세하고 내성적인 성품이시고, 경모궁께서는 말씀이 없고 행동이 날래거나 민첩하지 못하셨다. 비록 인품은 거룩하나 매사에 부왕의 성품과 달라 평상시에 묻는 말씀에도 즉시 응대하지 못하고 머뭇거리며 대답하셨다. 부왕께서 의견을 물으실 때도 당신 생각이 없지 않으시건만 '이리 대답하면 어떨까, 저리 대답하면 어떨까.' 하며 즉시 답하지 못하니 부왕께서 늘 갑갑해하셨다. 이런 일이 또 화의 큰 실마리가 되었다.

무릇 아이 가르치는 것은, 아이가 비록 지존한 자리에 태어났어도 부모를 모시고 부림과 가르침을 받아 부모가 스스럼없고 허물이 없어야 하는데 동궁은 그렇지 아니하여 강보에 싸였을 때부터 부모를 떠났고 나인들이 받들어 아기네 마음대로 하도록 하였다. 심지어 옷고름 대님까지 다 매어 드려 매사에 지나치게 편할 대로만 하셨다.

강연에 빈료賓僚(강연관講筵官과 동료)를 인접引接(아랫사람을 만나 보는 것)하실 즈음에는 점잖고 엄숙하셨다. 글 읽는 소리도 크고 맑으며 문장의 뜻도 그릇 이해하심이 없으니 뵙는 사람들이 그 거룩함을 이야기하여 명성이 바깥에 많이 전해졌다. 그러나 갑갑하고 애달프도다. 부왕을 모시기만 하면 두렵고 어려워 민첩하게 응대하지 못하셨으니 영묘께서는 한 번 갑갑하고 두 번 갑갑하여 이로 말미암아 크게 성내기도 하고 근심도 하셨다. 이럴수록 아기네를 가까이 두시고 지극한 정으로 몸소 가르쳐서 두 분 사이가 틈 없이 가까워질 도리를 생각해야 하는데 그렇게 하지 않으셨다. 평소에 멀리 두고 동궁 제 스스로 잘되어 저절로 부왕의 뜻에 맞기를 바라셨으니 어찌 탈이 나지 않으리오. 점점 서먹서먹하게 지내시다가 서로 만나면 부왕께서는 자애보다 책망이 앞섰고, 아드님께서도 조심스럽고 두려워 한 번 뵙는 것도 무슨 큰일이나 지내는 듯싶었다. 그리하여 말 없는 가운데 부자 분 사이가 막히게 되었으니 어찌 섧지 아니하리오.

경모궁은 태어난 이듬해(병진년, 영조 12년) 3월에 동궁에 책봉되시고, 일곱 살 되던 신유년(영조 17년)에 글공부를 시작하셨다. 여덟 살 되던 임술년 정월에 종묘에 참배하고 그해 3월에 입학하셨으니 사람마다 그 거룩한 자질을 공경하여 찬탄하였다고 한다. 아홉 살 되던 계해년 3월에 관례하고, 이듬해 갑자년(영조 20년) 정월에 가례하셨다. 가례 후 내가 궐에 들어와 보니 삼전이 계신데 법이 엄하고 예가 중하여 털끝만큼도 사사로운 정이 없으니 두렵고 조심스러워 감히 한때도 마음을 놓지 못하였다. 경모궁께서도 부왕에 대한 친밀한 사랑은 다음이고 엄한 법도가 그보다 더하시어 그때 열 살 된 아기네였으나 감히 부왕과 마주 앉지 못하고 신하들처럼 몸을 굽혀 엎드린 채 부왕을 뵈었으니 어찌 그리도 지나치셨던가 싶다.
  경모궁은 세수를 일찍 하시는 일이 없어 언제나 서연시객書筵侍客(왕세자가 글 읽을 때 모시는 신하)이 든 뒤에야 쫓기듯이 하셨다. 문안 갈 때면 나는 일찍 세수하고 무거운 큰머리 얹고 옷을 다 입고 가려 해도 동궁이 앞서지 않으시니 빈궁(세자빈)인 내가 감히 먼저 갈 수 없는 법이어서 언제나 기다리고 있었다. 내 어린 마음에 이것이 이상하여 세수가 어찌 저리 더디신고, 병이신가 생각하였다.
  과연 을축년(영조 21년, 경모궁 11살) 즈음에 아기네(동궁)가 수선스럽게 날치며 놀던 것과 달리 어찌 예사롭지 않아 병환이 들기 시작하는 듯하였다. 나인들이 모여 가만히 말하며 근심하고 염려하는 모양이더니 그해 9월 무렵에 크게 병환이 드시어 증세가 더하고 덜함이 일정하지 않으니 병환이 그토록 가볍지 않을 때 어찌 점쟁이에겐들 묻지 않았으리오. 무당의 말이 한결같이 '저승전에 계신 해崇라.' 하여 재물을 기울여 신사神祀에 기도하고 독경붙이도 많이 하였으나 낫지 않으시어 저승전을 떠나 임시로 대조전에 딸린 방, 융경헌으로 피하여 거처하셨다. 나는 집복헌으로 가서 모시고 지냈는데 병인년(영조 22년) 정월에는 나까지 경춘전으로 옮겨 갔다. 그때 동궁은 열두 살이셨다. 경춘전은 연경당·집복헌과 가까워 선희궁께서도 자주 오셨다.

화평옹주는 성품이 어질고 무던하며 공손 검소하여 그 오라버님을 귀중히 여겼다. 그래서 동궁을 자기가 머물던 연경당으로 드시게 하며 몹시 친밀하게 지내셨다. 평소에 영묘께서는 그 옹주께 극진하셨던지라 옹주가 동궁과 친밀하게 지내자 동궁이 옹주에게 딸린 것인 듯 동궁의 사정도 좀 보아주셨다. 그래서 동궁은 기쁘고 즐거워 부왕에 대한 두려움이 적이 나으셨다. 만일 화평옹주가 오래 사셨더라면 대전(임금)과 동궁 사이를 도왔을 것이고 동궁께 크게 유익하였으리라.

정묘년(영조 23년)에는 동궁께서 서연도 착실히 하시고 근심 없이 지냈는데, 10월에 창덕궁 행각行閣(정당 양쪽의 긴 집채, 회랑)에 화재가 나서 거처를 경희궁으로 옮기셨다. 동궁의 처소는 경희궁 안 즙희당이요, 선희궁은 양덕당이며, 화평옹주는 일영헌이 되니 집 사이가 멀어서 서로 가까이 지내는 일이 드물어졌다. 그때부터 동궁의 놀이가 도로 시작되었다. 게다가 이듬해 무진년 6월에 화평옹주께서 돌아가셨다. 영묘께서는 천륜 이상으로 남달리 사랑하시던 따님을 잃어 거의 몸을 버릴 듯 애통해하셨고 선희궁께서도 그렇게 서러워하셨다. 두 분이 자식 잃은 슬픔으로 만사가 꿈같아 그 아드님도 돌아보지 못하시는 동안 동궁께서는 꺼릴 것 없이 유희도 더 하시고 세상만사에 안 해보시는 것이 없었다. 활 쏘고 칼 쓰고 기예技藝붙이를 다 잘하시어 갖고 노는 것이 모두 그런 붙이였다. 그림 그리는 것으로 날을 보내고 경문 잡서를 좋아하시어 당주복자* 김명기에게 주문을 써 오라 하여 공

---

* 당주복자(堂主卜者) | 나라의 기원을 맡아보던 소경 점쟁이.

서궐도 경복궁 서쪽에 있는 경희궁을 그린 궁궐도의 초안. 고려대학교 박물관 소장

부하여 외우셨다. 이런 잡일에 뜻을 두셨으니 어찌 학문 닦는 일을 온전히 하셨으리오.

이것으로 보아도 부모님 가까이 두실 때는 학문에도 힘쓰고 부자 분 사이도 틈이 없으며 유희도 하지 않으셨다. 멀리 계신 뒤부터는 유희도 도로 하시고 학문에도 전념하지 못하셨으니 부자 분 사이도 더욱 서먹해졌다. 만일 부모님 손 밖에 내놓지만 않으셨더라면 어찌 이 지경이 되셨으리오. 이 한 가지 일만 생각하여도 지극히 서럽다.

영묘께서는 무슨 생각이셨는지 그 아드님을 조용할 때 친근히 앉히고 진정으로 교훈하시는 일 없이 남에게 맡겨 버리고 아는 체하지 않으셨다. 그러다가 다른 사람들이 모인 때면 늘 흉보듯 말씀하셨다. 한번은 영묘의 병환 때문에 인원왕후도 내려오시고 여러 옹주와 월성위月城尉(화순옹주의 남편

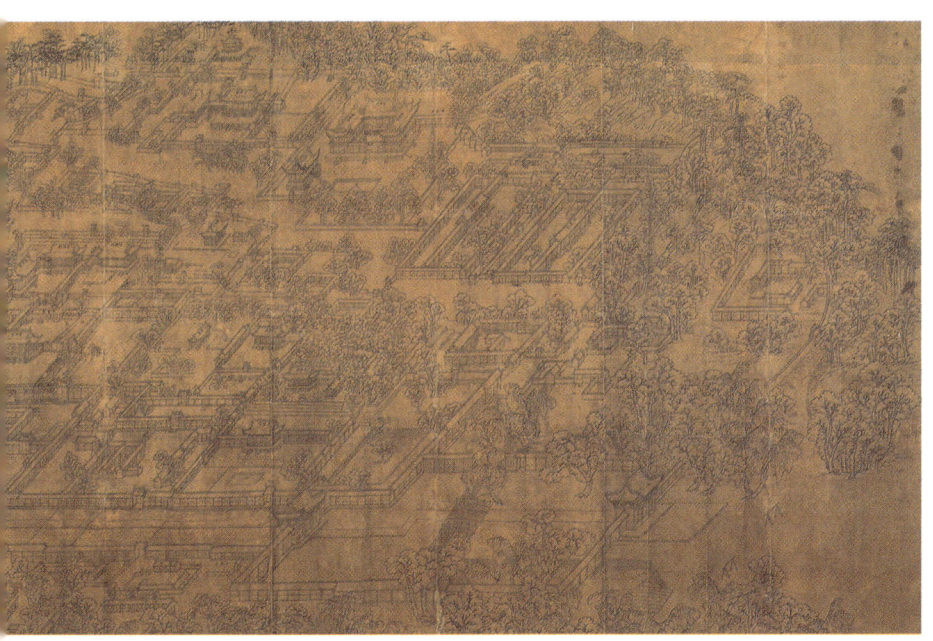

김한신)·금성위 두 부마도 들어와 가득히 모였는데, 그때 나인을 시켜 세자가 가지고 노는 것을 가져오게 하여 다들 보게 하고 동궁을 무안하게 하셨다. 배운 것을 외우는 따위도 차대* 날이나, 여러 신하가 많이 모인 때 굳이 불러 그 뜻을 물으시고, 아기네가 자세히 아뢰지 못하는 대목도 각박하게 캐물으셨다. 본디 부왕 앞에서는 분명히 아는 것이라도 쭈뼛쭈뼛하시는데 많은 사람이 모인 가운데 아뢰지 못하게 물으시고는 아기네가 더욱 두렵고 겁이 나서 아뢰지 못하면 남이 보는 가운데 꾸중하고 흉도 보셨다. 경모궁께서는 부왕께서 한두 번 그리하시는 것으로 감히 부왕을 원망하실 것은 아니었으나 당신을 진정으로 교훈하지 않으시는 것에 와락 성나고 노엽고 두

* 차대(次對) | 매월 여섯 번씩 의정(議政) 당상관과 대간(臺諫) 옥당이 입시하여 중대하고 요긴한 정무를 아뢰는 것.

럽고 서먹하여 마침내 천성을 잃기에 이르셨다. 이런 원통한 일이 어디 있으리오.

화평옹주 계실 때는 오라버님을 편들어 일에 따라 부왕께 아뢰고 이해시켜 여쭈어 유익한 일이 많았다. 그런데 그 옹주 죽은 뒤로는 부왕께서 지나친 행동을 하시거나 자애가 부족하시거나 간에 누가 와서 '그리 마옵소서.' 할 사람이 없게 되었다. 부왕의 자애는 점점 부족해지고 아래(동궁)에서는 두려움만 날로 심해져 점점 자식의 도리를 차리지 못하셨다. 화평옹주만 계셨더라면 부자간에 자애하고 효도할 뻔하였으니 착한 옹주 일찍 돌아가심이 어찌 국운에 관계되지 않으리오. 지금 생각하여도 슬프고 안타깝도다.

경모궁께서는 천성이 몹시 너그럽고 도량이 활달하시며, 사람들에게 신의가 비상하여 아랫사람에게도 미덥게 말씀하셨다. 또 부왕을 무서워하면서도 당신이 잘못한 일을 물으시면 바른대로 아뢰어 털끝만큼도 숨기는 일이 없으셨으니 부왕께서도 경모궁이 속이지 않는다는 것은 아셨다.

효성이 거룩하셨음은 위에 다 거들었거니와 우애도 특별하셨다. 화평옹주는 부왕의 자애를 특별히 받으니 경모궁도 따라서 귀하게 여기신 것은 보통 인정이라 하겠다. 그러나 경모궁의 본심은 세력을 따르신 것이 아니라 옹주를 진정으로 가까이 사랑하신 것이었다. 또 화순옹주(정빈 이씨 소생)는 어머님 없이 지내는 것을 불쌍히 여겨 맏누이로 공경하셨다. 화협옹주는 계축년(영조 9년)에 태어나셨는데 또 딸인 것이 애달파서 그리하셨던지 용모도 빼어나고 효성도 있어 아름다운데도 부왕의 자애를 받지 못하였다. 심지어 아들로 태어나지 못한 것이 애달파서 형제인데도 화평옹주와는 한집에 같이 있지도 못하게 하셨다. 화평옹주는 부왕의 자애를 자기 혼자만 받는 것이 마음에 아픔이 되어 아무리 '그리 마오소서.' 여쭈어도 듣지 않으시니 어찌할 도리가 없었다. 화협옹주로 말미암아 그 남편인 부마도위 영성위永

城尉(신광수)까지 영묘의 사랑을 받지 못하였다. 경모궁께서는 그 누이의 나이가 당신과 비슷할 뿐 아니라 부왕께 사랑받지 못하여 지내온 형편이 서로 같은 것을 늘 불쌍히 여기시어 남달리 사랑하여 대접하셨다.

기사년(영조 25년)에 동궁(경모궁)이 열다섯 살이 되시니 정월 22일에 관례를 하고, 27일에 합례合禮(신랑 신부가 첫날밤을 치르는 일)하시도록 정하였다. 늦게야 얻으신 동궁이 열다섯 살이 되어 합례까지 하게 되었으니 마음 든든하여 오붓하게 재미를 보시면 훌륭한 일일 것이었다. 그렇건만 어찌된 마음이시던지 갑자기 세자에게 대리 정사하겠다는 영令을 내셨다. 그날은 내 관례 날이었다. 억만 가지 일이 대리 뒤에 생긴 탈이었으니 어찌 섧고 섧지 않으리오.

영묘께서는 부모에게 효도하고 선조 받드심과 하늘을 공경하고 백성을 사랑하시는 큰 덕과 정성이 오랜 옛날의 제왕보다 뛰어나셨다. 내 귀로 듣고 눈으로 뵌 것과 기록된 것들로 미루어 생각하여도 역대에 비할 만한 임금이 안 계셨다. 다만 신임사화와 무신역변* 등 겪어 오신 일이 많아 꺼리고 염려함이 거의 병이 된 듯싶었다. 그 사이의 자잘한 일들이야 어찌 다 기록하리오. 말씀을 가려 쓰시어 '죽을 사死' 자와 '돌아갈 귀歸' 자를 다 입 밖에 내기를 꺼리셨고, 차대 때나 밖에 나가 일 보실 때 입던 의복도 갈아입으신 뒤에야 안으로 드셨다. 불길한 말씀을 주고받거나 들으면 들어오실 때 양치질하고 귀를 씻으신 뒤에 먼저 누군가를 불러 한 마디라도 첫마디를 하신 뒤에야 안으로 드셨다. 좋은 일 하실 때와 좋지 않은 일 하실 때 드나드는 문이 달랐고, 사랑하는 사람 집에 사랑하지 않는 사람이 함께 있지 못하게

---

* 무신역변(戊申逆變) | 이인좌의 난. 영조가 즉위한 뒤 노론에게 정권을 빼앗겼던 소론의 김일경 등이 기회를 노리던 중에 노론의 일부가 실각하자, 무신년(영조 4년, 1728년) 3월에 이인좌, 정희량(鄭希亮) 등이 주동이 되어 일으킨 반란.

영조대왕 어진 국립고궁박물관 소장

하셨으며, 사랑하는 사람 다니는 길을 사랑하지 않는 사람이 다니지 못하게 하셨다. 지극히 황공하오나 사랑과 미움을 뚜렷이 하심은 감히 우러러 헤아릴 수 없는 일이었다.

대리 정사 전에도 사형수를 심리하거나 형조刑曹의 공사公事, 중죄인을 친국하시거나 대궐에서 말하는 불길한 일에는 자주 세자를 불러 시좌侍坐(왕세자가 곁에 모시고 있는 것)하게 하셨다. 화평옹주와 지금 정처라고 하는 무오년(영조 14년)생 옹주(화완옹주)의 방에는 신하를 인견引見할 때 입던 의복을 갈아입은 뒤에 들어가셨으나 세자에게는 그러지 않으셨다. 외전外殿(밖 곁)에서 정사하고 들어오실 때면 그 의복 입은 채로 길에서 동궁을 불러 '밥 먹었느냐.' 물으셨다. 세자가 대답하면 그 대답 들은 자리에서 바로 이부耳部(귀)를 씻고, 그 물을 화협옹주가 있는 집 창 쪽으로 버리셨다. 윗대궐이기 때문에 담을 넘겨 세숫물을 버리셨으니, 비록 그 물이 그리로 갈 것은 아니었으나 어떤 따님은 밖에서 입던 의복을 벗고 나서야 보시고, 이 소중한 아드님은 대답을 들어 귀를 씻은 후에야 가셨다. 그래서 동궁께서 화협을 대하시면,

"우리 남매는 부왕 씻으시는 차비로다."

하고 서로 웃으셨다. 그러나 화평옹주가 당신을 지극한 정성으로 평안히 해 드리는 것에 감격하여 털끝만큼도 의심하거나 시기하지 않고 한결같이 사

랑하고 귀중해하셨다. 이는 궁중이 다 알고 감탄하던 일이다. 선희궁께서는 부왕의 자애가 고르지 않은 것을 서러워하면서도 하릴없어 하셨다. 공사 가운데 의금부나 형조에서 사람 죽이는 일(살육붙이) 같은 것은 늘 친히 보지 않으셨고, 안의 옹주들 처소에 계실 때는 내관에게 맡겨 시키셨다.

  세자(경모궁)에게 대리 정사하라는 전교가 내려진 것은 무진년(영조 24년), 화평옹주가 죽은 후였다. 그때 설움도 심하고 병환도 잦으시어 '조용히 요양하려고 대리하게 하노라.' 하셨다. 그러나 사실은 꺼림칙해서 안에 들이지 못하는 공사붙이 가운데 내관에게 맡기기 답답한 일을 다 동궁에게 맡기시려는 뜻이었다. 대리 정사 후에 공사는 동궁이 내관을 데리고 하셨고 한 달에 여섯 번 하는 차대 가운데 15일 이전의 세 번은 대조大朝(대리 정사를 맡긴 임금, 영조)께서 하시면서 동궁이 곁에 모셨고, 15일 이후 세 번은 소조小朝(대리 정사 하는 왕세자, 경모궁)께서 혼자 하셨다. 그런데 소조 혼자 하실 즈음에는 일마다 순탄치 않고 부딪치는 곳에 탈이 많았다. 조정 신하들의 상서上書라도 언사言事(나랏일에 관한 상소)가 있거나 노론·소론이 상대 당파를 비판하는 것은 소조께서 혼자 결정하실 수 없었다. 그래서 대조께 아뢰면, 그 상서는 아랫사람이 하는 일이요 소조께서 아실 바가 아닌데도 '소조가 신하를 조화롭게 하지 못하여 전에 없던 상서가 올라왔다.' 하여 모두 소조의 탓으로 돌려 크게 노하셨다. 또 상소에 대한 비답을 어찌할까 여쭈면,

  "그만한 일을 결단치 못해 번거롭게 내게 물으니 대리시킨 보람이 없다."
하며 꾸중하셨고 아뢰지 않으면,

  "그런 일을 어찌 내게 묻지 않고 혼자 결정하랴."
하여 꾸중이셨다. 저러한 일은 이리하지 않았다 꾸중이시고, 이리한 일은 저리하지 않았다 꾸중하시어 이 일 저 일 다 뜻 같지 않음에 크게 노하셨다. 심지어 추위와 굶주림, 가뭄, 천재지변이 있더라도 '소조에게 덕이 없어 이

러하다.' 꾸중이 나셨으니 소조께서는 날이 흐리거나 겨울 천둥이 치거나 하면 또 무슨 꾸중이 날까 근심하고 마음 쓰시어 일마다 겁내고 두려워하셨다. 이로 말미암아 망령되고 나쁜 생각들이 다 생겨나 점차 병환의 싹이 튼 것이었다. 영묘께서는 덕이 성대하고 몹시 어지실 뿐 아니라 총명하고 세심히 살피시어 데면데면한 성품이 아니었는데 이렇게 끔찍이 소중한 춘궁春宮(왕세자)에 병환 드는 것을 깨닫지 못하셨으니 어찌 서럽지 않으리오.

경모궁께서는 대조의 한 번 꾸중에 놀라고 두 번 성냄에 신경 쓰시어 크고 늠름하고, 똑똑하고 씩씩한 기품을 지니고도 한 가지 일도 자유롭게 못하셨다. 무슨 정시*·알성붙이나 시사試射(궁술 시험)·관무재* 같은 호화로이 구경할 곳에는 일생 부르지 않으시고, 동지섣달에 사형수를 재심리할 때나 곁에 모시고 있게 하셨으니 어찌 마음이 편하시며 서럽지 않으셨으리오. 설사 아버님께서 혹 지나치셔도 아드님이 다음다음 효도에 더욱 힘쓰거나, 아드님이 혹 미덥지 않아도 아버님이 갈수록 사랑과 은혜를 내려 주셨으면 싶을 때 여러 일이 까닭 없이 절로 이리저리 굴러 이렇게 되었다. 이것이 하늘의 뜻이고 나라의 운명인지라 사람의 힘으로는 어쩔 수 없는 것이던가 싶다. 그러나 내가 본 것이 여전히 눈앞에 역력히 벌여져 보이고 지극한 슬픔은 아직 가슴에 박혀 있다. 이제 써내려 하니 영묘와 경모궁께서 하시던 일이 위아래 두 분 모두의 부족한 덕이 될 듯하여 죄스럽다. 그러나 실상을 기록하지 않을 수 없으니 종이를 대하여 가슴이 막힐 따름이로다.

경모궁이 열다섯 살이 되셨으나 능행 수가隨駕(임금 거동 때 따라감)를 한 번도 못하시고 점점 장성하시어 교외 구경을 몹시 하고 싶어하셨다. 그래서 부왕께서 서울 안 거동을 하시거나 능행 거동을 하실 때 예조에서 동궁을 수가시키라는 건의가 있으면 혹 부왕께서 수가하게 하실까 늘 초조히 마음 조이셨다. 그러다가 번번이 못 가시게 되었는데, 그러면 처음에는 서운하고 섬뜩하시던 것이 점점 마음에 화가 되어 우실 때도 있었다. 원래 당신은 마음속에 부모님에 대한 정성이 갸륵하시건만 민첩하지 못하여 지닌 정성의 백분의 일도 드러내지 못하셨다. 부왕께서는 이를 모르시고 늘 불쾌한 말씀과 표정을 보이며 한 번도 사정을 보아준 적이 없으시니 부왕에 대한 두렵고 무서운 마음이 점차 병환이 되셨다. 그래서 화가 나시면 풀 곳이 없으니 내관과 나인에게나 푸시고 심지어 내게까지 푸신 것이 몇몇 번인 줄 알리오.

❀

경오년(영조 26년) 8월에 내가 의소懿昭를 낳았다. 영묘의 마음인들 어찌 기쁘지 않으시리오마는 두해 전(무진년)에 해산하지 못하고 돌아가신 화평옹주가 너무 불쌍하고, 그 슬프고 안타까운 마음이 아직도 가슴에 맺혀 옹주 생각하는 슬픔이 손자 보신 기쁨을 이기셨다. 그래서 아드님(동궁)께, '네가 어느 사이에 자식을 두었구나.' 하는 한마디를 하지 않으셨다.

영묘께서는 평소 내가 바라는 것 이상으로 나를 어여삐 여기셨다. 나는 은혜에 감사하면서도 사랑과 칭찬을 나 혼자 받는 것이 불안하여 늘 조심스러웠다. 그런데 해산한 뒤에는, '네가 순산으로 아들을 낳으니 기특하다.' 하는 말씀조차 없으시니 나는 젊은 나이에 아들 낳은 기쁨은 모르고 도리어 두렵기만 하였다. 영묘께서는 슬픔과 원망이 새로워 화도 크게 내시며 편안히 기뻐하지 못하셨다. 선희궁께서도 그 따님 생각이 어찌 예사로우셨을까마는, 내가 아들 낳은 일을 진정으로 귀히 여기시고 종사의 큰 기쁨이라 하

---

* 정시(庭試) | 나라에 경사가 있을 때 대궐 안마당에서 보이던 과거.
* 관무재(觀武才) | 무과(武科)의 일종. 무술을 관람한 뒤에 당상관 이하 군관(軍官)과 한량(閑良)에게 무재(武才)를 시험하는 것.

며 해산 후 칠일까지 산실産室 근처에 머물러 보살펴 주셨다. 그러자 영묘께서 불쾌해하셨다.

"선희궁이 옹주는 잊고 좋아만 하니 인정이 각박하다."

선희궁이 웃으며 영묘의 치우친 마음을 탄식하셨다.

경모궁께서는 어른같이 숙성하시어 당신에게서 아들이 나서 나라의 근본이 굳어짐을 기뻐하셨다. 또한 부왕이 덜 기뻐하시는 것을 감히 어떻다고는 못하셔도 마음속으로 슬퍼하시어 '나 하나도 어려운데 아이가 나서 어떠할까.' 하시니 내가 이 말씀 듣기가 몹시 서글펐다.

이 일은 써도 될 사연은 아니나 마지못해 쓴다. 내가 의소를 잉태했을 때 화평옹주가 자주 보이며 옹주가 내 침실에 들어와 곁에 앉기도 하고 웃기도 하였다. 그때 나는 어린 마음인지라, 옹주가 해산하다가 그 지경이 되었는데 악착스런 해산解産 귀신이 꿈에 자주 보여서 내 몸을 염려하였다. 그 후 의소를 낳아 씻길 때 아기 어깨에 푸른 점이 있고 배에는 붉은 점이 있는 것을 우연히 보았다. 그리고 다음 달 9월 12일, 영묘께서 온양에 거동하시기 전날 영묘와 선희궁께서 한편 슬프고 한편 기쁜 얼굴로 오시어 문득 자는 아이의 옷깃을 끄르고 벗겨 보셨다. 과연 아기 몸에 표가 있으니 몹시 슬퍼하시고 분명 옹주가 환생한 것으로 아시어 그날부터 금방 아이를 귀중히 여기며 화평옹주 대하듯이 하셨다. 아이가 처음 태어났을 때는 조심해 주시는 일 없이 신하들 인견하시던 의복을 입은 채 그대로 들어와 보시더니 그날부터는 극진히 조심하셨다. 영묘의 꿈에 화평옹주가 나타나 보이셨던 것일까. 그 일이 허황하고 괴이하여 알 길이 없더라.

의소 백일 후에는 당신께서 인견하시던 창경궁 환경전을 수리하여 옮기게 하고 천만 귀중해하셨다. 나는 경모궁께서 아들로 말미암아 요행히 아버님께 나아지시기를 빌었다. 그러나 사실 영묘께서는 화평옹주가 다시 살아온 것으로 아시어 아이를 사랑한 것이었으니 낳은 부모는 아이로 말미암아 더 귀할 것이 없어 한결같이 전과 같으셨다. 참으로 알 수 없는 일이었다. 의소가 겨우 열 달 되던 신미년(영조 27년) 5월에 아이를 세손으로 책봉하셨다. 애중한 마음으로 그리하셨으나 지나친 일이더니 이듬해 임신壬申년(영조 28년) 봄에 아이를 잃었다. 영묘께서는 말할 수 없이 슬퍼하셨다.

하늘이 말없이 돕고 조상들이 은밀히 보살피시어 내가 신미년(영조 27년) 12월에 또 임신하여 이듬해(임신년) 9월에 아들을 낳았다. 이 아기가 곧 선왕(정조)이시다. 보잘것없는 복으로 이해에 이런 경사가 뜻밖이었는데 태어난 아기는 풍채가 영위英偉하고 골격이 특이하여 참으로 하늘이 낸 진인眞人(깊은 진리를 깨달은 사람)이었다. 선왕을 임신하기 한 달 전인 11월에 경모궁께서 주무시다가 일어나 말씀하셨다.

"용꿈을 얻었으니 귀한 아들을 낳을 징조다."

그리고 흰 비단 한 폭을 내라 하여 그 밤에 손수 꿈에 본 용을 그려 침실 벽에 붙이셨으니 성인이 태어날 때 어찌 기이한 징조가 없으리오. 영묘께서 의소를 잃고 슬퍼하시다가 다시 왕세손을 얻고 기뻐하여 나더러 말씀하셨다.

"원손元孫(세손)이 비상하고 뛰어나니 조상 신령들의 도우심이라. 네가 정명공주貞明公主의 자손으로 나라의 빈이 되어 네 몸에 이 경사가 또 있으니 나라에 공이 있도다. 부디 아기를 잘 기르되 검소하고 소박하게 하는 것이 복을 아끼는 도리니라."

내가 이 말씀을 듣고 은혜를 뼈에 새겼으니 어찌 잠시나마 지키지 않았으리오. 경모궁께서 기뻐하고 다행스러워 함은 말할 것도 없고, 온 나라 백성들도 의소를 낳았을 때보다 백배나 더 기뻐하였다. 우리 부모님께서 기뻐하며 축하함은 더욱 어떠하였으리오. 뵈올 적마다 세손 낳은 것을 축하하셨으니 스물이 안 된 나이에 내 몸으로 또다시 나라의 경사를 얻은 것이 흐뭇하고 떳떳하며 기뻤다. 그 밖에도 내 신세 의탁할 곳을 얻은 마음이 어떠하였으리오. 멀리 훗날까지 길이 효성으로 봉양받을 것을 기약하며 빌었더니라.

그해(영조 28년) 10월에 홍역이 크게 성하여 화협옹주가 먼저 하였다. 경모궁께서는 양정합으로 거처를 옮기시고 원손(정조)은 낙선당으로 옮겼다. 아기는 태어난 지 삼칠일(3주) 안이었는데도 몸집이 크고 건강하시어 먼 데로 옮겨 가는 것이 염려스럽지 않았다. 그때 아기의 보모도 미처 정하지 못하여 늙은 나인과 내 아지에게 맡겨 보냈는데 그날이 다하지 않아 경모궁께서 홍역을 시작하셨다. 경모궁의 홍역이 끝나 갈 무렵에 내가 하고 이어서 원손도 하셨다. 나는 해산 후 경모궁의 큰 병환에 신경 쓰다가 병을 얻었기에 증세가 가볍지 않고 원손도 열꽃이 솟았다. 아기의 증상이 아주 순하기는 하였으나 큰 병 중에 있는 내가 마음 쓸까 하여 선희궁과 아버지께서 말하지 않으셔서 나는 모르고 지냈다. 경모궁께서는 홍역 뒤의 열이 대단하였으니 아버지께서 경모궁을 뵈랴, 나도 보살피랴, 원손도 보호하랴, 밤낮으로 세 사람의 처소에 다니셨다. 그때 그렇게 신경 쓰며 초조히 애태워 아버지는 수염과 머리털이 다 희어지셨더니라.

그해 11월에 화협옹주가 홍역으로 돌아가셨다. 경모궁께서는 누이의 정리情理가 당신과 같음을 불쌍히 여기시어 평소에도 우애가 남다르더니 옹주 병환 때는 안부를 묻는 액예掖隷가 길에 연이어 있었다. 끝내 돌아가시자 슬픔을 이기지 못하셨으니 이런 일로 미루어 보아도 경모궁이 본디 착한 심성을 지니셨음을 알 수 있으리라.

그해 12월에 대간 홍준해가 올린 언사상소言事上疏(국사國事를 말하는 상소)로 영묘께서 대단히 크게 노하시어 소조(경모궁)께서 희정당 앞 선화문에 엎드리시고 소조께 엄한 명을 많이 내리셨다. 그때 눈이 내리고 추위가 혹독하였던지라 경모궁께서는 큰 병환 끝에 눈 속에 엎드려 벌 받기를 기다리셨으니 눈이 쌓여 엎드리신 것을 분간할 수 없었는데도 꿈쩍도 하지 않으셨다. 인원왕후께서 '일어나라' 하셨으나 듣지 않다가 영묘께서 지나친 처사를 진정鎭靜하신 후에야 일어나셨다. 이런 것으로 보아도 경모궁의 타고난 바탕이 침착하고 진중함을 알지라. 그 후에도 영묘의 노여움은 그치지 않아 그달 15일에 창의궁에 거동하여 인원왕후께 말씀하셨다.

"전위傳位(왕위를 물려주는 것)하려 하나이다."

인원왕후께서 귀가 어두워 잘못 들으시고 '그리하라' 대답하셨다. 그러자 영묘께서 말씀하셨다.

"자교慈敎의 허락을 얻었노라. 전위하겠노라."

그때 동궁께서는 너무나 당황하여 어쩔 줄 모르시어 춘방관春坊官(세자시강원의 관원)들을 불러 상소를 불러 받아쓰도록 하셨는데 조금도 거침이 없으시니 춘방관이 나와서 감탄하더라 하였다.

대조께서 당신의 옛집인 창의궁에 오래 머물고 환궁하지 않으시니 인원왕후께서 말씀하셨다.

"내가 귀가 어두워 잘못 대답한 일로 종사에 죄를 지었노라."

그리고 소실小室(작은 집)로 내려와 계시며 대조께 편지하여 환궁을 청하셨다. 동궁은 시민당 손지각 뜰 얼음 위에 석고대죄 하시다가 창의궁으로 걸어가 또 그렇게 하시고, 머리를 돌에 부딪쳐 망건이 다 찢어지고 이마가 상하여 피가 나셨다. 이런 일은 타고난 효심과 충실·순후한 본질로 가식이 없기에 하실 수 있음을 알리라. 그리하시는 동안에 대조의 꾸중인들 또 어떠하였으리오마는 경모궁께서는 공순히 도리를 다하셨으니 결국 일을 잘 수습하신 것으로 좋은 명성을 많이 얻으셨다.

대조께서 홍준해의 상소로 크게 노여워하시던 그때, '2품 이상을 모두 멀리 귀양 보내라.'고 하셨으니 아버지도 그 가운데 드셨다. 그러나 전지傳旨

(상벌에 관한 왕의 명)가 아직 관아에 내리지 않았기 때문에 아버지는 동궁이 석고대죄 하며 일을 수습하시는 동안 문밖에서 애를 태우며 어쩔 줄 모르셨다. 그때 의논하던 편지가 몇 장인줄 알리오. 내가 다 모아 두었는데 원손(정조)이 자란 뒤에 보시고 지극한 충성에 감탄하시어 두고 보자 하시며 친히 가져가셨다.

　며칠 뒤 대조(영조)께서 환궁하시고 면직시켰던 여러 신하를 다시 임용하여 조참*하셨다. 아버지께서 들어오시어 석고대죄 할 때 상한 경모궁의 머리를 어루만지며 흐느껴 우시고, 그동안의 일을 말씀하시던 것이 지금도 눈앞의 일 같다. 경모궁께서는 그 병환이 드러나지 않은 때에는 어질고 효성스러우며 두루 통달하시어 부족한 곳 없이 훌륭하시다가 병환만 나면 다른 사람 같으셨으니 어찌 이상하고 서러운 일이 아니었으리오. 늘 불교나 도교의 경문·잡설雜說붙이를 아주 많이 보시고,

　"옥추경*을 읽고 공부하면 귀신을 부린다고 하니 읽어 보자."
하시어 밤이면 그것을 읽고 공부하셨다. 과연 깊은 밤이면 정신이 어둑해져서 '뇌성보화천존雷聲普化天尊(도교의 신)이 보인다.' 하고 무서워하셨으며, 이로 말미암아 병환이 깊이 드셨으니 원통하고 섧도다.

　열 살 남짓부터 병환점이 있어서 잡숫는 것과 행동하는 것까지 다 예사롭지 않으시더니 옥추경 이후로는 기질이 아주 변하여 딴 사람이 되신 듯 무서워하셨다. '옥추玉樞' 두 자를 입에 담지 못하시고, 단오 때 들어오는 옥추단*도 만지지 못하셨다. 혹 옥추단이 들어와도 무서워 차지 못하시고, 그 뒤로는 하늘을 몹시 무서워하시며 '우뢰 뢰雷', '벽력 벽霹' 같은 글자를 보지도 못하셨다. 이전에는 천둥을 싫어하더라도 그리 심하지는 않으셨으나 옥추경 후로는 천둥이 칠 때면 귀를 막고 엎드리셨다가 그친 뒤에야 일어나셨다. 이런 것을 부왕과 모빈(선희궁)께서 알게 되실까 싶어 모든 일에 절박하

고 어찌할 줄 몰랐으니 무어라 말할 수가 없었다.

임신년(영조 28년, 경모궁 18세) 겨울에 그 증세가 나시어 이듬해인 계유년에는 자주 놀라고 가슴이 두근거리는 경계증驚悸症에 걸린 것같이 지내셨다. 다음 해에도 때때로 그 증세가 나 점점 고질이 되었으니 그저 옥추경이 원수니라. 그렇듯 어찌하다가 계유년(영조 29년) 무렵에 양제*란 것을 가까이 하시어 자식을 배니 대조의 꾸중이 두려워 아무쪼록 낙태를 시키려 하셨다. 그러나 괴이한 것이 세상에 태어나 화근이 되려 하였던지 그저 보전되어 이듬해 갑술년(영조 30년) 2월에 인이 태어났다. 대조께서는 평소에도 꾸중이 많으신데 그때 몹시 노한 말씀들이 여러 번 그치지 않으시니 경모궁은 날마다 두려워 움츠리고 지내셨다. 아버지는 경모궁이 엄한 책망받으시는 것이 민망하여 위(대조)에 아뢰어 노여움을 푸시게 하였다. 궐 안에는 투기하는 일이 없고, 내 본성이 사납지 못한 데다 처음부터 선희궁께서 '그런 일을 거리껴 하지 말라.' 경계하셨다. 뿐만 아니라 경모궁께서 인의 어미를 총애하시는 일이 없으니 내가 시샘할 턱이 없었던 데다 경모궁께서는 인의 어미가 만삭이 되어도 변통하여 처리하는 일 없이 버려두셨다. 한때 그리하신 것이 자식이 생기자 꾸중 들을까 겁내어 돌아보시는 일이 없고 선희궁께서도 아는 체하지 않으셨다. 그러니 내가 처리하지 않으면 어려울 것이었기에 무슨 식견이 있었으리오마는 힘닿는 일을 다 보살펴 주었다. 그러자 영묘께서 나에게,

---

* 조참(朝參) | 매월 4회, 왕이 정전(正殿)에 임하여 백관들로부터 정사를 듣는 일.
* 옥추경(玉樞經) | 도교의 한 경문. 무엇을 빌 때 소경들이 읽는 축문.
* 옥추단(玉樞丹) | 구급약의 한 종류. 5월 5일 단오 때 사향(麝香)·석웅황(石雄黃) 등의 약재를 써서 여러 모양으로 만들어 금박(金箔)을 발라 오색실로 꿰어 차면 재앙을 물리친다고 했다.
* 양제(良娣) | 세자궁에 속한 종2품의 여관직이다. 여기서는 경모궁의 후빈(後嬪)으로 은언군 인과 은신군 진의 생모를 가리킨다.

"남편의 뜻을 받아 남들이 다 하는 투기를 하지 않는다."

꾸중을 많이 하셨으니, 내가 가례하여 궐에 들어온 갑자년(영조 20년) 이후 처음으로 그런 지엄한 말씀을 듣고 황송하여 지냈다. 예로부터 투기는 칠거지악七去之惡에 해당하는 죄요, 투기하지 않는 것을 부녀자의 으뜸 덕으로 꼽았다. 그런데 우습게도 나는 투기하지 않아 도리어 허물이 되었으니 이것도 다 나의 운수인가 싶더라.

  부자 분 사이가 예사로워 영묘나 선희궁께서 그것도 손자라고 한 푼이라도 사정을 보아주시거나, 경모궁께서 이것에게 혹하여 계셨다면 내 비록 도량이 있다 한들 부녀의 마음에 어찌 편안하였으리오. 그러나 그렇지 않아서 영묘와 선희궁께서는 알은체도 하지 않으시고 경모궁께서는 겁만 내어 어찌할 줄 모르셨다. 여기에 또 나까지 곁들여 심하게 투기한다면 경모궁께서 두려운 가운데 신경 쓰셔서 병환이 몇 겹 더하지나 않을까 염려하지 않을 수 없었다.

  그해(영조 30년) 7월 14일에 청연이 태어나니 영묘께서 '백여 년 만에 군주郡主가 처음 났으니 귀하다.' 하고 기뻐하시더니 이듬해 정월에 인의 아우 진이 태어나자 두 번째여서인지 그때는 지엄한 말씀이 적은 듯하였다.

  경모궁의 병환 증세가 종이에 물 젖듯 하여 문안도 더 드물게 하시고 강연도 전념하지 못하셨다. 마음의 병환인지라 길게 신음하는 일이 잦았으니 병으로 인하여 몸을 잘 쓰지 못하시는 모양이었다. 대조께서 춘방관을 불러 공부한 것을 물으시면 두려움만 더하셨다.

  그러다가 을해년(영조 31년) 2월에 윤지 등의 반역 음모 사건이 나서 5월까지 대조께서 죄인들을 친히 심문하셨는데, 그때 역적을 정법(사형)하여 모든 관료가 차례로 서 있는 때면 동궁(경모궁)을 내보내어 보게 하셨다. 대조께서 날마다 그렇게 친국하시는 자리에 나와 앉아 계시다가 들어오시면 인정

후나 초경·이경(저녁 7시부터 밤 11시 사이)이 되고, 혹은 삼경·사경(밤 11시부터 새벽 3시 사이)이 될 때도 있었다. 그런데도 하루도 빼지 않고, '동궁 불러라.' 하여, '밥 먹었느냐.' 묻고 동궁이 대답하면 바로 가셨다. 동궁에게 대답을 시켜 그날 친국하시던 더러운 일을 씻고 가시려는 것이었다. 좋고 재수 있는 일에는 참예치 못하게 하시고 상서롭지 않은 일에는 참여하게 하셨다. 요긴한 것이든 그렇지 않은 것이든 간에 말씀을 주고받기라도 하시면 그러려니 하련만 날마다 다른 말씀은 한 마디도 하는 일 없이 대답만 시키셨다. 그것으로 당신을 씻고 가시려고 날마다 밤중에라도 동궁 부르기를 그만두지 않으셨다. 아무리 지극한 효심이고, 병 없는 사람이라 할지라도 어찌 섧지 않으리오. 그 병환의 증상으로 생각하면 화가 나시어, '어이 부르시나이까.' 할 듯도 하건만 잘 참으시고 날마다 밤중이라도 대령하고 있다가 부르시는 때를 어기지 않고 대답하셨으니 타고난 효성을 더욱 알 수 있으리라.

그 병환이 이상한 것은 처자나 애쓰고 내관과 나인이나 밤낮으로 두려워하며 지내지 어머니도 자세히 모르셨다. 그러니 부왕께서야 어찌 자세히 아셨으리오. 위(대조)에 뵐 때와 신하를 대하실 때는 보통 때와 같아 예사로우셨으니 더욱 갑갑하고 서러웠다. 급박한 때는 차라리 위부터 춘방관까지라도 어쩔 수 없이 용서할 수 있도록 병환 증상을 남이 다 알게 나타내셨으면 싶더니라.

을해년(영조 31년) 2월 윤지 등의 역모 사건 때에도 부왕과 동궁 사이에 근심이 많았으니 갑갑하던 일은 이루 다 기록할 수가 없다. 그해 11월 무렵에 선희궁께서 병환이 있어 동궁께서 어머니를 뵈러 집복헌에 가셨다. 그런데 영묘께서는 동궁이 화완옹주 처소와 가까이 있는 것을 싫어하여 크게 화를 내시며 바삐 가라 하시니 동궁이 황급히 높은 창을 넘어 오셨다. 그날 영묘께서 몹시 엄한 교지를 내려 말씀하셨다.

"청휘문 안에는 들어가지 말고 낙선당에서 『서전書傳』 「태갑」 편*을 읽으라."

병환 중인 어머니를 뵈러 가셨다가 잘못한 일 없이 그리되니 경모궁이 너무나 섧고 원통하여 자결하겠노라 하시어 겨우 진정시켰다. 그러나 부자 사이는 점점 어찌할 수 없이 되어 갔으니 무엇이라 하리오. 병자년(영조 32년) 정월 초하룻날 대조께서 존호*를 받으셨는데 이 자리에도 경모궁을 참례시키지 않으셨다. 경모궁은 병환이 점점 깊어져 강연도 더듬으시고, 저승전 서쪽에 있는 취선당 밧소주방의 집 한 채가 깊고 고요하다 하시며 많이 머무셨으니 어느 일인들 근심이 아니며 어느 부분인들 애타지 않았으리오.

그해 5월에 영묘께서 숭문당에서 신하들을 인견하시고 갑자기 동궁을 보러 낙선당으로 가셨는데 마침 동궁은 세수도 깨끗이 하지 않고 옷차림도 다 단정하지 않으셨다. 그때는 금주禁酒가 엄한 때였던지라 영묘께서는 동궁이 술을 마셨는가 의심하고 크게 노하셨다.

"술 드린 이를 찾아내라."

누가 경모궁께 술을 드렸는가 엄하게 물으셨으나 참으로 술 드신 일이 없었으니, 아아! 이상하시도다! 영묘께서 무슨 일이든 억측으로 말씀하고 물으시면 그 후 동궁이 그 일을 행하셨으니 다 하늘이 시키시는 듯하더라. 그날 영묘께서 경모궁을 뜰에 세우고 술 마신 일을 엄하게 물으셨다. 경모궁은 참으로 드신 일이 없었건마는 너무나 두려워 감히 아니라고 변명도 못하는 성품이셨다. 하도 다그쳐 물으시니 경모궁이 하릴없어 '먹었나이다' 하셨고 '누가 주더냐.' 물으시니 댈 곳이 없어 '밧소주방 큰 나인 희정이 주더이다.' 하셨다. 그러자 영묘께서 상을 두드리며 엄하게 꾸짖으셨다.

"금주하는 이때 네가 술을 먹고 미친 듯이 난폭하게 구는가."

그러자 보모 최상궁이 아뢰었다.

"술 드셨다는 말씀은 몹시 원통하니 술내가 나는지 맡아 보소서."

그 상궁은 술이 들어온 일이 없고 잡수신 바가 없으니 너무 원통하여 그렇게 아뢰었으나 경모궁께서는 부왕 앞에서 최상궁을 꾸중하셨다.

"마시고 안 마시고 간에 내가 마셨노라 아뢰었는데 자네가 감히 말을 할까 싶은가. 물러가소."

보통 때는 부왕 앞에서 쭈뼛쭈뼛하여 말씀을 잘 못하셨는데 그날은 원통하게 꾸중을 들어 그렇게 말씀을 잘하셨던가. 송구스럽고 두려운 가운데에도 그렇게 말씀하시는 것이 나는 다행스러웠는데 영묘께서 또 크게 노하셨다.

"네가 내 앞에서 상궁을 꾸짖는가. 어른 앞에서는 개나 말도 꾸짖지 못하거늘 어찌 그리하는가."

"감히 와서 변명하기에 그리하였나이다."

경모궁이 안색을 온순하게 하여 아랫사람의 도리에 맞게 잘 대답하셨다. 영묘께서는 금주령이 내려졌는데 동궁에게 술 드렸다 하여 나인 희정을 멀리 귀양 보내고 경모궁에게 대신大臣 이하를 인견하라 하셨다. 우선 춘방관이 먼저 들어가 경모궁을 만나서 타이르게 하셨다. 경모궁은 그날 원통하고 억울하고 서러우시어 하늘을 찌를 듯한 장한 기개가 다 나와 병환 중이셨는데도 겉모습으로는 알 수가 없었다. 그런데 춘방관이 들어오자 처음으로 호령하셨다.

* 「태갑(太甲)」편 | 중국 고대의 책 『서전』의 한 편. 은(殷)나라 왕 태갑이 어질지 못하자 재상 이윤(李尹)이 지어 바쳤다고 한다. 태갑은 이윤에 의해 동(桐)으로 쫓겨나 자신의 잘못을 뉘우치고 스스로 바른 길을 닦아 3년 동안 어질고 의로운 일을 하여 다시 왕위에 올랐다.
* 존호 | 영조의 존호는 '체천건극성공신화(體天建極聖功神化)'이다.

이백오십일

"너희 놈들이 부자간에 화합하게 하지는 못하고 내가 이렇게 원통하고 억울한 말을 듣는데도 말 한마디 아뢰지 않더니 감히 들어오느냐. 다 나가라."

그때 춘방관 하나는 누구였는지 모르겠고 다른 하나는 원인손이었다. 그가 무어라 아뢰며 썩 나가지 않으니 경모궁께서 '어서 나가라.' 하고 성내어 쫓아내려 하셨다. 그럴 즈음에 그 자리에 있던 촛대가 거꾸러져 낙선당 온돌 남쪽 창에 닿아 불이 붙었다. 불 잡을 사람은 없고 불길은 급하였다. 경모궁이 춘방을 쫓아 낙선당에서부터 덕성합으로 가는 문으로 내려가시니 춘방이 쫓겨 나갔다. 그 당시에는 집현문이 닫혀 있어 대전께서 숭문당에서 인견하실 때면 입시하러 가는 사람이 늘 창덕궁 동문인 건양문으로 돌아 시민당 앞에서 덕성합의 서연소대* 하시는 집을 지나 보화문으로 들어가곤 하였다. 그런데 마침 춘방이 나가고 입시하러 가는 사람이 덕성합 앞을 막 지날 때 경모궁께서 큰 소리로,

"너희가 부자 사이를 좋게 하지 못하고, 녹만 먹고 간하려 하지도 않으면서 입시하러 들어가니 저런 놈들을 무엇에 쓰리오."

하고 외치면서 춘방을 쫓으셨다. 그 과격한 거동과 모습이 어떠하였으리오. 그러는 사이 불길이 급해졌다. 마침 원손(정조)을 관희합이라는 집에 두었는데 낙선당과 관희합은 한 일ー 자로 두어 간 사이에 있었다. 그런데 뜻밖에 화재가 나니 내가 어쩔 줄 몰라 원손을 데리고 내려오려고 반 간이나 되는 섬돌을 바삐 뛰어 내려가 자는 아기를 깨워 보모에게 안겨 경춘전으로 보냈다. 그때 나는 청선을 임신한 지 오륙 개월이었다. 관희합은 하릴없이 구하지 못할 줄 알았는데 기이하게도 불길이 낙선당과 지척인 관희합에는 미치지 않고 휘돌아서 기와도 이어지지 않은 양정합으로 달렸다. 임금 되실 이가 계시기에 관희합이 불길을 면하였던 것인가 싶어 이상하였다. 뜻밖에 화재가 나자 영묘께서는 아드님이 홧김에 불을 질렀는가 여기시어 열배나 더 노

하서 여러 신하를 함인정에 모아 놓고 경모궁을 불러 말씀하셨다.

"네가 불한당이냐. 어째서 불을 지르는가."

그때 경모궁은 서러움이 가득 차오르시어 이번에도 촛대가 굴러 불이 난 것임을 여쭙지 않으셨다. 조금 전 술 말씀에 대해 변명하지 않으신 것처럼 이번에도 스스로 한 듯이 구시니 절절히 섧고 갑갑하였다. 그날 그 일을 지내시고는 가슴이 막혀 청심환을 잡수시어 기운을 내리시고 '아무리 하여도 못 살겠다.' 하셨다. 그러고는 저승전 앞뜰에 있는 우물로 가서 떨어지려 하셨다. 그 놀라운 정경과 위태로운 모습을 어찌 다 말할 수 있으리오. 가까스로 구하여 덕성합으로 모셔 왔다.

그해 2월에 아버지께서 광주 유수로 내려가셨다. 경모궁께서는 아버지가 지방관아에 나가 계시기만 하면 더 의지 없어 하셨는데 대조께서 경모궁의 이번 일로 아버지께 내대(內對, 들어와 뵘)하라 하시어 올라오셨다. 대조께서는 지난 일을 말씀하시며 무수히 걱정하셨고, 소조(경모궁)께서는 '술 일과 불 일 두 가지 다 원통하니 아마도 서러워 살기 어렵노라.' 하셨다. 듣는 아버지의 마음이 어떠하셨으리오. 대조께서는 '자애를 잃지 마소서.' 거듭거듭 아뢰고, 소조께서는 '더욱 효성을 닦으소서.' 흐느껴 울며 아뢰셨다. 소조께서는 잘못된 행동을 하시다가도 장인이 아뢰고 만나 타이르면 수그러드셨으니 그리저리하여 겨우 진정하신 듯하였다.

가을에 내가 어머니를 여의고 서러운 정리가 말할 수 없었는데 경모궁의 병환이 점점 심해지시어 근심이 겹겹이 쌓였다. 그때 그러한 광경을 당하여 너무나 정신없이 지내다가 아버지를 뵈니 걱정과 설움이 북받쳐 부녀가 서

---

* 서연소대(書筵召待) | '서연'은 왕세자가 경사(經史)를 강론하는 자리를 말한다. '소대'는 임금이 아무 때나 경연(經筵)을 열고 참찬관 이하를 불러 글을 강론하던 일이다.

로 붙들고 흐느껴 울었다. 지금도 그 모습이 눈앞에 보이는 듯하다.

5월의 불 소동 이후 경모궁께서는 놀라셔서 병환도 더하고, 국정을 듣는 자리에서 잘못된 일도 하셨다. 강연도 더 드물고 차대 때나 겨우 억지로 기운을 내셨으니 무슨 의욕과 경황이 있으셨으리오. 더구나 울적함을 견디지 못하여 대조께서 거동이라도 나가시면 후원에 가서 활도 쏘고 말도 달리고 나인을 데리고 군기軍旗(군 부대를 표시하는 기)와 병기兵器붙이를 가지고 노셨다. 이럴 때면 내관들이 취타吹打(나발 불고 북 치는 것)까지 다 하였다.

그해(영조 32년) 7월에 인원왕후 칠순이므로 기로과*를 보이고 후원에서 진하進賀 받으셨는데 어찌해서인지 그 자리에 소조를 참예하게 하셨다. 소조께서는 진하를 무사히 마치고 와 너무나 좋아하셨다. 이런 일로 보더라도 대조께서 온화한 낯빛으로 소조를 가엽게 여겨 사랑하시고 조금 견딜 만하게 했더라면 어찌 이 지경에 이르렀으리오. 부자 두 분이 모두 스스로 마음대로 못하는 듯 그렇게들 하셨으니 모두 하늘 뜻이라. 그저 원통할 따름이다.

경모궁께서는 스물두 살이 되시도록 한 번도 능행 수가를 하지 못하셨다. 봄가을이면 갈 수 있을까 마음 조이다가 못 가시게 되니 그 일도 서럽고 울화가 되셨다. 그러다가 병자년(영조 32년) 8월 초하룻날에 처음으로 명릉明陵에 수가하게 되시니 시원하고 기뻐 목욕하고 정성을 다하여 요행히 탈 없이 다녀오셨다. 가신 동안에 인원·정성왕후 두 성모와 선희궁께 편지 올리고 자녀에게까지 편지하셨으니 그 필적이 지금도 내게 있다. 그런 일은 조금도 병환 있는 분 같지 않게 하셨고, 능행 수가를 순조로이 잘 마치고 환궁하신 것을 스스로 큰 경사같이 아셨다.

이번에 처음으로 능행 수가를 하시게 된 것은 선희궁께서,

"소조가 지금 능행 수가 못 하시는 것을 민심도 괴이하게 여기리라."

하시어 정처에게 여쭙게 하여 이루어진 듯싶었다.

능행 후 한동안은 큰 꾸중 들으시는 일이 없었으니 그것은 정처가 8월 초순에 딸을 낳아 대조의 마음이 몹시 기쁘셨기 때문이다. 보통 인정으로 생각하면 그 누이는 그렇게 총애받고 당신은 얻지 못하니 마땅히 어떤 마음이 있을 듯도 하지만, 그때까지 끝내 부왕에 대해 불효한 빛이 없으시고 누이가 순산한 일을 기특하게 여기셨다.

그해 윤9월에 청선이 태어났다. 전 같으면 경모궁께서 오죽 좋아하셨을까마는 이번에는 들어와 보신 일이 없었으니 병환이 심해졌음을 알 수 있었다. 오래지 않아 아버지께서 평안 감사가 되어 그날로 떠나시게 되니 두려움은 날로 더해 가는데 아버지께서 떠나시는 일이 민망하고 근심스러웠다.

그해 11월 10일경에 경모궁께서 덕성합에서 두증痘症(천연두)으로 열꽃이 솟으셨다. 증세는 아주 순하나 피부에 돋은 것이 대단하여 더욱 두려웠는데 수그러져 딱지 져서 지내셨다. 스물두 살 춘추에 격한 화가 이를 것이 없으신데 두증이 곱게 끝나니 그런 경사가 없었다. 선희궁께서는 가까이 와 머물며 밤낮으로 애태우시고, 원손(정조)은 공묵합으로 거처를 옮기셨다. 나는 좁은 방에서 경모궁을 보살피느라 찬 곳에서 지냈다. 그때 추위가 유난스러워 삼면에 성에가 끼어 얼음벽이 되었는데 경모궁께서 그 무거운 병환을 순히 지내시니 종사에 그런 무한한 경사가 없었다. 그러나 대조께서는 그 병환에도 한 번도 와 보신 적이 없었고 아버지는 관서關西(평안도)에 멀리 계시어 나 혼자 아득히 애썼으니 그런 말을 어찌 다 쓰리오. 경모궁께서는 병이 나은 후 경춘전으로 와서 몸조리를 하셨다.

정축년(영조 33년) 2월 13일에 정성왕후께서 숙환宿患이 갑자기 위중해지셔

---

* 기로과耆老科 | 조선 시대에 60세 이상의 노인과 선비들에게 보이던 과거. 영조 32년(1756년)에 대왕대비이신 인원왕후의 70세 생신을 기념하기 위하여 실시하였다.

서 수조手爪(손톱)가 다 푸르고 토하신 피가 한 요강이나 되었다. 그 핏빛이 선홍색이 아니고 검고 괴이하여 어릴 때부터 여러 해 동안 모인 것이 나오는 듯하였으니 놀라움을 어찌 다 헤아리리오. 내가 먼저 가고 경모궁께서 바로 뒤좇아 오셨는데 정성왕후께서는 피를 토하고 몹시 위태로우셨다. 경모궁께서 그 피 토한 그릇을 붙들고 우시어 눈물을 주르륵 흘리시니 보는 사람들이 모두 감동하였다. 대조께 미처 아뢰지도 못하고 그릇을 들려 친히 중궁전(정성왕후) 장방長房(부속 서리실)에 나가시어 의관에게 보이며 우시더라 하였다. 비록 정성왕후의 지극한 자애를 받기는 하셨으나 몸소 낳으신 것과는 달라 거리가 있을 듯도 한데 천성이 효성스럽고 착하시기 때문에 마음이 절로 생겨나 그리하셨다. 누가 경모궁께 병환이 있음을 알았겠는가.

밤에 정성왕후께서 경모궁에게 큰 병환 끝에 어떻게 계시랴 하시어 간곡히 가라 하셨다. 삼경쯤 되어 경모궁께서 경춘전에 잠깐 내려가 계셨는데 새벽에 나인이 와서 여쭈었다.

"아주 깊이 잠드셔서 아무리 여쭈어도 대답이 없으시오이다."

경모궁이 놀라 올라가 보니 정성왕후께서는 정신이 아주 혼미해지셔서 깊이 잠든 듯 아무리 여쭈어도 반응이 없으셨다. 경모궁이 '소신小臣 왔오. 왔오.' 하고 부르짖으며 천만 번이나 여쭈어도 모르시니 망극하여 우시던 일은 이루 다 쓸 수가 없다.

날이 밝아 14일(영조 33년 2월)이니 위(영조)에서 알고 오셨다. 두 분 사이가 극진하지는 못하였으나 정성왕후의 병환이 위중하므로 오신 것이었다. 경모궁께서는 아버님을 뵙자 또 황공하여 지금껏 우시던 것도 못하고 몸을 깊이 구부려 고개를 못 드셨다. 당신의 그 병환에도 그렇게 염려하여 흐느껴 우셨고, 또 정성왕후 숨 막히신 일이 망극하여 부르짖고 서러워하시어 옆에 있던 사람들이 감동하여 눈물을 뿌리며 흐느껴 울었다. 그러니 아무리 무서워도 이를 무릅쓰고 울고 싶으면 우실 일이었다. 대조께서 정성왕후 입에 인삼차를 계속 떠 흘려 넣으시니 그것도 보살피면서 병환 증세 말씀이라도 하시면 대조께서 보시기에 좀 나을 터였다. 그렇건만 몹시 다급한 가운데 좁은 방 한구석에 몸을 깊이 구부린 채 황공하여 엎드려만 계시니 아까 울며 서러워하시던 것을 어찌 아시리오. 대조께서 경모궁 옷 입으신 것, 행전 치신 모양까지 걱정하며 말씀하셨다.

"내전(內殿)(중전) 병환이 이러한데 몸가짐이 어찌 저러하리오."

천지간에 가슴 터질 듯 갑갑한 것이, 아까 지극하던 모양이 다 감춰져 버렸다. '아까는 저렇지 아니하더이다.' 할 수도 없고, 위에선 불효하고 버릇없다고만 하시니 선희궁 애쓸과 내 속 타는 것을 어디에 비하리오.

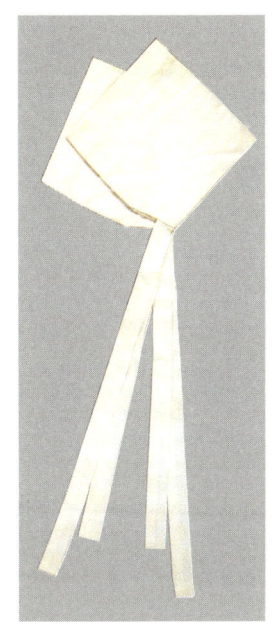

행전 바지를 입을 때 다리에 감아 무릎 아래 매도록 헝겊으로 만든 것. 국립고궁박물관 소장

그때 공교롭게도 일성위의 병이 위중해져서 옹주를 궁에서 내보내시고 대조께서 산란한 마음 이를 것이 없었다. 그런데 정성왕후의 병세가 점점 위급해져서 15일 신시에 승하하셨다. 망극함을 어찌 다 이를 수 있으리오. 동궁(경모궁)은 관리합 아랫방으로 내려오시어 발상*하시고, 나도 발상하기 위해 막 고복*하려 할 무렵에 대조께서 수많은 나인에게 두 분이 서로 만나던 일과 지금 이렇게 여의신 것을 길게 말씀하고 계셨다. 그러는 동안 날이 저

---

* 발상(發喪) | 머리를 풀고 울면서 돌아가신 것을 알리는 것.
* 고복(皐復) | 사람이 죽었을 때 그 혼을 소리쳐 부르는 초혼(招魂) 의식을 치르고 발상하는 것.

물어 동궁께서는 가슴을 치며 한없이 애통해하시고, 때가 지나는데도 발상 거애*를 못하고 어쩔 줄 몰라 하였다. 그때 일성위의 부음訃音이 들어왔다. 대조께서는 그제야 애통하여 통곡하시고 즉시 정처의 집으로 거동하셨으니 정성왕후께서 신시에 운명하셨는데 날이 저물어서야 발상들을 하였다. 그런 망극하고 당황스러운 일이 없었다. 이튿날 16일에야 습襲(시신을 목욕시켜 새 옷을 입힘)하고 대조께서 환궁하시기를 기다려 염殮(시신을 수의로 갈아입힌 뒤 베로 쌈)하였다.

동궁께서 하늘을 부르짖으며 몸부림치시고, 때때로 봉심*하고 부르짖어 우시며 눈물을 줄줄 흘리셨으니 직접 낳은 모자 사이신들 이보다 더하셨으리오. 동궁이 애통해하시는 거동을 대조께서 보신다면 혹 감동하시려나 싶었으나 환궁하신 대조를 뵐 때는 또 황송하여 허리 굽힌 것처럼 깊이 엎드려 계시어 대조께서는 동궁이 우는 모습을 끝내 보지 못하셨다. 갑갑하고 이상하지 않으리오.

정성왕후께서는 평소에 대조전 큰 방에 거처하셨으나 침수寢睡(주무심)하시거나 감기만 드셔도 건넌방에 와서 지내셨다. 그런데 환후가 위중하시자,

"대조전이 얼마나 소중한 곳인데 내가 이 집에서 죽으리오."

하시고 급히 대조전의 서익각(서쪽에 딸린 집) 관리합이라는 집으로 내려와 계시다가 승하하셨다. 염한 후에 경훈각으로 모셔 와 입재궁入梓宮하여 그곳이 빈전殯殿이 되었다. 경훈각 근처 옥화당이라는 집에 동궁의 거려청을 만들어 오삭거려五朔居廬(다섯 달 동안의 여막 생활)를 그곳에서 하시고 조석전朝夕奠과 조석상식*, 주다례*에도 연이어 참례하시어 어떤 날은 육시곡읍*을 거의 다 하셨다. 나는 그동안 관리합 맞은편 방인 융경헌에 있었다. 정성왕후께서는 평소에 그 아드님 위하는 마음으로, 대조께서 동궁에게 민망히 구시는 일을 큰 한으로 여겨 애닯고 답답해하셨다. 동궁께서 잘못된 행동을 하

신다는 소문이라도 들으면 나랏일을 근심하여 늘 선희궁에 오가시고 지성으로 애태우고 근심하셨다.

　인원왕후께서는 그때 칠순이 넘으셨으니 몹시 노쇠하셨다. 정성왕후 국상 후에는 슬퍼하시는 가운데서도 연기와 안개 속에 계신 듯 슬픈 것을 자세히 모르시는 것 같았다. 그런데 그달(2월) 그믐께에 병이 더치시어 나았다 더했다 하시더니 대왕대비전大王大妃殿 장방으로 옮겨 요양하시다가 3월 26일(영조 33년)에 승하하셨다. 망극함 외에 영묘께서 칠십을 바라보는 늘그막(당시 영조 64세)에 큰일을 만나시어 지나치게 애통해하시니 더욱 어찌할 줄 몰랐다.

　인원왕후께서는 덕이 뛰어나시어 궐 안의 법도가 당신 계심으로써 지엄하였고 동궁을 지성으로 한없이 사랑하셨다. 내가 들어오자 나를 유난히 사랑하시고 소중히 여겨 주셨으니 그 은혜를 어찌 다 기록하리오. 마음을 다하여 동궁을 사랑하시어 특별한 반찬을 자주 해서 보내 주셨는데 궐 안 음식 가운데 인원왕후전의 것이 가장 별미이며 진귀하였다. 대조와 소조 사이의 난처한 소문을 듣고 깊이 근심하시고, 나를 보면 민망하지 않느냐며 가만히 걱정하셨다. 동궁이 상복 입은 모습을 차마 보지 못하시고,

　"가뜩이나 울기鬱氣(답답한 기운)가 많은데 저리하고 있으니 어찌 견디랴."

하시며 자주 안타까워하셨다. 인원왕후께서는 법을 엄격히 하시어 좁은 방에서라도 옹주네가 감히 빈궁(세자빈)과 어깨를 가지런히 하고 있지 못하게 하셨다. 인원왕후를 문안할 때 화순옹주는 병으로 그만두시고 화유옹주만

---

* 거애(擧哀) | 발상과 같은 뜻으로, 죽은 이의 혼을 부른 뒤에 상제가 머리를 풀고 슬피 울어서 초상났음을 발표하는 것.
* 봉심(奉審) | 임금의 뜻을 받들어 종묘나 능을 살피는 일.
* 조석상식(朝夕上食) | 상가(喪家)에서 아침저녁으로 영좌(靈座)에 음식을 올리는 것.
* 주다례(晝茶禮) | 왕이나 왕후의 장례 후 3년 동안 혼전(魂殿)이나 산릉(山陵)에서 낮에 지내는 제식(祭式).
* 육시곡읍(六時哭泣) | 새벽, 아침, 한낮, 초저녁, 저녁, 한밤중에 곡하며 슬피 우는 것.

나를 따라 다녔는데 좁은 방에 앉을 즈음에 내가 옹주와 어깨를 나란히 하여 앉았던지 분해하며 말씀하셨다.

"빈궁이 얼마나 소중한데 제가 감히 그리하리."

환후가 위중한 가운데서도 몸가짐을 엄격히 하심에 감탄하였다.

달을 이어 인원·정성 두 분 성모께서 승하하시니 궁중이 텅 비고 지엄하던 법이 어느 사이엔지 무너져 한심하고 아득하였다. 경모궁께서 그 할머니(인원왕후)의 사랑을 많이 받다가 돌아가시자 각별히 애통해하셨으니 부자 두 분 사이만 조금 예사로우셨다면 좋지 않았으랴.

인원왕후를 영모당에서 염습하여 경복전으로 올려 모시고, 빈전은 통명전에 정하여 그믐날 입재궁하셨다. 그날 소판素板(관의 하얀 판자) 위에 소금저素錦褚(흰 비단 천)를 덮어 평소에 자전(인원왕후)께서 후원을 출입하시던 요서문을 통하여 인원왕후 처소의 나인들이 상여를 모셨다. 위의는 대례 받으실 때와 같이 하였으니 차마 우러러 뵐 수가 없었다. 대조의 거려청은 체원합에 마련하였다. 영묘께서는 인원왕후의 환후 때부터 애태우며 어찌할 줄 몰라 하시며 밤낮으로 대왕대비전에 머물러 지성으로 약시중을 드시고, 또 인산 전 오삭거려에 조전朝奠(아침 제사)부터 육시곡읍을 한 때도 빠뜨린 적이 없으셨다. 그때 춘추 예순넷이셨는데도 그러하셨으니 그런 정력이 어찌 다시 있으리오. 당신이 이러하시니 아드님 본심은 모르신 채 하는 일을 나쁘고 잘못하는 줄로만 아셨다. 두 성모께서 안 계시고부터 궐 안의 모양은 말이 아니었으니 더욱 아득하였다.

❁

부자 분 사이가 중간에 더욱 끝 모르게 된 데에는 곡절이 있었다. 신미년(영조 27년) 중동仲冬(한겨울, 11월)에 효장세자의 빈인 현빈궁賢嬪宮이 돌아가시자 영묘께서는 효부를 잃고 애통하시어 상례와 장례에 친히 임하시어 간곡한 정성이 미치지 않은 데가 없었다. 그때 현빈궁의 시녀 가운데 문녀文女라는 나인이 있었는데, 현빈궁 돌아가신 후 영묘께서 가까이 하시어 임신하게 되었다. 그 오라비는 문성국이란 놈인데 그것을 별감*을 시켜 사랑하시고 누이 문녀도 특별히 총애하여 계유년(영조 29년) 3월에 옹주를 낳으셨다. 그때 인심이 떠들썩하여 괴이한 말이 낭자하였다.

"그것 남매가 아들을 낳지 못하면 다른 자식이라도 데려다 '아들을 낳았노라.' 하려 한다."

"그 어미는 중이었다가 환속했는데 딸이 해산할 때 궁에 들어왔다."

성국이 제가 무슨 심장으로 동궁께 그리 흉한 뜻을 먹었던지, 요사스럽고 간악한 놈이 아니리오. 별감으로서 사약司鑰(액정서의 잡직)으로 승차陞次(상급 관으로 오름)하였고, 누이는 신미년(영조 27년) 겨울부터 승은하여 이 남매에 대한 영묘의 총애가 극에 이르렀다. 영묘께서 어려서부터 계시던 집이 건극당인데, 이 집을 효장세자에게 주시어 현빈도 그곳에 머물다가 그곳에서 돌아가셨다. 그런데 그 아래 고서헌이라는 곳에 문녀를 두시어 문녀가 그곳에서 해산하였고 갑술년(영조 30년)에도 딸을 낳았다. 후원 중정문 밖에 문녀의 차지내관次知內官(궁 일을 맡아보는 내관) 전성해를 두시고, 성국도 그 내관의 처소에 와서 영묘를 뵈었다. 성국이 그놈이 부자 분 사이가 좋지 못하신 줄을 알고 틈을 타서 대조의 뜻에 맞추어 소조(경모궁)께서 하시는 일을 다 알아다가 대조께 아뢰었다. 두 분 사이에서 소조하시는 일을 말할 이가 누가 있었으리오마는 성국은 형세가 커서 무서운 마음이 없었다. 또 동궁(소조) 액속掖屬(액정서의 종)들이 다 저와 같은 부류이니 동궁의 자잘한 일까지 서로 알아

---

* 별감(別監) | 액정서(掖庭署)의 예속(隸屬)으로 좌수(座首)의 버금 자리.

다가 듣는 족족 여쭈었고, 문녀는 안에서 들은 소문을 다 여쭈었다. 그러니 모르실 때도 소조를 의심하셨는데 날마다 듣게 되니 불쾌한 마음에 갈수록 갑갑해하셨다. 국운이 불행하여 요망한 계집과 간악한 흉적이 생긴 일이 섧도다.

나는 그 남매가 대조께 말을 여쭙다는 것은 분명히 알았지만 어느 일인가는 딱 꼬집어 알지 못하였다. 그런데 병자년(영조 32년) 무렵에 부릴 나인이 없어 세자궁과 빈궁 액정서의 사약과 별감의 딸을 나인으로 뽑으려 하였다. 이것은 소조께서 생각하신 일이 아니라 나인이 없기에 내가 뽑자고 해서 그것들의 딸을 들여다가 사약 김수완의 딸과 별감의 자식을 잡은 것이었다. 그런데 아침에 그렇게 한 일을 대조께서 낮에 어느새 아시고 소조를 불러 꾸중이 대단하셨다.

"네 어찌 내게 아뢰지 않고 나인을 뽑으리오."

그때 내가 말할 수 없이 놀랐다. 김수완은 성국과 친하였으니 제 자식을 궐에 들이지 않으려고 성국에게 청하였고, 대조께서 그리 빨리 아신 것으로 보아 성국이 아뢴 것이 분명하였다.

소조께서는 병자년(영조 32년)에 천연두를 앓고 난 뒤 오래지 않아 연이어 인원·정성왕후의 대고大故(어버이의 죽음)를 당하시어 슬프기도 하고 마음을 많이 쓰시어 병환이 점점 더하고 과격한 행동도 잦으셨다. 그런데 성국이 듣는 말마다 다 대조께 아뢰니 두 분 사이가 더욱 망극하게 되었다. 대조께서는 5개월의 빈전 생활 동안 경훈각(정성왕후의 빈전)에 곡하러 가실 때면 근처 동궁의 거려청인 옥화당에 가서서 무슨 일이든 잡히기만 하면 꾸중이셨다. 그리고 소조께서 통명전(인원왕후의 빈전)에 가시면 또 꾸중이셨다. 대조께서는 불같이 화를 내셨는데 사람들이 모인 곳이나 나인들이라도 많은 곳에서야 허물을 드러내시는 성품이었다. 통명전에 인원왕후전 나인이 가득하였는데, 소조께서 육칠월 극심한 무더위 속에 통명전에서 여러 가지로 책망받는 일이 잦았다. 그 분노와 병환이 그대로 점점 더해져 그때부터 내관 매질하시는 일이 더해지게 되었다. 초상 때 거룩히 서러워하시던 일에 비하면 상중의 매질은 잘못하시는 일이었다. 결국 인원·정성 두 성모께서 승하하신 정축년(영조 33년)부터 의대衣帶 탈이 나셨으니 그 말이야 어찌 다 하리오.

5개월 빈전 생활을 지극히 어렵게 지내신 뒤 6월에 정성왕후의 인산이 되었다. 소조께서는 초상 때와 다름없이 서러워하시며 성 밖까지 나가 곡하면서 대여大輿(큰 상여)를 보내셨는데 통곡하며 슬퍼하시니 따르던 백관과 군민이 감동하여 울지 않은 이가 없었다. 본래의 마음이 나오면 이러하시건만 대조께서는 모르셨다. 그때 무슨 탈이 났던지 이유는 다 생각나지 않지만 한재旱災(가뭄으로 인한 재난)는 있었다. 소조께서 곡송哭送하고 들어오실 때와 반우返虞(신주를 모시고 돌아옴)를 맞아 곡하러 나가실 즈음에 대조의 노여움이 대단하여 엄한 말씀이 많으셨다. 그날 밤 경모궁이 덕성합 뜰에서 정성왕후의 혼전인 휘녕전을 바라보고 목 놓아 우시며 죽고 싶어 하셨으니 그 일을 어찌 다 적으리오.

그해 6월부터 화증火症이 더하시어 사람 죽이기를 시작하셨다. 그때 당번 내관 김한채라는 것을 먼저 죽여 머리를 들고 들어오시어 나인들에게 높이 들어 보이셨으니 나는 사람 머리 벤 것을 그때 처음 보았다. 흉하고 놀랍기 이를 것이 있으리오. 소조께

대여 국상 때 쓰던 왕이나 왕비의 큰 상여. 명성왕후국장도감의궤의 대여 부분. 서울대학교 규장각 소장

서는 사람을 죽이고 나서야 마음이 조금 풀리시는지 그때 나인 여럿이 상하였으니 답답하기 그지없었다. 내가 마지못하여 선희궁께 여쭈었다.

"병환이 점점 더하여 이러하시니 어찌하리이까."

그러자 선희궁이 놀라 식사를 끊고 자리에 누워 염려하셨다. 선희궁께서 그 일을 알은체하시자니 소조께서 누가 이 말을 하였는가 하고 찾아내신다면 나라고 해서 보아주실 정신이 없으니 급한 화가 내 몸에 이를 듯하였다. 그래서 내가 울며 선희궁께 말씀드렸다.

"하도 안타까워 아는 것을 아뢰지 않을 수 없어 여쭈었는데 소조께서 저러하니 찾아내면 어찌하실지 알겠나이까."

그리하여 그 일이 겨우 진정되었으니 그때 어떻다 할 수 없이 점점 더 애쓰던 일을 어찌 다 말하랴. 그저 죽어 모르고만 싶었다.

7월에 인원왕후 인산이 되었다. 그때 큰비가 내렸는데도 대조께서는 능소陵所(능이 있는 곳)까지 따라가 신주를 모시고 들어오셨으니 지극한 효를 다 하셨다. 소조는 효가 없으신 것이 아니건마는 병환이 점점 더하고 사람 죽이는 것이 버릇이 되셨으니 인심이 두렵고 언제 죽을지 알 수 없었다. 그런 모양이 어디 있으리오.

아버지께서 5월(영조 33년)에야 평안도에서 조정으로 돌아오셨다. 대조께서 반겨 슬퍼하시고 소조께도 뵈었다. 그 사이에 소조께서 큰 병환(두역)을 앓으신 데다 인원·정성왕후의 상을 만나셨고 또 병환으로 말미암아 근심스럽고 두려워 부녀가 서로 붙들고 서러워하였다.

그해 9월에 경모궁께서 인원왕후전의 침방針房(바느질하는 곳) 나인 빙애를 데려오셨으니 곧 현주縣主(왕세자의 서녀庶女)의 어미이다. 해포(일 년 남짓) 동안이나 그 나인을 마음에 두고 계시다가, 화증은 점점 더 나고 마음 붙일 곳은 없으셨다. 더욱이 인원왕후도 안 계시니 당신 말을 누가 여쭈랴 하시어 빙애를 데려다가 방을 꾸미고 온갖 살림살이를 안 갖춘 것이 없었다. 그동안에도 나인들을 가까이 하셨으나 그들이 순종하지 않으면 쳐서 피가 흐르고 살이 떨어진 뒤라도 기어이 가까이하고야 마셨으니 누가 좋아하였으리오. 가까이하신 것이 많기는 하였으나 한때 그리하시고 대수롭게 여기는 일이 없었다. 자식을 낳은 양제도 털끝만큼이나마 봐주시는 것이 없었는데 빙애에게는 그렇게 대수롭게 하셨다. 게다가 또 그것이 요망하고 악하였다. 동궁에 무슨 재력이 있으리오마는 그때부터 소조께서 내사(內司)(내수사)의 물품을 쓰기 시작하셨으니 민망함을 어찌 말로 다 하리오. 내사 차지* 이하 사람들이 아뢰지 않더라도 대조께서 어찌 모르시며 성국이 어찌 아뢰지 않았으리오.

빙애를 9월에 데려오셨는데 11월에 대조께서 아셨다. 그날이 마침 동짓날이었는데 대조께서 대노 대노하시어 소조를 불러 꾸짖으셨다.

"네가 감히 그리하랴."

드러난 허물이 없을 때도 엄한 책망이 그치지 않았거늘 하물며 오죽하셨으리오. 책망 후에도 노여움이 그치지 않으시어 그 나인을 잡아내라 하셨다. 소조께서는 그때 그것에게 혹하시어 한사코 못 나가게 하셨다. 대조께서는 어서 잡아오라 하시고, 소조는 죽기 살기로 위협하여 내려보내지 않으시니 일이 다급하였다. 마침 대조께서 빙애의 얼굴을 모르시니 소조께서 나이가 비슷한 이곳 침방 나인 하나를 '빙애로소이다' 하고 내보내셨다.

갑자년(영조 20년) 가례 이후 대조께서는 나를 유난히 사랑하셨다. 그 아드님께 불쾌하실 때는 그 처자도 함께 미운 것이 당연한 이치이다. 그런데도 나를 사랑하고 내 자녀를 귀중하게 여기시어 아드님의 처자가 아닌 것처럼

---

* 내사 차지(內司次知) | 대궐에서 쓰는 쌀, 베, 잡물과 노비 등에 관한 사무를 맡아보던 이.

하셨으니 내가 늘 그 은혜에 감사하였다. 그러나 빙애 일로 말미암아 불안의 실마리가 수없이 많았으니 어찌 다 표현하리오. 받들어 모신 지 14년만에 처음으로 내게 꾸중이 지엄하셨으니 이유는 이러하였다.

"세자가 빙애를 데려올 때 네가 알았으련만 내게 아뢰지 않았으니 너조차 나를 속인 것이라. 어찌 그럴 수 있으랴. 네가 남편의 정에 이끌려 양제 때에도 조금도 시샘하는 일 없고 그 자식을 거두었으니 내가 인정 이상으로 알아 너에게 미안해하였노라. 그런데 감히 웃전(인원왕후전) 나인을 데려다가 저렇게까지 하였는데도 나에게 말하지 않았다. 또 오늘 내가 알고 묻는데도 바로 말하지 않으니 네 행동이 그러할 줄 몰랐노라."

땅을 두드리며 꾸짖으시니 내가 그 책망을 듣고 황공하나 아뢰었다.

"어찌 감히 남편이 한 일을 위에 이리하다 아뢰오리까. 소인의 도리가 그렇지 못하오이다."

그러자 대조께서 갈수록 더욱 꾸중하시니 내가 사랑만 받다가 처음으로 엄한 말씀을 들어 송구하기 이를 데 없었다. 그리할 즈음에 소조께서 빙애를 감추어 다른 나인을 딸려 마침 시댁에 나가 있던 정처의 집으로 내보내어 '감추어 두라.' 하였다.

그날 밤에 대조께서 거려청인 공묵합으로 소조를 부르시어 또 꾸중을 많이 하셨다. 그러자 소조께서 서러워 그 길로 양정합 우물에 투신하셨으니 그런 망극한 광경이 어디 있으리오. 방지기(관아의 심부름꾼) 박세근이라 하는 것이 업어 냈는데 우물가에는 얼음이 그득하였다. 마침 우물에는 물이 많지 않아 무사히 모시기는 하였으나 기절하고 다치기도 하셨다. 점점 이러하시니 무슨 할 말이 있으리오. 대조께서 가뜩이나 멀리하시는데 우물에 빠지는 해괴한 거동까지 보셨으니 어찌 진노하지 않으시리오. 그것을 대신 이하 신하들이 다 입시하여 목격하였다. 그때 영의정은 김상로였는데 음흉하여 소조 뵈올 때는 소조의 뜻에 맞추는 체하고 대조께는 망극한 낯빛을 지어 보였으니 흉하였다.

아버지는 소조께서 책망받으시는 것과 우물에 빠지신 것을 보고 충군애국忠君愛國하는 근심스런 마음을 이기지 못하여 당신 처지를 돌아보지 않고 아뢰셨다.

"옛말에 '임금에게 용납되지 않으면 속이 탄다.' 하였으니, 임금과 신하 사이도 그러하거늘 하물며 부자 사이는 하늘이 낸 것이 아니오이까. 동궁이 자애를 잃으시어 이리저리 변하여 저러하시니 이 대목을 생각하시기를 천만 바라나이다."

대조와 아버지의 뜻 맞음이 천고 이래로 드물어 아버지께서는 그때까지 한 번도 추고推考(죄를 자세히 조사함)당하신 적이 없었다. 그런데 그날 아뢴 말씀에 대조께서 크게 노하셨다. 마침 내게도 불쾌하셨던 끝이라 내 죄까지 아울러 아버지를 삭탈관직 하시고 엄한 말씀이 대단하니 아버지께서 서둘러 성 밖 월과계라는 곳에 나가 머무셨다.

대조와 소조의 지나친 거조擧措(일)가 그러하시고 백성들은 아버지만 믿다가 아버지마저 이리되시니 인심이 요란하여 어찌 될 것인지 헤아릴 수 없었다. 나도 처음으로 꾸지람을 듣고 놀랍고 두려워 아래채로 내려갔다. 대조께서는 한참(약 20일) 만에 아버지를 용서하여 다시 등용하시고 나를 불러 전처럼 사랑하셨다. 천만 가지 일이 다 놀랍고 두려운 때였으나 지극한 은혜야 몸이 문드러지고 뼈가 가루가 된들 어찌 다 갚으리오.*

---

* 천만~갚으리오. | 여기까지가 『한중록 넷째』 편의 전반이다. 김동욱의 『한듕록』(민중서관, 1961년)에서 「한중만록2(閒中漫錄二)」에 해당한다. 후반은 「한중만록3(閒中漫錄三)」에 해당한다.

무인년(영조 34년) 초에 대조께서 병으로 건강이 좋지 않으셨다. 그런데도 소조께서 그동안 병환으로 문안을 못하시니 점점 지내기가 달로 어렵고 날로 어려워 어찌할 바를 몰랐다. 소조를 만나 뵐 때마다 정신과 넋이 다 흩어져 계시니 그 모습을 차마 어찌 표현하리오. 정월에 월성위가 죽었다. 화순옹주는 자식이 없는 데다 우직한 마음에 한번 대의를 굳게 잡아 17일 동안을 단식하여 뒤따라 돌아가셨으니 왕가에 이런 훌륭한 일이 없었다. 그러나 영묘께서는 옹주가 늙은 아버지를 두고 당신 말씀도 듣지 않고 돌아가신 것을 불효라고 노하시어 정문* 건립 요청을 허락하지 않으셨다. 소조께서는 그 누님의 곧은 절개에 탄복하여 많이 칭찬하셨으니 그 병환 중에도 어찌 그리하셨던가 싶더라.

정축년(영조 33년) 11월의 변* 후로 소조께서 관희합에 머무셨는데 이듬해 (무인년) 2월에 대조께서 또 무슨 일로 마음이 편치 않으시어 소조 계신 데로 찾아가셨다. 소조 하고 계신 모양이 어찌 대조의 눈에 거슬리지 않으셨으리오. 숭문당으로 오시어 소조를 부르셨으니, 11월 이후로 처음 만나신 것이었다. 대조께서는 여러 사항에 대하여 소조를 많이 꾸짖으셨다. 소조께서 사람 죽인 것도 당연히 아시고 소조가 맞게 대답하는가 보려 하셨던지 한 일을 '바로 아뢰라.' 하셨다. 경모궁께서는 아무리 부왕을 비롯한 외처外處(종실 웃어른들)에서 알면 큰일 날 것으로 생각하시다가도 어전에 이르면 당신 하신 일을 바로 아뢰는 성품이었으니, 가리는 것이 없는 천성이라 그러한지 이상하시더라.

"심화心火가 일어나면 견딜 수 없어 사람을 죽이거나 닭 같은 짐승을 죽이거나 하여야 마음이 낫나이다."

"어찌하여 그러한가."

"마음이 상하여 그러하오이다."

"어찌하여 상하는가."

"사랑치 아니하시기에 서럽고, 꾸중하시기에 무서워 화火가 되어 그러하오이다."

그리고 죽인 사람 수를 하나도 감추지 않고 세세히 다 아뢰셨다. 그때는 영묘께서도 잠시 천륜의 정이 통하셨던지, 마음에 어찌 측은하셨던지 '내 이제는 그리하지 않으리라.' 하시고 큰 노여움이 조금 줄어 경춘전으로 오셔서 나에게 물으셨다.

"세자가 이리이리하니 그런 말이 옳으냐."

부자간에 그런 말씀을 나눈 것이 처음이었던지라 하도 뜻밖의 말씀이시니 내가 갑자기 듣고 놀랍고 기쁘고 감격하여 눈물을 흘리며 말씀드렸다.

"그러하다 뿐이오리까. 어려서부터 자애를 받지 못하여 한 번 놀라고 두 번 놀라 마음의 병이 되어 그러하오이다."

"상하여 그러하였다는구나."

"상하다 뿐이오리까. 사랑을 내리시면 그렇지 아니하오리이다."

내가 이렇게 여쭈며 서러워 우니 대조께서 말씀과 안색이 좋아지셔서 말씀하셨다.

"그러면 내가 그리하겠다고 전하고 잠은 어찌 자고 밥은 어찌 먹는지 묻는다 하여라."

그날이 무인년(영조 34년) 2월 27일이었다.

대조께서 관희합으로 가시는 모습을 보고 또 무슨 변이 날까 혼비백산하

* 정문(旌門) | 충신·효자·열녀를 표창하여 세우는 붉은 문.
* 정축년~변(變) | 경모궁이 여러 날 영조께 나아가 알현하지 않자 영조가 크게 노하여 경모궁에게 왕위를 전하겠다는 교서를 내렸고, 이에 경모궁이 기절하여 쓰러진 일.

여 애쓰다가 뜻밖의 말씀을 듣고 내가 하도 감격하여 울며 웃으며 절하고 두 손 모아 빌었다.

"오죽이나 좋으리이까. 이렇게 하여 그 마음을 잡게 하시면."

대조께서는 내 거동이 아니꼬우셨던지 엄한 빛은 없으신 채 '그리하여라' 하고 가셨다. 그 어찌된 분부인지 어렴풋이 꿈같아서 아무 느낌도 없었는데 소조께서 나를 오라 하시기에 내가 가서 뵙고 아뢰었다.

"묻지도 않으시는데 어찌하여 사람 죽이신 일을 말씀하셨나이까. 스스로 그렇게 말씀하시고 나중에는 남의 탓을 삼으시니 답답하지 아니하오이까."

그러자 소조께서 대답하셨다.

"알고 물으시니 다 하지."

"무엇이라 하시더이까."

"그리 말라 하시더라."

"이리이리 들었으니 이후에는 부자간이 행여 나아지시리이까."

내가 또 여쭈자 소조께서 덜컥 화를 내며 말씀하셨다.

"자네는 사랑하는 며느리여서 그 말씀을 다 곧이듣는가. 일부러 그리하시는 말씀이니 믿을 것 없노라. 필경은 내가 죽고 마느니."

그리하실 때는 병환 있는 분 같지 않았다.

아까는 대조께서 넉넉한 천륜으로 말씀하시어, 비록 한때 말씀이라 믿을 수는 없을지라도 그 말씀에 감축하여 울었는데, 이번에는 소조께서 병환 가운데 밝은 소견으로 그렇게 말씀하시어 또 나를 울리셨다. 저 하늘이 부자 두 분 사이를 그렇게 하시도록 한 것이다. 아버님께서는 그러지 않으려 하시다가도 누가 시키는 듯이 도로 미운 마음이 나시고, 아드님은 아버님을 뵐 때면 거리낌 없이 당신 잘못을 숨기려 하지 않으셨다. 이것은 아드님의 타고난 바탕이 착하셨기 때문이다. 조금이라도 예사로우셨다면 어찌 이렇게까지 하였겠는가. 하늘이 어찌하여 조선에 만고에 없는 슬픔을 끼치셨는가. 애통할 뿐이다.

　이때 소조(경모궁)의 의대병*이 극에 달했으니 그 어인 일이던가. 의대병환에 대한 이야기야 더욱 뭐라 형용할 수 없는 이상한 괴질이다. 옷을 한 가지나 입으시려면 열 벌 혹은 이삼십 벌이나 지어 놓아도 귀신인지 무엇인지를 위하여 불에 태우기도 하여 한 벌을 순하게 갈아입으면 천만다행이었다. 혹 시중드는 이가 조금이라도 잘못하면 옷을 입지 못하여 애쓰시고 사람까지도 상하였으니 망극한 병환이 아니냐. 어떤 때는 하도 많이 그러하시니 동궁 세간에 무명인들 무엇이 많으리오, 미처 옷을 짓지 못하거나 옷감을 구하지 못하면 사람 죽는 일이 순식간에 있었다. 그러니 아무쪼록 옷을 지어 놓으려고 마음이 쓰였다. 아버지께서 이 말을 들으시고 걱정이 끝없는 외에 내가 애쓰는 것이나 사람 상할 일이 민망하여 의대차衣帶次(옷감붙이)를 이어 주셨다. 그 병환이 육칠년 동안을 그러하여 극히 심한 때도 있고 적이 진정된 때도 있었다. 옷을 입지 못하여 애쓰시다가 어찌하여 조금 증세가 나아져 천행天幸으로 한 벌을 쉽게 입으시면 당신도 다행 다행한 듯이 더럽도록 입으셨으니 그 무슨 병이던가. 천백 가지 병 가운데 옷 입기 어려운 병은 예로부터 없었는데 지존하신 동궁께서 어찌 이런 병이 드셨던가. 하늘을 불러 보아도 알 길이 없더니라.

　정성왕후와 인원왕후 두 분의 소상小祥을 차례로 무사히 지내고 두어 달은 대단한 탈 없이 지나갔다. 국상 후 소조께서 아직 홍릉弘陵(정성왕후의 능)에 참배하지 못하셨으니 대조께서 마지못하여 모시고 따르게 하셨다. 그해에 장마가 지루하더니 거동하는 날에 큰비가 대단하게 내렸다. 그러자 대조

* 의대병(衣帶病) | 옷을 잘 입지 못하는 병.

께서 '날씨가 이러한 것은 소조를 데려온 탓이다.' 하시고 미처 능에 이르기도 전에 소조에게 도로 들어가라 하시고 대가大駕(임금이 탄 수레)만 가셨다. 소조께서 능에 참배하려다가 실행하지 못하셨으니 백관과 군민이 보기엔들 오죽 의아하고 괴이하였으리오. 내가 선희궁을 모시고 앉아 두 분의 거동이 요행히 잘 돌아오시기만을 빌다가 이 기별을 들었다. 가엽고 망연한 마음 외에 들어오시어 그 화증을 어찌하실까 싶어 어쩔 줄 몰랐다. 소조께서 그 큰비를 맞고 도로 들어오셨으니 그 마음이 어떠하셨으리오. 격한 기운이 치올라 바로 오실 수가 없어서 경영고京營庫(서울에 있는 군영)에 들러 기운이 막질리는 것을 진정하고 들어오셨다. 슬프고 근심스럽고 두려운 그 모습이 어떠하시던가. 소조를 생각하니 이 일은 병들지 않으셨거나 대순大舜(큰 효자였던 순임금)의 효孝가 아니고는 다 서러우셨으리라. 선희궁과 내가 서로 마주 붙들고 눈물 흘릴 뿐이었고, 소조 당신도 '점점 살 길이 없노라.' 하셨다. 그 후로 '옷을 잘못 입고 가서 그 일이 일어났는가.' 생각하시어 의대 증상이 더해졌으니 안타깝더니라.

   그해(영조 34년) 12월에 대조의 건강이 대단히 좋지 않으시어 이듬해(기묘년) 정월 초하룻날 혼전 제사에도 납시지 못하셨다. 문안하실 때는 문안 일로 갑갑하였으니 소조께서 혹 문후하여도 대조께서는 순하게 보지 않으셨다. 소조께서는 당신 병환도 심한데 부왕이 무섭기까지 하시니 어찌 문안하려 하시리오. 대조 병환 중에 슬프고 한심스러워 하셨다. 그때 영상領相은 김상로였으니 소조께서 잘해 달라 하시면 상로는 소조가 부왕의 마음에 들지 못하신 것을 서러워하며 자기를 고맙게 여기시도록 음흉하게 말하였다. 그래서 소조는 정축년(영조 33년) 11월의 변부터 상로를 은인이라 하셨다.

   당신 병환이 무거워지자 대조께서는 국사를 어찌할 것인가 근심하는 말씀을 대신들에게 자주 하셨다. 그때 신하들의 처신은 실로 난감하여 대조와 소조 사이에서 말씀드리기가 몹시 어려웠을 것이다. 상로는 소조께는 흘러가는 듯이 좋게 하면서 대조께는 뜻을 받들어 울며 서러워하는 기색을 보였다. 상로가 대조께 무슨 말씀을 아뢰려 해도 와내臥內(침실)에는 밤낮으로 선희궁이 대령하여 계시고 가까이 모시는 나인들도 있으니 은밀한 말을 할 수가 없었다. 대조께서 여막 생활하시는 공묵합에는 방이 두 칸이 있어서 속방(안방)에는 대조께서 거처하시고, 바깥방 한 칸에는 제조 세 사람과 의관이 입시하고 있었다. 상로가 들어오면 대조께서는 속방 지게* 밑에 누우시고 대신(상로)은 대조께서 머리 두신 지게 바깥쪽에 머리를 두고 바로 엎드렸다. 이런 자세로는 아주 비밀스런 속삭임도 충분히 할 수 있으련만 상로는 안에 모시고 있는 사람을 꺼려 늘 방바닥에 손가락으로 글자를 써 보였다. 그러면 대조께서는 문지방을 두드리며 탄식하시고 상로는 엎드려 슬퍼하였다. 그때 모습이 체극대신體極大臣(으뜸인 대신)으로서 어찌 통곡하고 싶지 않았으리오마는 상로는 대전과 소조 사이에 음흉하게 말하였으니 그럴 데가 어디 있으리오. 선희궁께서 늘 그곳에 계셨는데 상로가 써 보이는 글자를 보시고는 너무나 통분하여 흉하다고 하셨다.

대조의 병환 중에 청연이 역질疫疾(천연두)에 걸려 처음에는 증세가 가볍지 않았으나 나중에는 지극히 순해졌다. 대조의 병환도 설을 지낸 후에 곧 평상으로 회복하시어 몸소 청연을 보러 오셨으니 그때는 경사롭게 지냈다.

기묘년(영조 35년) 3월에 세손(정조) 책봉을 정하시고 효소전(인원왕후의 전호殿號)과 휘녕전(정성왕후의 전호)에 참배하였다. 소조께서는 그 병환 중에도 세손이 책례冊禮(책봉 예식)하신 일을 기특히 여겨 기뻐하셨다. 증세가 심할 때는 처자도 알아보실 길이 없으나 세손은 말할 수 없이 귀중히 여기시어 청

---

* 지게 | 마루에서 방으로 드나드는 곳에 종이로 안팎을 두껍게 싸서 바른 외짝 문.

연·청선군주가 감히 끼어들지 못하게 하고 천한 출신들이 우러러 보지 못하도록 명분을 엄히 하셨다. 이런 때는 어찌 병환 있는 사람 같았으리오. 인원·정성 두 성모의 삼년상을 마치고 기묘년 5월 초엿새에 인원왕후를 부태묘祔太廟(신주를 태묘에 모시는 일)까지 하고 나니 허전한 심정을 이루 다 형용할 수 없었다.

신주를 태묘에 모시기 전에 예조에서 중궁전(영조의 계비) 간선揀選을 청하니 대조께서 효소전에 고하시고 간택할 것을 정하여 6월에 가례를 행하셨다. 그때 소조의 병환이 점점 깊어지니 말하지 않는 가운데 근심이 많은지라 선희궁께서는 나에게 말씀하셨다.

"정성왕후 안 계신 다음에는 이 가례를 행하여 곤위(중궁전)를 정함이 당연한 일이다."

그리고 영묘께 하례하시고 몸소 가례를 차리셨는데 정성스럽지 않은 것이 없었으니 임금 위한 덕행이 훌륭하셨다.

가례 다음 날 경모궁과 내가 새 중궁전(정순왕후)에 나아가 뵈었다. 양전兩殿(대전과 새 중전)이 함께 절을 받으셨는데 이때 소조께서 지극히 공경히 예를 행하며 행여 공손하지 못할까 조심하셨다. 이런 일로 미루어 소조의 본성이 뛰어나게 효성스러우셨음을 더욱 알 수 있다.*

윤6월에 명정전에서 세손 책봉의 예를 행하였으니 그때 세손은 여덟 살이었다. 그 엄숙하고 훌륭하심을 어찌 다 이르리오. 겉으로 보면 소조(경모궁) 당신이 정사를 처리하는 저군儲君(왕세자)이시고, 아들이 여덟 살이 되어 세손 책봉의 예를 지내니 나라의 힘이 태산 반석 같고 무슨 근심이 있으리오. 그러나 궁중 상황은 소조께서 하루도 보장받지 못한 채 지내고 계셨으니 갈수록 하늘을 우러러 물을 길이 없었다.

가을·겨울 사이에는 가례하신 뒤로 대조의 마음이 자연 한가롭지 못하시어 드러난 일이 적은 채로 그럭저럭 겨우 그해를 보내고 경진년(영조 36년)이 되었다. 그해에는 소조의 병환이 더욱 깊어지고 대조의 책망도 나날이 심해지셨다. 그러니 소조의 격한 화도 점점 대단해지고 의대병환도 더욱 심해지셔서 문득 지나가지도 않은 사람이 보인다고 하셨다. 다니실 때는 미리 사람을 내어 놓아 다른 사람들의 왕래를 금하셨다. 당신께서 지나실 때 혹 누군가가 미처 피하지 못하여 얼핏이라도 보이면 그 옷을 입지 못하여 벗으셨다. 비단 군복 한 벌을 입으려면 군복 몇몇 벌을 지어 수없이 태우고서야 겨우 한 벌을 입으셨으니 기묘·경진년(영조 35·36년) 사이에 지어 없앤 군복이 비단 몇 궤인지 알리오. 게다가 평범한 비단은 조금도 쓰지 못하였으니 그때 내 간장이 얼마나 상하였는지 모른다.

정월 21일은 소조의 탄일誕日이다. 그날을 예사롭게 보내시면 좋으련만 이상하게도 대조께서는 그날 굳이 차대를 하거나 춘방관을 부르시거나 하여 동궁(소조)에 대한 말씀을 하셨다. 소조께서는 그 일이 큰 슬픔이 되어 갈수록 섧고 애달프셨다. 어느 해인들 탄일 상을 예사로이 잡수신 때가 있었으리오. 그날 굳이 굶으시고 궁중이 당황하여 지냈으니 팔자가 어찌 그토록까지 되셨던가 그저 서러울 뿐이라. 경진년(영조 36년) 탄일에는 무슨 일로였는지 또 화가 대단히 오르시어 그날부터 부모 공경하는 말씀을 못하시고 천지를 분간하지 못하는 듯 상말을 하시며 노엽고 서러워 '살아 무엇하리.' 하셨다. 선희궁께도 불공스러운 말을 많이 하시고 세손 남매들이 문안하자 크게 소리치셨다.

"부모 모를 것이 자식을 알랴. 물러가라."

---

* 이런~있다. | 영조가 계비 정순왕후 김씨를 맞이할 당시(1759년) 영조는 65세(1694년생), 정순왕후는 14세(1745년생), 영조의 아들로 왕세자(동궁)이던 경모궁과 세자빈 혜경궁 홍씨는 24세(1735년생)였으니 새 모후(母后)가 아들 며느리보다 열 살 아래였다.

아홉 살, 일곱 살, 다섯 살 어린아이들이 아버님 탄일이라 하여 용초龍綃(용무늬 그려진 옷)도 입고 장복章服(관대)을 하고 절하여 뵈려다가 엄한 호령을 듣고 크게 놀라고 두려워하였으니 그 광경이 오죽하였으리오. 병환이 심해도 내게나 괴로이 구셨지 어머님께는 그리 못하시더니 그날 처음으로 병환을 감추지 못하셨다. 선희궁께서는 전날 비록 병환 말씀을 들으셨어도 혹 지나친 말이 아닌가 의심하시다가 그때 처음으로 보시고 놀랍고 두려워 말씀을 못하셨다. 병환이 점점 깊어져 칠순 어머니를 알아보지 못하시고, 자녀 사랑하던 것도 잊고 그리하시니 선희궁의 심정과 자녀들의 놀란 기색이 차디찬 재 같았다. 이런 광경이 어디 있겠는가. 내가 그때 깎는 듯이 서러워 바로 죽고 싶었으나 죽지 못하였으니 어찌 사람의 모습이었으리오.

 그해(영조 36년) 봄에는 병환이 날로 심해져서 밤낮으로 애태우는 가운데 가뭄으로 인한 재앙이 있었다. 대조께서 염려하시어 '소조가 덕을 닦지 않는 탓이라.' 하시며 차마 듣지 못할 말씀을 많이 하셨다. 소조께서는 어쩌지 못할 병환에 부왕께서 이러하시니 차마 견딜 수가 없었다. 걱정은 끝이 없고 한때라도 살 길이 없으니 나는 그저 밤낮으로 죽기만을 원했더니라.

 정처가 나중에 세손께 괴이하게 굴었지 그 전에는 오라버님이 두려워 무슨 일이든 '못하겠나이다' 하지 않았다. 다만 경모궁을 위하여 스스로 몸을 던져 부왕의 마음이 풀리도록 아뢰지 못한 것이 죄라 하겠다. 경진년(영조 36년)에 병환이 더한 뒤부터 비로소 정처에게서 재물도 가져오게 하시고 '잘해내라' 하시는 일이 생겼다. 그 전에는 '잘해 달라.' 는 말씀이나 조용히 보내시더니 격한 기운이 왕성해지고 설움이 극에 이르신지라, '저는 사랑을 극진히 받고 나는 어찌 이러한가.' 여기시어 다 누이 탓인 듯 참던 분이 다 터져서 '다, 다 잘하라.' 하셨다. 그 사람이 두렵기도 하고 민망하기도 하여 몹시 위태위태하다가 무사하였다. 정처의 말에 따르면, 대조께 바로 여쭈면 일이 어떻게 되어 갈지 모르기 때문에 갖가지 방법으로 도모하여 일마다 무사하게 해놓는다는 것이었다. 그러나 그렇게 믿을 수 있는 아무런 형상이 없었다. 소조께서 또 정처에게 말씀하시기를 '대조께서 신하를 인견하시면 소조에 관한 말씀이 나오게 되니 인견하지 못하시게 하라.' 하셨다. 정처가 혹 궐 밖으로 나가면 그 사이에 또 무슨 일이 있을까 염려하시어 '나가면 다시 보지 않겠노라.' 호령하며, 두려워 한동안 정처를 궐 밖 자기 집에 나가지 못하게 하셨다. 그리하여 정처는 6월 10일경에 나가서 양자 후겸의 관례를 지내려다가 못 나가고 말았다.

당신의 병환과 당신이 당하는 것이 점점 어려워지자 대조와 한 대궐에서 함께 지내실 길이 없었다. 문득 대조께서 이어移御(왕의 거처를 옮김)하시면 당신 혼자 계시면서 후원에 나가 군기나 가지고 답답한 마음을 후련히 풀고 싶으셨다. 그래서 갑자기 이렇게 하기로 작정하시고 7월 초순에 정처에게 말씀하셨다.

"아무래도 한 대궐 안에서는 살 길이 없으니 웃대궐을 구경하자고 하거나 아무 계교로나 모시고 가라."

그리고 나더러는 '정처에게 해내라 하오.' 하셨으니 오죽하여 그리하셨으리오. 그때 내가 들었던 말대로라면 죽고 사는 것이 순식간에 있었다. 그런데 그 옹주가 어찌 도모하였는지 대조께서 이어를 하실 것을 결정하여 7월 초여드레로 날을 잡았다. 초엿새에는 그 옹주를 다시 불러다가 칼자루를 어루만지며 말씀하셨다.

"이후에 내게 무슨 일이라도 있으면 이 칼로 너를 베리라."

선희궁께서도 소조가 옹주를 어찌할까 염려하여 따라오시어 그 광경을 보셨으니 심정이 어떠하셨으리오. 옹주가 울면서,

"이후에는 잘할 것이니 한 목숨만 살려 주소서."

애걸하였다. 그러자 또 말씀하셨다.

"이 대궐에만 있기도 갑갑하여 싫으니 네가 나를 온양에 가게 해주겠느냐. 내가 습기 때문에 다리가 허는 줄은 너도 알 것이니 가게 해내라."

"그리하리이다."

옹주가 대답하고 가더니 그 후 대조께서 이어하시고 소조에게 온양 거동령溫陽擧動令을 내리셨다. 아무래도 옹주가 소조께서 보채는 까닭을 자세히 말씀하였기에 순히 되었을 것이다. 그렇지 않고서야 어찌 갑자기 이어하시며 어찌 소조를 온양에 가게 하실 리 있었겠는가. 과연 신통도 하였으니 진작부터 몸을 던져 이 수단을 써 보았다면 부자 두 분 사이가 나았을런가. 모두가 하늘 뜻이니 홀로 그러하신 일을 어이하리오. 내가 대조를 이어해 내지 않는다고 서 있는 나에게 바둑판을 던져 왼편 눈이 상하였으니 하마터면 눈망울이 빠질 뻔 하였다. 요행히 그 지경은 면하였으나 얼굴이 놀랍도록 붓고 대단하여 옮기는 대조께 하직을 못하였다. 선희궁께도 낯을 들고 뵙지 못하였으니 갑작스러운 이별의 정을 어찌하리오. 살길이 없어 하릴없이 죽으려 해도 차마 세손을 버릴 수 없어 결행하지 못하였다. 그러나 각양각색의 위태롭고 곤란한 일의 실마리가 무수히 많았으니 어찌 다 쓰리오.

대조께서 이어하시자 소조께서는 온행溫行(온양 거동) 준비를 차려 7월 13일에 떠나셨다. 선희궁께서는 어머니의 정으로 아드님이 온양 거동을 어떻게 다녀오실까 마음 조이시면서 차마 못 잊어 하는 정리가 말할 수 없었다. 음식을 계속 만들어 보내고 공주 진영장鎭營將으로 있던 조카 이인강에게 '가셔서 어떻게나 지내시는지 소문이나 알아 들이라.' 하며 못내 못 잊어 하셨다. 어찌 그렇지 않으셨으리오.

온양 가실 때는 정처가 어찌 도모하였던지 대조께서는 하직 인사도 하지 말고 바로 가라 하셨다. 거동하시는 소조의 위의는 말이 안 되게 쓸쓸하였다. 당신은 전배*를 많이 세우고 순령수 소리나 시원하게 시키고 취타도 성대히 하고 가려 하셨는데 대조께서 마지못해 보내셨으니 어찌 그렇게 차려 주시겠는가. 또 그때 신하들인들 두 분 사이에서 누가 감히 입을 열겠는가. 남편이 아무리 소중하나 너무나 망극하고 두려워 내 목숨이 어느 날 나도 모르는 사이 끝나게 될 줄 몰랐으니 한마음으로 뵙지 않기만 바랐다. 그래서 온양에 거동하신 그 잠시 동안이라도 다행한 것 같더라. 아버지의 초조히 애타심과 소조와의 사이 어렵게 지내신 일이야 붓으로 어찌 다 기록하리오. 자고 깨면 부녀가 간장을 태우며 지냈으니 이런 정경이야 후세 사람들이 상상만 하여도 알 수 있으리라.

소조께서 온양에 거동하신 사이에 세손(정조)이 '막내 외삼촌(홍낙윤)과 수영(혜경궁 홍씨의 큰조카)을 궐에 들여 달라.' 하시고, 또 내 목숨이 조석을 장담할 수 없으니 친척이 하직이나 하려고 아우와 동생댁들이 들어왔다.

온행하려 하실 때는 사람이 다 죽게 되었더니 성문을 나서자 격한 화가 내리셨던지 지나가는 길에 폐를 끼치지 못하게 영을 내리셨다. 소조께서 지나시는 길에는 은혜와 위엄이 함께 하였으니 백성들이 고무되어 훌륭한 임금이시라 하였다. 행궁行宮에 드신 뒤에도 한결같이 덕을 내리시니 온양 전 고을이 고요하고 안정되어 왕세자의 덕을 빌고 찬양하더라 하였다. 그때는 마음이 시원하셨던 듯, 병환이 물러나고 본연의 천성이 움직이셨던가 싶더라.

일껏 그렇게 가셨으나 온양 작은 고을에 무슨 경치가 있으며 장엄하고 화려한 볼거리가 있으리오. 10여 일 머물다가 또 답답하시어 8월 초엿새에 환궁하여 말씀하셨다.

"온양은 답답하니 평산平山(황해도의 한 고을)이나 가자."

* 전배(前陪) | 앞에서 관원(官員)을 인도하는 하급 관료들.

그러나 또 평산 가겠다는 말씀을 올릴 길이 없어 '평산은 좁고 갑갑하여 온양만도 못하다.' 하여 그 길은 가지 않으셨지만 그저 답답해하셨다. 게다가 대조께 진현하시라는 춘방관과 신하들의 상서가 이어졌다. 소조께서는 가서 뵙기는 해야겠으나 가실 모양은 못 되어 그 일 때문에 큰 근심이었다.

대조께서는 자주 세손(정조)을 데려다 곁에 두시고 점차 근심이 커지니 연중*에라도 항상 하시는 말씀이 걱정과 한탄이셨고 염려가 미치지 않은 데가 없었다. 자연히 종사를 위하여 세손을 믿어 칭찬하시며 나라를 세손에게 의탁하셨다. 마침 세손이 숙성하고 총명하며 모든 행동거지가 대조의 마음에 합당하니 대조께서 사랑하는 말씀을 자주 하셨다.

소조께서는 연석에서 오고 간 연설을 늘 사관*에게 써 오게 하여 보셨는데 연설 가운데 대조께서 세손을 칭찬하고 사랑하시며, '나라의 중탁重託(무거운 책임)을 세손에게 맡기노라.' 하시는 대목에 이르면 몹시 화를 내셨다. 대조께서 비록 당신 아드님인 세손을 사랑하시나 예로부터 제왕가의 부자 사이는 어려웠다. 하물며 당신은 병환 중이고, 또 어려서부터 부모의 사랑을 못 받은 것이 지극한 한이 되었는데 그 아들만 칭찬하시니 큰 화 가운데 어찌하시리오. 종사의 존망이 세손 한 몸에 있으니 세손이 평안해야 나라를 보전할 것이었다. 세손을 무사하게 할 도리는 소조께서 그 연설을 안 보시게 하는 데 있었다. 그러나 안 보시게 할 길이 없어 내가 내관에게 일러 사관이 연설을 써 오거든 그 글을 고쳐 써서 보시게 하였다. 위급한 때에는 내가 직접 내관에게 말하여 빼내게 하고 그 사연을 아버지께 기별하였다.

"아무쪼록 세손 평안할 도리를 하소서."

아버지께서 나라 위한 지극한 충성으로 두루 주선하시어 그런 말은 밖에서 빼고 써 오도록 하였다. 아버지께서 어렵고 험난한 때를 만나 대조의 은혜도 갚으랴, 소조도 보호하랴, 세손도 위하며 평안케 하려 하셨으니 타는 듯한 염려가 지나친 때는 격한 기운이 성하여 늘 관격증*이 나타나셨다. 그런데도 나를 보면 하늘을 우러러 국가 태평만을 손 모아 비셨다. 세손을 보전하여 종사를 잇게 할 기틀은 소조께서 그 연설을 못 보시게 하는 데 있었으니, 우리 부녀의 애태우던 일은 당연한 이치요 인정이지만 그 고심과 지극한 정성은 신에게 물어 명백해지리라. 만일 대조께서 세손 칭찬하시던 말씀을 소조께 바로 보였다면 세손에게 놀라운 일이 어느 지경까지 이르렀을 줄 알리오.

이렇듯 신사년(영조 37년)이 되니 소조의 병환이 더욱 심해지셨다. 대조께서 이어하신 뒤에는 후원에 나가 말 달리고 군기붙이로나 소일할까 하시다가 7월 온양 거동 뒤에는 후원에도 오래 가 계셨다. 그러나 그것도 새롭지 않으시어 뜻밖에 미행을 시작하셨으니 처음에는 놀랍고 어이없었다. 이것을 어찌 다 형용하리오.

소조께서는 병환이 나면 사람을 상하게 하고야 마셨다. 소조의 옷시중을 현주 어미(빙애)가 들었는데 병환이 점점 더해지자 총애하던 것도 잊으셨다. 신사년(영조 37년) 정월에는 미행하려고 옷을 갖춰 입으시다가 그 증세가 나 현주 어미를 죽도록 치고 나가셔서 그것이 즉각 대궐 안에서 잘못되었다. 제 인생이 가련할 뿐 아니라 어린 자녀들의 정경이 더욱 참혹하였다. 나가신 소조께서는 어느 날 들어오실지 알 수 없고 시체는 한때도 궐 안에 둘 수 없기에 그 밤을 겨우 새워 내보내고 용동궁에 장사葬事 보살피는 소임을 맡겨 상중에 쓰이는 비용을 극진히 해주었다. 소조께서 나중에 돌아와 들으시고 어떻다 말씀이 없으셨으니 정신이 다 없어 일마다 망극하였다. 신사년(영

---

* 연중(筵中) | 임금과 신하가 모여 자문하고 아뢰는 공적인 자리. 연석(筵席).
* 사관(史官) | 사초(史草, 『사기』의 초고)를 쓰는 관원으로 예문관 검열이나 승정원 주서(注書) 일을 한다.
* 관격증(關格症) | 음식을 먹지 못하고 토하지도 못하며 대소변을 잘 못 보아 정신을 잃게 되는 위급한 증세이다.

조 37년) 정월, 2월, 3월을 다 미행하여 출입이 재빠르셨으니 그때 내 마음이 얼마나 무섭고 조심스러웠겠는가.

❊

신사년 3월에 세손이 입학하시고 그달에 경희궁에서 관례를 하셨다. 어미 된 내 정리에 어찌 보고 싶지 않으리오마는 소조께서 가실 형편이 못 되니 무슨 낯으로 혼자 가 보리오. 병을 핑계하고 못 갔으니 그런 정리가 어디 있으리오. 그해 이삼월에 이천보李天輔, 이후李厚, 민백상閔百祥 세 정승이 연이어 돌아가셨다.* 대조께서 병환으로 건강이 좋지 않으신 데다 대신이 없으니 3월에 아버지께서 의정(정승)에 임명되셨다. 당신 처지로나 나라 형세로나 혹은 당신 본심으로나 어찌 벼슬길에 나아가려 하셨으리오마는 안락과 환란을 함께하려는 정의情誼와 목숨을 버린다는 마음이셨다. 그때 당신이 물러나면 세상의 도와 인심을 조금도 믿을 수 없음을 헤아리시고 나라 위한 변함없는 일편단심으로 오직 죽을 때까지 나라와 존망을 함께 하려 하신 것이다. 어느 때인들 근심스럽지 않고 두려워 떨지 않으셨으며 어느 날인들 초조히 마음 졸이지 않으셨으리오.

3월 그믐께 소조께서 서행西行하셨으니 이것은 그때 서백西伯(평안 감사)이 화완옹주의 시삼촌인 정휘량이었기 때문에 당신이 가셔도 대조께 아뢰지 못할 것으로 짐작하셔서였다. 또한 가서 '내가 소조로다.' 하지 않으시더라도 감사가 어찌 감영 안에 느긋이 있으리오. 감사가 감영을 떠나 감영 밖에 대령하여 소조 드실 음식과 나오실 때 쓰실 물건을 다 진상하고 간장을 태우다가 장림長林에서 나올 때 피를 토하였다 하더라. 그 사람은 조심성이 많은 데다 조카 일성위는 이미 죽고 대조께서 옹주를 편애하시는 것 때문에 늘 두려워하였는데 그때 얼마나 놀랍고 무서웠으리오.

서행하신 뒤 내 염려는 말할 것 없고 아버지께서 애타고 당황하여 어쩔 줄 모르시어 넌지시 평안 감사를 통하여 소식을 들으시고 쭉 대궐에 계셨다. 혹 집에 돌아가셔도 마루에 앉아 밤을 새우며 지내셨으니 당신 심정이 어떠하셨으리오. 소조 하시는 일을 대조께 차마 아뢸 수 없었을 것이고, 또 미행하실 때 장인께 '가노라' 말씀하신 일도 없었으니 어찌 간할 형편이 되었으리오. 간할 만하였으면 무슨 마음으로 간하지 않았으리오. 설사 간하더라도 소조께서 들으실 리 없고 연좌되면 내 몸도 보전하지 못할 것이며, 자녀들까지 어찌될 줄 몰랐다. 그러니 처음부터 간하려 하지 않은 것은 아니셨으나 소조께서는 온전히 병환 때문이었으니 한결같은 마음으로 세손만 보전하시려는 고심이었다. 그런데 모르는 이는 보좌를 잘 못했다고 아버지를 책망하였으니 누구더러 이러이러하다고 말하겠느냐. 그저 험난한 일을 만나셨으니 섧고 섧도다.

소조께서 서행 20여 일 만인 4월 20일 후에 돌아오셨으니 그동안 애태우다가 도리어 어떻다고도 할 수가 없었다. 서행하시는 동안에는 '소조께서 병환 중이시다.' 하기로 내관과 약속하여 장번내관* 유인식은 속방에 누워 소조처럼 말하고, 박문흥은 요구하는 여러 가지 일에 다 응했다. 그 무섭고 망극함을 어찌 다 기록하리오.

그때 소조의 서행을 알리는 윤재겸*의 상서가 올라왔다. 신하의 신분으로 간하는 것이 당연하나 소조께서는 당신 하시는 일을 아실 형편이 못 되고, 또 대조께서 아시면 무슨 변이 날지 알 수 없으니 간할 형편이 아니었다. 소조께서는 서행 후 적이 마음을 잡으시는 듯하여 차대도 하고 강연도 하셨으

---

* 그해~돌아가셨다. | 영의정 이천보, 우의정 민백상, 좌의정 겸 세자 사부 이후가 왕세자(경모궁)의 미행 사건에 대한 책임으로 신사년(영조 37년, 1761년)에 모두 자결한다.
* 장번내관(長番內官) | 교대 없이 오랫동안 숙직하는 내관.
* 윤재겸(尹在謙) | 장령(掌令) 벼슬에 있던 사람. 세자의 서행을 알리며, 속이고 아첨한 이를 죽이라는 상서를 올렸다.

니 아쉬운 대로 진정하시기를 바라는 마음이 가련하였다. 그 후 차대에서 제학提學 홍계희가 무엇이라 아뢰니 소조께서 엄하게 영을 내리시며, 한漢 무제武帝 때의 신하 강충* 이야기까지 하셨다. 그 모습이 병환이 나으신 듯하였으니 아버지께서 너무 기뻐 들어와 내게 전하셨다.

　5월 10일 이후에 소조께서 처음으로 경희궁에 올라 가 대조께 문안여쭈었는데 천만다행으로 아무 탈 없이 다녀오셨다. 보름께에는 나도 세손과 함께 경희궁에 올라가 대조를 우러러 뵙고 선희궁도 뵈었다. 선희궁께서 가슴이 막혀 무슨 말씀을 할 수 있으셨으리오. 6월에 소조께서 학질(말라리아)에 걸려 몇 개월 동안을 민망히 지내셨으니 봄부터 미행을 하셨기 때문에 옥체를 잘못 다루어 병환이 나신 게 아닌가 싶었다. 이 말이 인정에 괴이하나 뒷날(영조 38년) 만고에 없는 일(뒤주에 갇혀 죽은 일)을 겪으셨으니 6월의 그 병환으로 돌아가셨더라면 여읜 슬픔뿐이지 당신의 설움과 처자의 원통함이 이렇게까지 크겠는가. 또한 망극한 세상 변고와 다친 사람들과 내 집안의 원통함이 이 지경에 이르렀겠는가. 그러나 천도天道는 알 수 없는 일이다.

　8월에 학질이 나으셨다. 9월에 대조께서 정원일기를 들여다보시다가 대사성 서명응의 상서를 통하여 비로소 소조의 서행을 알게 되셨다. 그때 한바탕 풍파를 겪었으나 큰 변이 나지 않은 데는 정휘량의 힘이 컸다. 대조께서는 창덕궁에 거동하려고도 하셨고 내관도 다스리셨으니 어찌 안 그러셨으리오. 어려서부터 대조께서 하시는 일을 겪어 보니 작은 일에 까다롭고 자세히 살피셔서 어렵지, 일이 커서 대단하면 격노하시는 것이 작은 일보다 덜하셨다. 소조께서 살생하셨다는 말씀을 들으시고 '상傷하여 그러하다.' 하며 도리어 위로하시던 일과 같다. 서행 일 아시고 난 직후에야 진노와 처분이 어떠하셨을까마는 나중에는 그렇게까지는 하지 않으셨다. 아마도 일이 너무 커 하릴없어 그리하셨는가 싶다.

대조의 창덕궁 거동령이 났을 때 소조께서는 창경궁 안 환취정에 계셨는데 당신이 벌여 놓은 군기붙이와 여러 도구붙이를 다 치우고 이번에는 당신도 무사하지 못하리라 여기신 듯하였다. 여러 해 동안 정으로 하시는 말씀을 듣지 못했는데 그날은 나더러 물으셨다.

"아마도 무사치 못할 듯하니 어찌할꼬."

내가 갑갑하여 대답하였다.

"안타깝지만 설마 어찌하시리까."

"어찌 그러할꼬. 세손은 귀하게 여기시니 세손이 있는 한 나를 없앤들 상관 있을까."

"세손이 마누라(소조) 아들이고, 부자는 화와 복이 같으리니 설마 어찌하오리까."

"자네는 생각 못하네. 미움이 너무 심하여 점점 어려워지니 나는 폐하고 세손은 효장세자의 양자로 삼으면 어찌할까 본가."

그 말씀하실 때는 병환 기운도 없고 처연하셨다.

"그럴 리 없나이다."

그 말씀이 슬프고 서러워 내가 말하자 또 말씀하셨다.

"두고 보소. 자네는 귀히 여기니 자네와 자식들은 내게 딸린 사람일지라도 예사롭고 나만 미워하여 이리되었네. 게다가 병이 이러하니 어디 살게 하겠는가."

그때 내가 너무 서러워 울며 들었는데 갑신년(영조 40년)에 세손을 효장세자의 양자로 삼는 망극하고 원통한 일을 당하여 그때 하시던 말씀이 생각났다. 그날 앞일을 헤아려 말씀하시던 것이 이상하고, 신령스럽게 밝으시던

* 강충(江充) | 한 무제 때의 신하로 태자를 이간하여 해쳤다가 삼족(三族)이 멸하였다.

것이 원통하고 원통하도다. 대조께서 거동하지 않으시니 화의 기색은 적이 진정되었으나 소조께서는 무슨 일을 한 번 겪기만 하면 병세가 그대로 더하시어 10월 즈음에는 더 무거워지셨으니 망극하였다.

대조께서 세손빈 간택을 정하셨다. 청풍 김씨의 집안이었으니 덕망 있는 큰 가문이다. 전에 아버지께서 판서 김성응(김도영의 아들) 대부인(어머니)의 장수를 축하하는 잔치에 가셨다가 어린 날의 대비전*을 보고 오시어 비상한 자질이라고 하시는 말씀을 들었다. 소조께서 처녀 단자處女單子에 '김참판 시묵의 여女(딸)'이라고 쓰인 것을 보시고 많이 하고 싶어 하여 화완옹주에게 기별하셨다.

"이곳에 안 되면 네가 어찌될 줄 알리라."

처음 대조의 뜻이 윤득양의 딸에게 기울고 궁중의 소견들도 그러하였다. 간택하는 자리에 소조께서 못 가시니 내 어찌 홀로 가리오. 내가 그 아들에 의지하는 천륜 이상의 특별한 정으로 간택을 보지 못하니 궁금하고, 이것이 인정 밖의 일인 것을 한심하게 여기며 지냈다. 소조께서는 김판서의 딸이 간택되지 못할까 염려하시다가 완전히 결정되자 마음 가득 기뻐하셨다. 재간再揀을 지내고 바로 빈궁(세손빈)이 두역(천연두)을 하시고 이어서 세손(정조)이 하셨다. 그러나 12월 10일 경에 나으시니 대조께서 염려하다가 기뻐하시고 소조께서도 기뻐 좋아하며 조심하셨으니 그런 때는 병환이 없으신 듯싶었다. 나는 남에게 없는 정리로 세손과 세손빈의 무거운 병환이 편안히 끝나기를 천지신명에게 손 모아 빌었고, 아버지께서 궐에서 숙직하며 밤낮으로 애태우셨으니 그 정성이야 더욱 이를 것이 없었다. 마침내 조상들의 숨은 도움으로 두 분의 두역이 차례로 순조롭게 나았다.

그리하여 12월에 삼간三揀을 하였으니 그 경사를 어찌 다 형용하리오. 삼간에도 부모를 안 뵐 수 없어 소조와 나를 오라 하셨다. 나는 세손과 빈궁 볼

일이 기쁘면서도 소조께서 어떻게 다녀오실
지 갑갑하여 마음을 조였는데 염려에 어긋난
일이 어이 있으리오. 소조께서 의대병환으로
의복 일습一襲(한 벌)을 다 여러 번 갈아입으시
고 망건도 그대로 여러 번 바꾸셨다. 그러느
라고 도리 옥관자*를 갖추지 못하여 공교롭

옥관자 망건에 달아 당줄을 꿰는 고리.
성균관대학교 박물관 소장

게도 통정 옥관자*를 붙이고 가셨는데 경희궁 사현합에서 대조와 소조가
만나셨다. 대조께서 어찌 순히 보실 마음이 있었으리오. 그러나 이미 자식
의 대사大事(혼례)를 보이려고 데려오신 것이 아니던가. 통정 옥관자가 호반
虎班(무반武班)의 관자같이 크고 괴이하여 저군(왕세자)께서 다심 직하지는 않
았으나 그보다 더한 일도 많은데 관자 일이 무슨 그토록 큰일이기에 처녀가
미처 들어오기도 전에 화를 내시며 보지 말고 돌아가라 하셨다. 그 일은 실
로 너무나 서럽고, 안 하실 만한 일이었으니 차마 어이 그리하셨던가. 며느
리를 보지도 못하고 가시는 일이 어떠하셨으리오. 그런데도 어찌 화도 내지
않으시고 공순히 내려가셨는가 싶다.

　나는 나중에 죽을 변을 당할 셈 치고 세손빈을 보고 가려고 올라왔다. 겨
우 삼간을 지내고 생각하니 소조께 삼간까지 세손빈을 안 보이기는 인정과
의리에 박절하고 앞으로의 일도 어지러울 듯하였다. 그래서 중궁전(정순왕
후)과 선희궁과 화완옹주에게 말씀드렸다.

　"위(영조)에 여쭙지도 않고 아래에서 데려가기 황공하오나 세손빈이 가는
별궁 길이 창덕궁을 지나니 동궁(소조)께 뵙게 하겠나이다."

---

* 대비전(大妃殿) | 이 글은 순조 5년에 집필된 것이므로 대비는 영조 당시의 세손빈, 곧 정조의 비가 된다.
* 도리 옥관자(玉貫子) | 1품 이상의 관원이 쓰는 옥으로 된 망건 관자로 모양을 새기지 않고 만들었다.
* 통정 옥관자(通政玉貫子) | 정3품 관원이 쓰는 옥관자로 모양을 새겼다.

그러자 모든 의논이 한결같아서 협시내관夾侍內官(가까이 모시는 내관)에게,

"아래 대궐(소조 계신 곳)을 지날 때 내 연輦(가마)과 같이 들게 하라."

하고 일러 세손빈을 데리고 왔다. 소조께서는 좋지 않은 마음으로 가셨다가 뜻밖에 보시지도 못하고 내려와 어이없고 서러우셔 덕성합에 가만히 누워 계셨다. 그때,

"세손빈 데리고 오나이다."

하니 그 며느리를 반겨 어루만지며 기특히 여겨 좋아하시고 밤이 되어서야 별궁으로 보내셨다. 형편이 어쩔 수 없어 데려와 뵙게 하기는 하였으나 대조를 속인 듯 죄송 죄송하더니라.

소조께서는 나날이 서러우시고 병환도 더하여 부왕께 하시는 불경스런 말씀이 점점 끝이 없으니 망극하지 않은가. 마음이 놀랍고 밤낮으로 두려웠으니 내 목숨이 언제 어찌될 줄 몰라 어서 대사나 지내려 하였다. 해가 바뀌어 임오년(영조 38년)이 되었다. 세손의 가례를 2월 초이틀로 날을 잡았으니 날이 어서 가서 가례가 순조롭게 이루어지기만을 마음 졸였다. 그런데 정월 10일 뒤에 세손께서 문득 목구멍이 크게 부어 증세가 가볍지 않으셨다. 대사는 바짝 다가오는데 어찌할꼬 안타깝더니 침을 맞고 바로 회복하시니 천만다행스러웠다. 가례를 기약한 날이 벌써 이르니 대조께서는 무슨 일로든 막중한 인륜 대사를 폐하지 못하게 하셨다. 2월 초이틀에 대조께서 '세손을 데려오라.' 하시어 세손은 먼저 가셨다. 소조께서는 그날 일찍 올라가서 경현당 남문인 숭현문 밖에 조금 머무셨다가 경현당에 가시어 초례를 보셨다. 한 집에 할아버지·아들·손자 삼대가 모여 손자를 가례시켜 전안*하러 보내시니 그렇게 즐겁고 성대하며 막대한 경사가 어디에 다시 있으리오.

초례를 지내시고 대례大禮는 경희궁 광명전에서 행하였으니 동궁(소조)은 집희당에 머무시고 세손과 빈궁은 광명전에서 밤을 지내셨다. 이튿날 양전

(대전과 중전)과 양궁兩宮(동궁과 동궁빈)이 한 전각殿閣에서 세손빈의 조현朝見을 받으셨다. 양전께서는 광명전 북쪽 벽의 의자에 앉으시고 동궁 좌석은 동쪽, 내 자리는 서쪽이었다. 세손과 빈궁이 어리고 또 새사람의 걸음인지라 쉽지 않았다. 그동안 대전과 동궁 두 분은 서로 대하신 지 오랜만인지라 대조께서는 동궁을 보기 싫으시고 말씀도 참으시니 기색이 어이 좋으시리오. 나는 두 분께서 말씀 나누지 않기를 몰래 하늘을 우러러 빌면서 나가 세손빈을 재촉하여 들여 세우고 조율반*과 하수반*을 양전과 양궁께 서둘러 올리게 하였다. 그리하여 세손빈이 편안히 드렸으니 그렇게 다행한 일이 없었다.

  소조께서는 그저 어려워하시면서도 세손과 빈궁이 3일 지내는 것을 보고 가려 하셨다. 그리하실 때는 병환도 나지 않았으니 대접만 잘하면 그래도 나을 때였다. 대전께서도 소조에게 막중한 대례를 못 보게 할 수는 없으셨으나 세손과 빈궁의 조현까지 받고 나자 동궁(소조)을 더 머물게 생각이 없으시어 동궁 행차령을 내셨다. 내게는 3일을 보고 가게 하셨으나 혼자 있기에 난처한 일이 많아 겨우 도모하여 뒤따라 내려왔다. 세손과 빈궁이 3일 뒤에 창덕궁으로 내려오니 소조께서 기다리다 좋아하시어 빈궁을 데리고 휘녕전에 나아가 뵙게 하고 슬퍼하셨으니 이러실 때는 본심이 돌아왔다. 소조께서는 그 며느리를 정말 특별히 사랑하셨다. 대비전(정조의 비)이 이렇게 특별한 사랑을 받으셨기에 어린 나이였는데도 경모궁 돌아가셨을 때 몹시 슬퍼하셨다. 그리고 세월이 갈수록 더욱 그리워하여 경모궁에 대한 말씀이 나오면 늘 눈물을 흘리셨다. 비록 사랑을 받으셨기 때문이기는 하나 효성이

---

* 전안(奠雁) | 혼인 때 신랑이 오리를 가지고 신부 집에 가서 상 위에 놓고 절하는 예.
* 조율반(棗栗飯) | 대추와 밤을 섞어 만든 궁중 음식.
* 하수반(遐壽飯) | 장수를 비는 음식.

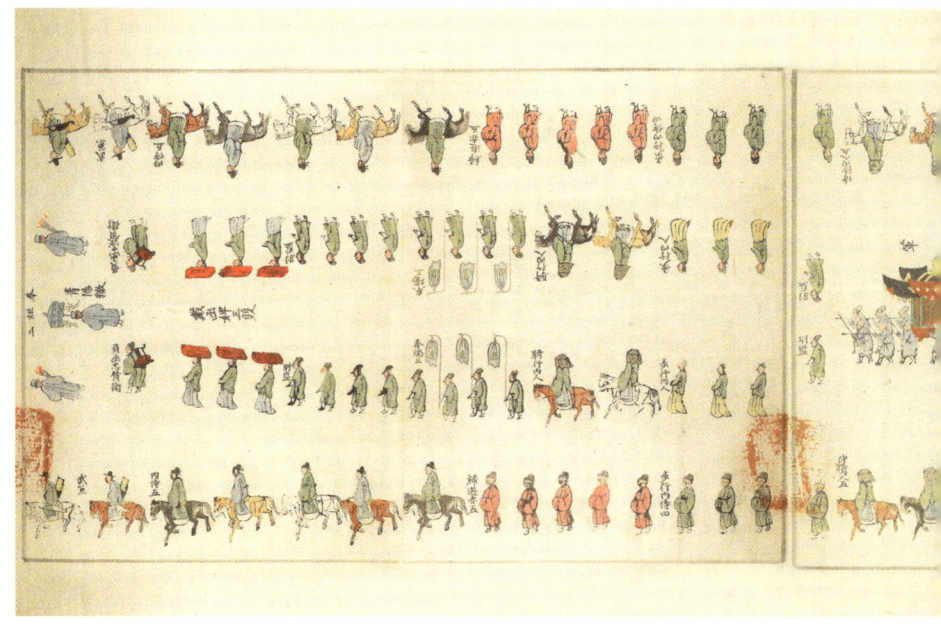

정조효의후가례도감의궤 반차도 1762년 윤6월 정조가 김시묵의 딸을 세손빈으로 맞아들이는 과정을 기록한 의궤. 서울대학교 규장각 소장

없으면 어찌 이러하시리오.

 근년에는 소조께서 장인을 사사로이 만나신 적이 없었는데 아버지께서 북도北道 능(함경도에 있는 능)을 봉심하러 가시게 되었다. 그때 대조께서 나에게 '세손빈을 보고 가게 하라.' 하시어 아버지를 아래 대궐로 가시게 하였다. 그날은 소조께서 병환도 좀 덜한 데다 며느리 자랑도 하시려고 아버지를 보셨다. 원래 소조께서는 자랄 적에 보양관이나 춘방관들 외에 사사로이 만나실 척리가 없어 친근하게 만난 바깥사람이 없었다. 그러다가 가례 후 아버지를 보고 대접하며 친근해하시니 아버지께서 삭망朔望(초하루와 보름)마다 문안하셨다. 그러나 대조의 말씀이 있어야 뵈었고, 들어오신 때라도 늘 오래 머물지 않고 즉시 나가셨다.

 "궁궐이 지엄하니 바깥사람이 오래 머물지 못하리라."

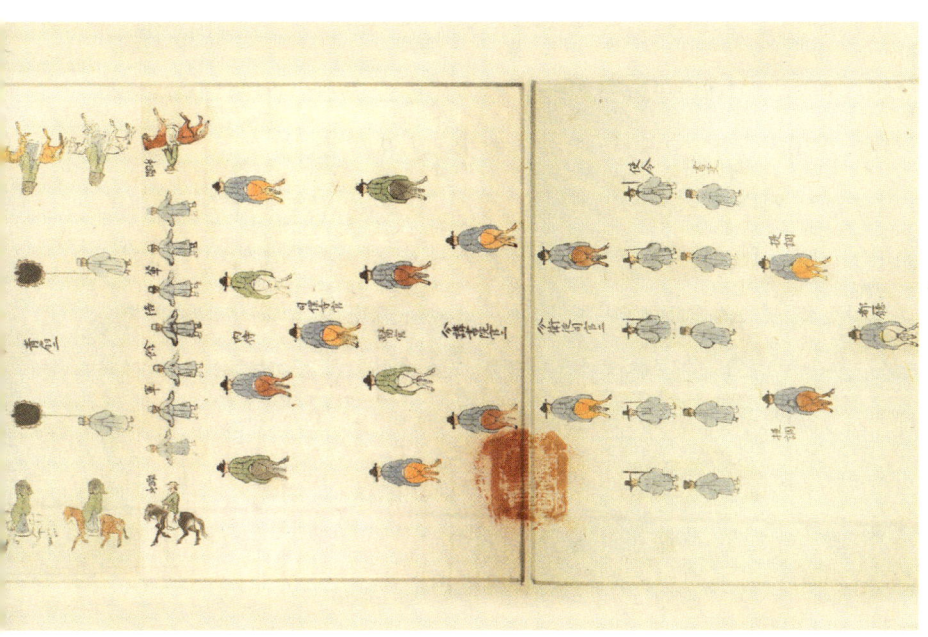

그러나 소조께 뵈면 한결같은 마음으로 예학睿學을 힘써 권하시고 옛 사적을 힘써 권하시고 유익한 옛사람의 글도 자주 써 드렸다. 소조께서 글을 지어 보내면 잘되고 잘못된 것을 의논하여 드리셨으니 소조께서는 아버지께 배운 것이 많았다. 아버지는 종사의 천만 년을 소망하시어 소조께서 태평성군이 되기를 지성으로 간절히 비셨으니 어느 신하가 만분의 일이나마 이에 미치리오. 비록 소조를 끝없는 사랑으로 받들기는 하셨으나 반드시 옳은 일로 도우셨다. 척리들이 혹 가지고 노시도록 장난감을 드리는 규례規例(일정한 규칙)가 있기는 하였으나 아버지께서는 일절 그런 적이 없으셨다. 그리고 뵐 때마다 처음부터 끝까지 여쭈시는 말씀이 두 마디뿐이었다.

"효도에 힘쓰소서."

"학문을 부지런히 하소서."

그 밖에 다른 말씀은 하시는 일이 없었기 때문에 소조께서는 아버지를 귀중하게 여기고 기대하면도 조심하셨다. 그래서 소조께서 병환이 점점 드시는데도 아버지를 직접 만나면 이렇다 말씀하신 일이 없었다.

소조께서 견디기 어려운 때에는 '점점 어려워지니 잘하소서. 믿나이다.' 하고 내가 아버지께 편지로 썼으니 소조께서 써 보내신 적은 없었다. 그 의대병환으로 생사가 걸린 급박한 상황이 되었을 때도 내가 아버지께 (재물을) 얻어 달라 하였지 소조께서는 달라 하신 적이 없었다. 설사 금성위와 정처에게서 가져와도 내 집안 것은 한 가지도 가져온 적이 없으셨다. 미행을 시작할 때도 응당 내 집에 먼저 가실 듯하나 금성위의 집에 가서 차려 가시고 내 집에는 한 번도 가신 적이 없었다. 아버지를 허물없이 대접하지 못하시어 어렵게 여기고 꺼리셨으며 그동안 거듭난 변고와 미행하신 일로 스스로 겸연쩍어 아버지를 뵙고도 말씀을 못하셨다. 아버지께서는 그 밖에 차대 때나 병환 때 대리(代理)와 함께 입대하셨지 일년 남짓 동안 사사로이 뵙지 못하셨다. 그런데 그날 입대하여 소조를 우러르니 반가우셨다. 또한 소조께서 젊은 나이에 며느리를 얻으시고 양궁(세손과 세손빈)이 당신을 보시는 것이 귀엽고 기뻐 소조께 하례하셨다. 소조께서도 아버지를 평소처럼 너그러이 대하시어 조금도 병환 증세가 나타나지 않으셨으니 이상하고 섭도다.

3월이 또 되어 대조의 말씀이 또 많으니 소조의 병환이 더욱 무거워 여지없으셨다. 어찌 차마 내 붓으로 쓰리오. 화증이 나면 내관과 나인들에게 감히 못할 말을 시키셨으니 그것들이 죽음이 두려워 해서는 안 될 말을 큰 소리로 하였다. 그저 하늘이 무섭고 망극 망극하니 죽어 모르고 싶었다. 소조께서는 본디 술을 잡숫지 않았고 병자년(영조 32년)의 술 일로 몹시 원통해하셨다. 그런데 그때 대조께서 말씀하시던 것처럼 금주령이 지엄한 때에 술을 어지러이 들여오셨다. 본디 주량이 적어 변변히 잡숫지도 않으면서 궐 안에

술만 낭자하였으니 어느 일인들 근심이 아니었으랴.

경진년(영조 36년) 이후로 내관과 나인이 많이 상하였다. 다 기억할 수는 없으나 드러난 것은 내사 차지 서경달이니 내사의 것을 더디게 거행한 일 때문에 죽이셨다. 궁에 드나들며 번番(숙직이나 당직)을 드는 내관도 여럿이 상하였고 선희궁 나인 하나도 죽여 점점 어려운 지경이었다. 신사년(영조 37년) 정월, 2월, 3월 미행 때 여승女僧 하나, 관서 미행 때 기생 하나를 데려다 궁중에 두고, 잔치하신다 할 때는 사랑하는 고자*의 계집들과 기생들을 들여와 잡스럽게 섞였으니 만고에 그런 경상이 어디 있었으리오.

2월 그믐께 화완옹주를 오라 하시어 좋게 데리고 앉아 당신 병환이 서러워 이리하였노라 하시니 옹주도 겁내어 서러워 서러워하면서 불공스런 말을 하였다. 나는 차마 들을 수 없었고 말이 효에 어긋나 감히 거든 적이 없었다. 또 옹주를 데리고 통명전에서 잔치하셨는데 잔치 장소는 늘 후원 아니면 통명전이었고 환취전에서 머물기도 하셨다.

어쩔 줄 모르는 가운데 3월을 지내고 4월이 되었다. 거처하시는 곳의 모든 것이 어찌 산 사람이 거처하는 데 같았으리오. 죽은 사람의 빈소 모습 같기도 하였다. 다홍으로 명정* 같은 것을 만들어 세우고 시신을 염하여 안치한 형상처럼 해놓고 그 속에서 주무시며 잔치라 하였다. 그러다가 밤이 깊으면 상하上下가 다 지쳐서 자니 상 위에는 음식이 가득하였다. 그 모습은 다 귀신의 일이었으니 하늘이 시키는 것 외에 인간으로서는 어찌할 도리가 없었다. 맹인들에게 점을 치게 하시다가 그것들이 말을 잘못하면 죽일 때가 있었고 의관이며 역관이며 액속 가운데도 죽거나 병신된 것들이 있었다. 대궐에서 하루에도 여러 사람이 죽어 서쪽(죄인이나 시체를 내보냈던 서문, 서소문)

* 고자(鼓子) | 내관, 또는 생식기가 불완전한 남자. 이 외에 고자(瞽子)는 맹인, 고자(庫子)는 관아의 창고지기를 뜻한다.
* 명정(銘旌) | 붉은 바탕에 흰 글씨로 죽은 사람의 품계, 관직, 성명 등을 기록한 깃발.

으로 져 내니 궁 안팎 인심이 몹시 어수선하고 시끄러워 발끝을 조심스럽게 디디며 어디서 죽을지 몰랐다. 당신 타고난 바탕은 참으로 거룩하시건만 그 착한 본성을 잃어버리고 아주 그릇되셨으니 이를 차마 어찌 말하랴.

  5월에는 갑자기 땅을 파고 그 속에 삼간 집을 짓고 사이 장자障子(장지 문)를 달아 마치 묘 구덩이 속같이 만드셨다. 그리고 위로 드나드는 문을 내어 사람이 겨우 몸을 붙이고 다닐 만하게 널 두에(널빤지 뚜껑)를 놓고 그 위에 다시 띠를 입혀 덮으니 집 지어 놓은 흔적도 없었다. 소조께서는 '묘하다' 하시며 속에 옥등玉燈을 달아 놓고 앉아 계셨다. 이것은 대조께서 거동하여 당신 하는 것을 찾으실 때 군기붙이에 말까지 다 감추시려는 것이었다. 오직 그뿐이고 다른 뜻은 없었건만 그 집 일로 더욱 망극한 말이 있었으니 이 흉한 징조를 모두 귀신이 시키는 듯하였다. 사람의 힘으로 어찌하리오.

  그달(영조 38년 5월)에 선희궁이 세손(정조) 가례 후 처음으로 세손빈도 보실 겸 아래 대궐에 내려오셨다. 소조께서는 어머니가 반갑고 귀중하여 과중 과중하게 대접하셨으니 마음이 신령하여 마지막 영결로 그러하셨던가 보다. 잡숫는 것과 잔치하는 술상이 훌륭하여 과果(과자)를 높이 고이고 인삼과人蔘果까지 해놓으셨다. 또 수석시壽席詩(장수를 비는 시)를 짓고 술잔을 올리시며 남은 한 없이 받드셨다. 후원에 모셔갈 때는 소교小轎(작은 가마)를 대련大輦(큰 가마) 모양으로 꾸며 선희궁께서 마다하시는데도 우겨 태우고, 앞에 큰 깃발을 세우고 나발 불고 북 치며 모셨다. 당신으로서는 극진히 효도하여 받드시는 일이었으나 선희궁께서는 아드님의 병환을 망극하게 여기고 몹시 놀라워하셨다. 그리고 점점 하릴없게 된 것을 보시고 어느 지경까지 가게 될 줄 모르셨다. 나를 대하면 눈물만 흘리시고 두려워 '어찌 될꼬.' 만 하시다가 겨우 이삼일을 묵고 올라가셨으니 어머님도 우시고 아드님도 슬퍼하셨다. 아마도 마지막 영원한 이별로 그러셨던 듯싶다. 나는 나날이 위태롭고 혼란스러운 가운데 살아 있는 얼굴을 다시 뵐 것 같지 않아서 더욱 마음이 베이는 듯하였다.

그때 영상 신만(화협옹주의 시아버지)이 탈상하고 다시 정승을 하게 되었다. 대조께서는 그동안 3년을 못 보시다가 새 사람을 만난 것 같아 탐탐히 하는 말씀이 다 소조에 대한 것이었다. 소조께서는 신만으

홍색련 임금이 거동할 때 타는 가마. 둥근 지붕 꼭대기는 연꽃 봉우리로 장식하였고 사방에는 휘장을 달았다. 국립고궁박물관 소장

로 말미암아 당신의 흉이 나니 '그 정승 복 없고 밉다.' 하시며 차차 신만을 꺼림칙하고 무섭게 여기셨다. 그리고 대조께 무슨 참소나 하는가 싶어 몹시 분해하시어 그로 말미암아 더욱 화가 돋아 점점 망극해지셨다. 어찌할꼬 망극 망극하였는데 천만 뜻밖에 나경언의 일*이 났다. 그때 형조 참의는 내 외사촌 이해중이었다. 그놈 상언*이 무슨 흉악한 마음으로 그 짓(상소하여 고변한 일)을 하였는지 중요한 고비에 말할 수 없이 더욱 망극하였다. 대조께서 경언을 친국하고 소조를 부르시니 소조께서 다급한 걸음으로 윗대궐(경희궁)에 가셨다. 그 모습이 어떠하였으리오. 가뜩이나 좋지 않은데 흉한 놈이 나서 병환은 더 말할 것도 없고, 부자간은 더욱 형용하여 이를 것이 없었다. 경언이 사형되고 소조께서 경언의 아우 상언을 잡아다가 시민당 손지각 뜰에서 형벌하여 시킨 사람을 물으셨으나 상언이 복초服招(범죄 사실을 진술)하

---

* 나경언(羅景彦)의 일 | 영조 38년(1762년) 5월에 김한구·김상로·홍계희 등의 사주를 받은 나경언이 세자(경모궁)의 비행(非行)은 물론이고 세자가 반역을 꾀하고 있다고 고변(告變)한 사건. 이 사건으로 나경언은 대역 죄인으로 처형되고 세자도 뒤주 속에 갇혀 굶어 죽게 되었다.
* 상언(尙彦) | 나상언(羅尙彦). 액정원 별감으로 나경언의 아우다.

지 않았다. 그래서 신만을 더욱 미워하시어 '아비의 죄로 아들인 영성위를 잡아다 죽이겠노라.' 하셨으니 그때 화색禍色이 말할 것이 없었다. 날마다 영성위를 벼르시어 오늘 잡아 온다 내일 잡아 온다 하셨으나 영성위가 죽을 때가 아니었던지 썩 잡아오지는 않으셨다. 비록 미처 잡아오지는 못하였으나 영성위의 관복官服·조복朝服(예복)·융복戎服(군복) 및 일용 생활도구와 패옥佩玉과 띠까지 다 가져다 불태우고 깨부수니 영성위의 생명이 순식간에 있었다. 선희궁께서는 영성위를 아껴서가 아니라 소조 하시는 일이 이렇듯 점점 더 망극해지니 안타깝게 마음만 쓰시며 하릴없어 하셨다. 또 화완옹주가 잘해 주지 않는다 하여 옹주에게 편지를 써 보내셨는데 그 내용이 망극 망극하여 차마 거두어 쓸 말이 못 된다.

수구*를 통하여 웃대궐에 가겠노라 하여 가시다가 못 가고 도로 오셨으니 그때가 윤5월 열하루이틀 사이였다. 그리할 즈음에 어수선한 소문이 보태선들 안 나겠는가. 소문이 낭자하고 낭자하였다. 앞뒤 일이 다 본심으로 하

청삼조복 조선 후기에 나라의 대사, 경축일, 조칙을 반포할 때 입던 관복. 고려대학교 박물관 소장
패옥 조복·제복의 양 옆에 늘어뜨리는 여러 개의 옥을 연결한 장식품. 인제대학교 김학수기념박물관 소장

신 것이 아니건마는 정신이 없을 때는 화에 뜨여 '화병으로 어찌하겠노라.', '칼을 들고 가서 어찌하고 오고 싶다.' 하셨으니 보통 인정이 한 푼이라도 있었다면 어찌 이러하셨으리오. 당신이 이상 이상하게 험하고 기구한 운명으로 천명天命을 다하지 못하신 채 만고에 없던 일을 당하려는 팔자이시기에 하늘이 당신 몸을 그렇게 만들려고 아무쪼록 이상하고 흉악한 변을 만들어 낸 것이라. 하늘아! 하늘아! 차마 어찌 이렇게 만드셨는가.

❁

선희궁께서는 다른 아들 없이 오직 이 아드님께만 몸을 의탁하셨는데 어머니 마음으로 어찌 차마 이 일을 하고 싶으셨으리오. 그러나 병든 아드님을 어떻게 책망하여도 믿을 것이 없었다.

소조께서는 처음에 사랑을 받지 못하시어 이렇게 된 것이니 대조께서 유감이 없을 수 없었다. 이로써 당신 평생의 아픔이 되셨으나 소조의 병세는 이미 이렇게까지 극진해지고 부모를 알아보지 못할 지경이 되고 말았다. 부모·자식으로서의 사사로운 마음으로 차마 어찌하지 못하여 주저하고 머뭇거리다가 행여 소조의 병세가 급해져 아무것도 알아보지 못하고 차마 생각지도 못할 일을 저지르려 하시면 400년 종사를 어찌하리오. 선희궁 당신의 도리로서는 대조(영조)의 옥체를 보호하는 것이 옳은 대의이고, 소조의 병은 이미 하릴없이 되어 버렸으니 차라리 그 몸이 없는 것이 옳았다. 또한 삼종三宗(효종·현종·숙종)의 핏줄이 세손께 있으니 아드님을 천만 번 사랑한다 해도 나라를 보전하는 길은 이밖에 없다 여기셨다. 그리하여 13일(영조 38년)에 내게 편지하셨다.

---

* 수구(水口) | 방어를 목적으로 대궐 밖에 파 놓은 개울.

"지난 밤 소문이 더욱 무섭도다. 일이 이렇게 된 바에는 내가 죽어 모르거나, 살아 있다면 종사를 붙들어야 옳고 세손을 구하는 것이 옳도다. 내가 살아 빈궁(세자빈인 혜경궁 홍씨)을 다시 볼 수 없노라."

이렇게만 하셨으니 내가 그 편지를 붙들고 흐느껴 울었다. 그러나 그날 그런 큰 변이 날 줄이야 어찌 알았으리오.

윤5월 13일, 그날 아침에 대조께서 무슨 일로 전좌殿座(옥좌에 나와 앉는 것) 나오시려고 경현당 관광청에 계셨는데 선희궁이 가서서 울며 아뢰셨다.

"소조의 큰 병이 점점 깊어져 바랄 것이 없나이다. 소인의 정리로 차마 이 말씀을 못할 일이오나 성체를 보호하시고 세손을 건져 종사를 평안히 하시는 일이 옳나이다. 대처분大處分을 하소서."

그리고 또 이어서 말씀하셨다.

"부자간의 정으로 어쩔 수 없이 차마 이리(대처분)하시기는 하나 이것은 병 때문이니 병을 어찌 책망하오리까. 처분은 하시더라도 은혜를 끼치시어 세손 모자를 평안케 하소서."

내가 그의 아내로서 차마 이것을 옳게 하셨다고 할 수는 없으나 일은 이제 하릴없는 지경에 이르렀다. 내가 따라 죽어 모르는 것이 옳았으나 세손 때문에 차마 결단하지 못하고 다만 내가 당한 일이 기구하고 흉악함을 서러워할 뿐이었다. 대조께서 선희궁의 말을 들으시자 조금도 지체하거나 주저하지 않고 창덕궁으로 거동한다는 영을 급히 내리셨다. 선희궁께서는 모정을 베어 내고 대의로 말씀을 아뢰었으나 가슴을 치고 기절하셨다가 당신 계시던 양덕당으로 돌아와 식사를 끊고 가만히 누워만 계셨으니 만고에 이런 정리가 어디 있으리오.

전부터 대조께서 선원전*에 거동하시는 길이 둘이었는데 만안문(동문東門)으로 드시는 거동은 탈이 없고, 경화문으로 거동하시면 탈이 났는데 그때는 경화문으로 거동령이 났다. 소조께서는 11일 밤에 수구로 다녀와 몸을 물에 빠뜨리셨다. 12일에는 통명전에 계셨는데 대들보에서 부러지는 듯이 큰 소리가 나니 소조께서 듣고 탄식하셨다.

"내가 죽으려나 보다. 이 어인 일인고."

그때(임오년, 영조 38년) 아버지께서 재상으로 계시다가 5월에 엄중한 교지를 받고 파직되어 달포 가까이 동교東郊에 나가 계셨다. 소조께서는 당신이 스스로 위태로우셨던지 계방 조유진*을 시켜 춘천에 가 있던 원임대신原任大臣(전임前任대신) 조재호*에게 올라오라고 전하셨다고 한다. 이런 일을 보면 병환 있는 사람 같지 않으니 참으로 이상한 하늘이로다.

소조께서는 대조의 창덕궁 거동령을 듣고 두려워 아무 말도 없이 당신 쓰던 여러 기구와 말을 다 감추어 미리 경영한 대로 하게 하시고 교자*를 타고 경춘전 뒤로 가며 나를 오라 하셨다. 근래에는 눈에 사람이 보이기만 하면 일이 났기에 교자에 가마 두에(뚜껑)를 하고 사면장四面帳(사방에 두른 휘장)을 치고 다니시고 춘방관과 바깥에는 '또 학질이 있다.' 하셨다. 그런데 그날은 나를 덕성합으로 오라 하셨으니 그때는 오정쯤이나 되었다. 문득 수를 알 수 없는 까치가 경춘전을 에워싸고 우니 그 무슨 징조인가 괴이하였다. 마침 세손이 환경전에 계시기에, 마음이 급하고 정신없는 중에도 세손 몸이 어찌 될 줄 몰라 그리로 내려가서 세손더러,

"무슨 일이 있어도 놀라지 말고 마음 단단히 먹으라."

천만당부하고 어찌할 줄 몰랐다. 그런데 어찌된 일인지 대조의 거동이 지

---

* 선원전(璿源殿) | 태조 이하 역대 임금과 왕후의 영정을 봉안한 곳. 창덕궁 인정전(仁政殿) 서쪽에 있다.
* 조유진(趙維進) | 조재호의 종질(從姪, 사촌의 아들). 조재호에게 갔다 왔다는 죄로 심문을 받다가 죽었다.
* 조재호(趙載浩) | 영조의 맏아들 효장세자의 처남으로 효순왕후의 형제이다. 우의정을 지냈으며 조유진의 연락을 받고 상경하였으나 무고로 삭직되고 곧 사사되었다.
* 교자(轎子) | 평교자(平轎子). 정1품 관원이 타는 가마.

체되어 미시(오후 1시부터 3시 사이) 후에나 휘녕전으로 오신다는 말이 들렸다. 그럴 때 소조께서 나를 덕성합으로 오라고 재촉하셨다. 가 뵈니 그 씩씩한 기운과 좋지 않은 말씨도 없으시고, 고개 숙여 무언가 깊이 생각하며 벽에 기대어 앉아 계셨는데 놀라 얼굴에 핏기가 없었다. 나를 보셨으니 마땅히 화를 내어 대단치도 않을 듯하기에 그날 내 목숨이 끝날 것으로 염려하여 세손을 경계하고 부탁하고 왔던 것이었다. 그런데 소조의 말씨와 얼굴빛이 생각과 다르고 나에게 말씀하셨다.

"아무래도 괴이하니 자네는 좋게 살겠네. 그 뜻들이 무서워."

내가 눈물을 흘리며 황당하여 말없이 손을 비비고 앉아 있는데 대조께서 휘녕전에 오시어 소조를 부르신다고 하였다. 그런데 이상하게도 어찌된 일인지 피하자는 말도, 달아나자는 말도 하지 않으시고 좌우를 치지도 않으시며, 조금도 화낸 기색 없이 '썩 용포*를 달라 하여 입으며 말씀하셨다.

"내가 학질을 앓는다 하겠으니 세손의 휘양을 가져오라."

내가 그 휘양은 작으니 당신 것을 쓰시게 하려고 나인더러 소조의 휘양을 가져오라 하였다. 그러자 뜻밖에 썩 말씀하셨다.

"아무려나 자네는 무섭고 흉한 사람이로세. 자네는 세손 데리고 오래 살려고 하는데, 내가 오늘 나가 죽겠기에 꺼림칙하여 세손의 휘양을 씌우지 않으려는 심술이라. 알겠네."

나는 그날 당신이 그 지경에 이르게

휘양 머리에 쓰는 방한구로 휘항(揮項)이라고도 한다.
단국대학교 석주선기념박물관 소장

될 줄은 모르고 '이 끝이 어찌 될꼬. 사람이 다 죽을 일이로다. 우리 모자의 목숨은 어떠할런고.' 아무 생각이 없었는데 천만 뜻밖의 말씀을 하시니 내가 더욱 서러워 다시 세손의 휘양을 갖다 드리며 말하였다.

"그 말씀이 너무나 마음에 없는 말이니 이것을 쓰소서."

"싫어! 꺼림칙해하는 것을 써서 무엇할꼬."

이런 말씀이 어찌 병든 분 같으시며, 어찌 그렇게 공손히 나가려 하시던가. 다 하늘 뜻이니 원통 원통하다. 그러는 동안 날이 저물고 나오기를 재촉하시니 소조께서 나가셨다. 대조께서는 휘녕전에 앉아 칼을 안고 두드리며 그 처분을 하셨으니 차마 차마 망극하도다. 이 모습을 내 어찌 차마 기록하리오.

섧고 섧도다. 소조께서 나가시자 곧 대조의 노한 음성이 들렸다. 휘녕전은 덕성합과 멀지 않아서 담 밑에 사람을 보내 보니 소조께서는 벌써 용포를 벗고 엎드려 계시더라 하였다. 나는 대처분인 줄 알고 천지가 망극하여 가슴이 무너지고 창자가 찢어졌다. 그러나 거기 있어 부질없기에 세손 계신 곳으로 와서 서로 붙들고 어찌할 줄 몰랐다. 그런데 신시 전후 무렵에 내관이 들어와 밧소주방의 쌀 담는 궤를 내라 한다 하니 어찌된 말인지 몰라 황황하여 내지 못하였다.

그때 세손(정조)이 망극한 일이 있는 줄 알고 문정門庭(문 안의 뜰)에 들어가 '아비를 살려 주옵소서.' 하였다. 대조께서 엄하게 '나가라' 하시어 세손이 나와서 왕자 재실齋室에 앉아 계셨다. 그때 내 정경이야 고금천지 간에 다시 없으리라. 세손을 내어 보내고 나서 천지가 맞붙고 해와 달이 캄캄하게 막혔으니 내 어찌 한때나마 세상에 머물 마음이 있었으리오. 칼을 들어 목숨

---

* 용포(龍袍) | 곤룡포(袞龍袍). 왕이나 세자의 정복(正服). 앞뒤에 용무늬를 금실로 둥글게 수놓았다.

을 끊으려다 옆 사람이 빼앗아 뜻같이 못하였고 다시 죽으려 해도 작은 쇠붙이 한 조각 없어 못하였다.

숭문당에서 휘녕전으로 나가는 건복문이라는 문 밑으로 가니 아무것도 보이지 않고 다만 대조의 칼 두드리는 소리와 소조께서,

"아버님, 아버님, 잘못하였으니 이제는 하라는 대로 하고 글도 읽고 말씀도 다 들을 것이니 이리 마소서."

하시는 소리가 들리니 내 간장이 마디마디 끊어지고 앞이 막혀 가슴을 두드려 아무리 한들 어찌하리오. 아무리 궤에 들어가라 하셔도 당신의 날래고 굳은 힘과 씩씩한 기운으로 아무쪼록 들어가지 마시지 어찌하여 끝내 들어가셨던가. 처음에는 뛰어나오려 하시다가 이기지 못하여 그 지경에 이르셨으니 하늘이 어찌 이토록 하셨던고. 만고에 없는 설움뿐인지라 내가 문 밑에서 목 놓아 울었으나 응답이 없으셨다.

소조가 벌써 폐위되셨으니 그 처자가 편안히 대궐에 있지 못할 것이었고, 또 세손을 궐 밖에 그저 두면 어찌 될까 싶어 너무나 두렵고 소마소마(조마조마)하여 건복문 앞에 앉아 대조께 상서하였다.

"처분이 이러하시니 죄인의 처자가 편안히 대궐에 있기 황송하옵고 죄가 더욱 무거워진 몸으로서 세손을 오래도록 밖에 두기 두려우니 저는 이제 친정으로 나가겠나이다."

그리고 끝에 '하늘 같은 은혜로 세손을 보전하여 주소서.' 라고 써서 가까스로 내관을 찾아 대조께 들여보내라 하였다. 오래지 않아 오라버니(홍낙인)가 들어와 말씀하셨다.

"소조께서 지위를 폐하여 서인이 되셨으니 '대궐에 있지 못할 것이니 친정으로 나가라.' 하시더이다. 가마를 들여오니 나가소서. 세손에게는 남여를 들여오라 하였으니 나가실 것이오이다."

우리 남매가 망극하여 서로 붙들고 통곡하고 내가 업히어 청휘문을 지나 가마가 놓인 저승전 자비문에 가서 윤상궁이란 나인이 함께 탔다. 별감이 가마를 메고 수많은 상하 나인이 모두 뒤따라오며 통곡하였으니 만고천지 간에 이런 정경이 어디 있으리오. 내가 가마에 들 때 기가 막혀 정신을 잃으니 윤상궁이 주물러 겨우 목숨이 붙었으나 오죽하였으리오. 집으로 나와서 나는 건넌방에 눕혀지고 세손은 첫째 작은아버지와 오라버니가 모시고 나왔다. 세손빈은 자기 친정에서 가마를 가져와 청연과 함께 들려 나왔으니 그 망극한 모습에 차마 어찌 살리오. 다시 자결하려다 못 하고 일이 하릴없이 되었다. 돌려 생각하니 내가 죽어 열한 살 세손에게 첩첩한 큰 슬픔을 끼칠 수는 없고, 또 내가 없으면 세손 성취成就를 어찌하리오. 참고 참아 모진 목숨을 보전하고 하늘만 부르짖었으니 만고에 나 같은 모진 목숨이 어디 있으리오.

집에 와서 세손을 만났다. 세손이 어린 나이에 놀랍고 망극한 모습을 보시고 그 서러운 마음이 어떠하였으리오. 나는 세손이 놀라 병날까 하여 망극한 마음을 서리 담아 말하였다.

"망극 망극하나 다 하늘 뜻이니 네가 몸을 평안히 하고 착해야 나라가 태평하고 성은을 갚을 것이다. 비록 서러움 가운데 있더라도 마음을 상하지 말라."

아버지께서는 대궐을 떠나지 못하시고 오라버니도 벼슬에 매여 궐과 집을 오가시니 세손을 모시고 있을 사람이 첫째·둘째 두 외삼촌(혜경궁 홍씨의 두 동생)이었기에 그들이 밤낮으로 모셔 보호하였다. 막냇동생은 어릴 때부터 궐에 들어와 세손을 모시고 놀았던지라 그 아이가 세손을 작은 사랑에 모시고 자면서 팔구일을 지냈다. 김판서 시묵(세손빈의 아버지)과 아들 김기대도 와서 뵙는다 하고 세손궁의 상하 나인들도 전부 나왔으니 우리 집이 좁

앉다. 그래서 남쪽 담장 밖으로 이웃한 교리校理(홍문관의 벼슬아치) 이경옥의 집을 빌려 김판서댁이 며느리를 데리고 와서 묵으며 세손빈을 모시고 있게 하고 담을 트고 왕래하였다.

대처분 당시 아버지는 파직되어 오랫동안 동교에 계셨다. 대조께서는 대처분하여 일이 아주 하릴없이 된 후에 아버지를 임용하시고 다시 영의정으로 임명하여 부르셨다. 아버지께서 뜻밖에 그 처분 소식을 들으시고 망극하고 놀랍고 슬픈 가운데 급히 말을 달려 들어와 궐 앞에 이르러 기절하셨다. 그때 세손이 왕자 재실에 계시다가 듣고 당신 잡수시던 청심원을 내보내어 겨우 깨어나셨으니 당신인들 또한 어찌 세상 살 뜻이 있으셨으리오. 그러나 내 뜻과 같으시어 망극한 중에도 세손을 보호하려는 정성만 있어 소조를 따르지 못하셨다. 세손을 옹호하여 종사를 보전하려던 아버지의 뜨거운 충성심은 천지신명께 물어 바로 알 수 있으리라. 내 운명이 모질고 흉악하여 목숨은 붙어 있으나 경모궁께서 당하신 일을 생각하니 '어찌 견디시는가.' 가슴이 타는 듯하였다. 차마 어찌 견딜 수 있는 정경이었으리오.

그 무렵 오유선·박성원이 대문 밖에 와서 말하였다.

"세손에게 석고대죄 하시게 하라."

이는 당연한 일이었으나 어린아이에게 차마 시킬 수가 없어 낮 동안은 집에서 지내시게 하였다.

궐을 나온 후 아버지도 못 뵙고 망극 망극하였는데 이튿날 아버지께서 상교上敎를 받들고 나오셨다. 우리 모자(혜경궁 홍씨와 세손)가 아버지를 붙들고 한바탕 통곡하고 상교를 대하였다.

"네가 생명을 보전하여 세손을 보살펴라."

하셨으니 비록 망극한 중이었으나 이때의 말씀은 세손을 위하여 헤아릴 수 없이 감사하였다. 내가 세손을 어루만지며 성은에 감사하여 말하였다.

"나는 네 아버님의 아내로 이 지경이 되었고 너는 아들로 이 지경을 만났으니 다만 스스로의 운명을 서러워할 뿐이지 누구를 원망하며 누구를 탓하리오. 지금 우리 모자 보전하는 것도 성은이요, 우러러 의지하여 목숨으로 삼을 것도 또한 성상聖上(임금)이시다. 너에게 바라는 성상의 뜻을 받들어 힘쓰고 가다듬어 착한 사람이 되어라. 그리하면 성은을 갚고 네 아버님께 효자가 되리니 이 밖에 더한 일이 없도다."

그리고 대조의 하늘 같은 은혜에 감사하여 아버지께 말씀드렸다.

"남은 날은 성상께서 주시는 날이니 하교를 받들겠다는 사연을 위(임금)에 아뢰소서."

말씀 드리고 통곡하여 울었으니 이것은 털끝만큼도 거짓으로 지어서 한 말이 아니었다. 소조께서 애초부터 그리 되신 것이 섧지 점점 그 지경에 이르게 된 것을 어찌하리오. 나는 조금도 마음에 머금은 것이 없어 감히 이렇다 하고 대조를 원망하지 않노라.

아버지께서 나와 세손을 붙들고 통곡하고 위로하셨다.

"이 뜻이 옳으니 세손이 현인賢人이 되고 성인聖人이 되시면 성은을 갚게 되고 낳으신 아버님께 효자가 되시리이다."

아버지는 대궐로 들어가시고 나는 날이 갈수록 망극한 지경을 차마 생각할 수 없어 어찌할 줄 몰라 정신이 흐릿한 채 멍하니 누워 있었다. 대처분을 내린 이틀 뒤인 15일에 대조께서는 (뒤주를 밧줄로) 굳게 굳게 묶고 (풀 더미로) 깊이깊이 덮어 놓으시고 윗대궐에 오르신다 하니 하릴없었다. 대궐 안에 있는 필로 된 비단붙이도 내올 길이 없었으니 염습에 필요한 여러 가지를 다 아버지께서 차비하여 여한이 없게 해주셨다. 이전 여러 해 동안 의대병환에도 수없이 공급해 주시더니 이 수의를 다 마련하시어 당신(소조) 위한 마지막 정성을 극진히 하셨다.

대처분이 나고 나서 7일 뒤인 20일 신시쯤 폭우가 내리고 뇌성도 들렸니 경모궁께서 뇌성을 두려워하던 일이 생각나 어찌 되셨을까, 차마 차마 그 형용을 헤아릴 수도 없었다. 마음으로는 곡기를 끊고 굶어 죽으려고도 하였고 깊은 물에 들어가고 싶기도 하였으며, 수건을 어루만지며 자주 칼을 들기도 하였으나 마음이 약하여 강한 결단을 내리지 못하였다. 그러나 먹을 길이 없어서 냉수든 미음이든 먹은 일이 없는데도 나는 잘 지탱하였다. 그러다가 20일 밤에 경모궁께서 '하릴없이 되셨다.' 하였으니 비 오던 때가 숨이 끊어지시던 때였던가 싶었다. 차마 차마 어찌 견뎌 그 지경이 되셨는가. 그저 온몸이 뼈저리게 슬프고 원통하니 내가 살아 있는 것이 흉하고 모질었다.

선희궁이 마지못하여 그리 아뢰셨고, 대조께서는 종사를 위하여 대처분을 하셨으나 경모궁은 병환이셨으니 대조께서 이를 애통히 여기시어 은혜를 더하시고 복제*나 잘 행해 주시기를 바랐다. 그러나 대조께서는 그 처분을 하셨는데도 노여움이 줄지 않아 경모궁이 가까이 하시던 기녀, 내관 박필수 등과 별감이며 장인匠人, 무녀들까지 다 사형하셨다. 당연한 일이니 감히 말하겠는가. 다만 원통 원통한 것은 의대병환으로 여러 가지 옷을 수없이 갈아입으시다가 어찌하여 결국에는 겨우 생무명 한 벌만 입게 되셨으니 대처분이 내려지던 그날도 생무명 옷을 입고 계셨다.

대조께서 평소에 소조를 보실 때 소조가 도포·용포를 입고 당신을 뵈셨으니 무명 의대는 그날 처음 보셨다. 대조께서는 소조의 병환은 모르시고,

"네가 나를 없애려 한들 어찌 차마 생무명 상복을 입었느냐."

하시어 더욱 여지없이 아셨다. 그러고는 '평소에 쓰던 세간을 다 찾아내라.' 하셨으니 그 가운데 군기인들 없으며 무엇인들 없었으리오. 아무리 국상이라 해도 상장喪杖(상제의 지팡이)이 하나 외에 더 있을까마는 경모궁께서

곤룡포 임금이 시무복으로 입던 두루마기 형태의 정복. 국립고궁박물관 소장

는 이상한 병환으로 상장을 여러 번 만드셨다. 그러나 평생 사랑하여 가까이에서 떨어뜨리지 않은 것이 환도環刀나 보검寶劍 들이었다. 뜻밖에도 이것들을 상장 모양으로 만들어 그 속에 칼을 넣고 뚜껑을 맞추어 상장같이 해 가지고 다니셨다. 나에게도 보이시기에 끔찍하고 놀랍게 보았는데 그것을 없애지 않고 가지고 계셨으니 찾아낸 것들 중에 있었다. 이것 때문에 대조께서 더욱 놀라워 분해하셨으니 어이 상복 제도를 거론하셨으리오. 병환은 모르시고 다 불효한 데로만 돌리셨으니 원통 원통할 뿐이다.

처음에는 조신朝臣들의 상복을 예에 따라 하실 듯하더니 다 못하였으니 이 지경을 당하여 세손이나 건지는 것도 천은이었다. 경모궁께서는 병환 때문에 처분받으신 것 말고는 14년 동안 대리 정사한 저군이셨으니 상복이나 위아래에서 예대로 행하였더라면 더할 나위 없이 훌륭한 덕이었으련만 그

---

* 복제(服制) | 복장에 대한 규정. 상복의 제도로는 오복(五服, 5등급)이 있는데 죽은 이와의 관계에 따라 상복 만드는 옷감과 머리·허리에 쓰고 두르는 것, 상장의 길이, 상복 입는 기간이 달라진다. 오복은 참최(斬衰), 재최(再衰), 대공(大功), 소공(小功), 치마(緦麻) 등이다.

것을 못하셨으니 그저 서러울 뿐이었다. 20일에는 하릴없는 지경이 되었으니 복위*를 하셔야 초상부터 졸곡까지에 필요한 여러 도구를 준비할 것이었다. 그러나 대조께서는 하지 않으려는 것은 아니면서도 복위를 아끼고 모든 절차를 예대로 하기를 망설이셨다. 그러다가 부득이 21일 밤에 복위하시고 대신들이 입시하고 나서 초상부터 졸곡까지의 절차를 정하셨다. 처음에는 빈소를 용동궁에 하자 하셨다. 그때는 대조의 노여움이 불같으셨으니 이 지경을 당하여 아버지께서 조금 잘못하여 영묘의 마음에 어긋나면 내 집안 망하는 것은 둘째요, 세손이 보전되실 수 없을 것이었다. 그러니 아무쪼록 대조의 마음을 잃지 않는 가운데 돌아가신 이를 저버리지 않고, 나아가 세손에게 잊지 못할 한을 남기지 않으려 충성을 다하시고 이리저리 주선하셨다. 그리하여 복위 후 시호諡號를 내리시고 빈궁(빈소)은 시강원으로 정하며 삼도감*을 법대로 하도록 겨우 다 정하셨다. 그리고 아버지께서 도제조*를 하시어 묘소의 범절까지 모자라거나 잘못된 점이 없도록 몸소 보살피셨다. 만일 아버지께서 돕지 않으셨다면 이때 어느 신하가 감히 말하며 대조께서 어떻게 마음을 돌이키셨겠는가. 그날 경모궁을 빈궁인 시강원으로 모시게 하고 새벽에 집으로 나와 우리 모자를 들여보내실 때 아버지께서 내 손을 잡으시고 뜰에서 목 놓아 통곡하며 말씀하셨다.

"세손을 모시고 만년을 누려 노년 복록이 크게 번창하소서."

그때 내 설움이야 만고에 어디 다시 있으리오.

궐에 들어와 나는 시민당에서 발상하고, 세손은 건독합에서 거애하고, 세손빈은 내 곁에서 청연과 함께하였으니 천지간에 이런 정경이 어디 있으리오. 초종 의대初終衣帶(졸곡 때까지 입는 상복)를 차려 즉시 시신을 습하였는데 그 극심한 더위에도 시신이 조금도 어떻지 않더라 하였으니 그 설움은 차마 생각지 못할 일이다. 습하고 나서 염하기 전에 방을 나갔으니 내 정경이 천고에 드물고 남에게 없는 것이었다. 생전에 하던 말씀을 생각하니 설움 외에 은혜가 한이 없어 살아 있음이 부끄러웠다. 이승과 저승이 서로 달라 하늘을 찌를 듯 씩씩하던 기백을 뵈올 길이 없으니 산 사람의 죽지 못한 한이 어떠하였으리오.

초상부터 졸곡까지 장례의 모든 일에 서럽기 이를 데 없었다. 또 신하가 상복을 갖추지 못하니 대전의 관리들과 내관 부류들이 다 천담복淺淡服을 입었다. 바깥 제사는 있었으나 안에서 많이 차리는 것이 두려워 기회를 보다가 다시 제사를 줄이라는 엄명이 없으시기에 조석상식과 삭망전朔望奠(초하루·보름에 지내는 제사)을 다 예사로이 지냈다. 입재실入梓室(왕세자의 관을 모시는 것) 전에는 세손·세손빈과 군주들에게 차마 뵙게 할 수가 없어서 성복 날* 나와서 곡하게 하였다. 그때 세손 애통해하시는 곡소리는 차마 들을 수 없었으니 누군들 감동하지 않았으리오.

7월(영조 38년)이 인산이었다. 그 전에 선희궁이 와서 나를 보신 뒤에 재실梓室을 대하여 머리를 두드리고 가슴을 치며 통곡하셨으니 그 한없는 정리가 또 어떠하셨으리오. 인산에 영묘께서 몸소 묘소에 오시어 신주에 글자까지 친히 쓰셨으니 부자 분께서 이승과 저승 사이에서 서로 어떠하셨을까, 차마 생각할 수 없었다. 7월에 춘방을 부설하시고 세손이 완전히 국본(왕세자)이 되셨다. 이것이 비록 성은이지만 충성을 다하여 보호하신 아버지의 공이 이로써 더욱 확실히 드러났다.

---

* 복위(復位) | 지위를 회복함을 뜻한다. 대리 정사하던 경모궁이 폐서인이 되어 죽었으므로 다시 대리 정사를 보는 왕세자의 지위에 오르는 절차를 밟는 일.
* 삼도감(三都監) | 빈전도감, 국장(國葬)도감, 산릉(山陵)도감을 말하며 국가 대사가 있을 때에 임시로 설치하는 관청.
* 도제조(都提調) | 승문원(承文院) 봉상사(奉常寺), 사옹원, 내의원, 종묘서, 사직원 등에 각각 딸린 벼슬. 의정이나 전에 의정을 지냈던 사람이 맡아서 하였다. 도상(都相)이라고도 한다.
* 성복(成服) 날 | 처음 상복 입는 날, 보통 초상난 지 나흘 되는 날이다.

천담복 제사 때 입는 엷은 옥색 옷. 육자복(六子服)이라고도 한다.
단국대학교 석주선기념박물관 소장

    8월에 영묘께서 선원전 다례*에 오셨다. 황송하기는 하나 뵙지 않음이 예가 아니어서 진전眞殿(선원전) 가까이에 있는 습취헌이라는 집으로 가서 뵈었다. 천만 가지 내 서러운 회포가 어떠하였으리오마는 만분의 일도 감히 펼치지 못하고 아뢰었다.
    "모자 보전함이 다 성은이로소이다."
    영묘께서도 손을 잡고 울며 말씀하셨다.
    "네가 이럴 줄 모르고 너 보기가 어려웠는데 나의 마음을 펴게 하니 아름답다."
    내가 이 말씀을 듣고 심장이 더욱 막히고 목숨이 몹시 모질게 느껴졌으나 아뢰었다.
    "세손을 경희궁으로 데려가 가르치시기 바라나이다."
    "네가 떠나 견딜까 싶으냐."
    그러기에 내가 눈물을 흘리며 다시 아뢰었다.
    "떠나 섭섭한 것은 작은 일이요, 위를 모셔 배우는 것은 큰일이오이다."

그렇게 해서 세손을 영묘 곁으로 올려 보내기로 결정하였으니 우리 모자의 정리에 서로 헤어지는 정상이 어찌 견딜 만한 것이었으리오. 세손이 차마 나를 떠나지 못하여 울고 가시니 내 마음이 베는 듯하였으나 참고 지냈더니 성은이 지극하시어 세손을 몹시 사랑하셨다. 선희궁께서도 아드님에 대한 정을 옮기시어 세손의 앉고 눕는 일상적인 행동과 음식 등 모든 일을 한마음으로 걱정하시어 지성으로 보호하셨다. 선희궁 마음에 어찌 그렇게 하지 않으셨으리오.

세손이 네다섯 살부터 글을 좋아하셨으니 모자가 각 궐에 떨어져 지냈어도 강학에 전념하지 않으실까 염려하지는 않았으나 날이 갈수록 더욱 잊을 수가 없었다. 세손도 어머니 그리는 정이 간절하여 새벽에 깨어 내게 편지하여 서연(글을 강講하는 것) 전에 내 회답을 보고서야 마음을 놓으셨다. 서로 떨어져 지내는 3년 동안을 한결같이 그리하셨으니 특별히 숙성하셨다. 또 내가 앓아 온 병이 자주 나서 3년 안에 떠나지 않으니 멀리서 의관과 증세를 의논하여 어른같이 약을 지어 보내셨다. 모두가 타고난 효성이기는 하나 십여 세 어린 나이에 어찌 그리하시던가 싶더라.

그해(영조 38년) 세손의 생일을 맞았다. 내 자취가 움직임 직하지 않았으나 영묘의 말씀에 따라 부득이 올라갔다. 영묘께서 보시고 전보다 더 불쌍하고 측은하게 여기시어 내가 여막 생활하던 경춘전 남쪽 낮은 집을 '가효당嘉孝堂'이라 이름 짓고 몸소 쓰시어 현판으로 만들어 달게 하셨다.

"오늘 네 효심을 갚아 써 주노라."

내가 눈물을 흘리며 받고 감당할 수 없어 불편해하였는데 아버지께서 듣고 감사히 여기셨다.

---

* 다례(茶禮) | 매월 초하루, 보름, 명절이나 조상의 생일 등에 지내는 간단한 낮 제사.

"오늘 이 '가효嘉孝' 두 글자를 현판하게 하시니 자손의 보배가 될 것이라. 위(임금)에서 주시는 사랑과 아래에서 받드는 효성에 감탄하나이다."

그리고 성은을 받는 도리로 집안 봉서에 '가효당'이라는 당호堂號를 써 다니게 하셨으니 감사하여 뼈에 새겼다. 그 후 선왕(정조)이 자경전을 지으시어 내가 머물도록 하셨다. 그때 내 처지가 높고 빛난 집에 있을 모양이 아니었으나 선왕의 효성에 감동하여 조심스럽게 들어갔다. 그리고 그 집에서 남은 생을 마칠 것이기에 '가효당'이라는 현판을 자경전 상방上房(주인의 거처) 남쪽 문 위에 옮겨 걸었다. 이것은 아버님 영묘의 은혜를 잊지 않으려는 뜻이었다.

그해 12월에 조칙*이 나왔는데 영묘께서 세손을 데리고 경모궁의 혼궁魂宮에 와 조서詔書를 받으셨다. 환궁할 때 세손을 도로 데리고 올라 가려 하시다가 세손이 어미 떠나는 것이 차마 서운하여 우니 그 모습을 보고 말씀하셨다.

"세손이 차마 너를 떠나지 못하여 저리하니 두고 가자."

혹 당신은 사랑하시는데 세손이 그것은 생각지 않고 어미만 못 잊어 하는가 서운히 여기실 듯하기에 내가 아뢰었다.

"내려오면 위(임금)가 그립고 올라가면 어미가 그립다 하니 (임금께서) 환궁하신 후에는 또 위가 그리워 이리할 것이오니 데려가소서."

그러자 영묘께서 즉시 부드럽고 기쁜 얼굴이 되시어 '그러하랴?' 하시고 세손을 데리고 돌아가셨다.

세손이 모시고 가면서 인정 없이 떠나보내는 어미가 섭섭하여 무수히 울고 가셨으니 내 마음이 어떠하였으리오. 그러나 어미 그리는 것은 사사로운 정이요, 위(임금)를 모시고 가서 가까이 받들어 아버님이 못다 하신 아들의 도리를 잇는 것이 옳았다. 또한 정사며 나랏일을 배워 앎이 옳기에 떠날 때에 못 잊는 정을 베어 내고 보냈다. 이것이 모두 이전의 일을 징계하고 세손으로 하여금 한마음으로 위(영조)에 효성을 다하게 함으로써 세손을 사랑하시는 영묘의 뜻에 조금이라도 어긋날까 염려함이었다. 그러나 이 어찌 세손만을 위한 사사로운 정일 뿐이었으리오. 종국宗國(나라)의 편안함과 위태로움이 세손 한 몸에 있었으니 세손에 대한 내 걱정스런 마음이야 하늘에 물어도 그렇다 할 일이다. 이것은 나 혼자만의 마음이 아니었다. 모두 아버지께서 나에게 부녀자의 자잘하고 사사로운 정을 돌보지 않고 대의를 지키도록 훈계하신 힘이었다. 곳곳에서 세손을 위하고 나라를 위하신 우리 아버지의 지극한 충성심을 누가 다 자세히 알리오.

　세손이 경모궁의 혼궁을 떠나 있다가 내려오시면 애통하여 울었으니 서러운 곡성哭聲이야 누가 감동하지 않으리오. 혼궁의 목주木主(위패)가 의지 없는 듯 계시다가 아들이 와서 슬프게 곡하면 신위가 반기시는 듯하고 고독한 혼궁에 빛이 있는 듯하여 애통한 가운데 도리어 위로가 되었다. 내가 만약 세손을 낳지 않았다면 이 나라를 어찌할 뻔하였던가 싶었으니 엎어진 나라가 보전되려고 경오년(영조 26년)에 원손(의소)을 낳은 후 임신년(영조 28년)에 세손 탄생의 경사가 있었던가 싶더라.

　　　　　　　　　　　✦

　임오화변은 만고에 없는 일이었다. 당신(경모궁)께서는 천만 불행하여 그 지경이 되셨으나 아들을 두시어 당신의 자취를 잇고 부모 자식 간의 사랑과 효도에 틈이 없으니 다시야 무슨 일이 있을 줄 꿈엔들 생각하였으리오. 갑

---

* 조칙(詔勅) | 조서를 가지고 나온 칙사(勅使, 사신). 『조선왕조실록』에 의하면 영조 38년 12월 8일 청나라에서 칙사가 와서 이튿날 영조가 '창덕궁에 나아가 사도세자의 혼궁에 곡림(哭臨, 슬피 옮)하였는데 칙사도 예에 따라 치제(致祭, 제사 지냄)하였다.' 고 되어 있다.

신년(영조 40년) 2월 처분은 너무나 천만 꿈 밖이었다. 위(영조)에서 하신 일을 아랫사람이 감히 어떻다 하리오마는 그때 내 망극한 심정은 견주어 비할 곳이 없었다. 임오년 화변 때 내가 모진 목숨을 끊지 못하고 살아 있다가 이 일을 당할 줄은 천만 몰랐으니 그 자리에서 당장 죽어 버리고 싶었으나 목숨을 마음대로 할 수 없고, 또 위에서 이 처분을 원하시는 듯하기에 스스로 굳게 참았다. 그러나 망극한 슬픔과 원통함은 모년(임오년)보다 덜하지 않았다. 선희궁께서 음식을 끊고 놀라고 가슴 아파하시던 것이야 어찌 다 기록하리오.

세손이 어린 나이에 고금에 없는 큰 슬픔을 품고, 또 제왕가에 합당치 않은 비정상적인 예를 당하여 너무나 애통해하셨다. 효장세자의 양자가 됨으로써 돌아가신 아버지의 상복을 벗으실 때는 곡하며 우는 소리가 천지에 사무쳐 천지가 깜깜하게 막히던 초상 때보다 더욱 서러워하셨다. 세손의 연세도 그때보다 두 살이 더했고, 당신 당한 일이 갈수록 너무나 원통하니, 이런 세손을 대하여 내 간장이 쇠가 녹을 듯 돌이 터질 듯하였다. 내가 당장 목숨을 끊고 싶었으나 세손이 서러워하시는 정경이 차마 못 견딜 일이요, 또 내가 없으면 세손이 더욱 외롭고 위태로울 것이었다. 이런 지경에 이르러서는 더욱더 세손을 보호하는 것이 으뜸인지라 내가 마음을 굳게 잡고 세손을 위로하였다.

"서러울수록 천금같이 귀한 몸을 보호하여 비록 남은 한이 만 갈래이나 스스로 착하게 하여 아버님의 한을 갚으라."

이렇게 여러 가지로 깨우쳐 진정시켰으나 세손이 온종일 음식을 끊고 슬피 울어 몸을 너무나 상하셨다. 차마 애처로워 내가 위로하여 곁에 품고 누워 달래어 재우려 하였으나 늦도록 잠을 이루지 못하였으니 그러한 정경이 고금에 어찌 있었으리오. 그 처분이 내려진 날은 갑신년(영조 40년) 2월 21일이었다. 어찌하여 그러한 처분이 났는지 이상하며 뜻밖에 거동하여 선원전에 오래도록 머물고 나에게 와 보셨다. 내 감히 무엇이라 아뢰리오.

"모자가 지금 살아 있음이 성은이오니 처분이 이러하신들 무슨 말씀을 아뢰리까."

내가 아뢰니 영묘께서 말씀하셨다.

"네가 그리하는 것이 옳으니라."

가뜩이나 애통한 정리에 이같이 서러운 한이나 없으면 좋지 않았으랴. 갈수록 내 운명에 기이하게 사나운 일이 생기니 스스로 몸을 치고 싶은들 힘이 미치랴. 이런 일은 만고에 없도다.

7월, 담사禫祀(대상 다음 달 제사)에 선희궁께서 내려와 지내시고 가을 지나면 고부가 모여 서로 의지하자고 확실히 기약하셨다. 그런데 갑자기 등에 종기가 나 7월 26일 세상을 하직하셨으니 망극함을 어찌 예사 고부 사이의 정으로 말하리오. 당신이 비록 나라를 위하여 어머니로서 하지 못할 일을 하셨고, 또 비록 선왕(영조)을 위하여 하신 일이었으나 슬픔이야 오죽하셨으리오. 선희궁께서는 평소에 말씀하셨다.

"내가 못할 일을 차마 하였으니 내 자취에는 풀도 나지 않으리라. 내 본심은 나라를 위하고 성체를 위한 일이었으나 생각하면 모질고 흉하다. 빈궁(혜경궁 홍씨)은 내 마음을 알 것이나 세손 남매들은 나를 어찌 알리."

그리고는 밤마다 안 주무시고 동편 툇마루에 나앉아 동녘을 바라보고 상심하시며,

"혹 그 일을 하지 않았어도 나라가 보전하였으려나? 내가 잘못하였는가?"

하셨다. 그러다가 또 생각하셨다.

"그렇지 않다. 여편네의 나약한 소견이지 내가 어찌 잘못하였으리오."

경모궁의 혼궁에 오시면 부르짖어 울고 서러워하시어 마음에 병이 되어

패월도 사도세자의 어머니 영빈 이씨(선희궁)가 패용하던 칼. 국립고궁박물관 소장

몸을 마치셨으니 더욱 섧도다.

 무릇 모년 일을 지금 사람이 누가 나같이 알며, 누구의 설움이 나와 선왕(정조) 같으며, 경모궁에 대한 거리낌 없는 정성이 누가 나 같으리오. 그러므로 내가 늘 선왕께 말씀드렸다.

 "마누라가 비록 아들이나 그때 아직 어린 나이셨으니 나만큼 자세히는 모를 것이라. 모년에 속한 일은 아무 일이라도 나에게 물으시지 바깥사람들이 이러니저러니 하는 말은 곧이듣지 마오시오. 그것들이 한때 저희들 총애받으려는 계책으로 마누라 들으시게 별난 소문처럼 얻어다 드려도 다 괴이한 말이오이다."

 그러면 선왕께서 말씀하셨다.

 "누가 모르오이까. 그놈들이 '아버지 위한 정성이 없다.' 고 한없이 욕하니까 욕도 피하고, 또 누가 '경모궁을 위하였다.' 하면 자식 된 도리에 '그렇지 않다.' 는 말을 차마 할 수 없어서 누구에게는 추증*하고 누구에게는 시호하며 저희가 하자는 대로 해 가는 것이오이다. 그런 일에는 분명히 알면서도 끌려가 흐린 사람이 되는 것을 면할 수 없나이다.”

내가 선왕의 큰 슬픔을 이루 다 생각하지 못하리라.

무릇 모년 일에 대하여 세상에는 두 가지 의논이 있는데 모두 다 남을 속이는 일이고 사실과 다르다. 한 의논은 '영묘의 대처분이 광명정대하여 천지간 어디에 내세워도 틀리지 않는다.' 하는 것이니 영묘의 큰 덕과 공을 칭찬할 뿐 대처분에 대해서는 조금도 애통망극해하는 뜻이 없다. 이것은 경모궁을 '불효한 죄' 조목에 포함시키면서 영묘의 처분을 무슨 적국을 소탕하거나 역변逆變을 평정한 것 같은 모양이 되게 한다. 그러니 이렇게 말하면 경모궁께서는 어떤 분이 되시며 아들인 선왕께서는 또한 어떠한 처지가 되시리오. 이 의논은 경모궁과 선왕 모두에게 망극하다.

또 한 의논은 '경모궁께서 본디 병환이 아니신데 영묘께서 참언을 듣고 그런 잘못을 하셨으니 원수를 갚고 수치를 씻자.' 는 것이다. 이것은 경모궁의 원통함을 씻어 드리기 위한 말인 듯하나 그러면 영묘께서 누군가의 참언을 듣고 죄 없는 동궁(경모궁)을 그렇게 처분한 조목에 포함된다. 그러니 이렇게 말하면 영묘께 또 어떠한 허물이 되겠는가. 두 의견 모두가 삼조(영조·경모궁·정조)께 망극하고 실상에도 어긋난다.

아버지께서 여러 차례 말씀하신 것처럼, 경모궁께서 병환이 망극하시어 영묘의 옥체와 종사의 안위가 순식간에 있었기 때문에 영묘께서 애통망극하시나 만만 부득이하여 그 처분을 하셨다. 그리고 경모궁께서도 본심이실 때는 짐짓 당신의 덕이 훼손될까 근심하고 갑갑해하시면서도 병환으로 말미암아 천성을 잃어 당신 하는 일을 전혀 모르셨다. 병환은 성인도 면할 수 없다 하였으니 병환 든 것이 망극하지 어찌 경모궁의 덕이 조금이나마 훼손

---

* 추증(追贈) | 공로가 있는 이가 죽은 뒤에 벼슬을 주거나 품계를 높여 주던 일.

되었겠는가. 실상이 이러하고 그때 사정이 이러하니 바른대로 말을 하여야 영묘의 처분이 애통망극한 가운데 만만 부득이한 일이 되고, 경모궁께서도 불행히 망극한 병환 때문에 참으로 하릴없는 경우를 당하신 것이 된다. 또 선왕(정조)도 애통은 애통대로 의리는 의리대로 따로 떼어서 말해야 실상도 어기지 않고 의리에도 합당하다. 그런데 위의 두 의논 같으면 하나는 영묘께 허물이 되고, 다른 하나는 경모궁의 덕을 훼손시키는 것이 되며 선왕께는 망극하다. 그러니 두 의논이 다 삼조에 죄가 되는 말이다.

한편의 의논은 영묘의 처분이 훌륭하셨다 하면서 아버지에게만 죄를 씌우려 하여 그때 아버지께서 일물을 들였다고 한다. 일물 들이지 않으신 사정은 이미 다른 기록에 올렸으니 여기는 다시 쓰지 않겠다. 이런 말을 하는 놈은 영묘께 정성인가, 경모궁께 충절인가. 선왕께서 '모년 일을 위한 것'이라 하면 동서남북 어떤 말을 막론하고 다 사정을 보아주시고, 또 '모년 모일에 시비是非 있다.' 하면 죄가 있고 없고를 막론하고 선왕 당신의 입으로 '그렇지 않다.' 고 못하시는 줄 알고 모년의 일을 못되게 이용하는 기회로 삼았다. 그래서 저희 뜻대로 조작하고 희롱하여 이렇게 해서 사람을 해치고 저렇게 해서 충신이라 자처하였으니 만고에 이런 일이 어디 있으리오.

경모궁 가신 뒤 40년 동안 그해의 일로 말미암아 충신과 역적이 어지럽게 뒤섞이고 옳고 그름이 뒤바뀌어 지금까지 바로 놓이지 못하였다. 경모궁 병환이 만만萬萬 어쩔 수 없으셨고 영묘의 처분도 아주 부득이하여 하신 일이었으며, 일물은 영묘 스스로 생각하신 것이었다. 나도 선왕도 '슬픔은 슬픔이요, 의리는 의리'로 알아 망극한 가운데 보전하여 종사를 길이 지탱한 성은에 감사하였다. 후세 사람들은 그때 여러 신하들이 어쩔 수 없어 말했던 것을 상상하여 그런 때를 만났음을 불행히 여겨야 할 따름이다. 모년 일에야 어찌 군신 상하 간에 '이렇다' 고 하는 말을 용납할 처지가 되겠는가.

모년 일 되어 가던 것을 내가 차마 기록할 마음이 없었으나 다시 생각하니 주상(순조)이 자손으로서 그때 일을 아득히 모르는 것이 망극하고, 또한 옳고 그름을 분별하지 못하실까 민망하여 마지못해 이렇게 기록하였다. 그러나 일컫지 못할 일들 가운데 더욱 차마 일컫지 못할 일은 빠진 것이 많다.

내가 죽을 날이 얼마 남지 않은 늙은 나이에 이것을 능히 써냈으니 사람의 흉악하고 모질고 독함이 어찌 여기까지 이르렀는가. 하늘을 우러러 부르짖고 통한의 눈물을 흘리면서 운명을 한탄할 뿐이로다.

작품 해설 | 김선아

피눈물로 써 내려간 궁중문학의 백미

작자 혜경궁 홍씨

『한중록』은 사도세자의 빈인 혜경궁 홍씨가 왕세자였던 남편의 참혹하고 비극적인 죽음과 그로 말미암아 빚어진 친정의 비극, 그 한으로 피눈물을 머금고 살았던 오륙십 년의 세월을 회상하여 쓴 글이다.

　작자는 사남삼녀 가운데 오빠 하나를 둔 큰 딸로 태어났다(영조 11년, 1735년). 그녀의 가문은 5대조가 선조의 부마(영안위 홍계원)였고, 할아버지 홍현보洪鉉輔도 대사성 대사헌에 예조·이조판서를 지낸 풍산 홍씨 명문거족이었다. 혜경궁이 열 살의 나이로 세자빈에 간택되어 입궐할 때까지는 아버지가 벼슬길에 오르지 못하여 생활이 궁핍하였다. 그러나 혜경궁은 타고난 명민함으로 할아버지를 비롯한 가족의 사랑을 많이 받았던 것 같다. 열 살 때 동갑내기인 사도세자의 빈이 되어 궁에 들어가 81세를 일기로 세상을 뜰 때까지 70년 세월을 줄곧 구중궁궐 깊은 곳에서 영조의 며느리요, 왕세자(사도세자)의 아내이며, 정조의 어머니, 순조의 할머니로 살았다. 조선왕조의 문예부흥기라고 일컬어지는 그때, 왕실과 조정이 실제로 평안하였다면 혜경궁은 부귀영화 속에서 행복한 일생을 살 수 있었을 것이다.

　그러나 열다섯 어린 나이 때부터 대리 정사를 시작한 혜경궁의 남편 사도세자는 스물여덟 젊은 나이에 아버지 영조에 의해 뒤주에 갇혀 죽음을 당하였다. 대리 정사 기간 동안 세자와 노론 세력 간의 보이지 않는 대결 속에서, 친정을 노론의 중심부에 두고 있었던 혜경궁은 실로 살얼음판을 걷는 조심스런 세월을 살아야 했다. 스물여덟에 남편을 시아버지에 의해 잃고, 왕위에 오른 아들의 죽음까지 지켜본 뒤 손자가 왕위에 오른 지 15년 되던 해, 그 시대에는 드물게 장수를 누린 작자는 81세로 한 많은 세상을 떠났다.

구성과 집필 동기

작자에 대한 언급에서 짐작할 수 있듯이 『한중록』은 우리 고전 산문 가운데 작자와 집필 시기와 목적이 확실한 몇 안 되는 작품 가운데 하나이다. 궁중실기宮中實記(궁중수기)인 『한중록』은 총 4편으로 이루어져 있으나 이것은 작자가 의도한 구성이 아니다. 각 편을 쓸 때마다 또다시 쓰리라고는 생각지 않았고, 오히려 다시 쓰게 되는 불행한 일이 없기를 바랐을 것이다. 그것은 각 편의 집필 동기가 일차적으로 친정인 풍산 홍씨의 죄 없음을 밝히고 억울한 한을 풀어 주려는 것이었기 때문이다. 거듭 썼다는 것은 집필 목적이 그때까지도 이루어지지 않았음을 뜻한다.

그래서 이들 4편은 서로 시간적 연속성을 지니고 전개되는 것이 아니라 같은 사건에 대한 내용들이 반복되고 있다. 몇몇 사건이 정치적 상황에 따라 각 편에 보태지거나 빠지면서 간략하거나 상세하게, 평온한 마음이거나 혹은 격앙된 상태로, 온건하거나 혹은 강하게 중복 기술되었다. 다만 각 편을 집필한 시기의 상황이나 읽을 사람에 따라 중점을 둔 부분이 조금씩 다르다. 그러므로 각 편들은 각각 독립적이면서도 서로 유기적 관련을 맺고 있다.

제1편

작자 혜경궁의 회갑 되는 해(정조 19년, 1796년)에 친정 조카 수영의 청에 따라 친정에 보관하라고 써 준 글이다. 이때는 아들이 보위에 오른 지 20년이 가까워 오고, 아들이 지극한 효성으로 어머니의 한을 어느 정도 풀어 준 때여서 마음의 여유를 회복하고 비교적 안정된 상태에서 담담히 지난날을 되돌아 볼 수 있었다. 전반부는 자신의 출생부터 열 살 때 세자빈으로 간택되어 입궐한 과정과 임오화변이 나기까지를 회상한 기록이고, 후반부는 갑신처분부터 집필 당시인 작자의 회갑에 이르기까지 겪어 온 일들을 회상한 것이다.

제2편

작자 67세(순조 1년, 1801년)에 쓴 것으로 손자인 새 왕에게 친정의 억울함을 밝혀 죄를 씻어 주기를 부탁하기 위해 쓴 글이다. 정조는 생전에 아들(순조)에게 부탁하여 외가를 신원하여 주겠다고 어머니께 약속하였으나 정조가 재위 24년에 뜻밖에 승하하고 손자(순조, 11세)가 즉위하여 대왕대비 정순왕후(영조의 계비) 김씨의 섭정이 시작되었다. 작자는 손자에게 이 사실을 알리면서 친정의 억울함을 제1편보다 상세하게 거듭 밝혔다. 여기에는 아들을 잃은 슬픔과, 해결의 기미가 보이지 않는 친정 문제에 대한 분노가 서려 있다.

제3편

작자 68세(순조 2년, 1802년)에 쓴 것으로 제2편에 이어서 특별히 둘째 동생의 억울한 죽음을 항변하는 것으로 시작된다. 선왕인 정조의 지극했던 효성을 되새기며 순조가 이를 본받을 것을 호소하였다. 특히 선왕인 정조가 원자(순조)를 가리키며, "저 아이 때에 외조가 풀리시고 마마께서 저 아이 효양을 내 적보다 더 낫게 받으시오리다."고 한 말을 상기하며, 친정 집안의 화는 모함으로 인한 것이니 이치에 어긋나는 일이라 하였다. 나아가 순조가 장성한 후(대비의 섭정이 끝난 후)에 충신과 역적을 잘 분간하고 시비곡절을 살펴 모함받은 친정의 억울한 원한을 풀어 달라고 간절히 청원하였다.

제4편

작자 71세(순조 5년, 1805년) 때의 기록으로 순조의 생모인 가순궁의 권고로 써서 그에게 맡긴다 하였다. 1월에 대왕대비가 승하하자 작자는 궐 안의 제일 어른이 되었다. 여기에서 작자는 지난 10년 동안 세 번에 걸쳐 기록하였으면서도 차마 다 할 수 없었던, 이미 35년이나 지난 임오화변의 원인과 과정에 대해 상세하게 밝히고 있다. 사도세자의 탄생에서부터 성장, 발병 원인과 증상, 부자간의 갈등, 임오화변 당일의 정황 등에 대해 구체적으로 기술하였다. 작자는 순조가 임오화변의 진실을 밝혀 이로 말미암아 여러 번 화를 당한 친정을 신원해 줄 것을 강력하게 요구하고 간절하게 기대하였다. 임오화변은 가해자와 피해자가 부자간으로서, 정조에게는 할아버지(영조)와 아버지(사도세자)였으므로 손자이자 아들인 정조로서는 어느 한쪽을 편들기 어려웠으나 순조는 선왕과는 다른 입장이라고 여겼기 때문이었다.

작품의 이본과 판본

『한중록』은 대중을 독자로 의식하고 창작한 소설이 아니다. 왕세자의 아내요, 임금의 며느리이며, 어머니, 할머니로서 작자가 실제로 겪은 파란 많은 삶을 몇 차례에 걸쳐 수기 형식으로 써 내려간 글이다. 저작된 지 250년도 안 되는 작품인데도 현재 원본이 전해지지 않는 것은 물론이고, 사본조차도 원본을 대본으로 필사한 것이라는 확증이 없다. 각 편들은 읽을 대상을 찾아 친정으로 전해지거나 궁중에 남겨져 흩어졌다가 오랜 시간이 지난 뒤에 집대성되고 거듭 필사되면서 이본들이 파생되었다. 그러므로 이본에 따라 명칭과 권수 배열이 다르고, 내용에서도 누락된 곳이 똑같지 않다.

현재 전하는 대표적인 이본에는 한글본으로 『한등만록閑中漫錄』, 『한등록』, 『한중록恨中錄』이 있고, 한문본으로 『한중만록閑中漫錄』, 『읍혈록泣血錄』 등이 있다. 이본들의 차이는 먼저 한글 표기와 한문 표기라는 것, 그리고 『한중록』과 『읍혈록』이라는 것이다. 또한 『한중록』에서 '한'이라는 글자가 '閑'인가 '恨'인가 하는 문제가 있다. 그러나 어떤 명칭도 작자 자신이 붙인 것이라고 볼 수는 없다. 이미 말한 것처럼 이 4편의 글들은 작자가 각각 친정 조카, 혹은 왕이 된 손자, 며느리인 왕의 어머니에게 주기 위하여 자신이 겪어 온 일을 수기 형식으로 쓴 것이기 때문이다. 어떤 편은 비교적 한가로운 마음으로 쓴 회상록이고, 또 어떤 편은 슬픔과 한의 한가운데에서 피눈물을 흘리며 쓴 것이다. 그래서 정은임 교수는 "제1편은 『한중록閑中錄』(한가로운 가운데 쓴 글), 제2·제3편은 『읍혈록』(피눈물을 머금고 쓴 글), 제4편은 『한중록恨中錄』(한을 품고 쓴 글)이라 할 만하다."고 하였다. 그러나 어떤 심정으로 썼든 읽을 대상을 분명히 하고 쓴 회상록에 제목을 붙여 전하지는 않았을 것으로 생각된다. 이본마다 다른 제목을 달고 있는 것도 이런 추측을 뒷받침하고 있다. 아마도 후세의 필사자들이 그 글을 통하여 느끼는 마음을 제목으로 붙였을 것이다. 어떤 이는 지난 과거를 회상하는 한가로움을, 어떤 이는 한恨을, 또 어떤 이는 피눈물을 보았으리라. 이러한 정서는 각 편이 지니는 특징이기도 하다.

『한중록』은 18세기에 70년 동안 궁중에서 살아온 여인의 글이다. 그래서 문장과 언어가 오늘날 우리가 이해하기에 무척 어렵다. 문장이 한없이 길면서 주어가 생략되고, 존칭어와 존칭보조어간이 겹으로 쓰여 유장하고 우아한 멋이 있는 반면 번잡하고, 단락이나 문장의 주체를 구별해 내기 어렵다. 더욱이 세간에서 쓰던 언어와는 전혀 다른 궁중 용어와, 지금은 쓰이지 않는 사라진 언어와 한자어들이 곳곳에 빈번하게 쓰이고 있어 특별한 아름다움이 있으면서도 낯설기 그지없다. 이병기·김동욱 교주의 『한듕록』(민중서관, 1961년)이 나와 독해의 일차적인 어려움을 풀었으나 이 또한 이미 45년 전에 출간된 것인 데다 간간이 잘못이 발견되기도 하였다. 그 뒤 정은임 교주의 『한중록』(이회문화사, 2002년)이 이 책의 잘못을 상당 부분 바로잡기는 하였으나 완전하지 못하고 또한 일반인들이 쉽게 읽기에는 어려움이 많다.

    이 책은 이병기·김동욱 교주본 『한듕록』을 텍스트로 하였다. 『한듕록』 서문에 '일사본에 가람본과 나손본을 대조하였다. 가람이 주석한 『한중록恨中錄』(백양당, 1947년, 문고판)을 많이 참고하였으며, 『한중록』에 빠진 본문을 전부 넣고 『읍혈록』을 덧붙였다.' 고 밝힌 것처럼 작품으로서의 완성도가 높은 본이었기 때문이다. 그러나 정은임 교주의 『한중록』에 부록된 가람본 『한중록』 사본(한글 궁체)을 일일이 대조하여 잘못을 바로잡았다. 또한 현전하는 이 본의 권수(1~6권)에 따른 편집이 집필 연도나 내용 순서가 뒤바뀌어 있어 순서를 잡아 읽기에 불편함이 있고, 이해하는 데 오해의 여지가 있다. 따라서 창작 연도에 따라 제1편(권1, 권4), 제2편(권5), 제3편(권6), 제4편(권2, 권3)으로 정리, 편집하여 그 불편과 오해를 없앤 정은임 교주 『한중록』의 편차를 따랐다.

작품의 배경

『한중록』의 중심인물은 영조와 사도세자이고, 중심 사건은 세자가 부왕에 의해 뒤주에 갇혀 죽은 임오화변이다. 세자는 영조의 나이 42세에 태어난 영조의 외아들이었다. 어릴 때부터 총명하고 똑똑하며 씩씩한 기질을 타고 태어나 부왕을 비롯한 왕실의 기대와 사랑을 한 몸에 받았다. 이런 세자가 스물여덟 한창 나이에 부왕에 의해 뒤주에 갇혀 윤5월 땡볕 아래 8일 동안이나 신음하다 처참하게 목숨을 잃게 될 줄은 아무도 몰랐다. 작자는 세자가 그렇게 죽게 된 원인을 의대증을 비롯한 '이상한 병' 때문이라고 하였고, 그 병의 원인을 부왕의 애정 결핍으로 진단하였다. 세자가 태어나 백일이 되었을 때 영조는 원자를 동궁의 의젓한 주인이 되게 하고 싶은 마음에 서둘러 저승전(동궁)으로 옮겨 경험 많은 보모상궁들에게 양육을 맡겼다.

영조는 이복형인 경종의 뒤를 이어 왕위에 오르는 과정에 임인옥사(경종 2년, 1722년)를 겪었다. '노론 일당이 역모를 꾀하며 왕세제 연잉군(뒷날의 영조)이 그 우두머리' 라는 고변에 의해 연잉군을 지지하던 수많은 인사가 죽었다. 2년 후 경종(재위 4년)이 갑자기 승하하자 '경종 독살설' 이 야기되었고 여기에도 연잉군 관련설이 제기되었다. 왕위를 계승한 영조는 노론의 요청에 따라 임인옥사의 원인을 제공한 소론 강경파 인사들을 처형하였다. 영조는 자신을 후원했던 노론으로부터 자유로울 수가 없었다. 그는 인정 많은 왕이었지만 이런 일련의 사건들은 왕이 되어서도 극복하기 어려운 콤플렉스가 되었고, 재위 52년 동안 그를 따라다녔을 것이다.

승자와 패자, 삶과 죽음, '도 아니면 모' 인 극단이 상존하는 조정. 그 세계를 경험하면서 소심한 영조는 마음속에 깊은 상처를 입고 괴로움을 겪었던 것 같다. 스스로 '마음의 병이 갈수록 점점 심해져 온갖 정무를 보살필 수 없다.' 고도 하였다. 영조는 노론과 소론 온건파를 고루 등용하며 탕평책을 썼지만 조정에서는 노소 양당의 암투가 그치지 않았다. 영조는 이것이 불만스러울 때면 간혹 세자에게 왕권을 양위하거나 대리 정사시키겠다는 영을 내려 잠시나마 조정의 혼란을 잠재우고 측근들의 충성심을 확인하였다. 첫 양위의 명은 영조 15년(1739년) 1월, 세자가 다섯 살 때였다. 영조는 "이미 나를 임금으로 대우하지 않는데 양위한다고 하여 무슨 소란스러울 일이 있겠느냐."고도 하였다. 그러나 온 조정의 적극적인 만류에 따라 명은 거두어졌다.

영조 25년(1749년) 1월 22일 밤, 양위에 관한 봉서가 내려졌다. 양위하려는 다섯 가지 이유 가운데 둘은 세자에 관한 것이었다. 즉, 세자가 뒷날 어떻게 행동할지 모르기 때문에 당신이 살아서 보기 위함이 하나이고, 다른 하나는 신하들로부터 세자를 보호하는 동시에 세자에게 편벽되지 않은 정치 기반을 세우도록 하기 위함이었다. 영조는 아무리 평평한 당론을 펴려 하였으나 자신의 오랜 후견 당파요, 정치 기반인 노론을 결코 등질 수 없었다. 23일, 신하들은 양위의 명을 거둘 것을 입이 닳도록 아뢰었고, 열다섯 살 세자는 비를 무릅쓰고 달려와 문밖에 엎드려 울었다. 그러자 영조는 대리 정사로 수위를 낮추었다.

세자는 노·소로 분열된 당론으로 혼란스런 조정, 은밀히 전해지는 부왕의 불편한 과거, 죽고 죽이는 현장과 맞부딪쳤다. 스물한 살 때 '나주벽서사건' 해결 과정에서 부왕과 노론 대신들이 보여 준 광기 어린 잔혹한 모습과 처절한 복수심, 야욕을 보았다. 그들은 세자가 자신들 편에 서 주기를 바랐다. 그러나 그러기에 세자는 너무 영특하였고 상처가 크고 깊었다. 노론은 세자가 반노론의 편에 서 있다고 생각하였다. 세자와 노론은 서로를 두려워하고 있었다. 세자는 언제나 낮은 자세로 조심조심 국사에 임하였으나 조정을 장악한 노론은 한통속이 되어 부왕과 세자 사이를 이간질하여 영조로 하여금 세자에게 의혹의 마음을 갖게 하였다. 영조는 밤낮없이 세자를 불러 보며 찬찬히 살폈다. 때로 경연과 차대조차 중지시키며 끊임없이 세자를 시험하고 꾸짖었다. 세자는 몹시 지치고 극도의 스트레스에 시달렸을 것이다.

영조 38년(1762년) 5월 22일, 노론 중진인 윤급의 청지기 나경언에 의해 세자가 역모를 꾀한다는 고변이 있었다. 이 사건은 영조가 세자에게 품었던 의혹을 사실로 인정하게 하였다. 나경언이 무함誣陷임을 자백하였는데도 영조는 대죄待罪하는 세자를 모른 체하였다. 운명의 그날(윤5월 13일), 영조는 세자를 폐하여 서인庶人으로 삼고 자결할 것을 채근하였다. 도승지 이이장이 세자를 처형하려는 영조를 만류하다가 진노를 샀고, 열한 살 어린 아들(세손, 뒷날의 정조)만이 아버지의 죄를 빌었다.

노론의 중진 홍봉한은 반노론인 세자를 붙들고 있기에는 너무나 정치적인 인물이었다. 그는 세자가 반노론이라고 생각될 때 이미 사위의 손을 놓았던 것 같다. 자칫하다가 역시 노론 외척인 경주 김씨(정순왕후의 친정)와의 권력 다툼에서 밀릴 수도 있었기 때문이다. 뿐만 아니라 만약 친소론적 성향을 가진 세자가 왕위에 오를 경우 임인옥사 같은 참사가 재현될지도 모를 일이었다. 실록에는 세자가 뒤주 속에서 죽은 일주일 뒤에 홍봉한이 이렇게 아뢰었다고 기록되어 있다. "외간에서는 전하께서 그날(윤5월 13일) 결판을 짓지 못하실까 염려하였는데, 마침내 결판을 지어 한창 젊으실 때와 다름이 없었으니 신은 흠양하여 마지않습니다." 그리고 8월 12일에는 홍봉한 자신의 행위는 '왕의 뜻을 받들어 행한 것' 뿐인데 장래의 인심이 염려되니 뒷날 말이 없도록 방책을 마련해 달라고 요청하였다. 그리고 세자가 죽자 홍봉한은 입궐하여 왕명에 따라 장례를 관장하였다.

사도세자의 아들은 왕세손으로서 할아버지 영조를 이어 왕권을 계승하였다. 영조의 나이 82세 되던 해(영조 51년, 1775년) 12월, 당시 24세이던 세손은 노론 인사들의 염려와 반대를 지켜보았다. 영조는 전격적으로 세손에게 대리청정의 명을 내렸고 이듬해 승하(3월 5일)하였다. 5일 뒤 세손은 "나는 사도세자의 아들이다."는 말과 함께 즉위하였다. 정조는 맨 먼저 억울하게 죽은 아버지 사도세자를 장헌세자로 추숭하고, 아버지를 죽음으로 몰고 간 외가 풍산 홍씨를 처벌하기 시작하였다. 홍봉한이 뒤주를 들였다는 이유에서였다. 작자 혜경궁 홍씨의 작은아버지인 홍인한이 정후겸과 함께 사약을 받았고 작자의 동생에게도 위기가 닥쳤다. 오직 아들이 왕위에 오를 날만을 바라며 살았던 혜경궁 홍씨는 모든 것이 오해에서 비롯된 것이라고 항변하였다.

정조는 효성이 지극한 아들이었다. 세월이 흐른 뒤, 정조는 어머니를 위하여 외가 가족들의 죄를 신원하여 주었다. 아버지 사도세자와 어머니 혜경궁 홍씨의 회갑 해(정조 19년, 1795년)를 맞아 어머니를 모시고 아버지의 묘인 현륭원에 나아가 참배하고 어머니를 위해 연회를 베풀었다. 이해에 비교적 마음의 여유를 회복하여 쓴 글이 『한중록』 제1편이다. 혜경궁은 아들의 효도 속에 평온한 만년을 누릴 것으로 믿었다. 그러나 정조는 마흔아홉의 나이로 갑자기 승하(정조 24년, 1800년)하였고, 그 아들이 열한 살의 어린 나이로 왕위에 올랐다. 대왕대비 정순왕후 김씨가 어린 임금을 대신하여 수렴청정하게 되자 김씨네의 정적이었던 작자의 친정에는 다시 소용돌이가 몰아쳤다. 혜경궁의 동생이 사약을 받고, 죽은 아버지는 역적이 되었다. 이때 억울한 마음으로 쓴 것이 『한중록』 제2편·제3편이다. 작자의 나이 67, 68세였다.

순조 5년(1805년) 1월 대왕대비가 승하했다. 사도세자가 죽은 지 40여 년이 흐르고, 사건에 직접 관계된 영조와 정조도 세상을 떴다. 자신도 이미 71세로 언제 남편을 뒤따라갈지 모르는 나이가 되었다. 혜경궁은 지금껏 밝히기 꺼려 왔던 사도세자의 죽음에 대하여 자세히 밝혔다. 그동안 친정에 닥쳤던 화가 결국은 거기에서 비롯되었다고 여겼기 때문이었다. 특히 사도세자의 죽음에 사용되었던 뒤주는 영조의 생각이었음을 밝히고 친정의 억울함을 풀어 줄 것을 간절히 염원하였다. 이것이 『한중록』 제4편이다.

『한중록』 전편을 통하여 혜경궁은 사도세자의 병적 징후와 친정의 충성과 죄 없음에 대해 거듭 소상히 밝혔다. 변덕스럽고 의심 많은 시아버지 영조는 결코 노론의 손을 놓지 못할 터인데 남편인 세자는 그 반대편에 서서 부왕의 사랑과 노론의 지지를 잃고 이해할 수 없는 언행을 일삼고 있었다. 왕실과 권력의 속성상 만약 세자가 왕위에 오른다면 자신의 친정도 안전할 수 없을지 몰랐다. 남편인 왕의 사랑과 거기에서 나오는 권력을 확신할 수 없었던 비빈에게는 자신을 보호해 줄 친정이 보다 소중했을지 모른다. 다행히 영조가 사랑하는 손자는 혜경궁 자신의 아들이 아니던가. 특히 작품 곳곳에 넘쳐나는 친정에 대한 사랑과 책임감은 감동적이기까지 하다. 81세의 나이로 한 많은 세상을 떠날 때까지 작자가 마음 놓지 못한 것은 오직 친정이었다.

『한중록』의 문예적 가치

『한중록』은 『계축일기』, 『인현왕후』 등과 함께 궁중문학 작품들 가운데 백미로 꼽힌다. 문학작품이 현실적 갈등에서 창작되는 것인 동시에 삶과 사회가 총체적으로 표현되는 것이고 보면 우리는 작품을 통하여 그때, 그곳에서 살았던 그들의 삶을 들여다볼 수 있게 된다. 특히 궁중문학 작품에는 폐쇄된 공간, 즉 궁중이라는 특별한 사회에서 자신과 자식, 친정의 운명을 짊어진 여인들의 외로움과 고통과 한이 그려져 있다. 그것들을 통하여 역설적으로 그들의 꿈을 찾아볼 수 있다. 또한 궁중문학 작품들은 허구가 아닌 사실의 기록이라는 공통성을 지니고 있어서 작품을 통하여 궁중생활의 세세한 면모까지도 살펴볼 수 있다. 고상하고 우아한 옛 귀인의 정서와 체취는 우리를 200여 년 전의 특별한 세계, 궁중으로 안내한다.

우선 『한중록』은 그 배경이 된 18세기 조선조 궁중 풍속 연구에 귀중한 자료가 된다. 작품 속에는 구중심처 궁중의 삶과 생활이 생생하게 반영되어 있기 때문이다. 또한 지금은 사라진 특수어 연구의 귀중한 자료가 된다. 폐쇄된 사회, 특수한 계층에서만 쓰였던 고상하고 우아한 궁중 용어가 아로새겨져 있기 때문이다. 입궐하기 전 친정에서 보낸 10년을 제외하고는 70년 긴 생애를 궁중에서 보낸 비빈의 글인지라 그 용어를 통하여 귀인다운 품위와 예리한 지적 면모를 들여다볼 수 있다.

『한중록』은 지난 역사의 진실을 밝히는 보조 자료이기도 하다. 작자가 경험한 사건이 수기 형식으로 기록되어 있어서 실록을 통하여 공공연하게 드러난 사실 외에 숨겨진 이면의 이야기들이 기록되어 있기 때문이다. 아울러 특수한 사회, 특수한 환경에서 영화로움과 쇠잔함, 기쁨과 고통이 반복되는 기구한 일생을 살았던 한 여인의 삶을 통해 우리네 인생을 반추하게 된다.

비록 역사적 사실에 근거한 기술이기는 하나 혜경궁 홍씨라는 작자 개인의 기억에 의한 글이고, 주관에 따른 것이기 때문에 사실과 다른 면이 전혀 없지는 않을 것이다. 우리가 『한중록』을 통하여 역사적 진실을 밝히려는 데서 벗어나기만 한다면 보다 아름다운 문학작품을 만나게 될 것이다. 몇 차례에 걸쳐 극화되기도 했던 『한중록』. 작자의 붓끝에서 만들어진 작품을 통하여 문학의 향기에 취할 수 있기 바란다.